국정 실패의 늪

**왜 망가졌는가,
어떻게 고쳐야 하는가**

FAILED STATE: WHY NOTHING WORKS AND HOW WE FIX IT
Copyright ⓒ Sam Freedman, 2024
All rights reserved

Translated and Published by Educational Research & Innovation Center of Korea
wtih permission from The Wylie Agency (UK) LTD,
Translation arrangement managed by The Wylie Agency.
Korean translation edition ⓒ 2025 by Educational Research & Innovation Center of Korea.
All Rights Reserved.

이 책의 한국어 판권은 저작권자와 계약한 〈교육을바꾸는사람들(ERICK)〉에 있습니다.
저작권법에 의해 한국 내에서 보호를 받는 저작물이므로 무단 전재와 무단 복제를 금합니다.

SAM FREEDMAN

국정 실패의 늪

왜 망가졌는가,
어떻게 고쳐야 하는가

샘 프리드먼 지음 | 이찬승·권구훈 옮김

교육을바꾸는사람들

"국가는 제도를 만들며 시작하지만,
결국에는 그 제도로 인해 끊임없이 재탄생한다."
| 헤일섬 경 |

"엉터리 제도는 언제나 훌륭한 사람을 이긴다."
| W. 에드워즈 데밍 |

"당신이 지켜온 규칙이 이런 결과로 이어졌다면,
그 규칙이 무슨 의미죠?"
| 코맥 매카시, 『노인을 위한 나라는 없다』 중 |

일러두기

1. 본문의 작은 숫자는 원서의 미주를 가리킨다. 별표로 표기된 각주는 모두 옮긴이 주이다.
2. 도서는 『』로, 논문 및 기사는 「」로, 언론 매체는 《 》로, 기타 영화, 드라마, 작품 명은 〈 〉로 표기했다.
3. 인명은 국립국어원 외래어표기법에 맞춰 표기하되 익숙한 표기가 있는 경우 이를 따랐다.

영국 현대 정치사 개요

영국은 성문 헌법이 없어, 총리의 권한에 대해 확실하게 규정되어 있지 않다. 내각제 국가로서 영국은 하원 다수당이 행정부를 꾸리며, 집권당 의원 다수가 내각에 참여한다. 최초의 총리로 여겨지는 인물은 18세기 초 휘그당을 이끌었던 로버트 월폴(Robert Walpole)이다. 그는 휘그당 과반이 무너지자 총리직에서 스스로 물러나 다수당 대표가 총리를 맡는다는 전통을 만들었다. 이 시기에는 휘그당과 현재의 보수당으로 이어지는 토리당이 양당 체제를 이루었다.

19세기 중반에는 자유당과 보수당이 양당 체제를 계승했다. 이 시기를 대표하는 총리로 보수당의 벤저민 디즈레일리(Benjamin Disraili)와 자유당의 윌리엄 글래드스턴(William Gladstone)이 있다. 디즈레일리는 현대 보수당의 아버지라고 불리며 제국주의, 팽창주의 정책을 적극 지지, 영국령 인도 제국을 성립시키고 수에즈 운하를 매입했다. 반면 글래드스턴은 자유주의와 도덕정치를 중시해

아편전쟁에 반대하고 아일랜드 자치를 허용하는 등 평화주의 정책을 펼쳤으며, 비밀투표 실시 등의 많은 개혁을 주도했다.

20세기에도 이 구도는 유지되어 자유당의 허버트 헨리 애스퀴스(Hebert Henry Asquith)나 데이비드 로이드 조지(David Lloyd George), 보수당의 스탠리 볼드윈(Stanley Baldwin) 등이 총리직을 역임했다. 허버트 애스퀴스는 식민지 확대보다 국민 생활 향상에 주력하였고, 하원이 상원보다 우위에 있다는 의회법을 제정하였다. 제1차 세계대전이 발발하자 우유부단한 성격의 애스퀴스를 몰아내고 데이비드 로이드 조지가 총리직에 올랐으며 국내외 어려움에도 굴하지 않고 전쟁을 끝까지 지휘하여 승리로 이끌었다. 영국에서 여성 참정권이 보장된 것이 로이드 조지 정부에서였다.

1924년 처음으로 사회주의 계열 노동당이 집권하며 이후 보수당과 노동당의 양당 체제가 성립한다. 보수당은 스탠리 볼드윈 이후 네빌 체임벌린(Neville Chamberlain)과 윈스턴 처칠(Winston Churchill)이 집권하며 제2차 세계대전을 승리로 이끌었으며, 이후에는 전시 거국내각에서 부총리를 지낸 노동당의 클레멘트 애틀리(Clement Attlee)가 총리가 되어 전후 수습에 나섰다. 애틀리는 복지국가의 기틀을 마련하고, 노동당을 지금의 지위로 일으켜 세운 인물로 평가받는다. 한국전쟁에 영국군을 파병한 것 역시 애틀리였다.

1951년에는 윈스턴 처칠이 재집권했고, 이후 앤서니 이든(Anthony Eden), 해럴드 맥밀런(Harold Macmillan) 등 보수당 총리들이 연달아 집권했다. 1964년 노동당이 다수당이 되어 해럴드 윌슨

(Harold Wilson)이 총리직을 수행했고, 1970년에는 보수당의 에드워드 히스(Edward Heath)가 다시 정권을 잡았다. 1974년에는 해럴드 윌슨이 두 번째로 총리가 되었으나, 곧 고령을 이유로 1976년 자진 사임했으며 제임스 캘러헌(James Callaghan) 총리가 뒤를 이었다. 이 당시 노동당은 흔히 영국병이라고 불리는 경제 문제를 겪고 있었다. 강성 노조와의 갈등, 북아일랜드 분쟁 격화와 스코틀랜드 및 웨일스에서의 분리주의 움직임 등도 심각한 현안으로 떠올랐다. 1978년 노조 파업으로 인해 노동당 지지율은 크게 곤두박질쳤고 다시 보수당이 집권하게 되었다.

1979년부터 1990년까지는 최초의 여성 총리이자 현대 영국에 큰 영향을 끼친 마거릿 대처(Margaret Thatcher)가 집권했다. 대처는 '대처주의'라는 표현이 생길 정도로 정치적, 경제적으로 큰 영향을 끼쳤으며 미국의 레이건 대통령과 함께 신자유주의, 신보수주의 흐름을 대표하는 인물로 평가된다. 대처는 '철의 여인'이라는 수식어가 따라붙을 만큼 강경한 이미지를 구축하였고, 영국 내부적으로도 큰 변화를 가져왔다. 본문에서도 자세히 설명되듯, 오늘날의 영국 사회를 설계한 인물로 여겨지는 현대 보수당의 상징이자 정신적 지도자이다. 1990년 대처 퇴진 이후에는 재무장관 출신의 존 메이저(John Major) 총리가 뒤를 이었다.

제3의 길을 주창하며 기존의 사회주의적 친노조 정당이었던 노동당을 쇄신하고 총선에서 대승을 거둔 토니 블레어(Tony Blair)가 1997년부터 10년간 총리직을 수행했다. 블레어 시기의 노동당은 '신노동당'이라 불릴 정도로 과거와 다른 정책을 펼쳤는데, 경제적으로는 대처의 자유주의 정책들을 대거 수용했다. 블레어는 벨파스트 협정으로 북아일랜드 문제를 해결했으나 미국을 따라 이라크 전쟁에 참전하며 국내외적으로 큰 비판을 받았다. 이후 재무장관 출신의 고든 브라운(Gordon Brown)이 그 뒤를 이었으나 글로벌 경제위기에 제대로 대응하지 못해 2010년 총선에서 패배하였다.

보수당의 데이비드 캐머런(David Cameron)은 처음에는 자유민주당과 연립정부를 수립해 집권했고, 2015년 총선에서는 보수당 단독 과반을 성취해 재집권했으나 2016년 브렉시트 국민투표 결과에 책임을 지고 사임하였다. 이후 테레사 메이(Theresa May)가 총리직을 이어받았지만 브렉시트 협상안이 부결되며 2019년 사임했고, 보수당 내 강경파였던 보리스 존슨(Boris Johnson)이 총리직에 올랐다. 보리스 존슨은 여러 추문과 기행, 그리고 코로나바이러스 팬데믹 대응 과정의 숱한 논란으로 정치적 위기에 몰렸고, 마침내 '파티게이트' 사건이 터지며 2022년 실각하였다. 그 뒤를 이어 성급한 경제 정책으로 큰 혼란을 빚고 50일 만에 최단기 사임하게 된 리즈 트러스(Liz Truss)와 재무장관 출신의 리시 수낙(Rishi Sunak)이 총리직을 수행했다. 2024년 노동당의 총선 압승으로 정권 교체가 이루어져 키어 스타머(Keir Starmer)가 현직 총리로 임기 수행 중이다.

이 책은 대체로 마거릿 대처 시기부터 리시 수낙 임기에 걸치는 시기를 다루며, 현재 직면하는 위기의 원인으로 정치인 개개인의 자질이 아니라 국가 운영 체계 자체의 결함을 지목한다. 지나친 중앙집중화로 인한 책임 과중, 권력 과잉, 그리고 달라진 언론 환경으로 인한 정치 과열이 가장 큰 문제로 거론되며, 최근 영국 정치의 가장 큰 화두인 브렉시트와 코로나바이러스 사태도 그 연장선상에서 논한다.

지정학적 위기와 불안한 미래 앞에 정치권에 대한 불신이 만연한 것은 영국도 마찬가지다. 2024년 총선으로 영국에 새로운 정부가 들어섰다. 이 책은 새로운 정부를 향한 시민사회의 제안이다. 비슷한 맥락에 놓인 한국 사회에도 분명한 시사점을 주리라고 기대한다.

권구훈

저자 서문

이 책을 쓰겠다는 구상은 2022년 가을, 보리스 존슨이 총리직에서 쫓겨나고 리즈 트러스가 나라를 혼돈에 빠뜨리던 시기에 시작됐다. 영국의 정치 상황은 그 어느 때보다 혼란스러웠다. 보수당의 지지율이 곤두박질치면서 노동당으로의 정권 교체 가능성이 급부상했다.

책을 쓰기 시작할 무렵 내 머릿속에는 곧 들어설 새 정부를 향한 경고의 메시지가 자리 잡고 있었다. 새로 집권한 노동당이 현 문제 상황의 원인을 온전히 이전 정부의 무능과 실패 탓으로만 단정할까 우려했기 때문이다. 그들은 자신들이 더 유능하고 청렴하다고, 그러므로 자신들이 집권하는 것만으로도 상황이 더 나아질 것이라고 생각할지도 몰랐다.

하지만 그렇지 않다. 내가 말하고자 하는 핵심은, 기존 정부에서 저지른 일련의 실책이 문제의 원인이 아니라 겉으로 드러난 증상에 불과하다는 것이다. 최근 40여 년간 중앙집중화, 견제와 균형의 실패, 속도만 중시하는 언론 환경이 맞물리는 가운데 국정 기능이 점점 약해져서 이제 아무리 유능하고 제대로 일해보려는 사람들이 모인 정부라도 알맞게 운영되기 어려운 지경에 이르렀다.

트러스 총리 이후 집권한 리시 수낙 정부가 그 대표적인 사례다. 그는 전임 총리들과 비교해 더욱 청렴하고 성실했으며, 참모들과 좋은 관계를 유지했고 최고 수준의 학문적 소양도 갖춘 인물이었다. 단기 성과에만 집착하는 정치, 제 기능을 하지 못하는 국가 체계의 문제점을 인식하고 총리 연설에서 이를 언급한 적도 있다. 그럼에도 결국 실패하고 말았다. 부정적인 흐름을 바로잡기는커녕 오히려 더욱 악화시켰다.

수낙 정부의 문제는 중앙정부 중심의 통제를 밀어붙였다는 데 있다. 의사결정 과정에서 행정부 각 부처를 배제하고, 지방정부에 실질적인 권한이나 자율성을 부여하는 대신 공원에 체스 테이블을 설치하는 정도의 소액 지원사업만 추진하게 했다. 의회나 법원, 공무원 조직의 견제나 감시를 통해 국정 운영을 개선하려는 생각도 없었거니와 이를 회피하려는 태도 역시 이전 정부와 다를 바 없었다. 심지어 대법원에서 안전하지 않다고 판결한 르완다로의 망명 법안 통과를 정부가 강행하며 헌정 위기를 자초했을 정도였다.*

무엇보다 심각한 점은, 정책 개발보다 언론 관리에 치중하는 이

---

* 2024년 통과된 '르완다 망명 안전국법(Rwanda Asylum Safety Act)'은 망명 신청자를 르완다로 강제 이송할 수 있게 허용한 법안이다. 이 법은 르완다를 '망명 신청자에게 안전한 나라'로 규정했지만, 영국 대법원은 르완다가 인권과 보호 체계 측면에서 안전하지 않다고 판단했다. 상원에서는 법안 통과를 반대했으나, 총리실 주도로 강행 처리하며 대법원 결정과 반대되는 행보를 보였다.

른바 '보도 정치'로 인한 단기적 성과주의 문제를 전혀 해결하지 못했다는 것이다. 언론이나 당내 비판을 의식하느라 형량 관련 법안 조정을 외면한 결과 이미 수용 한계에 다다른 전국의 교도소는 포화 상태로 방치되었다. 노조에 밀리는 모습으로 비칠까 봐 의료계 파업 문제 해결에도 나서지 않았다. '강경한 정부' 이미지를 위해 난민 신청 심사를 중단하면서 엄청난 세금을 낭비하고 노동력 손실을 초래했다.* 복지 예산, 특히 장애인 지원 지출이 큰 폭으로 증가하고 있었음에도 정부는 근본 대책 마련보다 부정수급자 단속 조치를 발표하는 데 급급했다. 정치 위기 타개를 위해 현실을 무시한 감세 정책을 추진하고 이를 회계 눈속임으로 그럴듯하게 포장했다. 심지어 징병제를 되살리겠다는 조잡한 즉흥 제안까지 등장했다. 정부 전체가 《데일리 메일》 헤드라인에 맞춰 운영되는 듯했다.

결국 총선이 치러지고 새로운 정부가 들어섰다. 보수당 의원들조차 예상하지 못했던, 원래보다 몇 달이나 앞당겨진 선거였다.** 이 책은 총선 직후 일주일 만에 출간되었는데, 새 정부의 여러 장

---

* 영국 내무부는 2023년 말 기준 약 17만 건 이상의 망명 신청을 처리하지 않은 채 사실상 심사를 중단했다. 망명자 수가 적은 것처럼 보이려는 정치적 판단에 따른 조치로, 수천 명의 망명 신청자가 수년간 법적 신분 없이 방치되었다. 노동 허가가 되지 않아 생계유지조차 불가능한 상황에서 영국 정부는 이들을 호텔 등 임시숙소에 수용하며 연간 수십억 파운드의 예산을 투입했다. 유엔난민기구(UNHCR)와 인권 단체들은 이를 행정적 무책임이자 인권 침해로 강하게 비판했다.

** 리시 수낙은 보수당 지지율이 계속 하락하자 더 큰 패배를 피하기 위해 예정보다 빠르게 의회 해산을 건의하여 조기 총선을 실시했다. 내각제 국가인 영국에서는 총리가 국왕에 의회 해산을 건의할 수 있으며, 국왕은 총리의 건의를 받아들여 의회 해산을 선포한다. 의회가 해산되면 다시 총선을 실시해 의회와 행정부를 새롭게 꾸리게 된다. 2024년 조기 총선에서 보수당은 참패하고 노동당은 기록적인 압승을 거두었다.

관과 보좌진이 여름휴가 동안 이 책을 읽었다는 이야기도 들린다. 하지만 책을 읽는 것만으로 이 책에서 경고한 함정을 피해 갈 수 있는 것은 아니다. 한 보좌관은 책 내용이 지금 겪고 있는 일과 너무 비슷해서 읽는 내내 소름이 끼쳤다고 말했다.

새로 집권한 키어 스타머 총리 역시 전임 총리들이 겪었던 첫 번째 실수를 되풀이했다(1장에서 자세히 다룬다). 권한은 사실상 대통령에 준할 만큼 커졌는데, 정작 총리실에 필요한 인력과 자원을 제대로 갖추지 않은 것이다. 강력한 권한과 허약한 행정 조직이라는 이 불행한 조합은 곧 국정 방향 상실로 이어졌다. 인력이 조금씩 보강되기는 했지만, 총리 전담 조직을 제대로 갖춰야 할 필요성은 여전하다. 좁고 낡은 조지 왕조풍 건물 대신 현대적 사무 공관에서 국정을 운영해야 한다는 주장 역시 계속 제기되고 있다.*

그 사이 '국가 전략 부재'라는 공백을 메우기 위해 다시금 재무부가 부처 간 미세 조정에 나섰다. 영국의 전체적 실행 능력은 여전히 취약하며, 재정난에 허덕이는 지방정부는 공공 업무를 과거 실적과 무관하게 민간의 대형 외주업체로 마구 내보내고 있다. 2024년 9월에 발생한 '서코(Serco)' 사건은 이러한 국가 기능 실패를 상징적으로 보여준다. 교도소 수용 공간이 부족해지자 수감자 수백 명이 조기 석방되었는데 전자발찌 착용도 하지 않고 풀려난 것이다. 이 업무를 대행한 민간 위탁업체 '서코'는 2013년에도 전자발찌 계약 비리에 연루되어 2,300만 파운드의 벌금을 부과받은

---

* 영국의 총리 공관인 '다우닝가 10번지'는 18세기 조지 왕조 때 지어진 건물로 낡고 비좁아 현대의 국정 운영에 비효율적이라는 지적을 많이 받아 왔다.

전력이 있었다(3장을 보라).

　새 정부가 법원을 대하는 태도는 그나마 이전보다 덜 공격적으로 바뀌었다. 스타머 총리가 인권 변호사 출신이라는 점을 고려하면 충분히 예상되는 변화다. 하지만 의회의 감시를 피하려는 입법상의 꼼수는 새 정부에서도 사라지지 않았다. 대표적인 사례가 '고용권리법(The Employment Rights Bill)'이다. 이 법안은 총선 과정에서 임의로 설정된 기한을 맞추느라 졸속으로 하원에 상정되었는데, 기업과 노동자 모두에게 중대한 영향을 미칠 수 있는 여러 사안에 대해 의회의 논의 없이 장관 재량으로 세부 내용을 바꿀 수 있는 권한을 부여한다는 점에서 '껍데기 법안(Skeleton Bill)'의 전형이라 할 수 있다.*

　언론을 다루는 일도 여전히 녹록지 않다. 스타머 총리 본인은 전임 총리들과 달리 부정적인 보도를 크게 신경 쓰지 않는 편인 듯하다. 하지만 참모진은 부정수급자 단속과 강경한 이민 정책을 앞세운 대중영합적 발언으로 언론의 흐름을 주도하려 하고 있다. 실제로 달라지는 것이 없다면, 이런 식의 냉소적인 언론 관리가 노동당에 더 유리하게 작용할 가능성은 없어 보인다. 정치권 전반에 대한 신뢰는 사상 최저 수준으로 떨어졌고, 양대 정당은 유럽대륙과 마찬가지로 좌우 양극단 급진 정당들로부터 거센 도전을 받고 있다.

---

*　노동당은 2024년 총선에서 고용권리법을 공약으로 제시하고 집권 직후인 10월 하원에 상정했다. 노동자 권리 강화를 위한 포괄적 법안으로 기업주의 부담을 높이는 측면이 있어 현실성을 고려한 충분한 심의와 준비가 필요했으나, 구체적인 조항 없이 '장관이 추후 정한다'는 식으로 설계되어 비판을 받았다. 이렇게 세부 규정 및 실행 방법 등은 행정부가 정하도록 비워두고 기본적인 원칙만 입법하는 것을 '껍데기 법안'이라고 하며, 실질적으로 의회의 권한을 약화하고 행정 관료의 권한을 강화한다는 비판이 있다.

긍정적인 점도 없진 않다. 아직 새 정부 출범 초기이긴 하나, 적어도 노동당 정부는 국가 체계가 제대로 작동하지 않고 있다는 현실을 분명히 인식하고 있긴 하다. 스타머 총리는 취임 후 "국가 체계 전체를 완전히 재설계해야 합니다. 화이트홀(Whitehall)*에는 '점진적인 쇠퇴'라는 미지근한 목욕물에 안주하려는 사람이 많습니다."라고 비판했다. 아직까지 '완전한 재설계'라는 거창한 표현에 걸맞은 조치가 이어지지 않았지만 긍정적인 신호가 전혀 없는 것은 아니다. 보수당 정권 시절에 시도된, 각 지자체 시장의 역할을 확대하고 정책 결정에서 지역 대표성을 보장하는 법안이 발의되기도 했다. 물론 지자체로의 권한 분산이나 재정 자율성을 보장하기에는 여전히 부족하지만, 방향 자체는 옳다. 세금으로 운영되는 공공서비스를 민간에 외주로 맡기는 방식에 대해, 정부에서도 그 한계를 얼마간 인식하는 듯하다. 특히 사회적으로 가장 취약한 계층을 돌보는 분야에서 그런 움직임이 포착되는데, 예를 들면 아동 보호시설 운영자의 과도한 수익을 제한하는 새로운 규제 같은 것이 그러하다. 이런 조치는 이 책으로부터 영향받은 것으로 보이는데(3장을 보라), 충분한 조치라고 하기는 어렵지만 적어도 문제를 인정하고 있다는 점만으로도 의미가 있다.

국가 체계를 완전히 재설계한다는 말에는 의회의 작동 방식을 재검토하는 것도 포함된다. 노동당 집권 이후 상원에 남아 있던 세습 귀족의 잔재는 완전히 사라졌지만, 하원은 여전히 무력한 상태

---

* 영국 중앙정부 부처 건물들이 밀집해 있는 런던 중심가를 가리키는 지명으로 영국 중앙 행정부 및 고위 관료들을 가리킨다.

다.* 내각 진출을 기다리면서 실질적으로 기여하고자 하는 초선의원들이 좌절하는 이유다. 공무원 조직에 대해서도 스타머 총리는 이전보다 한층 존중하는 태도를 보이며 갈등을 완화했지만 아직까지 별다른 개혁에 착수하지는 못했다.

결국 핵심은, 앞으로 다가올 막대한 재정적 부담과 불안정한 국제 정세에 소극적이고 점진적인 개혁 시도만으로 충분히 대응할 수 있겠느냐는 것이다. 지금보다 훨씬 더 과감하게 나서야 한다. 그러지 않으면 실망한 유권자가 점점 더 극단적인 대안을 택할 것이다. 이제 바로잡을 기회가 얼마 없을지도 모른다.

샘 프리드먼(Sam Freedman)

---

* 영국 상원은 자동으로 상원의원 자격을 갖는 세습 귀족 의석을 포함하고 있었다. 2000년대 이르러 그 수는 조금씩 줄고 2024년 완전히 사라졌다. 하원은 공식적으로 입법 중심 기관이지만 행정부의 권한이 커지면서 점점 약화되었다.

차례

- 영국 현대 정치사 개요　　7
- 저자 서문　　12
- 들어가며_ 위기 사이클　　20

제1부　과부하
　1. 넌 자는 없다　　49
　2. 내부의 적　　93
　3. 죽여주는 계약　　133

제2부　권력 집중
　4. 민주주의 건너뛰기　　173
　5. 국민의 적　　217
　6. 공공 내전　　255

제3부　과속 상태
　7. 아무 말 제조기　　297
　8. 광란의 질주　　333

- 나오며
　위기 해결을 위하여　　376
- 감사의 말　　391
- 미주　　394
- 찾아보기　　424

들어가며

위기 사이클

1974년 1월, 영국 행정관료 체계의 정점에 있던 윌리엄 암스트롱(William Armstrong)이 총리 관저 대기실 바닥에서 뒹굴며 횡설수설하는 모습으로 발견되었다. 다음날 그는 각 부처의 수석 공무원(permanent secretary)*들을 모두 불러모아 종말이 다가왔다고 선언하고는, 총리실의 막후 실세였던 빅터 로스차일드(Victor Rothschild)의 집무실로 들어가 '붉은 군대'와 '푸른 군대'라는 황당한 계획을 늘어놓았다. 자신이 고대 그리스 신화 속 눈먼 예언자 테이레시아스(Tiresias)의 환생이라고 주장하기도 했다. 이 일로 암스트롱은 바베이도스에 있는 로스차일드의 별장으로 보내졌고, 치료를 마치고 다시 돌아왔을 때는 이미 해럴드 윌슨이 새로운 총리로 교체된 상황이었다. 결국 그는 공직에서 물러나 미들랜드 은행 이사장직으로 옮겨야 했다.[1]

암스트롱의 몰락은 전후 영국이 겪은 최악의 국가 위기와 무관

---

* 각 정부 부처별로 공무원 조직의 최고 수장. 정치적으로 임명되는 장관급 인사들과 별개로 관료제 조직에 속한 고위 공무원들이다.

하지 않다. 당시 영국은 잘못된 경제정책과 중동 분쟁이 맞물리면서 극심한 경기 침체를 겪었다. 물가는 급격히 치솟았고 광부들의 파업으로 석탄 공급이 마비되었다. 에드워드 히스 총리는 생필품이나 공공서비스를 제외한 일부 기업들의 전기 사용을 주 3일 이내로 제한하는 법안을 시행했다. 전기 절약을 위해 텔레비전 방송은 오후 10시 30분이면 종료됐고 자동차 운전자들에게는 배급 수첩이 배포되었다. 언론에서 군사 쿠데타 가능성을 제기할 정도였다.[2] 그럼에도 히스 총리는 끝내 광부들과의 협상을 거부하다 조기 총선에 내몰렸고 결국 패배하고 말았다.

암스트롱은 이 시기에 막강한 정치적 영향력을 행사하며 총리 기자회견에도 함께 등장하는 등, 사실상의 부총리 역할을 했던 인물이다. 그는 행정 조직을 총괄하는 동시에 총리의 주요 경제정책 자문까지 맡고 있었다. 물가가 걷잡을 수 없이 치솟자 암스트롱은 가격 및 소득을 강력히 통제하는 정책을 밀어붙였지만 실패했다. 여기에 광부들의 파업으로 정부가 물러설 수도, 이겨낼 수도 없는 상황에 처하자 극심한 압박을 견디지 못하고 무너졌다. 누구라도 감당하기 어려운 시련이었다.

나는 당시 히스 총리의 비서관이었던 로빈 버틀러(Robin Butler)에게 이 시기가 최악의 위기였는지 물은 적이 있다. 그는 마거릿 대처, 존 메이저, 토니 블레어 정부에서 총리실을 이끌었던 사람이기도 한데, 이렇게 대답했다.

"아뇨, 모든 위기는 저마다 다른 방식으로 위기였습니다. 어느 하나가 다른 것보다 더 심각했다고 보지 않습니다."[3]

::

오늘날의 정치를 다루는 책, 더군다나 그 제목이 '실패한 국가(Failed State)'라는 책을 쓴다고 하면 '퇴락주의(declinism)'라는 함정을 경계해야 한다. 인간은 본능적으로 현재의 문제에 집중하고 과거의 성공은 미화하는 경향이 있다.[4] 보리스 존슨과 리즈 트러스 정부가 남긴 혼란, 즉 15년 넘게 제자리걸음 중인 경제, 무너지는 공공서비스, 사상 최악의 아동 빈곤율, 포화상태의 교도소, 강물에 흘러드는 오수, 끊이지 않는 열차 운행 취소 등등을 마주하노라면, 이보다 더 나빴던 적이 과연 있었나 하는 생각이 절로 든다. 반면 지나간 과거는 모든 장관이 헌신적이고 유능했으며, 어긋남 없이 정교하게 작동하는 공무원 조직과 함께 공공이익을 수호하며 국정을 운영하던 시대로 그려지곤 한다.

당연하게도 이는 사실과 다르다. 현대 역사는 '점진적 퇴락의 연속'이 아니라 '위기 사이클의 반복'이라는 틀로 바라보는 것이 더 정확하다. 끊임없이 위기가 나타나고, 어떻게든 해결하고 나면 새로운 위기가 나타나는 것, 즉 위기 사이클의 반복인 것이다. 제2차 세계대전의 참화, 이후 지속된 배급제, 그다음에는 수에즈 사태, 그 뒤에는 1970년대의 고통스러운 인플레이션, 1980년대의 사회 붕괴 등, 언제나 위기는 끊이지 않았고 때로는 회복 불가능해 보였다. 앞에서 언급했듯이 '모든 위기는 저마다 다른 방식으로 위기'일 뿐이다.

문제들이 감당할 수 없는 임계점에 이르면 마치 둑이 무너지듯 기존 질서가 한순간에 무너져 내린다. 더는 바꾸기 어렵다거나 당연한 것으로 여겨졌던 방식들이 통째로 쓸려나가는 것이다. 이런 극적인 전환은 대략 40년 주기로 반복되며, 그 시기 가장 심각했던 문제들을 해결하는 과정에서 역설적으로 다음에 찾아올 위기의 조건을 형성하게 된다.

역사학자 필 틴라인(Phil Tinline)은 저서 『The Death of Consensus(합의의 종말)』에서 이러한 전환점과 전환을 촉발하는 조건들을 탐구하며 말한다. "민주주의란, 이전에는 상상할 수도 없었던 새로운 발상이 오랜 시간 동안의 검증을 거쳐 실제 정책으로 구현된다는 뜻이다. 긴 세월 동안 쌓여온 두려움과 금기를 깨뜨리자면, 기존 질서와 새로운 도전 사이의 치열한 갈등과 반복된 충돌을 거쳐야 한다. 그 과정에서 세상이 혼란스럽고 불안해 보이는 것은 어찌 보면 당연하다."[5]

이 책은 지금이 역사상 가장 암울한 시기라고 주장하려는 게 아니다. 더 큰 위기를 겪은 적도 있었다. 다만 지금은 반복되어 온 위기 사이클의 끝 지점, 즉 다음 위기로의 전환이 불가피한 지점에 와 있다는 것이다. 지금 이 순간은 분명히 암담하고 두렵게 느껴지지만 변화의 시점은 코앞에 와 있다. 앞으로 닥칠 변화가 상처뿐인 혼란이 될지, 새로운 출발이 될지는 지금의 위기를 제대로 진단할 수 있느냐에 달려 있다.

::

19세기와 20세기 초의 위기는 주로 민주주의 그 자체를 둘러싼 논쟁에서 빚어졌다. 누가 정치에 참여할 수 있는지를 놓고 격렬한 논쟁이 이어졌고 그 과정에서 여러 차례의 선거법 개정(개혁법안)이 이루어졌다. 민의를 대변하는 하원과 보수당이 주도하던 상원 사이의 권력 다툼은, 정치권력이 어디에 있어야 하는가를 둘러싼 치열한 싸움이었다. 이런 갈등이 바로 당시 위기를 해결하는 주요한 전환점이 되었다.

20세기 중반, 새롭게 투표권을 갖게 된 시민들은 더 나은 삶을 요구했지만, 산업화의 잔재인 열악한 생활환경과 빈곤, 실업 문제는 여전했다. 국가의 복지 시스템은 그런 고통을 감당하기엔 턱없이 부족했다. 이처럼 대중의 기대와 사회 현실 사이의 간극은 심각한 사회적 위기로 이어졌다.* 클레멘트 애틀리, 해럴드 맥밀런, 에드워드 히스 총리 등은 이러한 사회적 위기를 직접 경험했던 사람들로서, 어떤 대가를 치르더라도 그런 상황을 되풀이하지 않겠다는 각오를 지니고 있었다.** 이들이 정책을 주도하면서 지속적인 경제 성장과 함께 국가가 국민의 삶에 적극 개입하는 체제가 빠르게 확대되었다. 대표적인 것이 1948년에 창설된 국민건강보건서비스(NHS)이다.

그러나 이들이 취한 해법, 즉 중앙집중적 통제를 통한 경제정책은 당시엔 혁신적으로 보였지만 얼마 안 가 새로운 위기를 불러일

---

* 영국 사회는 1930년대 들어 구조적이고 전방위적인 위기를 맞이한다. 세계 대공황 여파로 영국에서도 대량 해고와 실업 사태가 발생했고, 실업이 장기화하면서 노동자 계층의 빈곤이 극심했다. 이는 계급 갈등과 사회 불안으로 이어졌다.

** 클레멘트 애틀리(1945~1951년 재임), 해럴드 맥밀런(1957~1963년 재임)은 19세기 말에 태어나 두 차례의 세계대전과 대공황을 직접 경험했고, 에드워드 히스(1970~1974년 재임)는 1916년생으로 젊은 시절 대공황과 제2차 세계대전을 겪었다.

으켰다. 복잡한 외환통제 정책, 물가 및 소득 통제 정책이 시행되었지만 시간이 흐르면서 국가 주도 경제 운영의 한계가 드러난 것이다. 특히 국유화된 산업 부문에서의 노사 관계가 악화하면서 갈등이 심해졌다. 정부는 노조 권력을 제어하지 못해 정치적으로 치명상을 입었다. 히스 총리 역시 앞에서 윌리엄 암스트롱의 사례에서 보았듯 노조와의 충돌로 결국 정권을 잃고 말았다. 1976년 영국은 외환보유고 고갈 위기에 직면하여 국제통화기금(IMF)으로부터 구제금융을 받는 굴욕적인 상황에 처한다.[6]

이 역시 둑이 무너지던 순간이었고, 급격한 변화가 불가피해졌다. 처음에는 재무장관이었던 데니스 힐리(Denis Healey)가, 그 뒤에는 마거릿 대처가 강력하게 변화를 이끌었다. 대처가 남긴 유산은 꽤 복잡하므로 이 책에서도 여러 차례 중요한 주제로 다룰 것이다. 대처의 경제 개혁 중 일부는 불필요했고, 일부는 필요했지만 그로 인해 피해를 본 계층에 대한 적절한 지원 없이 추진되었다. 그럼에도 대처의 개혁 조치들은 위기를 종식하는 데 결정적 역할을 했다. 그리고 현재 우리가 직면한 새로운 위기를 형성하는 데에도 일조했다.

영국이라는 국가 체제가 처음 겪은 위기는 민주주의 자체에 대한 것이었다. 20세기 중반에는 사회적 갈등, 1970~1980년대에는 경제적 혼란이 위기의 핵심이었다. 그리고 지금 우리가 처한 위기는 국정 운영의 위기다.

지금 산적한 문제들은 과거의 위기처럼 해결 불가능하다거나 절망스럽게 느껴지지 않는다. 경제 성장률이 낮은 문제만 봐도 그렇다. 인프라에 대한 투자 부족, 토지 개발에 관한 극심한 규제, 지나치게 복잡하고 비논리적인 세제, 심각한 지역 간 격차 등, 그 문제의 이유는 어느 정도 짐작할 수 있다. 의료 체계가 제대로 작동하려면 무엇이 필요한지도 알고 있다. 불과 10여 년 전만 해도 국민건강보건서비스에 대한 국민 만족도가 역대 최고치였던 걸 보면 말이다. 지금 우리에게는 민주주의를 근본적으로 위협하는 요소도 없고 임박한 IMF 구제금융도 없으며 세계대전도 (아직까지는) 없다.

진짜 문제는, 이처럼 비교적 분명하고 제한된 도전조차 정치 제도가 전혀 감당하지 못한다는 것이다. 영국의 헌정 체제는 여러 선진국 중에서도 유독 특이한 형태다. 처음부터 분명한 의도를 지니고 설계한 것이 아니라 선례와 관행, 때로는 위기 상황 속에서 점진적으로 발전한 결과물이다. 그런 탓에 총리의 권한, 내각 구성 방식, 야당의 지위, 하원의장의 권한 등 핵심 요소들 상당수가 법적 근거 없이 관행에 의존하고 있다.

이러한 정치 체제는 제도적 안전장치가 부족한 탓에 늘 문제의 원인이 되었다. 보수당의 중진 정치인이었던 헤일셤 경(Lord Hailsham)이 쓴 '선출된 독재(elective dictatorship)'라는 표현도 거의 50년 전의 일이다. 이 말은 하원에서 과반을 차지한 정부가 갖는 막강한 권력을 지적한 것이다. 이런 현상이 벌어진 데에는 몇 가지 구조적 원인이 있다. 실질적 권한이 거의 없고 상징적으로만 존재하는 국가원수, 비선출직으로 구성되다 보니 입법 기구임에도 힘이 너무나 약한 상원, 정부가 정해주는 입법 일정을 따르는 하원, 그리고 하원이 만든 법률에 따라 관례적으로 판결을 내리는 사법부까지, 전체 시스템이 권력 분산보다는 권력 집중에 유리하게 설계되어 있는 것이다.

버논 보그다노어(Vernon Bogdanor), 피터 헤네시(Peter Hennessy) 같은 헌법학자들은 수십 년에 걸쳐 이러한 이론적·현실적 문제들을 꾸준히 분석해 왔다. 그리고 1995년에 이렇게 지적한 바 있다. '영국은 어디에서도 볼 수 없는 아주 특이한 헌법을 가지고 있다. (…) 결국 그날그날의 정부가 헌법을 정의하는 셈이다.'[7]

지난 40년간, 처음에는 서서히 그리고 최근에는 급격히, 이러한 구조적 압박이 누적되고 다른 요인들과 합쳐지며 제도는 제 기능을 하지 못하는 수준에 이르렀다. 이 요인들은 크게 세 가지 흐름으로 정리할 수 있는데, 이 책의 1~3부에서 하나씩 논의할 것이다. 이 세 가지 추세는 원래부터 문제가 있던 체계를 완전히 막아버리며 국정 운영의 위기를 불러일으켰다.

::

제1부, '과부하(Overloaded)'에서는 어떻게 영국이 세계에서 가장 중앙집중화된 국가가 되었는지, 그리고 그 결과로 총리실과 재무부처럼 제한된 역량을 가진 기관에 너무 많은 일을 떠넘기게 되었는지를 살펴본다.

조지 오스본(George Osborne) 재무장관 재임 내내 그의 수석 보좌관이었던 루퍼트 해리슨(Rupert Harrison)은 인터뷰에서 이렇게 말했다.

"영국 국가 체계의 핵심 약점은 정책이 계속 오락가락하며, 산업 정책이든 공공 부문 개혁이든 조세 정책이든 어떤 장기 전략도 지속하지 못한다는 점입니다. 특히 유럽의 다른 나라와 비교해 보면, 영국은 무언가를 꾸준히 추진하는 데 형편없어요. 새로운 정부가 들어서거나 새 장관이 임명되면 기존 정책을 뒤엎고 다시 시작하고자 하는 유혹에 쉽게 빠집니다. 온갖 버튼이 있고 그걸 눌러보고 싶은 마음을 도저히 참지 못하거든요."[8]

이는 일차적으로 잉글랜드에 관한 이야기이다. 영국을 구성하는 네 지역은 통합될 때 각자 고유한 권한과 특성을 유지해 왔고, 블레어 정부는 이 권한을 상당히 확대했다. 그러나 인구와 경제 규모에서 압도적인 비중을 차지하며, 웨스트민스터 정부(Westminster government)* 정책의 중심이 되는 잉글랜드는 역사적으로 앵글로색슨 왕조 아래 통일된 뒤로 중앙집중된 구조를 유지해 왔다. 지방정부는 다른 선진국과 비교했을 때 항상 그 힘이 약한 편이었고 지난 40년간 고도로 중앙집중화된 행정부 아래 거의 소멸되다시피 했다.

이러한 과부하 현상은 단지 중앙정부가 지방정부의 권한을 빼앗는 것만을 가리키지 않는다. 원래부터 중앙정부가 맡고 있던 일들이 점점 더 복잡해지고 있다는 것도 문제다. 이는 세상이 훨씬 더 복잡해졌기 때문인데, 가령 '디지털 규제'라는 것이 인터넷 등장 이전에는 얼마나 단순한 모습이었을지 생각해 보라. 기술이 발전할수록 사람들의 기대치도 높아지는 법이다. 제1차 세계대전 말기에 스페인 독감이 퍼졌을 때만 해도 정부가 팬데믹 대응 전략을

---

* 영국 의회가 위치한 지역 이름을 따서, 영국 내각제 정부를 일컫는 표현.

갖고 있어야 한다고 기대하지 않았고, 실제로 그런 전략도 없었다. 백신은 존재하지도, 개발될 가능성도 없었다. 그 당시만 해도 전국 단위의 봉쇄 조치를 신속하게 전달하고 시행하는 일은 현실적으로 불가능했다. 위험에 대한 인식과 이를 사전에 방지하려는 요구가 커지면서 각종 공공기관과 규제 기구가 대거 신설되었고 이들은 모두 중앙정부의 장관 관할이 되었다. 일명 '규제 국가(regulatory state)'라 불리는 이러한 체제는 지난 40여 년간 급격히 팽창하면서 학교와 병원의 성과부터 환경 기준, 평등법 준수 여부 등 사회의 거의 모든 영역을 감시하고 있다. 그 결과 중앙정부 중심으로 권한이 집중되고 중앙정부가 감당해야 할 업무 범위가 비정상적으로 늘어났는데, 이는 오늘날 정책이 제대로 작동하지 못하고 마비 상태에 빠진 핵심 원인으로 지목된다.

국가의 집행 역량이 약화하면 세금으로 운영되는 공공서비스의 외주화 및 민간 위탁 의존도가 높아진다. 청소나 쓰레기 수거처럼 측정이 쉽고 경쟁 시장이 잘 작동하는 서비스라면 민간 업체 활용은 충분히 합리적이다. 그러나 지금은 고도의 전문성이 필요한 복잡한 서비스조차도, 제대로 된 공급자도 거의 없는 상황에서 무리하게 민간에 맡기는 실정이다. 그러다 보니 소수 외주기업이 비정상적으로 막강한 권력을 갖게 되었으며, 여러 차례 부실과 비리로 물의를 일으키고도 계속 중대한 업무를 맡고 있다. 비슷하게, 아동보호시설이나 사회복지 서비스처럼 가장 핵심적인 공공서비스조차 이제는 대부분 민간 기업, 그중에서도 사모펀드 운용사가 소유한 업체들이 운영하고 있다. 이들은 서비스의 질이나 공공성보다는 심각한 재정난에 처한 지방정부로부터 막대한 수익을 뽑아내는 데 집중할 뿐이다. 지방정부는 이들을 견제할 능력조차 없다.

제2부, '권력 집중(Overpowered)'에서는 영국 정부가 어떻게 서구 민주주의 국가들 중에서 가장 압도적인 권력을 가진 행정부가 되었는지, 그리고 그 과정에서 의회와 의회가 대표하는 영국 국민의 역할이 어떻게 훼손되었는지를 살펴본다.

행정부 권력이 지나치게 강한 현상은 새로운 일이 아니다. 앞서 보았듯이 헤일셤 경은 이미 1970년대부터 이를 우려하고 있었다. 사실 이런 현상은 영국 민주주의가 발전해 온 방식 자체에서 비롯된 것이다. 20세기 초에 이르면 군주의 역할은 거의 상징적이고 의례적인 지위로 바뀌었고, 실질적인 행정 권한은 모두 장관들에게 넘어갔다. 1911년 의회법 제정으로 하원은 상원을 넘어서 정치적 우위를 차지하게 된다. 그때부터 의회에서 다수의 의석을 확보하고 자당의 결속을 유지할 수 있는 영국 총리는 세계에서 가장 강력한 선출직 공직자 반열에 오르게 되었다.

대부분의 민주주의 국가는 권력을 견제하고 균형을 이루기 위한 제도적 장치를 갖추고 있다. 실질적인 권한을 가진 국가원수라거나, 입법을 저지할 수 있는 제2의 의회, 성문 헌법을 수호하는 독립된 사법부 등이다. 그러나 영국에는 이런 것들이 없다. 게다가 거의 모든 행정부 인사가 하원의원 출신이기 때문에, 하원의원 중 4분의 1 정도만이 의정 활동에 온전히 집중할 뿐 나머지 의원들은 사실상 정부의 일원으로 행정부 업무를 수행하는 형편이다.

지나친 견제와 균형도 물론 문제가 있다. 영국과는 정반대 사례로 미국은 견제 장치가 너무 많아 정부 기관 간의 교착 상태가 일상화되었다. 대통령과 의회가 부채 한도 상향 문제를 놓고 몇 달씩 줄다리기하며 정부 기능 자체를 마비시키는 것을 보면 결코 바람직해 보이지 않는다. 하지만 영국은 실질적인 견제 장치가 거의 없는 매우 이례적인 국가다. 그러다 보니 정부는 스스로 절제하고 책임 있게 행동해야 하고, 하원은 정부의 행정과 입법을 철저히 감시해야 하는데, 양쪽 다 그 부담이 너무 크고 무겁다. 윌리엄 글래드스턴의 유명한 말처럼, 영국 헌정 체제는 세계에서 가장 과감하게, 권력을 쥔 사람들의 '분별력(good sense)'과 '선의(good faith)'에 기대고 있다. 하지만 분별력과 선의는 애초부터 제대로 지켜진 적이 없었다. 데이비드 로이드 조지 정부는 공공연하게 부패했지만 별다른 제재를 받지 않았다. 앤서니 이든 총리는 수에즈 위기 직전에 이스라엘과 사전 공모한 사실을 의회에 거짓으로 보고했음에도 아무런 처벌을 받지 않았다.

현대 정당 체제가 자리 잡은 이후, 의원들이 법안의 타당성에 의문을 품더라도 당론에 따라 투표하도록 강제하는 문화가 일반화되었다. 그러나 최근 수십 년간 이러한 당론 강제에 대한 반발이 잦아졌고, 의회가 정부를 견제하려는 시도도 많아졌다. 정부는 이러한 시도에 대해 의회 규칙을 변경하고 기존 권한을 부적절하게 사용해 억누르려는 방향으로 대응해 왔다. 그렇게 해서 하원이 다수당 정부의 행정과 입법을 효과적으로 감시하기 매우 어려운 구조가 만들어졌고, 상원은 부실하게 작성된 법안을 바로잡는 데 더 많은 시간을 쓰게 되었지만, 상대적으로 권한이 약하고 선출되지 않았다는 한계 때문에 실질적인 견제에 나서기 어려워 보인다.

그 대신 사법부가 정치에 더 깊이 개입하는 모습을 보인다. 지나치게 강력해진 행정부에 대한 방어 수단으로 사법부가 역할을 떠맡게 된 것이다. 그러나 판사들이 언제나 정치 사안에 대해 결정할 적임자인 것은 아니며, 무엇보다 영국 헌정 체계는 사법부와 행정부 사이 힘의 균형을 명확히 규정하고 있지 않다.

궁극적으로 감시 기능의 부재는 부실한 법률과 정부의 목표 달성 실패로 이어진다. 장관들이 신의를 가지고 일한다 하더라도, 지름길을 택하는 것이 더 낫다고 생각하기 쉽다. 그 결과 문제가 터졌을 때는 너무 늦었다는 것을 깨닫는다. 최근에는 많은 장관이 구체적인 실제 성과를 내려는 의지조차 보이지 않는다.

공무원 조직 또한 개별 관료의 견해와 무관하게 정부 정책을 추진해야 하지만 나쁜 발상에 대해서는 장관에게 이의를 제기하고 대안을 제시할 책임도 있다. 그러나 이번에도 정부는 감시와 반론을 억제하려 했고 타당한 비판에도 편집증적인 반응을 보였다. 그러니 감시 기능은 약해지고, 한층 중앙집중된 정부는 더 적은 사람들의 조언만을 받아들였다. 정부는 또한 공익위원회나 통신규제청 같은 주요 공공기관에 입맛에 맞는 인사를 임명하여 자신들을 보호하려는 전략을 택한다.

마지막 3부 '과속 상태(Overdrive)'에서는 정치의 속도가 어떻게 합리적인 정책 결정이 불가능할 만큼 과열되고 정치인들의 파괴적인 행동을 부추겼는지 살펴본다. 이 이야기의 중심에는 언론이 있다. 앞서 살펴본 두 가지 추세와 마찬가지로, 강력하면서 책임지지 않는 언론 재벌의 불길한 영향력은 새삼스럽지 않다. 이미 민주주의가 처음 움트던 17세기부터 편향되고 선정적인 팸플릿이 등장했었다. 논란을 몰고 다니는 리처드 리틀존(Richard Littlejohn), 사라 바인(Sarah Vine) 같은 칼럼니스트도 17~18세기 작가인 조너선 스위프트(Jonathan Swift), 대니얼 디포(Daniel Defoe)에 비하면 점잖은 수준이다.* 19세기 후반 언론이 거대한 산업으로 성장하면서 신문은 정치에 영향력을 뻗치려는 부유한 사업가들에게 넘어갔다.

언론과 정치 사이의 이러한 갈등 자체는 새롭지 않지만 1989년에 그 빈도와 강도 면에서 극적으로 변화했다. 영국 의회가 처음으로 생중계되었고, 스카이(Sky) 방송사에서 24시간 연속 뉴스 채널을 출범시킨 것이다. 뒤이어 2000년대 후반 소셜미디어가 등장하며 또 한 차례 변혁이 일어났다. 물론 그 결과가 모두 부정적인 것은 아니다. 정치인의 행동과 업무 태도는 전반적으로 더 투명해졌다. 1953년 처칠이 심각한 뇌졸중을 겪었을 때 참모들이 은폐한 것처럼 중요한 정보를 감추려는 시도는 이제 훨씬 어려워졌다.

하지만 대체로 보면 국정을 건전하게 운영하는 데 부정적 영향을 미치고 있다. 첫째로, 이제 더 많은 압박 속에서 더 빠르게 정책을 결정해야 한다. 그런 결정이 좋은 결과로 이어지는 일은 거의 없었다. 둘째, 언론의 끝없는 주목 욕구에 대응하려다 보니 정부는

---

* 리처드 리틀존과 사라 바인은 영국 보수 성향 칼럼니스트로 《데일리 메일》에 주로 기고하며 대표적인 체제 옹호자로 여겨진다. 조너선 스위프트(1667~1745)는 『걸리버 여행기』의 작가로 영국 정치와 사회를 풍자했으며, 대니얼 디포(1660~1731)는 『로빈슨 크루소』의 작가로 언론인으로도 활동하며 영국 정치와 종교 문제를 날카롭게 비판했다.

너무 많은 발표와 선언을 하게 되는데, 대부분은 충분한 숙고 없이 이루어진다. 이미 중앙정부의 정책 역량이 매우 한정된 상황에서 언론 관리에 쓰는 시간이 늘어날수록 실질적인 정책 설계에 할애할 여유는 줄어드는 것이다. 데이비드 캐머런 총리실에서 정책실을 총괄했던 커밀라 캐번디시(Camilla Cavendish)는 이렇게 말했다.

"총리 관저 1층에 들어서면 내각 회의실, 총리 집무실, 거대한 언론대응실이 보입니다. 정부가 무엇을 우선순위에 두는지 한눈에 알 수 있죠."[9]

소셜미디어는 이러한 추세를 부추겼고 국정 운영 전반에 걸쳐 '항상 온라인 상태' 문화를 고착시켰다. 모두가 끊임없이 정보, 평가, 요청에 시달리고 있다. 정치인이나 보좌관 중에 대화할 때 중간중간 휴대전화를 살펴보지 않는 사람이 없다. 나 또한 정부 관료로 일하면서 이 나쁜 습관을 들이는 바람에 지금도 끊지 못하고 있다.

소셜미디어를 악용하는 사례가 생기면서 정치 활동은 무척 고통스럽고 정신적으로도 지치는 직업이 되었다. 모든 정치인이 겪는 문제지만 특히 여성 정치인과 유색인종 정치인은 일상적으로 성차별과 인종차별에 노출되어 심각한 공격을 받는다. 이런 공격은 정치인들이 예전부터 늘 인식해 온 '공격받는 느낌'을 한층 강화시켰고, 그 결과 의사결정과 정책 판단에 방어적이고 폐쇄적인 태도를 갖게 된다. 정계를 떠나 더 편하고 수익성 높은 직업을 택하는 젊은 의원들이 많아지는 것만 보아도 알 수 있다. 내가 만났던 잠재적 출마자들 다수는 출마를 포기한 가장 큰 이유로 끝없는 악성 공격에 대한 두려움을 꼽았다.

::

이 책에서 다룬 세 가지 추세, 즉 지나친 중앙집중화, 점점 더 방대하고 복잡해지는 행정부의 권한 독점, 지나치게 빠른 언론 보도 주기는 그 자체만으로도 무척 해로운데, 서로 결합하면서 치명적인 독소가 되고 말았다. 그 결과 소수 권력자들에게 지나치게 많은 권한을 몰아줬고, 비대해진 행정부는 그 권한을 감당하지 못한 채 우왕좌왕했으며, 언론의 속도전에 밀린 정치인들은 정책보다 '보도 대응'에만 몰두하게 됐다. 견제는 약해지고, 왜곡된 유인 구조만 남았다.

세 가지 추세는 서로를 더 악화시킨다. 정부 권한의 중앙집중화는 장관과 공무원들만 힘들게 만든 것이 아니라 의회도 마비시켰는데, 그 어느 때보다도 훨씬 많은 법안을 처리해야 하기 때문이다. 언론 발표에 대한 압박감으로 상황은 더 나빠졌다. 이제 정부는 언론 괴물을 잘 먹이고자, 오직 뉴스거리를 만들기 위해 정기적으로 불필요한 입법을 반복하고 있다. 감시 기능 부재도 문제다. 법안에 대한 심사가 허술해지면서 권력을 중앙에 집중시키는 것이 이전보다 훨씬 쉬워지고, 심지어 당연하게 받아들여진다. 언론이 실시간으로 돌아가는 세상에서 정책 결정은 전례 없이 빠르게 이루어지고, 급하게 중앙에서 결정된 정책은 공공서비스 전반의 불안정성을 높인다. 끔찍한 혼돈이다.

이런 종류의 책들이 흔히 빠지는 함정이 있다. 초반에 문제점을 길게 늘어놓고는 마지막 장에 가서야 빈약한 대안 몇 가지로 마무리한다는 점이다. 그런 함정을 피하기 위해, 나는 문제의 흐름을 거스를 수 있는 긍정적인 추이들, 즉 앞으로 발전시켜 볼 수 있는 희망적인 조짐에 초점을 맞추려 노력했다. 그리고 마지막 장에서 이 모든 접근을 하나로 모아 개혁을 위한 실행 계획을 제시했다. 책을 처음 구상했을 때 생각했던 것보다 훨씬 급진적인 개혁안이지만, 책을 쓰는 동안 점진적 개선만으로는 지금의 위기를 해결할 수 없다는 결론에 이르렀다. 지금 우리에겐 혁명적이고 전면적인 대전환이 필요하다. 과거 보통선거를 도입하고, 전후 복지국가로 변모하고, 대처 총리가 경제 혁신을 이루었던 정도의 큰 변화 말이다.

이러한 변화는 국가 구조를 전면적으로 재설계하고 중앙정부에서 지방정부로 권한을 이양하는 것부터 시작해야 한다. 그러지 못하면 수도 이외의 다른 도시들이 잠재력을 실현할 수 없고, 중앙정부 역시 현 상태를 감당할 수 없다. 물론 총리실을 강화하고 총리 지원 체계를 마련하는 등 중앙정부 조직을 손보는 조치는 분명 도움이 될 것이다. 그러나 그것만으로는 중앙정부가 과중한 책무를 지고 있다는 근본적인 문제를 해결할 수 없다.

권한을 이양한다는 것은 지방정부에 감시와 견제의 책임도 함께 넘긴다는 의미다. 지금처럼 지방선거가 현 정권에 대한 심판 기회로만 활용되는 구조를 바꾸어야 한다. 이렇게 개편하면 정부는 보다 큰 전략적 사안에 집중할 수 있는 여유가 생기며, 의회는 국가 통치 영역에 남겨진 사안을 더 충실하게 감시할 수 있다. 그리고 지역의 이해를 진정으로 대표할 수 있는 지방 정치 구조가 확립되면 의원들은 개별 지역의 민원에 매달리기보다 더 큰 국가적 의제에 집중할 수 있다.

　권한 이양은 헌정 개혁과 함께 이루어져야 한다. 의회의 기능을 강화하고, 정치권 일각에서 악용되어 온 제도적 허점을 바로잡자는 취지에서다. 의원은 무엇보다 입법자로서의 역할에 충실해야 하고, 정부의 결정과 행동을 감시하는 역량을 갖춘 인물로 선출되어야 한다. 의원이라는 직책 자체를 더 매력적인 역할로 규정할 필요도 있다. 지금처럼 대부분의 정치인이 내각 진출을 정치 경력의 핵심 목표로 삼는 한 입법과 감시라는 의회 본연의 기능은 강화되기 어렵다. 강화된 하원이 자신의 역할을 제대로 수행한다면 상원 또한 전문 감시 기구로서의 위상을 유지하고 강화할 수 있을 것이다.

　현대 정치의 속도를 되돌릴 방법은 없다. 다만 정부가 주요 일정마다 언론 발표를 쏟아내는 이벤트 중심의 일정 대신 좀 더 현실적이고 여유 있는 정치 일정을 설계한다면 상황은 나아질 수 있다. 정부가 직접 책임지는 영역이 줄어들고, 의회나 언론 같은 견제 장치가 제대로 작동한다면 정책 결정을 졸속으로 밀어붙이지 않고 더 신중하게 결정할 여유를 갖게 된다. 동시에 좀 더 좋은 결정을 내리기 위한 책임감과 그에 따른 유인도 커진다. 지방정부의 권한이 커지면 지역 언론도 활성화될 수 있다. 중앙정부의 광고 예산을 지역 언론으로 분산하는 정책을 펴게 되면, 웨스트민스터 정가의 최신 소식만 좇는 보도보다 훨씬 의미 있는, 실생활과 더 밀접한 화제를 다루는 언론이 늘어날 것이다. 물론 언론에 대한 정부 개입은 엄격히 제한되어야 마땅하지만, 언론의 투명성을 높이고 유인

구조를 개선하는 방법은 분명히 존재한다.

::

이 책을 쓰기 위해 정말 많은 사람들과 이야기를 나누었다. 그중에는 내각 장관, 고위 공무원, 특별 보좌관, 지방정부 수장, 정책 전문가, 정치 담당 기자 등 이 책에서 중점적으로 다루는 기관에서 일한 수십 명을 포함하여 정치 최고위층 관련자들도 있다. 정책을 다루는 나의 본업과 관련해 만났던 수많은 사람들 중에는 무너져 가는 국가 시스템의 최전선에서 고군분투하고 있는 의료진, 간호사, 교사들도 있었다. 그리고 국가 시스템으로부터 소외된 일반 시민들의 목소리도 들었다.

자주 접한 질문 중 하나는 우리가 특별히 이례적인 상황에 처해 있느냐는 것이었다. 해외의 전문가들은 오히려 문제를 잘 인식하지 못했다. 우리가 보기에 영국은 심각한 상태에 빠져 있으며 다른 선진국들에 비해 뒤처지는 것처럼 보이지만, 대개 모든 나라의 시민은 자국 문제에 훨씬 민감하게 반응하며 다른 나라는 더 나을 거라고 생각한다.

실제로, 내가 비판하는 영국의 제도적 요소는 외국인의 시각으로 보면 오히려 매력적일 수 있다. 교착 상태에 빠진 의회가 대통령과 대립하는 모습을 수시로 지켜보는 미국인들의 눈에는 차라리 행정부 중심의 권력 독점이 나쁘지 않게 보일 수 있다. (물론 폭주하는 트럼프 행정부를 떠올리기 전까지는 말이다.) 독일 중앙정부에서 일하는 정치인이라면 연방 각 주의 동의 없이는 작은 공공서비스 개선도 쉽지 않은 현실에 답답해하다가 중앙정부에 권한이 집중된 체제를 장점으로 생각할지 모른다. 그리고 소말리아나 시리아처럼 진짜 실패한 국가에 살고 있는 사람이라면 도대체 무얼 그렇게 불평하는지 의아해할 수도 있겠다.

그러나 모든 것은 상대적이다. '영국의 국가 시스템이 실패했다'는 말은 한때 대체로 잘 작동했던 제도가 더 이상 제대로 기능하지 못한다는 것을 뜻한다. 애초에 제대로 된 제도조차 없었던 나라와는 아예 다른 이야기이다. 지금 영국의 생활 수준은 세계 순위로 보면 하락세긴 하지만 여전히 부유한 편에 속한다. 즉 의지만 있다면 상황을 빠르게 개선할 수 있다는 뜻이다. 경제학자 애덤 스미스는 미국 독립전쟁에서 영국군이 패배했다는 소식에 태연히 이렇게 말한 바 있다. "국가란 본래 쉽게 무너지진 않는 법이지. 이런저런 망가질 틈은 많더라도 말이야."

미국이든 네덜란드든 독일이든 나는 그 나라들이 우리가 본받아야 할 이상적인 유토피아로 보이길 원치 않는다. 모든 나라는 고유한 문제와 역사적 맥락, 그리고 저마다의 위기 사이클을 갖고 있기 마련이다. 하지만 지금 영국의 상황은 유독 심각해 보인다. 구매력을 기준으로 보면, 평균적인 영국인은 서유럽 대다수보다 훨씬 가난하며 미국인과는 더 큰 차이를 보인다. 현재 추세대로라면 슬로베니아가 곧 영국을 추월할 것이며, 2020년대 말이면 폴란드보다도 뒤처질 것이다.[10]

내가 이 책에서 다루는 문제들 상당수는 다른 선진국에도 분명 존재하는 것들이다. 그러나 영국은 그중에서도 중앙정부의 권한이 지나치게 크고 너무 많은 분야를 직접 통제하고 있다는 점에서 극히 예외적이다. 물론 과도한 중앙집권을 바로잡기 위해 반대로 권한을 지나치게 분산하면 다른 나라들이 겪는 비효율과 혼란을 그대로 따를 위험이 있다. 결코 그럴 필요는 없다. 그 사이에서 적절한 균형을 찾는 것이 중요하다.

이야기해 보니 영국 시민 대다수는 지금의 국가 시스템이 망가졌다는 사실을 어렵지 않게 받아들였다. 하지만 몇몇은 내게, 지금의 문제를 제도적 실패로 규정하는 것은 정치인들에게 면죄부를 주는 게 아니냐고 지적했다. 보수당 성향 사람들은 현재의 문제를 전임 노동당 정부로 돌렸다. 금융위기 직전까지 국가 부채를 과도하게 늘렸고 집값 폭등을 방치했으며, 전례 없는 이민을 받아들임으로써 결국 대중의 반발을 자초하지 않았느냐고, 그래서 극단적인 대중영합 정치가 나온 것 아니겠냐고 말이다. 반대로 노동당 지지자들은 보수당의 무모한 긴축재정과 브렉시트라는 자해적 선택, 보리스 존슨과 리즈 트러스의 경악스러운 무능이 위기를 불러왔다고 책임을 돌린다. 한편 급진 좌파는 양대 주류 정당 모두가 신자유주의 경제를 받아들인 공범이라고 비난하고, 극우파는 영국이 소수자나 소외자의 정체성 문제, '깨시민(wokery)'* 정치에 집착하는 '새로운 엘리트' 집단에게 점령당했다고 주장한다.

정권을 이끄는 개개인들, 그들의 이념, 그들의 정책 결정이 중요하지 않다고 주장하는 것은 결코 아니다. 이 책에서 강조하는 바

---

* 인종차별, 불평등과 같은 윤리적 문제에 민감하게 깨어 있는 시민. 최근에는 도덕적 우월감을 드러내거나 '깨어 있음'을 허세처럼 자랑하는 모습 등을 비꼬는 표현으로도 쓰인다.

는 지금의 정치인들이 나타난 이유는 그들을 만들어낸 정치 시스템에 있다는 것이다. 지금의 제도는 통치 역량과는 무관한 자질을 가진 인물들을 우선 선택하도록 하는 유인 구조를 가지고 있다. 분명히 모든 정당에는 진심으로 공공에 봉사하려는 정치인들이 있다. 하지만 그들이 꼭 지도부에 오르게 되는 것은 아니다. 가끔 통치 능력을 갖춘 인물이 정권을 잡기도 하지만 대개는 우연히 그렇게 된 것이다.

능력 있는 사람들이 권력을 잡았다고 해도 제대로 작동하지 않는 시스템에 갇히고 만다. 아무리 뛰어난 사람이라도 나쁜 시스템을 이겨낼 수는 없다. 총리직에 올라 다우닝가에서 짧게라도 지내본 사람이라면 누구나, 자신이 가진 실질적 권한이 얼마나 적은지 알게 된다. 부처 장관들 또한 예외가 아니다. 서로 협력하는 것이 더 도움이 될 것임을 알면서도 자신이 속한 부처의 예산과 위상을 놓고 다른 장관들과 경쟁한다. 공무원들의 노고를 인정하지만 그들로부터 자신이 제대로 지원을 받지 못하고 있으며, 제대로 성과를 내지 못하고 있다고 생각한다.

헬렌 맥나마라(Helen MacNamara)는 2021년 퇴임 전까지 정부 최고위 공무원 중 한 명이었다. 그녀는 이렇게 말한다.

"사람들이 생각하는 정부의 모습과 정부의 실제 작동 방식 사이에는 엄청난 간극이 있습니다. '이 장관이 무능하다, 저 특별 보좌관이 문제다' 말하는 것은 쉽지요. 정당하든 아니든 개개인에 대해 다양한 의견을 가질 수 있습니다. 하지만 실제로는 정부의 운영 방식을 지탱하는 구조적 기반 자체가 사람들이 상상하는 것과 완전히 달라졌습니다."[11]

고위 공직자 사이에는 이런 상황에 대한 깊은 좌절감이 퍼져 있다. 헬렌처럼 가장 높은 위치에 있던 사람들은 줄줄이 사임했고, 전임 내각 사무처장들이 차세대 지도자로 점찍었던 인물들은 민간 부문이나 비영리단체에서 일하고 있다. 남아 있는 사람들 역시 상황이 나아질 거라는 기대를 잃어가고 있다. 정부와 협업하는 조직, 즉 시민단체나 자선단체, 정책연구소 등의 책임자들도 매일 같이 겪는 무능과 비상식을 토로한다. 의료 분쟁 속에 병원 예약을 하지 못하거나, 파업으로 열차 운행이 취소된 사실을 역에 도착해서야 알게 된 시민들 모두 마찬가지다.

요컨대 지금은 그 누구도 만족하지 못하는 상황이다. 어떤 이념 진영도 자기들 뜻대로 되고 있다고 여기지 않는다. 자유주의 성향의 보수당원들은 역대 최고 수준으로 치솟은 세금 부담률과 정체된 개발계획 때문에 실망했다. 재정 건전성을 중시하는 이들은 국가 부채가 수십 년 전이라면 상상도 못 할 만큼 치솟은 데 경악했다. 사회 보수주의자는 순이민 규모가 사상 최대치를 훌쩍 넘어선 것을 목격했다. 중도 좌파는 공공서비스가 붕괴 직전으로 무너져 내려 기본적인 운영 기준마저 지키지 못하는 상황에 좌절했다. 아동 빈곤율은 사상 최고 수준이고 노숙자 인구는 증가 추세에 있다.[12]

모두가 동의하는 한 가지 사실은 시스템이 망가졌다는 것이다. 심지어 리시 수낙 총리조차 2023년 보수당 전당대회 연설에서 이렇게 말했다.

"우리 정치는 지금 제대로 작동하지 않고 있습니다. 지난 30년 간 우리는 '올바른' 결정이 아니라 '쉬운' 결정을 유도하는 정치 시스템 속에서 살아왔습니다. 지난 30년간 변화를 가로막는 기득권 세력의 장벽 아래 단기적인 언론 보도 말고는 별다른 성과도 없는, 겉만 번지르르한 약속만이 이어져 왔습니다. 그 이유가 무엇일까요? 우리의 정치 시스템이 장기적 성공이 아닌 단기적 이익에만 집중하기 때문입니다. 정치인들은 실제로 변화를 만들어내기보다 변화를 외치는 선거운동에 더 많은 시간을 쏟고 있습니다."[13]

역설적이게도 이 말은 그 지난 30년 중 대부분을 집권했던 정당의 현직 당수가 한 말이다. 안타깝게도 수낙은 자신이 비판한 그 정치 문화를 바꿔보려는 어떤 시도도 제대로 하지 않았다. 심지어 바로 그 연설에서, 그는 아무런 사전 협의도 대안도 없이 HS2 고속철도 프로젝트의 두 번째 구간을 전격 취소하는 '전형적인' 단기적 결정을 내렸다.

물론 확실한 의지만 있다면 총리 한 사람만으로도 큰 변화를 만들어낼 수 있다. 현재 정치가 제대로 작동하지 않는 것은 사실이지만 원래부터 그랬던 것은 아니다. 핵심적인 문제에 집중하고 권력과 통제권을 내려놓아야 한다는 장기적인 시각을 가져야 한다. 수낙이 한 것과 반대로 말이다. 데이비드 로이드 조지, 클레멘트 애틀리, 마거릿 대처 같은 총리가 될 기회는 누구에게나 열려 있다. 최근의 총리들은 그 기대치에 한참 못 미쳤지만 말이다.

지금 정치가 망가진 건, 단지 정치인의 개인적 역량 부족 때문도 아니고, 정치 성공을 왜곡된 방식으로 보상하는 구조 때문만도 아니다. 국정 운영 시스템을 고치려는 시도가 외면당하는 또 다른 이유는, 이 문제가 정치에 집착하는 괴짜들이나 신경 쓰는 사소한 일처럼 여겨지기 때문이다. 이런 태도는 어디서나 볼 수 있다. 심지어 지금까지 언급한 문제들을 어느 정도 잘 알고 있는 전문 평론가들조차 그렇다. 그럴 만한 이유도 있다. 인터뷰를 해보면 사람들은 의회 제도 개편이나 지방정부 구조 같은 주제보다 이민 문제나 사형제도 같은 주제에 훨씬 더 열띠게 반응한다. 라디오 생방송에서 청취자 전화를 유도할 때도, 입법 절차나 사법 감시 체계보다는 국민건강보건서비스나 교육 문제에 관한 의견을 묻는 것이 더 많은 참여를 이끌어낼 수 있다. 물론 이런 주제들도 사소한 것은 아니지만, 의회 제도나 지방정부 구조 같은 정치의 근간을 이루는 주제들은 일반 대중에게는 복잡하고 이해하기 어려울 수 있다. 국정 전반에 대한 일반 시민들의 관심도가 낮은 것도 어찌 보면 당연하다. 하지만 이는 결코 사소한 문제가 아니다. 우리가 분노하고 걱정하는 현실의 모든 문제의 뿌리가 바로 여기 있기 때문이다.

국정 운영이니 헌정 실패니 하는 문제는 본질적으로 추상적인 데다 대부분의 사람들에게 너무 멀고 어렵게 느껴진다. 그러다 보니 왜 십수 년간 월급이 오르지 않는지, 왜 병원 진료 하나 예약하기도 어려운지, 왜 해변에는 오물이 넘쳐나는지 묻는 사람들에게, 이 문제가 정부 구조나 장관들의 법안 발의 일정 때문이라고 설득하기도 어려운 일이다. 그래서 현재의 위기는 이전과 달리 자체 강화되는 특성을 띤다. 상황이 나빠질수록 제도 개혁 논의 같은 난해한 주제는 쉽사리 무시된다. 심지어 의회 건물 곳곳이 무너질 위기에 처했는데도 의원들은 자기들 편의만 챙긴다는 비난이 두려워 건물 수리 예산안조차 통과시키지 못하고 있다.

그러나 1911년, 1945년, 1979년에 그랬듯 지금의 위기도 어느덧 한계점에 다다랐다. 정치인과 정치 제도에 대한 신뢰는 사상 최저 수준으로 떨어졌다. 여론조사 기관 입소스(Ipsos)는 40년간 다양한 직업군에 대해 신뢰 수준을 조사해 왔는데, 정치인에 대한 신뢰도는 9퍼센트에 불과하다. 부동산 중개업자조차 28퍼센트를 기록했는데 말이다.[14] 사람들은 제도가 아무것도 해결하지 못한다고 생각하는데 아주 틀린 생각은 아니다. 사람들은 제도보다는 개개인을 비난하고 있다. 그러나 제도를 바꾸는 힘은 그 개개인에 있다.

웨스트민스터 안팎에서 일하는 많은 사람들은 지금 언급된 주제들에 대해 고개를 절레절레 흔들며, 진전은 기대할 수 없다고 생각할지 모른다. 야당 시절에는 개혁을 부르짖다가도 막상 집권하면 절대 권력을 내려놓지 않으며, 자신들을 감시하고 견제하는 권한을 타인에게 넘기지 않을 것이라는 게 모든 이들의 암묵적인 전제다.

하지만 위기 사이클을 끝마치려면 기존 질서를 뒤엎는 변화가 필요하다. 그게 2년이든, 10년이든, 20년이든, 어떤 정부든 망가진 시스템으로는 아무것도 이룰 수 없다는 사실을 깨닫게 될 것이다. 그리고 우리에게는 시간이 그리 많지 않다.

1부

과부하
OVERLOADED

제1장

닌자는 없다

총리실과 재무부는
어떻게 정부를 집어 삼켰는가

"어딘가에 비밀스러운 은신처가 있을 거라고 믿는가.
마치 제임스 본드 영화처럼, 문을 열면
조용히, 모든 걸 다 꿰뚫어 보며 움직이는
진짜 닌자들이 있는 곳.
하지만, 닌자는 없다. 문도 없다."
|도미닉 커밍스(Dominic Cummings)|[1]

"재무부를 개혁하는 것은 크렘린이나 바티칸을 개혁하려는 것과 같다.
마지막에 웃는 것은 결국 그들이다."
|해럴드 맥밀런(Harold Macmillan)|[2]

● 정치에 관심이 있는 사람이라면 누구든, 다우닝가 10번지, 총리 관저 문을 열고 들어오는 순간 다소 신비로운 느낌을 받는다. 윈스턴 처칠이 앉았던 내각 회의실 책상, 역대 모든 영국 총리의 초상화가 걸린 유명한 층계참(리즈 트러스 포함!), 그 아래 놓인 프랑수아 미테랑 프랑스 대통령이 마거릿 대처에게 선물한 거대한 지구본. 그 지구본에는 포클랜드 제도가 '말비나스 제도'로 표기되어 있었고 대처는 경악하며 외교 분쟁을 일으킬 뻔했다.* 대처의 연설문 작성가였던 로니 밀러(Ronnie Millar)는 이렇게 썼다. "그 자리에 서 있으면서도 감동하거나 겸허해지지 않는다면, 당신은 참 무심한 사람이다. 그곳은 영국 역사를 이끌어 온 기관실이니까 말이다."[3]

동시에 그곳은 현대 선진국의 경제를 이끌어가기에는 완전히 우스꽝스러운 곳이기도 하다. 밖에서 볼 때보다 안이 넓기는 하지만, 집 세 채를 비틀어 붙여 만든 구조여서 여전히 비좁다. 방은 좁아터졌고 복도는 어디로도 이어지지 않는다. 격식을 차린 공식 만찬을 제외하면 지하에 있는 작은 구내식당에서만 음식을 먹을 수 있다. 수년 동안 총리들은 총리 관저 여기저기서 일해 왔지만 요즘은 보통 내각 회의실 옆의 작은 방을 집무실로 쓰는 추세다. 총리와 가까이 있는 것이 중요하다 보니, 국가 핵심 인사들이 원래는

---

* 마거릿 대처는 포클랜드 제도의 영유권을 주장하며 침공한 아르헨티나와 포클랜드 전쟁을 벌여 포클랜드 제도를 수호했다. 말비나스 제도는 아르헨티나에서 포클랜드 제도를 부르는 이름이다. 미테랑이 대처에게 말비나스라고 적힌 지구본을 선물한 의도에 대해서는 실무자의 단순 실수였다는 설부터 프랑스가 아르헨티나의 좌파 정부와의 연대를 강조하기 위한 것이었다는 설까지 다양한 의견이 제시된 바 있다.

가까운 창고나 대기실이었던 방에 흩어져 구겨진 채 일하게 된다. 토니 블레어 총리의 비서실장 조너선 파월(Jonathan Powell)은 일기장에 쓰기를, 다우닝가에서 누가 어느 방을 쓸지 정하는 것이 '북아일랜드 문제를 해결하는 것보다 훨씬 어려웠다'고 했다.[4]

거기서 일해 본 사람이라면 누구나 그 건물이 업무 공간으로 적합하지 않다는 것을 바로 알 수 있다. 내가 만난 직원들 사이의 공통된 의견은 한 전직 보좌관의 말로 요약할 수 있다. "그곳은 의전용으로만 써야 하고 총리는 다른 곳으로 가야 합니다. 공간은 분명히 실질적인 영향을 줍니다. 사람들이 이상하고 비좁은 방에 갇혀 있었습니다. 그곳에 있는 것이 정말 싫었죠. 아주 끔찍한 곳이에요."[5]

현대적인 개방형 사무실을 만들려는 시도는 여러 차례 있었다. 파월은 다우닝가 10번지를 '현대 정부의 본부로는 놀라울 정도로 부적합한 장소'[6]라고 묘사했으며, 총리 집무실을 웨스트민스터의 엘리자베스 2세 센터로 옮기자는 구상을 내놓기도 했다. 고든 브라운은 다우닝가 12번지의 넓은 사무실에서 언론담당실을 내쫓고 그곳에 주요 보좌관과 공무원들을 반원형으로 배치하여 자신과 함께 일하도록 했다. 테레사 메이의 참모들은 메이가 전국을 돌며 브렉시트 합의안을 선전할 때 내각 사무처 안에 개방형 사무실을 임시로 구성한 적이 있다. 도미닉 커밍스도 그 방식을 채택해 상시화하려 했지만 보리스 존슨은 집무실을 옮길 생각이 없었다.

이런 시도가 자리 잡지 못한 이유는 향수, 관례, 관성 등의 결합이다. 총리가 되는 소수 몇몇은 대부분 평생 그 자리를 꿈꿔 온 이들이다. 당연히 그 역사에 강한 애착을 느낀다. 또한 총리들은 산더미 같은 현안 속에 파묻혀 있으므로 집무실을 바꾸는 문제는 우선순위에서 밀리기 마련이다. 경제, 주택, 보건 문제 해결을 기대하는 유권자들 앞에서 자기 사무실에 신경 쓰는 모습은 자기 잇속만 챙기는 것처럼 보일 수도 있다.

하지만 이런 요소들은 단순히 불편한 것을 넘어, 생각보다 훨씬 큰 차이를 만든다. 건물의 지리적 구조 자체가 정부 운영 방식에 영향을 주는 것이다. 총리 가까이에 있는 정치 비서나 언론담당실과 달리 정책실은 보통 건물 3층, 맨 위쪽 구석에 떨어져 숨어 있다. 테레사 메이 총리의 초대 비서실장이었던 닉 티모시(Nick Timothy)는 '그들은 남는 방에 들어간 청소년 같다'고 말했다.[7] 자연스럽게 정책실은 중요한 순간 자리를 비울 때가 많고 자신들의 의견을 효과적으로 밀어붙이기도 힘들다. 정책보다 정치가 우위를 점하게 만드는 구조인 것이다.

가장 큰 문제는 국가를 효과적으로 운영하는 데 필요한 인력을 수용할 만한 공간 자체가 부족하다는 것이다. 1980년대 초 대처의 정책실을 이끌었던 퍼디난드 마운트(Ferdinand Mount)는 대처의 보좌진 규모가 '독일의 어느 대도시 시장이 거느린 보좌진보다 훨씬 작은 규모'[8]였다고 지적했다. 그 후로 총리실 인력이 다소 늘기는 했다. 100여 명 규모에서 그 두 배에 가까워졌고, 다우닝가 11번지와 12번지에도 흩어져 있다. 그럼에도 다른 국가 지도자들과 비교하면 여전히 턱없이 적은 수준이다. 게다가 직원 대부분은 행정, 일정 조율, 홍보 및 언론 대응 업무에 집중하고 있다.

정책 영역만 놓고 보면, 총리들은 보통 10~12명 정도로 정책실을 꾸린다. 이들은 대부분 특별 보좌관이며 각자 한두 개 부처를 담당한다. 때로는 그보다 인력이 더 적기도 하다. 트러스 정부에서는 25세 보좌관 한 명이 교육, 보건, 복지 세 부처를 동시에 담당했다. 이 세 부처의 예산은 연간 약 5,000억 파운드에 달한다. 총리는 또한 6~7명으로 구성된 비서실을 두고 있는데 이 공무원들은 여러 부처를 묶어 담당하고, 총리와 정부 조직 간 정보 흐름을 조율한다. 이들이 과로에 시달린다는 것은 예상할 만하다. 전략적 사고는커녕, 사고 자체를 할 시간이 아예 없다.

몇십 년 전까지만 해도 이런 문제는 그다지 중요하지 않았다. 총리의 책임 범위가 지금처럼 넓지 않았기 때문이다. 공식적으로 헌법상의 정의가 내려지지 않은 채로 총리가 감당해야 할 책임은 국가가 커지고 중앙집중화될수록 점점 비대해졌다. 19세기 후반, 총리직은 현재와 유사한 형태로 자리 잡았지만 그 당시 국가의 규모는 지금과 비교할 수 없을 만큼 작았다.

두 차례의 세계대전으로 인해 국가의 총력전 체제 운영을 위한 중앙집중화가 급속히 이뤄졌다. 그러면서 대통령 같은 총리가 두 차례 등장했는데 바로 데이비드 로이드 조지와 윈스턴 처칠이다. 그들은 기존 정당 조직에서 원활하게 활동하기보다는 언론 재벌들과의 긴밀한 관계를 통해 의원들 너머로, 대중에게 직접 호소하는 경향이 있었다. 두 사람 모두 총리의 역할을 확대했다. 로이드 조지는 점점 규모가 커지는 보좌진을 지원하고자 모든 부처를 조율하는 내각 사무처를 중앙정부 내에 만들었다. 처칠은 전쟁 중에는 평상시 총리직 범위를 훨씬 뛰어넘는 막강한 지휘 체계를 구축했지만 전쟁이 끝난 뒤에는 이전의 전통적 구조로 회귀했다. 영국에서 총리는 대개 소규모 비서실과 언론 비서 한 명 정도만 지원받았다. 당시에는 원칙적으로도 실제로도, 총리는 내각 회의를 주재하고 국가 전체의 전략 방향을 설정하되 국가 안보를 제외한 일상 행정에는 개입하지 않았다.

하지만 전쟁 이후 국가 규모가 커지면서 총리가 주의를 기울여야 할 정책 영역도 함께 확대되었다. 처칠은 전쟁이 끝난 뒤 맡은 두 번째 임기 동안 해럴드 맥밀런에게 '요즘 내각 회의에서는 제1차 세계대전 전이라면 한 회기 내내 논의할 만한 의제가 두세 개씩 논의된다'고 불평하곤 했다.[9] 역사학자 피터 헤네시는 총리와 관련된 정책 분야별 문서량을 1948년, 1952년, 1958년, 1965년 기준으로 조사했다. 그 결과 특히 경제 및 국내 정책 분야에서 문서량이 꾸준히 증가하는 것으로 드러났다.[10]

총리 질의응답(Prime Minister's Questions, PMQ)이 정례화된 것도 총리들이 정부 활동 전반에 더 많은 관심을 가지게 된 원인이다. PMQ는 1961년에 주 2회로 처음 도입되었다. 초기에는 지금보다 훨씬 차분한 분위기였고 답변을 담당 장관에게 넘기는 일도 흔했지만 대처가 이러한 관행을 변화시켰다. 노동당의 닐 키녹(Neil Kinnock)은 야당 대표로서 모든 질문 기회를 꾸준히 활용한 최초의 인물이었다.

이처럼 총리의 역할과 책임 범위가 확대되면서 총리들은 자신만의 참모 조직을 구축하기 시작했다. 히스가 도입한 '정책연구원(think-tank)'은 공무원 집단이지만 전통적이지 않은 방식으로 채용되어 내각 사무처에 배치되었고, 명목상으로는 내각 전체를 위한 보고서를 작성하는 업무를 맡았지만 실제로는 히스의 정책 구상을 지원했다. 히스를 꺾고 재집권한 해럴드 윌슨은 몇몇 인사들을 임명해 정책실을 만들기로 결정했고, 대처는 이 조직을 그대로 유지했다. 에드워드 히스, 해럴드 윌슨, 제임스 캘러헌 등은 이전보다 훨씬 더 정부 운영의 세부 내용까지 깊이 관여했던 총리들이다. 하지만 이들의 관심사는 대부분 불안정한 경제를 통제하는 일에 집중되어 있었고, 고위 보좌관, 재무장관과 함께 물가, 임금, 환율 규제 같은 사안들을 조정하고, 강력한 권한을 가진 노동조합 지도자들과 협상하는 데 많은 시간을 쏟았다.

대처 총리가 집권하면서 초대 재무장관인 제프리 하우(Geoffrey Howe)와 그의 후임자 나이절 로슨(Nigel Lawson)은 기존 방식을 완전히 버리고 경제 규제를 완화하는 정책을 폈다. 결과적으로 이들의 무질서한 규제 완화 정책은 수많은 문제를 초래하긴 했지만(후속 장에서 자세히 다룬다) 총리가 직접 경제를 관리하는 데 쏟는 시간을 줄이고 예전보다 넓은 정책 영역을 다룰 여유를 주었다. 대처는 이념적이고 혁신적인 성향이 강한 지도자였고, 세부 사항까지 집요하게 파고들 줄 아는 사람이었다. 광범위한 정책 분야에 직접 개입했고, 질의응답에서 어떤 질문을 받아도 자신 있게 답변을 내놓았던 최초의 총리였다.

이는 중대한 전환점이었다. 대처의 전임자 캘러헌은 내각에서 총리직의 '상대적인 한가함'에 대해 이렇게 말한 바 있다. "총리는 정부에서 가장 바쁘게 일해야 하는 자리는 아닙니다. 이상적으로, 총리는 내각의 일상 업무에서 약간 물러서서 의회와 대중의 여론 모두를 살필 수 있어야 합니다."[11]

대처의 접근은 달랐다. 그녀는 내각을 완전히 장악했고, 특히 두 번째 임기부터는 더더욱 그러했다. 언론은 총리를 강렬하고 일관된 인물로 묘사했고 그녀 역시 그런 이미지가 자신에게 도움이 된다는 사실을 잘 알고 있었다. 대처는 주요 언론과 편집자에게 훈장을 수여해 보답했고, 이들을 규제하려는 독립기관의 독과점 규제 결정에 개입하는 등 언론 재벌과 긴밀한 관계를 유지했다. 또한 민영화가 불가능한 공공 영역에까지 시장주의적 이념을 밀어붙이며 지방정부의 권한을 회수하는 등, 극단적인 중앙집중화를 초래했다(2장을 보라). 대처 이후 중앙정부에서 민간 기업에 공공서비스를 위탁하는 계약은 큰 폭으로 증가했다(3장을 보라).

대처는 놀라울 만큼의 소규모 참모진으로 오랜 기간 영국을 이끌었다. 이는 대처 개인의 엄청난 업무 능력 덕분이었다. 그러나 시간이 흐를수록 스스로 떠안은 과도한 책임에 결국 짓눌리고 말았다. 재무장관을 비롯한 주요 장관들과 사이가 틀어졌고, 인두세(poll tax)라는 잘못된 정책을 고수하다가 커다란 반발에 직면했다. 그러면서도 국민을 제외하면 자신을 자리에서 물러나게 할 수 있는 유일한 집단인 의원들과는 거의 시간을 보내지 않았다.

대처의 뒤를 이은 존 메이저 총리는 내각 중심 통치 원칙을 되살리려 애썼다. 그가 총리를 맡았던 시기는, 위기 상황이 아닌 평상시에도 내각에서 진지한 토론이 꾸준히 이뤄졌던 마지막 시기로 평가되고 있다. 또한 1995년에 마이클 헤젤타인(Michael Heseltine)을 부총리로 임명하여 정부 정책 의제와 대외 발표에 걸친 광범위한 권한을 부여하는 등 신뢰할 수 있는 동료들에게 권한을 분산시키는 방식을 택했다.

하지만 대처 집권기를 거치며 총리의 역할은 이전보다 확실히 확대되었고, 중요한 사안은 모두 총리가 직접 챙기는 것이 당연하게 생각되었기 때문에 메이저 총리의 새로운 시도는 어려움을 겪었다. 유럽 문제를 두고 내분을 벌이던 보수당*, 의회 내 미미한 과반 의석, 끊임없이 이어지는 '부패와 추문(sleaze scandals)'은 어느 총리라도 감당하기 어려웠겠지만, 총리실 내부의 조직적 지원이 부족했던 것이 상황을 더욱 악화시켰다. 그의 보좌진은 점점 더 빨라지는 언론 보도 주기를 감당하지 못했다. 메이저가 당원이 아닌 공무원을 언론 담당 비서로 기용했던 것 또한 존경할 만하지만 시대에 맞지 않는 과거 회귀적 방식이었다. 급속한 경제성장이란 업적에도 불구하고 메이저는 1997년 총선에서 노동당에 압도적으로 패하며 밀려나고 말았다.

토니 블레어와 보좌진은 그 모습을 모두 지켜보았다. 그들은 총리가 살아남기 위해서는 완전히 새로운 접근법이 필요하다는 것, 그리고 언론 환경이 과거와는 전혀 달라졌다는 점을 깨달았다. 공간의 물리적 제약에도 불구하고 블레어는 어떤 전임 총리도 시도하지 않았던 방식으로 새롭게 정부 운영을 밀어붙일 수 있는 '기구

---

* 마스트리흐트 조약(정치, 경제, 외교 등 포괄적인 통합을 목표로 하는 유럽연합 창설) 비준을 둘러싼 보수당 내 극렬한 반대를 가리킴.

(machine)'를 구축했다. 먼저 정치 라인을 강화해 앨러스테어 캠벨 (Alastair Campbell)은 24시간 실시간 뉴스 시대에 걸맞은 대규모 언론대응실을 만들었고, 조너선 파월은 최초의 정식 비서실장으로 임명되었다. 두 사람 모두 공무원을 지휘할 수 있는 공식 권한을 부여받았다.

초기에는 이 새로운 운영 방식이 매우 효과적으로 작동했다. 보수당은 혼란에 빠져 있었고 블레어는 두 번째 총선에서 다시 큰 의석 차로 승리했다. 그러나 정책 부문은 상황이 달랐다. 첫 번째 임기 내내 그는 공공서비스 개혁을 총리실에서 주도하지 못하는 현실에 불만을 느끼고 있었다. 블레어의 정치 비서였던 샐리 모건 (Sally Morgan)은 이렇게 말했다.

"우리는 우리가 원하는 결과를 얻지 못하고 있었습니다. 총리는 점점 더 답답해했죠. 어느 순간 사람들을 불러 모아서는 '걸림돌이 뭡니까? 뭐가 필요하죠?' 하고 묻기 시작했어요. 그렇지만 사람들이 말한 것을 어떻게 실행할 수 있는지 몰랐습니다."[12]

캠벨은 블레어가 첫 번째 임기에서 이룬 성과를 과소평가한다고 느끼면서도 대체로 동의했다. "사람들은 총리가 눈앞에 놓인 버튼을 누르기만 하면 뭔가 작동할 거라 생각했어요. 물론 가끔은 그랬죠. 하지만 대부분은 그렇지 않았어요. 우리가 정권을 잡았을 때 가장 놀랐던 것은, 어떤 정책이 제대로 작동하고 있는지에 대해 진지하고 체계적으로 평가하는 체계가 없다는 것이었습니다. 모든 것이 너무 즉흥적이고 뒤죽박죽이었어요."[13]

2001년에 블레어는 전 BBC 사장이었던 존 버트(John Birt)에게,

정부 운영의 핵심을 근본적으로 다시 설계해 달라고 요청했다. 재임 중 총리가 그러한 질문을 전략적으로 고민한 유일한 사례였다(대개는 근시안적인 미봉책과 조직개편에 그친다). 이에 버트는 비대해진 내각 사무처를 정비하고 기존 총리실과 합쳐 새로운 '총리부(prime minister's department)'를 만들자고 제안했다. 총리부는 넓은 개방형 사무실에 마련하고, 다우닝가는 공식 행사용으로만 사용하자는 구상이었다.[14]

이 구상은 논리적이었지만 재무부와 당시 내각 사무처장이었던 리처드 윌슨(Richard Wilson)의 반대에 부딪혔다. 윌슨에게 있어서 내각 사무처는 부처 간 갈등을 조율하고 집단 의사결정을 관리하며 내각 전체를 대표하는 역할이므로 총리실과 구분되는 것이 당연했다. 윌슨의 아내 수잔이 쓴 회고록에도 이러한 관점이 확연히 드러난다. '총리는 사실상 집행 권한이 없고, 그 권한은 비서관이나 다른 장관들에게 분산되어 있으므로 그 책임 소재 역시 다우닝가와 내각 사무처로 나뉘는 것이 자연스럽다.'[15]

반면 블레어의 수석 비서관으로 17년간 총리실의 핵심 실무자였던 제러미 헤이우드(Jeremy Heywood)는 그렇게 뚜렷한 구분을 두지 않았다. 현실에서는 총리가 실질적인 집행 권한을 행사한다. 자신의 뜻에 반하는 장관을 언제든 해임할 권한을 가지기 때문이다. 그리고 더 결정적으로 언론과 유권자들은 총리가 권한을 가지고 있다고 인식한다. 대처 이후, '내각 중심 통치'란 메이저 총리 시기에 잠깐 되살아났던 것을 제외하면 환상에 가깝다. 그럼에도 중앙정부 제도는 여전히 이 환상을 버리지 못하고 있다.

윌슨과 헤이우드는 절충안을 택했다. 내각 사무처와 총리실을 구분하되, 총리실에 두 개 조직을 신설해 그 기능을 강화하기로 한 것이다. 하나는 성과관리실로, 유능한 공무원인 마이클 바버(Michael Barber)가 교육부에 구축한 모델을 기초로 만들어졌다. 다른 하나는 전략실로, 그동안 일상 현안에 매몰되어 수행하지 못했던 중장기 정책 분석을 담당하도록 설계되었다.

블레어 총리 재임 기간 내내 총리실은 그 어느 때보다 실질적으로 작동한 중앙정부의 핵심이었다. 전략실은 방대한 데이터를 바탕으로 정부의 내막을 잘 아는 인물들과 외부 전문가들의 통찰을 결합한 상세 보고서를 꾸준히 써냈다. 이들 중 보육 정책에 관한 보고서 등 일부는 정책 방향에 큰 영향을 미쳤고, 대체로 정교한 분석에 기반하여 중장기적인 안목을 더한 접근이었다. 당시 전략실에서 일했고 지금은 화이트홀 고위직에 있는 한 공무원은 이렇게 말했다.

"범죄 관련 보고서 중 하나는 극소수 사람들이 대부분의 범죄를 저지르고 있다는 것을 처음 알게 해준 자료였습니다. 교통 보고서는 우리가 현재 겪고 있는 주요 교통 문제들을 기본적으로 짚어낸 것이었지요. 정말 뛰어난 보고서들이 많았어요. 그런데 그 뒤로는 아무도 그런 작업에 시간을 들이지 않았습니다."[16]

성과관리실은 마이클 바버가 직접 이끌었고 학교 성취도, 국민건강보건서비스 대기 시간, 교통 개선, 내무부 행정 효율 등 블레어의 네 가지 핵심 우선 과제에 집중했다. 내무부 행정 효율은 특히 반사회적 행동과 이민 문제에 집중했다. 각 분야에서 정부는 눈에 띄는 전진을 이루었고, 이후 어떤 총리도 그런 방식으로는 성공하지 못했다. 이 접근법에 대해서는 많은 평가가 있었고, 바버 자신도 저서 『Instruction to Deliver(성과를 전달하라)』에서 설명한 바 있다. 핵심은, 몇몇 목표에 집요하게 집중하고 정기적으로 총리와 함께 성과 점검 회의를 열어 부처가 해당 목표에 대해 어떤 진전을 이뤘는지를 따져 묻는 것이다.[17]

이 '목표'는 3년마다 열리는 지출 심사 과정에서 각 부처가 재무부로부터 예산을 배정받는 조건으로 체결하는 공공서비스 협약의 일부였다.[18] 목표를 달성하는 것은 해당 부처가 총리실과 재무부 양쪽으로부터 신뢰를 유지하는 데 중요했기 때문에 장관과 고위 관료들은 목표 달성을 제1순위로 삼게 되었다. 만약 목표 달성에 어려움을 겪을 경우, 바버가 이끄는 소수정예로 선발된 중앙팀의 지원을 받을 수 있었다.[19]

성과관리실과 전략실은 블레어의 뒤를 이은 브라운 정부에서도 유지되었지만, 재무장관 출신이던 브라운이 총리 역할에 적응하는 데 어려움을 겪고 뒤이어 어마어마한 금융위기가 닥치면서 별다른 효과를 내지 못했다. 이어서 캐머런이 총리를 맡게 되자 결국 시스템은 완전히 해체되었다. 캐머런의 정치 라인은 이 시스템이 중앙에서 모든 것을 장악하려 한 블레어의 잘못된 방식이었다고 판단했다. 하지만 그들은 국가 운영을 재설계하려는 원대한 계획을 세우면서도 정작 지방정부의 역할에는 아무런 관심이 없었다. 캐머런의 수석 비서관인 스티브 힐턴(Steve Hilton)은 이런 모순을 그대로 보여주는 인물이었다. 그는 강력한 중앙조직은 필요 없다고 대수롭지 않게 말하면서도 동시에 엄청나게 야심 찬 정책 목표를 주장하곤 했다.

캐머런 정부에서 내각 사무처의 정책 총괄 책임자로 임명된 올리버 레트윈(Oliver Letwin) 또한 마찬가지였다. 그는 대처의 정책실에서 특별 보좌관으로 일한 적이 있었던 만큼 과거로 회귀하고자 했다. "대처 총리는 다섯 사람만으로 국정을 운영했습니다. 그때 가능했다면 지금 안 될 이유가 없습니다."[20]

레트윈은 연립정부 내에서 두루 호감과 존경을 받았지만 이 점에서는 시대의 변화를 완전히 놓치고 말았다. 대처 이후로 총리의 역할과 중앙정부의 책임이 근본적으로 달라졌기 때문이다.

총리실의 규모를 대폭 축소한 조치가 무척이나 부적절하다는 사실은 곧바로 드러났다. 정부 전반에서 각 부처 장관들이 사실상 제약 없이 움직일 수 있었고, 이는 전반적인 국정 전략과 전혀 맞지 않는 다양한 정책들이 난립하는 결과로 이어졌다. 예를 들어 보건부 장관 앤드루 랜슬리(Andrew Lansley)가 추진한 국민건강보건서비스 개혁안은 처음 구상보다 훨씬 방대한 규모로 불어났다. 2010년 말까지, 총리실에서 미처 파악하지 못한 채 각 부처들이 독단적으로 벌인 일들로 인해 부정적인 언론 보도가 줄줄이 쏟아졌다. 가령 환경식품농림부는 대규모 국유림 매각을 추진했고, 교육부는 아동 도서 자선단체에 예산을 끊겠다는 서한을 보냈다. 교육부의 이 같은 조처는 크리스마스에 영국의 대표 작가들이 줄줄이 이름을 올린 공개 항의 성명 발표로 이어졌다.[21]

캐머런은 실수를 깨닫고 정책실에 더 많은 보좌관을 배치해 부처별로 밀착 대응할 것을 지시했다. 그러나 늦은 조치였다. 권위가 손상된 총리실은 블레어 시절에 비하면 그림자 같은 존재로만 남게 되었다. 2012년, 헤이우드와 잘못을 인정한 레트윈이 총리를 설득해 블레어 시절의 성과관리실과 무척 유사한 구조로 정책이행실을 만들었다.²² 이후 미세한 조정을 거쳐 오늘날까지 이 구조가 유지되고 있다. 흥미로운 것은 어느 보수당 총리도 블레어식 전략실을 재건하려 하지 않았다는 것이다. 이는 장기적인 정책 설계에 대한 관심이 거의 사라졌음을 보여준다.

이처럼 다양한 형태로 존재했던 정책실과 성과관리실에는 언제나 유능하고 헌신적인 인재들이 있었지만, 다시는 2001년부터 2007년 사이만큼 강한 추진력을 보이지 못했다. 부분적으로는 그 시기가 상대적으로 평온했던 덕분이기도 하다. 경제는 성장 중이었고 영국 내에도 이렇다 할 큰 위기가 없었다. 하지만 더 큰 이유는, 이후의 그 어떤 총리도 장기 정책이나 공약 이행에 그렇게 많은 시간과 열정을 쏟으려 하지 않았기 때문이다. 또한 화이트홀 전반에 영향력을 발휘했던, 성과관리실의 마이클 바버나 정책실의 데이비드 밀리밴드(David Miliband), 앤드루 어다너스(Andrew Adonis) 같은 인물이 없었던 탓이다. 총리들은 이를 몹시 답답하게 여겼고 실제로 여러 차례 마이클 바버를 다시 불러들였다. 보리스 존슨은 그에게 정부 이행 체계 전반을 검토해 달라고 말했고, 리시 수낙은 직업기술 교육 개혁 추진 상황을 점검할 것을 요청했다.²³

정부 운영의 핵심을 평가하는 비평가들은 블레어 정부를 가장 효과적이었던 모델이자 미래의 총리들이 본받아야 할 이상으로 간주하곤 한다. 그러나 이는 핵심을 놓친 판단이다. 블레어 시기에는 유능한 인재와 안정된 국내외 환경, 전략적 사고를 갖춘 열정적인 총리 모두가 갖춰져 있었지만, 그럼에도 중앙정부가 현대의 국정을 조율할 능력에 근본적인 한계가 있음을 보여주었다. 헤이우드와 바버 등은 단기간에 뛰어난 운영 능력을 보여주며 오히려 기대치를 비현실적으로 높여 놓았고 사람들은 문제의 본질을 외면하게 되었다. 진짜 문제는 중앙정부가 너무 많은 일을 하려 하고 지나치게 극심한 압박을 받는다는 것이다. 블레어가 총리직에서 물러난 이후 16년간 상황은 심각하게 악화되었다.

얼마간 성공을 거두기는 했지만 블레어 정부조차 여러 제약을 안고 있었다. 우선 전략실과 성과관리실 모두 공간 부족으로 총리 관저 내에 자리하지 못했다. 이로 인해 전략실은 갈수록 영향력을 잃었고, 성과관리실은 총리와 소통하며 관심을 얻기 위해 마이클 바버 개인에게 의존해야만 했다. 건물 자체의 물리적 한계가 실제로 영향을 끼친 사례이다.

게다가 블레어는 다른 총리들에 비해 이 업무에 더 많은 시간과 열정을 쏟을 수 있었던 여건이었다. 은행 파산이나 브렉시트 후폭풍, 코로나바이러스 같은 국가적 위기를 겪지 않았던 것이다. 그럼에도 자신이 원하던 변화를 실질적으로 이끌어내는 데는 실패했다. (블레어는 두 번째 임기 상당 부분을 이라크 전쟁과 후속 대응에 쏟았다. 미국의 침공에 동참한 결정이 낳은 여러 문제 중 하나로 그 기회비용은 컸다.)

전략실은 보육 정책과 교통 정책 등에서 이전과 차별화되는 인상적인 성과를 냈다. 하지만 흐지부지되고 만 작업도 많았다. 작업에 참여했던 한 고위 관료는 내게 이렇게 말했다.

"문제가 있죠. 사실 그런 일들은 대단히 흥미롭긴 하지만 아무리 노동당 정부가 압도적인 의석을 가졌다고 해도 5년 임기 이상의 시야를 갖는 것이 거의 불가능하거든요. 놀라운 일이죠. 완전히 선거 주기에 집착하는 거예요. 그러니까 아무리 장기적인 관점을 가진 총리가 있었다고 해도 그런 프로젝트를 현실화하는 것은 애초에 불가능했습니다."[24]

바버는 총리와 핵심 참모들이 그 업무에 할애할 시간을 거의 내지 못하리라 판단했기에 소수의 핵심적 과제에 집중하는 식으로 성과관리실을 움직였다. 이렇게 운영했던 덕분에 해당 과제에서는 실제로 상당한 진전이 이뤄졌다. 최근 수년간 정책의 우선순위 자체가 사라져 버린 점을 고려하면 인상적인 성과였다. 그러나 그 범위가 너무 좁았다. 예를 들어 응급실 대기 시간은 확실히 개선되었지만 예방 의료, 사회복지, 정신건강 문제는 거의 주목받지 못하고 미래의 문제로 남겨졌다. 주택, 환경, 에너지 등 중요한 문제를 다루는 부처 전체가 사실상 정책 우선순위에서 배제되었다.

우선순위 설정은 분명히 옳았지만, 이처럼 중앙에서 엄청나게 집중해야 성과를 낸다는 것과 그렇게 집중할 역량 자체가 거의 없다는 사실은 심각한 문제이다. 게다가 이 접근법은 전적으로 목표가 무엇이냐에 따라 성과가 달라진다. 거대하고 복잡한 시스템을 소규모 중앙조직에서 움직이려면 목표에 집중하는 것 외의 다른 수단이 거의 없는 것이다. 하지만 이 방식은 당시에도 별로 호응을 얻지 못했는데 그럴 만도 했던 것이, 목표를 가시화하기 위해 복잡하고 어려운 문제를 단순한 수치로 환원해야 했고, 그 과정에서 왜곡이 발생하여 목표의 품질을 해칠 우려도 있었다. 당시 자주 언급되었던 두 가지 사건을 예로 들면, 하나는 병원들이 '4시간 이내 응급실 진료'라는 목표를 달성하기 위해 굳이 입원할 필요가 없는 환자를 마구 받아들인 것이고, 또 하나는 학교들이 학생들의 성적 향상을 위해 쉬운 과목을 선택하도록 유도한 것이었다.

성과관리실의 권한이 정점에 이르렀던 2003년, 의회의 한 특별위원회는 공공 부문에서 제기된 불만을 수집한 보고서를 발표했다. 그 보고서에서 요약한 다음 내용은 이 문제에 대한 대중의 인식을 압축해 보여준다.

> 목표 설정은 결코 명확하게 표현된 전략과 우선순위를 대체할 수 없다. 우리는 목표 설정 과정이 본래의 전략적 맥락을 훼손하여 조직의 최종 목표와 존재 목적에 이르는 진전 정도를 정확하게 살피는 수단이 아니라 그 자체가 최종 목표가 되어버렸다는 심각한 위험을 지적한다. 목표 설정은 착실한 하인이어야지, 주인이 되려 해서는 안 된다.[25]

정부도 이런 비판을 잘 알고 있었고 정책 결정 과정에서의 권한 분산을 주제로 한 보고서를 발표해 대응하려 했다. 보고서 작성에 성과관리실도 관여했지만 실제 정책에는 거의 영향을 미치지 못했다.[26] 이것이 훗날 캐머런 정부에서 성과관리실 등의 시스템이 불필요할 뿐만 아니라 오히려 정부 운영을 방해한다고까지 여긴 이유였다. 캐머런 정부는 적어도 처음에는 정말로 권한을 분산시키길 원했다.

그러나 안타깝게도 권한을 넘겨줄 상대가 없었다. 그들의 머릿속에는 지역이나 지방정부가 그런 상대가 될 거라는 생각이 없었고, 바버를 위시한 팀이 떠나간 자리는 텅 빈 공백으로 남았다. 대처 시절의 기억이 강하게 남아 있던 터라 지방의회는 여전히 적으로 여겨졌고 조지 오스본 재무장관은 그들을 예산 삭감의 대상으로 삼았다. 담당 부서였던 지방정부부 장관 에릭 피클스(Eric Pickles)는 전례 없이 강도 높게 지방정부에 개입했다. 교육개혁 정책도 지방정부의 역할 자체를 완전히 없앨 것을 전제로 하고 있었다.

캐머런 정부가 이 시기에 내세운 '빅 소사이어티(Big Society)'라는 수사는 이러한 공백을 메우려는 시도였지만, 실상 아무런 실체도 없었다. 2010년 보수당에서는 총선 공약에 이 개념을 내세우며 이렇게 말했다.

"우리가 '큰 정부'의 대안으로 제시하는 것은 '큰 사회(빅 소사이어티)'입니다. 바로 시민 개인, 전문가, 지역사회, 기업이 훨씬 더 큰 책임감을 지는 사회, 사람들이 함께 모여 문제를 해결하고 삶을 개선해 나가는 사회, 국가 통제가 아닌 사회적 책임감이 변화의 원동력이 되는 사회입니다. 큰 사회는 국가에서 사회로, 중앙에서 지방으로 권한을 재분배하여 사람들이 자신의 삶을 스스로 결정할 기회를 더 많이 제공하려는 계획입니다."[27]

설령 시간과 의지가 있다고 해도 충분한 감시와 예산, 지원 없이 복잡하고 상호 연결된 공공서비스를 지역 공동체가 운영한다는 것은 불가능하다. 그리고 그 어느 것도 제대로 뒷받침되지 않았다. '큰 사회'가 조용히 사라지자 캐머런에게는 성과를 관리할 수단이 전혀 없었다. 고도로 중앙집중화된 체계에서는 총리 주도로 목표를 설정하지 않으면 아무것도 진행될 수 없다. 목표가 설정되더라도 예산 심사가 뒤따르지 않았고, 중앙정부의 뒷받침도 없는 상황에서 모든 것이 마구잡이로 이루어졌다. 교육부 장관 닉 기브(Nick Gibb) 등은 신노동당(New Labour)* 시절처럼 목표 설정 체계를 유지했지만 보건부 장관이었던 앤드루 랜슬리나 제러미 헌트(Jeremy Hunt)는 목표 설정 체계를 부정적으로 보고 느슨하게 운영했다. 이것이 코로나바이러스 사태 이전부터 국민건강보건서비스 진료 대기 시간이 늘어난 한 가지 이유였다.

대안이 없는 상황에서 총리실은 다시 블레어 시절 구조로 서서히 회귀했다. 그러나 당시와 같은 확신이나 통제력은 없었다. 이러한 경향은 캐머런 총리 이후 더 심해졌다. 테레사 메이 정부는 집권 초기 중앙정부의 역할을 재설계하려는 야심 찬 계획을 세웠지만 2017년 총선에서 참패한 이후 해당 실무자가 대부분 교체되었다. 그리고 브렉시트 합의안에 대해 쏟아지는 반발 속에서 살아남는 것에 집중할 수밖에 없었다. 보리스 존슨은 2019년 총선을 통해 과반 의석의 다수당 지위를 얻었고 EU 협상안도 체결했지만, 실질적인 업무에 필요한 자질은 부족했다. 존슨의 총리실은 권력 파벌

---

* 토니 블레어가 이끌던 노동당을 가리킨다. 이 시기 노동당은 기존의 노동계급 중심 정당 이미지에서 벗어나 시장 친화적이고 실용적인 정책을 내세웠다. 앞서 설명한 성과 중심의 현실적 개혁이 대표적인 신노동당식 정책이었다.

간의 전쟁터가 되었고 사실상 정부 기능도 상실했다.

리시 수낙은 참담한 트러스 정부 이후의 공백기를 수습하고 정책실과 성과관리실 중심의 후기 캐머런 체계로 회귀했다. 이민 축소, 국민건강보건서비스 대기 시간 단축 같은 핵심 우선순위에 집중해 간헐적인 성과점검회의를 활용하는 등, 블레어식 접근법에 가까운 시도를 했다. 하지만 국가 역량이 계속 훼손되고 약해진 상태라 블레어 시절의 시스템이 되살아날 여지는 거의 없었고 효과도 미미했다. 수낙의 이러한 시도가 바람직하다고 보기 어려운 것은, 정치인들이 진짜 문제를 외면하게 만들기 때문이다.

어째서 이토록 여러 정부가 총리실을 효과적으로 운영하는 데 고전하게 되었을까. 2005년부터 2011년까지 내각 사무처장을 지냈고 캐머런의 정권 이양을 총괄했던 거스 오도널(Gus O'Donnell)은 이렇게 답변했다.

"이건 아주 핵심을 찌르는 문제입니다. 총리의 역할은 너무나 방대하고 어떤 총리든 많은 도움이 필요합니다. 너무 과중한 역할일지도 모르지요. 그래서 아주 취약한 역할입니다."[28]

내 생각에는, 너무 과중한 '역할일지도 모르는' 게 아니라 너무 과중한 '역할이다'. 정치학계에서는 영국이 사실상 대통령제로 바뀐 것이 아닌가를 놓고 오래전부터 논쟁하고 있다. 보리스 존슨은 '총리직은 국민으로부터 직접 위임받은 권한'이라고 말하며 보수당 의원들이 자신을 총리직에서 몰아내는 것은 민주주의에 어긋난다고 주장하기도 했다. 하지만 우리는 이미 그 지점을 훌쩍 넘어섰다. 총리는 당내 지지만 유지할 수 있다면 (물론 최근 몇 년간 보았듯이 당내 지지를 유지하는 것은 쉽지 않지만) 여느 국가의 대통령들보다 더 강력한 실질적 권력을 갖는다. 미국을 예로 들면, 대통령은 연방대법원과 의회로부터 견제를 받는다. 의회 양원 중 최소 한쪽은 야당이 장악하고 있다. 대부분의 공공서비스는 주 정부 관할이기 때문에, 미국 대통령은 영국 총리처럼 보건의료 체계를 재편하거나 학교 교육과정을 바꾸라고 명령할 수 없다.

영국은 두 체계의 약점을 모두 떠안고 있다. 총리는 국내외 모든 정책 영역에 걸쳐 막강한 집행권을 갖고 있다. 하지만 그 권한을 뒷받침할 지원 체계는 사실상 집행권이 없는 인물에 맞추어 설계되어 있다. 영국 총리는 미국 대통령보다 책임은 더 많이 지지만 독일의 작은 도시 시장보다도 적은 수의 보좌진과 일한다. 총리가 전략적 방향을 설정하는 데 고전하고 수많은 사안에 압도되는 것은 당연하다. 애초에 총리가 다룰 수준이 아닌 사소한 정책 세부 사항에 대해서도 수많은 회의마다 끌려 들어간다. 동시에 다른 국가 정상들처럼 연간 수십 일간 글로벌 정상회의에 참석해 각종 만찬과 환영 행사에서 악수하며 시간을 보내야 한다. 매주, 하루하고도 반나절씩 의회 질의응답을 준비한다. 그 질의응답은 정책 분야를 가리지 않는다. 이런 상태는 바람직하지도 않고, 지속 가능하지도 않다.

재무부의 실권 장악

재무부에 들어서는 경험은 총리실에 들어설 때와 완전히 다르다. 재무부는 20세기 초에 지어졌지만 17세기 화이트홀 궁전의 설계를 따랐다. 그만큼 위압감도 상당하다. 2002년에 마무리된 대규모 재정비 사업으로 넓은 유리 아트리움이 기존의 바로크 양식 건물과 어우러져 궁전처럼 웅장해졌다. 다우닝가의 좁고 구불구불한 복도나 비좁은 방은 찾아보기 어렵고 높은 천장, 넓은 복도, 크고 탁 트인 사무실로 구성되어 있다. 다른 부처 장관들은 재무부로 직접 찾아가야 하는데, 이 모든 구조가 그들을 압도하기 위한 장치처럼 보인다. 그래서 그들은 재무부가 요구하는 내용을 뭐든 받아들이게 된다.

여기도 건물 구조가 핵심이다. 최초의 총리 로버트 월폴부터 제2차 세계대전 직전까지, 재무부는 다우닝가 바로 옆, 지금의 내각사무처 자리에 있었다. 이는 총리가 '재무부 제1 대신(First Lord of the Treasury)'으로 여겨졌던 전통을 반영한다. 말하자면 재무부는 총리부였고 재무부 서기관은 총리의 핵심 보좌관이었다. 19세기 후반까지만 해도 벤저민 디즈레일리나 윌리엄 글래드스턴 같은 총리들은 일정 기간 스스로 재무장관 역할을 겸임하기도 했다.

재무부를 지금의 형태로 전환한 것도 글래드스턴이었다. 그는 크림전쟁 시기의 막대한 전쟁 비용을 계기로 재정 지출을 통제하는 새로운 방식을 도입했고, 모든 재정정책을 하나의 예산안으로 통합해 매년 발표하는 관행을 도입한 것도 그였다.[29] 이런 추가 권한이 더해지면서 20세기 초에는 재무장관이 총리 다음가는 실세로 떠올랐다. 국가 경제에서 공공지출 비중이 빠르게 커지고, 복지국가가 태동하면서 그 역할은 더욱 막강해졌다.

허버트 애스퀴스와 데이비드 로이드 조지는 각각 재무부 장악을 통해 총리직으로 나아갔고, 특히 로이드 조지는 제1차 세계대전 중 적대적인 정변을 통해 총리직을 차지했다. 한편 재무부를 대신해 로이드 조지가 창설한 내각 사무처가 총리 지원 부서가 되었다. 제2차 세계대전 동안 재무부는 총리실의 전시 행정 강화를 위해 자리를 비워 지금의 건물로 임시 이전하고는 다시 돌아가지 않았다.

1958년, 다우닝가 10번지와 주변 건물들에 대한 대대적인 재정비 사업이 시작되자 해럴드 맥밀런 총리는 이 기회를 활용해 내각 사무처와 재무부 자리를 완전히 바꿔버렸다. 대처의 첫 번째 내각 사무처장이었던 로버트 암스트롱(Robert Armstrong)은 이를 현대 정부의 중심이 창안된 중대한 순간으로 묘사하며 이렇게 말했다.

"이 변화는 내각 사무처 역사, 그리고 총리실 역사의 일정 부분에 매우 중대한 전환이었습니다. 내각 사무처가 그 건물로 옮겨와 총리의 바로 옆 방에 사무총장이 있게 되었다는 것은 실질적으로 총리가 비서실을 제외하고는 내각 사무처장을 첫 번째 조언자로 여기게 되었다는 뜻이죠. 단순히 상징적인 변화가 아니라, 실질적으로 엄청난 변화였습니다."[30]

동시에 이는 재무부를 대안 권력의 기반으로 고착시켰다. 이제 재무부는 물리적으로 분리되고 궁전에 자리한 권력이 된 것이다. 재무부는 점점 자신들만의 문화, 편향, 이념을 발전시켰고, 가장 똑똑하고 유능한, 그리고 가장 거만한 관료들이 모이는 조직으로 명성을 쌓았다. 이 무렵에는 이미 재무부가 신봉하는, 이른바 '재무부 관점', 즉 '가능한 한 지출을 삼가자'가 굳어져 있었다. 대공황 시기 존 메이너드 케인스는 정부 지출을 통해 고용 창출 및 경기 회복에 나서야 한다는 자신의 제안을 관료들이 외면하자 이 관점을 강하게 비판했다.[31]

제2차 세계대전 이후, 영국 정부는 실업률 급등을 막기 위해 케인스주의적 접근법을 채택했고 종종 케인스의 제안보다 훨씬 더 나아가 국가가 경제를 중앙에서 관리하려는 시도까지 펼쳤다. 그러나 재무부는 여전히 이 접근법에서 어느 정도 회의론을 유지했는데, 전 재무부 수석 공무원 니콜러스 맥퍼슨(Nicholas Macpherson)은 2016년 연설에서 정부의 이런 접근법을 '순진한 케인스주의'라고 부르기도 했다.[32] 재무부의 이런 관점은 더 적극적인 지출을 원한 총리들과 마찰을 빚는 원인이 되었다. 해럴드 윌슨은 '이 나라에서 국유화해야 할 유일한 대상은 재무부지만 아무도 성공하지 못했다'고도 말했다.[33] 그는 1964년에 경제성장 촉진을 내세워 별도로 경제부(Department of Economic Affairs)를 신설하면서 재무부의 권위에 맞섰다. 그러나 초기에 경제부를 이끌었던 불안정한 성향의 조지 브라운(George Brown)은 비현실적인 경제 계획을 시도했고, 이를 못마땅하게 여긴 재무부의 지지를 받지 못했다. 결국 경제부는 1969년 해체되었다.

1972년부터 급격하게 인플레이션이 일어나고 1976년 IMF 구제금융 수용이라는 국가적 굴욕을 겪으면서 정부 전반에 지출 억제 기조가 강화되었다. 재무부 관점에 딱 알맞았던 이 기조는 재무부 권한이 더 강화되는 계기가 되었다. 그전까지는 각 부처의 예산이 사전에 협의되기는 했지만 실제로는 예상보다 지출이 많아지는 경향이 있었다. 이후 몇 년간 재무부는 현금 한도를 설정했고 이를 초과할 시 해당 부처의 고위 관료에게 심각한 불이익을 가했다. 1981년에 공무원부(Civil Service Department)가 폐지되면서 재무부는 고위 공무원 급여와 승진 권한을 장악하게 되었고, 그 결과 재무부 출신이 대부분 부처의 수장급 인사로 임명되었다. 또한 각 부처마다 전담 재무 감시팀이 꾸려지면서 다른 부처에 대한 재무부의 밀착 감시도 강화되었다.[34]

대처의 핵심 개혁 과제였던 지방정부 권한 약화와 대규모 민영화는 모두 재무부의 강력한 지지를 받았다. 공공지출 통제가 수월해지기 때문이다. 맥퍼슨은 그가 1985년 재무부에 들어갔을 때를 회상하며 내게 이렇게 말했다.

"기억하기 어렵지만, 그 당시만 해도 지방정부에 지역 기업이나 주민들에 대한 과세 권한이 있었습니다. 거기에다 막대한 적자를 내는 국영 기업들이 많았지요. 제가 몸담았던 재무부는 당시에 죽은 손(Dead Hand)*의 지배 아래 있었습니다. 즉, 공공지출 억제가 존재 이유였고, 통제를 더 정교하게 만들려는 부서였습니다."[35]

재무부는 1993년에 가장 큰 승리를 거뒀다. 1992년 검은 수요일(Black Wednesday) 참사로 영국이 유럽환율조정기구(ERM)에서 퇴출된 후** 재정 긴축 필요성이 다시 대두되었고, 그 결과 정부 전체의 총지출을 단일한 한도에 기반해 하향식으로 심사하는 체계

---

* 변화와 유연성을 막는 과거의 경직된 통제력을 뜻하며, 여기서는 관료적 경직성과 억제 중심 사고방식을 가리킨다.

가 도입되었다. 이전에는 각 부처가 재무부와 개별 협상을 벌였기 때문에 재무부 입장에서 볼 때는 항상 총액이 예상보다 부풀어 있었다. 맥퍼슨은 이를 '타협의 집합'이라 불렀다. 하지만 이제 새로운 방식에 따라 총리와 내각이 사전에 경제 성장률보다 낮게 총지출 규모를 설정했다. 재무부로서는 큰 성취였다. 그러나 각 부처는 이 체계를 탐탁지 않아 했고, 1990년대 중반에는 공공서비스 전반이 침체에 빠졌다. 이는 이후 노동당이 압승을 거둔 한 가지 원인이 됐다.

같은 시기 재무부의 성장 정책 방향도 크게 바뀌었다. 전후부터 1970년대 말까지는 거시경제정책이 성장 유도를 위한 핵심 수단이었다. 즉 금리, 환율, 물가 통제 등이다. 하지만 1980년대부터는 나이절 로슨이 글래드스턴 이래로 가장 막강한 영향력을 발휘하며 재무부의 인식을 전환했다. 맥퍼슨은 이렇게 말했다. "거시경제정책은 성장이 아니라 안정을 위한 것이었습니다. 성장을 유도하는 건 미시경제 개혁이었지요."[36]

1993년에 재무장관이 된 켄 클라크(Ken Clarke)는 역대 어느 재무장관보다 통제력이 강했고 운도 따라준 덕에 거시경제를 안정시키는 데 성공했다. 그는 우선 1퍼센트에서 4퍼센트 범위의 인플레이션 목표치를 설정했고, 잉글랜드 은행과 협력해 그 목표를 달성하도록 투명하게 금리를 조정했다.[37] 클라크는 또한 여러 부처에서

※※   ERM은 유로화 출범을 준비하기 위해 독일의 마르크화를 기준으로 하여 유럽 각국 환율을 일정 수준 내로 제한했다. 영국 파운드화 가치 약세로 ERM 기준 충족이 어려워지자 1992년 9월 16일 수요일에 영국은 ERM에서 퇴출되었다. 이를 '검은 수요일' 사태라고 한다.

일한 경험을 살려 재무부가 성장 정책을 주도하도록 역할을 확장했다. 그가 말한 성장 정책이란 경제의 전체적 방향 조정이 아니라 기술, 혁신, 공공서비스 개혁 등의 분야에 투자해 시장 실패를 보완하는 미시경제 개혁 정책이었다.

이러한 토대 위에서 현대 영국 정치사에서 가장 강력한 재무장관인 고든 브라운이 등장했다. 적어도 그의 생각 속에서는, 블레어 총리가 '사회 정책 전반은 물론 경제까지 재무장관이 책임진다'는 일종의 합의를 했다고 여겼고, 이에 맞춰 재무부의 영향력을 대폭 확대했다. 블레어는 어느 전임 총리들보다 훨씬 개입하는 정책을 펼쳤고 재무부는 다른 부처 정책 방향까지 좌우하는 존재가 되었다. 이는 클라크 시절 시작된 미시경제 지향뿐 아니라 브라운 자신의 국내 정책 목표와도 관련이 있었다.

브라운의 특별 보좌관이자 사실상 장관 대리 격이었던 에드 볼스(Ed Balls)는 이 새로운 철학을 이렇게 설명했다. 그와 장관은 원래 그러했던 것보다 재무부의 목표를 더 먼 곳으로 설정한 것이다. "우리는 추세 성장률(trend growth)*을 끌어올리고 아동빈곤을 줄이는 것을 재무부의 목표로 삼겠다고 선언했습니다. 그건 우리가 생각해 봐야 할 또 다른 도전이었지요. 복지예산팀이 아니라 일자리 중심복지팀이 있어야 하는가, 어떻게 재무부가 추세 성장률 상승을 정책 목표로 설정할 수 있는가, 방위산업 조달을 성장을 위한 전략 도구로 활용할 수 있는가, 국방예산을 어떻게 줄일 수 있는가

---

* 단순한 경제 성장률이 아닌 장기적 잠재성장률을 가리킨다.

등등을 고려하는 게 기존 임무였다면, 이제는 또 하나 중요한 임무가 생긴 겁니다. 바로 국방예산이 전략적으로 사용되고 있는가에 대해서도 고려해야 하는 거죠."[38]

물론 국방부는 이 변화를 반기지 않았다. 다른 부처들도 마찬가지였다. 그 결과 총리실과 재무부 사이 집요한 긴장 관계가 이어졌고, 이는 블레어와 브라운 사이에 갈등이 점차 증가하는 것으로 나타났다. 두 사람의 참모진은 블레어의 두 번째 임기 내내 총리와 재무장관이 동시에 영향력을 행사할 수 있는 절충된 체계를 구축하며 간신히 균형을 유지했다.

앞서 살펴보았듯이, 총리실은 핵심 우선순위를 관리하기 위해 마이클 바버를 다우닝가의 총리 관저 가까이에 배치해 성과관리실 중심으로 인프라를 구축했다. 하지만 재무장관의 협조와 개입을 유도하기 위해 바버의 팀은 재무부에 자리 잡았다. 그리고 그들이 설정한 목표, 공공서비스 협약(Public Service Agreement, PSA) 역시 각 부처와 재무부가 가장 최근의 지출 심사 과정에서 협상한 내용에 기반한 것이었다.

클라크가 하향식 지출 심사 체계를 도입하긴 했지만 브라운과 볼스는 이 개념을 새로운 단계로 발전시켰다. 우선 이들은 1998년부터 지출 심사를 2년마다 정기적으로 시행하고, 3년 단위로 예산을 굴리는 방식을 도입해 각 부처의 의제 자체를 선도적으로 설정할 수 있는 구조를 만들었다. 이를 위해 PSA를 활용했는데, PSA는 각 부처의 우선순위를 재무부와 총리실이 직접 설계할 수 있도록 해주었다. 이후 두 번의 지출 심사 주기 동안 총리실은 물론이고 각 부처 자체도 목표 설정 작업에 점점 더 깊이 관여하게 되었다. 이들은 성과관리실과 밀접하게 연결되었다. 이는 곧 블레어와 브라운, 그리고 각각의 참모진 사이에는 심각한 갈등과 긴장이 있었지만 유사한 정책 우선순위를 공유했다는 사실을 말해준다.

이 시기에 수석 공무원으로 일했던 헬렌 고시 경(Dame Helen Ghosh)은 이렇게 말했다. 다우닝가와 재무부 체계를 통해 명확한 우선순위가 내려왔기 때문에, "재무부, 사회보장부, 교육부, 보건부를 포함해 모든 부처에서 이제는 서로 연결되어야 한다는 인식이 있었습니다. 부처들은 원래 협업하지 않는 것이 당연하다는 인식이 깨진 것이지요."[39]

내가 블레어/브라운 시기의 장관, 보좌관, 고위 공무원들과 나눈 많은 대화 속에서도 양측의 심리전과 언론플레이가 두드러졌지만 그 이면에는 이 체계가 상대적으로 성공할 수 있도록 뒷받침해준 강력한 힘이 있었다. 맥퍼슨은 이렇게 표현했다.

"블레어가 유일하게 성인으로 대한 사람은 브라운뿐이었습니다. 그건 나름 효과가 있었지요. 총리실과 재무부 사이에는 분명한 관계가 있었고, 성과가 중요하다는 믿음, PSA 체계가 실질적으로 의미 있다는 믿음이 내각 사무처와 재무부에 모두 존재했습니다."[40]

하지만 이 체계도 명백한 한계가 있었다. 재무부는 총리실보다 더 많은 인력을 갖고 있었지만, 어떤 주제든 해당 부처만큼 전문성과 자원을 가지고 있지는 않았다. 그렇게 많은 통제력을 갖추면서 재무부는 그 어느 때보다 명확한 우선순위를 설정할 수 있었지만 그 대가로 각 부처는 자율적으로 사고하고 판단하는 능력을 잃어버렸고, 정부 운영은 때때로 지나치게 조악한 목표 기반 체제로 흘러갔다. 볼스는 장관이 된 뒤 이 문제를 직접 경험했다.

"교육부 장관이 되었을 때, 처음에는 내게 무언가를 말하게 하는 게 무척 힘들었습니다. '이 문제에 대해 우리는 어떻게 생각해야 하지?' 물으면 그들은 '아… 총리실은 어떻게 생각하던가요?' 하는 식이었죠. 나는 재무부에 오래 있었기 때문에, 알겠지만 재무부에서는 우리가 총리실에 말할 바를 결정했거든요. 교육부는 다우닝가에서 온 정책실 사람과 장관이 싸우는 걸 방 안에서 조용히 지켜보다가 결정이 내려지면 그걸 실행하는 데 익숙해져 있었던 겁니다."[41]

볼스는 당시 총리와 가까운 인물이었던 고든 브라운의 핵심 측근이자 특출나게 당당한 장관이었기 때문에 이 관행을 비판하고 도전할 수 있었다. 그러나 그는 예외적인 사례였고 정책 방향은 역량이 제한된 중앙정부 조직에 지나치게 의존하게 되었다.

보수당이 정권을 잡자, 조지 오스본은 총리실의 캐머런과 마찬가지로 PSA를 중심으로 구축되어 있던 중앙의 성과관리 체계를 완전히 폐기했다. 그렇지만 오스본은 캐머런처럼 순진하지 않았다. 그는 중앙의 감독 없이도 부처들이 알아서 잘 운영될 거라는 순진한 믿음 따위는 갖고 있지 않았다. '빅 소사이어티' 같은 발상에도 별다른 관심을 두지 않았다. 대신, 그는 이전 수십 년간 축적된 지출 통제 권한 다발을 사용해서 각 부처의 전략까지도 통제하려 했다. 캐머런의 총리실은 블레어가 공들여 구축했던 정부 운영의 핵심 버튼들을 다 내다 버렸고, 오스본은 총리보다도 훨씬 더 실무적인 문제에 몰두했던 탓에 정부 운영의 중심축은 심각하게 균형을 잃고 말았다.

오스본이 정부를 통제하기 위해 사용한 도구들은 대부분 전임자들이 만들어놓은 것이었다. 클라크의 내부 지출 통제 한도와 브라운의 정기 지출 심사가 있었고, 또한 브라운이 도입한 재정 규칙이라는 것도 있었다. 이 규칙의 취지는 정부가 스스로 재정 지출의 상한선을 설정해 공개적으로 약속함으로써, 금융시장에 영국의 재정 건전성에 대한 신뢰를 주고 보다 우호적인 거시경제 환경을 조성하겠다는 것이었다. 브라운은 정부의 재정 지출에 대해, '경제 주기 전체에 걸쳐' 정부가 벌어들이는 수입보다 '일상 지출'을 더 많이 쓰지 않겠다는 원칙, 이른바 '황금률(golden rule)'을 내세웠다. 신노동당 특유의 정치적 연출로도 볼 수 있는 상징적 구호였다.[42]

현실에서 이 규칙은 브라운에게 상당한 재량권을 부여했다. 도로나 병원 같은 인프라 투자는 이 '일상 지출'에서 제외되었고, '경제 주기'가 어떻게 계산되는지도 창의적으로 해석할 수 있었다. 결과적으로 이 규칙은 지출을 약간 제약하는 데 그쳤다. 2009년, 글로벌 금융위기와 경기 침체로 인해 이 경제 주기 자체가 무너져버렸다. 정부의 차입은 급증했다. 앨리스테어 달링(Alistair Darling)은 브라운의 황금률을 대체해 재정적자와 국가 채무 감소라는 목표를 구체적으로 설정한 새 규칙을 도입했고, 시장에 노동당 정부가 이 위기에 대응할 의지가 있음을 보이고자 했다.

이미 막강한 권력을 확보한 재무부에게 이러한 재정 규칙은 정부 나머지를 장악할 또 다른 도구가 되었다. 오스본은 이 도구를 매우 적극적으로 활용했다. 그는 심지어 예산책임청(Office of Budget

Responsibility)이라는 독립기구를 새로 만들어 이 규칙이 제대로 지켜지는지 감독하게 했다. 이는 자기 자신은 물론이고 미래의 어떤 재무장관도 수치를 조작할 수 없도록 막기 위한 장치였다. 적어도 겉으로는 그랬다.

2010년 이후 총리실이 일관된 전략을 전혀 내놓지 못한 상태에서 이렇게 사실상 임의로 정해진 재정 규칙들이 정부 정책 전반을 이끄는 가장 핵심적인 기준으로 자리 잡았다. 오스본은 처음에 눈물이 날 만큼 가혹한 재정 규칙을 설정해서 1980년대 초 이후 최대 규모로 정부 지출 삭감을 정당화하려 했다. 이 규칙이 너무 야심 찼던 탓에 곧 근거 없이 꾸며낸 숫자들로 완화되었다. 그 뒤 브렉시트, 또 코로나 위기를 겪으며 재정 규칙은 번번이 완화되었다. 문제가 발생할 때마다 규칙은 더 이상 의미가 없다는 인식이 곧바로 퍼졌고, 잠시라도 경제가 안정되면 그 규칙은 마치 성경 구절처럼 중요하게 여겨졌다.

2024년이 되자 정부는 너무 노골적으로 이 재정 규칙으로 장난치고 있었고 예산책임청은 이를 공개적으로 비판했다. 예산책임청 청장은 정부가 모델에 입력한 지출 수치가 비현실적이라고 지적하며 가짜라고 부를 수도 없을 정도라고 비판했다. "누군가 뭐라도 써놓아야 가짜라도 되지, 정부는 부처별 지출 계획조차 적어놓지 않았습니다."[43] 그럼에도 정부의 나머지 조직들과 모든 병원 행정기관, 지방의회는 미래 전략을 고안할 때 그 수치에 기반해야 했다.

균형 잃은 정부

정부가 스프레드시트로 운영되는 것은 이제 당연한 일이 되었고, 재무부 공무원은 중앙정부를 지휘한다. 그들의 지위에는 보통 의문이 제기되지 않는다. 이런 상황은 온갖 어처구니없는 상황으로 이어진다. 2022년 현재 적용되는 최신 재정 규칙, 즉 국가 부채가 5년 후에는 GDP 대비 비율로 감소해야 한다는 원칙은 특히나 얼토당토않다.[44] 정부 정책이, 분명 틀릴 것이 확실한 먼 미래의 예측에 따라 임의로 정한 기준선을 넘지 않도록 맞춰져야 한다는 것을 뜻하기 때문이다.

이건 난해한 웨스트민스터의 농담이 아니라 실제 세계에 심각한 영향을 미치는 일이다. 예를 들어 고속철도 같은 핵심 인프라 사업이 이 목표를 맞추기 위해 중단되거나 연기된 바 있다. 이는 미래의 경제성장을 저해하고, 실질적으로 부채를 줄이는 일 또는 국내 운송 등을 어렵게 만든다.

원칙적으로 지출에 대해 투명한 목표를 설정하는 것은 나쁜 생각이 아니다. 브라운이 말했듯 정부의 신뢰성에 대한 시장의 믿음을 구축할 수 있다. 그러나 지금 이 규칙들이 활용되는 방식에는 두 가지 문제가 있다. 첫째, 현재의 규칙은 브라운의 규칙과는 달리 경직되어 있다. 브라운의 규칙은 일부 제약을 제공하면서도 아동빈곤 감소 같은 다른 목표를 추구할 수 있도록 유연했다. 둘째, 이런 규칙들은 이제 점진적인 권한 축적과 인력 확보, 약해진 다른 부처들, 블레어 이후 총리실의 의미 있는 제도적 견제 실패 등을 통해 웨스트민스터의 모든 권력을 차지하게 된 재무부가 감독하고 있다는 것이다.

더욱이 영국의 정책 결정이 매우 중앙집중화되어 있음을 고려할 때 이런 문제들은 정부의 행동을 심하게 왜곡한다. 지출이 수반되는 모든 결정은 재무부의 필요에 맞춰 본질적으로 단기적인 것으로 규정되어 심각한 불안정성을 불러일으킨다. 연립정부 시절 기업부에서 장관의 특별 보좌관으로 일했고 이후 테레사 메이 총리실에서도 일한 자일스 윌크스(Giles Wilkes)는 이 문제를 이렇게 설명했다.

"이 권력 비대칭은 정말 정말 심각한 문제입니다. 부처들이 자신 있게 계획 세우는 것이 매우 어려워집니다. 그들은 매년 '또 재무부에 찾아가 설득해야겠군', 하고 생각합니다. 너무 많은 권력이 치중되어 있다는 사실은 곧, 결국 재무부만이 장기 계획을 세울 수 있는 유일한 장소처럼 느껴진다는 것을 의미합니다."

화이트홀에서 이러한 지배적 위치는 필연적으로 타 부서와 다른 문화를 만들어낸다. 윌크스는 이렇게 말한다. "일종의 우월감 문화가 있습니다. 그들은 자신들이 가장 똑똑할 뿐 아니라 가장 편향되지 않은 사람이라고 여깁니다. 그 밖의 모두는 다들 특수 이해관계에 얽혀 있지만, 자신들만은 감정 없는 논리로 문제를 이해한다고 믿는 것이죠."[45]

어느 정도는 사실이다. 재무부는 종종 아주 똑똑한 사람들을 채용한다. 하급직은 이직률이 높지만 고위급은 매우 안정적이며, 이는 다른 부처에서는 드문 현상이다. 많은 부처와 총리의 정책은 심사숙고 없이 만들어져서 공공 자금의 낭비로 이어질 수 있다는 재무부 공무원들의 견해는 어느 정도는 옳다. 어느 정도로는, 재정 당국은 이렇게 생각할 필요가 있다.

최근 수년간의 세계적 불안정성은 브렉시트로 인해 스스로 만들어낸 불안감과 맞물려 감독 강화의 필요성을 더욱 키워 놓았다. 트러스-콰텡 참사(Truss/Kwarteng debacle)[*]는 시장에 통제할 생각이 전혀 없다는 인상을 주면 어떤 일이 벌어지는지를 상기해 준다. 트러스가 취임 첫날 재무부 권한 약화에 대한 자신의 의지를 상징적으로 보여주기 위해 톰 스콜라(Tom Scholar) 재무부 수석 공무원을 해임한 사건을 떠올린 재무부 사람들은 위기가 닥쳤을 때 자신들의 정당성이 확인되었다고 느꼈다.

문제는 견제 장치가 없다는 것이다. 그 누구도 재무부의 일을 검토하지 않는다. 그들의 의견을 기각하며 '이 문제에 대해서는 자네들이 틀렸네.'라고 말할 수 있는 사람이 없다. 그리고 재무부는 거의 언제나 지출 통제를 우선순위에 두기 때문에, 필연적으로 단기적인 관점을 갖게 된다. 그들에게는 무얼 희생하더라도 반드시 지켜야 할 자신들만의 규칙이 있다.

여러 고위 공무원직을 거쳐온 폴 키삭(Paul Kissack)은 재무부에서 공직 경력을 시작했다. 그는 재무부 사고방식을 이렇게 설명한다. "재무부의 생산성 라인에 있다면 공공 인프라에 투자하는 것은 좋은 일이라고 생각합니다. 그런데 지출 통제 라인에 있다면, 돈이

---

[*] 트러스 총리와 콰텡 재무장관이 금융시장과 사전 조율 없이 독단적으로 발표한 대규모 감세 정부 지출안으로 촉발된 파운드화 급락 사태.

잘못된 방향으로 흐른다고 여겨 나쁜 일이라고 판단합니다. 어떨 때는 정말 그렇게 단순합니다. 재무장관이나 고위 관료가 어떤 안을 골라야 하면, 항상 지출 통제를 고르게 됩니다. 부분적으로는 우리나라가 다른 나라들보다 지출 통제를 더 잘한다는 사실 때문입니다. 예전에는 그렇지 않았기 때문에 통제력을 잃는 것에 불안감을 느끼는 것이지요."

이 문화가 정부 내에서 장기 투자를 주장하는 다른 세력들과 균형을 이룬다면 좋을 테지만 그렇지가 않다. 재무부 공무원들이 오랫동안 많은 공금 낭비를 막아온 것은 사실이지만, 필요한 지출도 막아왔다. 한 전직 고위 공무원은 내게 공공지출국에서 일할 당시 겪은 심각한 일화를 들려주었다.

"매주 부국장들이 모이는 회의가 있습니다. 가령 '보건부가 이번에 올린 얼토당토않은 독감 백신 비축안을 또 한 번 저지했어.' 하며 서로 등을 두드리는 그런 일이 많았죠. 그때 누군가가 물었습니다. '만약 진짜로 큰 독감이 유행하면 어쩌지?' 그러자 모두 자기 신발코만 내려다 봤습니다. 그건 그러니까, 보건부 애들이나 할 터무니없는 소리고 우리 일은 그런 걸 쳐내는 것이었으니까요. 공공지출 쪽에서는 그런 굉장히 조잡한 문화가 퍼져 있었어요."[46]

장기적인 재정 건전성을 포함해 모든 것을 외면한 채 단기 지출 통제에만 집착하는 이 사고방식은 이제 화이트홀 전역에서 '재무부 마인드(Treasury brain)'라고 불린다. 오스본이 이끌던 재무부의 제2수석 공무원이었던 존 킹먼(John Kingman)은 때때로 이 사고방식이 돈을 아끼려는 재무부의 목표조차 스스로 방해하게 만들기도 한다며 내게 이렇게 말했다.

"가장 답답한 재무부 마인드 사례는 재무부의 본능적인 반응이 공공지출에서 최고의 가성비를 막아설 때입니다. 가장 극단적인 예는 영국 국세청에 대한 재무부 입장이지요. 재무부는 보통 국세청의 예산을 줄이려고 합니다. 사실 우리는 알고 있습니다. 국세청에 조금만 더 써도 그 몇 배를 회수한다는 사실을요. 말 그대로 이해할 수 없는 일입니다."[47]

나 역시 교육부에서 일할 당시 무너져 가는 학교 시설에 투자할 것을 설득하기 위해 수많은 시간을 들인 기억이 있다(그 당시에는 정부가 사실상 무이자로 돈을 빌릴 수 있었다). 10년이 지난 뒤 교육부는 학교 건물이 붕괴할 가능성이 있어 생명을 위협할 수도 있다는 보고서를 발표했고, 2023년 9월에는 콘크리트 붕괴 위험 때문에 여러 학교가 폐쇄됐다.[48] 지금도 최소 115억 파운드 규모의 유지보수가 필요한 상황인데, 적시에 조치했더라면 훨씬 저렴하게 해결할 수 있었을 것이다.[49]

전략도 역량도 없다

이것이 지금 우리 중앙정부의 실상이다.

최근 수십 년 동안 훨씬 더 많은 권한을 축적했지만 그걸 사용할 수단은 없는 총리실은 내각 중심 정부의 쇠퇴로 인해 원래의 목적을 상실한 내각 사무처의 부분적인 지원만 받고 있다. 마찬가지로 권한을 축적해 온 재무부는 지배적인 기관이 되었고, 전체 정부는 장기적인 전략적 사고를 희생하면서 단기 지출 통제에 집착하는 방향으로 균형이 무너졌다. 그렇다고 공공 재정이 개선된 것도 아니다. 궁극적으로는 국가 부채를 관리하는 핵심은 경제성장인데 자의적인 규칙을 달성하겠다는 집착 때문에 인프라나 기술에 투자해 경제를 성장시킬 기회를 외면하고 거부해 왔다.

어쩌면 재무장관 말고는 이 상황에 만족하는 사람은 아무도 없다. 다른 부처는 깊은 좌절감을 느끼고 있으며 장관이 장기 정책이나 계획에 관심을 가진다 해도 제대로 참여할 수 없다. 만약 선을 넘으면 곧바로 제재를 받는다. 예를 들어 최근 몇 년 사이 가장 열성적이고 성급한 장관인 마이클 고브(Michael Gove)가 이끌던 지방정부부는 곰팡이에 지속적으로 노출되어 두 살배기 아이가 사망한 아와브 이샤크(Awaab Ishak) 사건 이후 열악한 주거를 개선하기 위해 3천만 파운드 지출을 발표했다. 부처 예산 내에서 이루어진 지출이었지만 재무부가 해당 건을 승인한 적이 없었기 때문에, 즉각적으로 재무부 승인 없는 지방정부부의 모든 자본 지출이 금지되었다.[50]

총리들 또한 계속 좌절한다. 이론적으로는 자기 지시를 따르지 않는 재무장관을 해임할 수 있지만, 실제로 그렇게 하는 것은 위험한 일이다. 앞서 보았듯, 블레어는 2001년에 존 버트가 제안한 대로 내각 사무처를 총리부로 통합하는 계획을 밀어붙이지 못했다. 몇 년 후 버트는 더 급진적인 계획을 제안했는데, 재무부 권한을 쪼개어 지출 통제 권한을 총리실로 이관하는 것이었다.[51] 이 계획에는 어울리지 않는 '테디 베어 프로젝트'라는 이름이 붙어 총리실 내부 소수만 비밀리에 알고 있었다. 이 계획을 실행하려면 브라운을 해임해야 했고, 블레어는 그런 정치적 위험을 감수할 준비가 되어 있지 않았다.

총리가 된 후 브라운은 재무장관 앨리스테어 달링과 끔찍한 관계를 맺었다. 스스로도 재무장관 출신이었던 만큼 브라운은 금융위기 해법을 직접 통제하고자 했다. 2008년 리먼브라더스 붕괴 직후에는 브라운과 달링이 협력해 은행 구제 방안을 내놓았지만 2009년이 되자 공공지출 억제 필요성에 대한 견해가 갈리기 시작했다. 브라운은 보수당의 긴축 위협과 대비되는, 케인스주의적 접근인 '지속되는 재정' 부양책을 원했다. 그는 달링을 자신에게 충직한 보좌관 볼스로 교체할 생각도 했지만 스스로 정치적 자산이 부족하다고 결론 내렸다. 재무부 공무원들의 강력한 지지를 받은 재무장관 달링은 지출 통제권을 되찾겠다는 의지가 확고했다. 그는 오스본이 권력을 잡기 전인 2009년에 새로운 재정 규칙을 도입했다.

캐머런은 정부 운영의 일상적인 사고 대부분을 오스본과 재무부에 기꺼이 위임했다. 그러나 테레사 메이는 더 통제하려는 총리였고, 재무부 분할 논의가 재개되었다. 메이의 보좌관이었던 닉 티모시는 내게 이렇게 말했다.

"상당히 이른 시기에 제러미 헤이우드[당시에는 내각 사무처장이었다]와 대화를 나눴습니다. 나는 이렇게 말했지요. '재무부의 역할에 심각한 문제가 있다, 가령 자신들보다 해당 분야에 더 전문적인 부처들의 지출을 감독하고 이중으로 추측하는 것은 잘못된 일이다,

지출에 대해 내각 사무처에서 결정 내리면 어떨까? 재무장관보다 총리와 훨씬 밀접한 관련이 있으니까, 정책 목표에 훨씬 더 집중할 수 있지 않을까.'"⁵²

만약 메이가 2017년 총선에서 처음 예상대로 큰 승리를 거뒀더라면 티모시는 이 계획을 더 밀어붙였을 수도 있다. 그러나 그렇지 못했다. 메이는 재무장관 필립 해먼드(Philip Hammond)와의 관계가 매우 불편했지만 그를 해임할 수 없었다. 보리스 존슨은 애초에 어떤 사안이든 일관된 계획 같은 걸 세우지 않았지만, 당시 재무장관이었던 리시 수낙에 대해서도 좌절감을 느꼈다. 특히 수낙이 그가 준비하던 증세 없는 요양 정책을 거부했을 때 그랬다. 그러나 존슨이 다른 재무장관을 임명해야겠다고 결심했을 무렵에는 파티게이트(Partygate)*와 다른 스캔들로 정치적 궁지에 몰려 있었다. 재무부에 억눌리지 않으려는 의지는 트러스가 그토록 사태를 망친 주된 이유 중 하나가 되었다. 그 의지가 취임 첫날 재무부 수석 공무원을 해임하는 무리수를 낳았고, 재무부 공무원들은 트러스가 빠르게 실각하고 보다 전통적인 제러미 헌트가 재무장관이 된 것을 반겼다. 사실상 아무런 통제 없이 세금 감면에 세금을 쏟아붓는 트러스의 접근법은 어불성설이었지만, 기존 상태로 돌아가는 것 역시 만족스럽지 않았다.

그렇다면 더 효율적인 중앙정부는 어떤 모습이어야 할까? 각계 전직 고위 관료들과 정파를 가리지 않는 여러 전임 장관들이 소속

---

* 코로나19로 인한 대봉쇄 와중 보리스 존슨 총리와 정부 인사들이 정부 청사 안에서 사적 모임을 연 사건. 영국 국민의 전국적인 분노를 촉발해 보리스 존슨의 사임으로 이어졌다.

된 수많은 정책연구소에서 다양한 제안을 내놓은 바 있다.[53] 모두 같은 문제를 지적하는데, 요약하면 다음과 같다. '분열된 중심부와 역량이 모자란 총리실은 정부 전체에 명확하고 집중된 우선순위를 제시하지 못하며, 이에 따라 자원과 성과에 대한 계획을 세우는 데 실패한다. 재무부와 내각 사무처는 각기 다른 방향으로, 심지어 경쟁하며 작동해 왔으며, 재무부는 주로 공공지출 배분에만 집중해 왔다.'[54]

제안하는 해법은 다소 다르다. 정부정책연구소(Institute for Government)는 강화된 총리실과 총리를 지원하는 소규모 집행 내각, 그리고 정부 전반의 전략 설정을 위한 새로운 방식을 제안한다. 네스타(think-tank Nesta)는 블레어와 메이가 고려했던 것처럼 재무부를 분할하여 지출 통제 권한을 총리실로 이관하자고 주장한다. 스마트정부위원회(Commission for Smart Government)는 약간 번거로운 혼합 모델을 제안한다. 총리와 재무장관이 공동으로 '전략이행자원처'를 설립해 관리하는 방식이다. 공통의 목표는 지금의 허약하고 무능한 총리실에서 벗어나 정부 전체에 단일한 전략을 수립할 수 있는 일관된 협력체를 만드는 것이다.

중앙정부가 제대로 설계되지 않은 것은 확실하다. 아니, 애초에 설계되지도 않았다. 블레어 시기는 설계를 고민하면 성과를 개선할 수 있다는 것을 보여줬다. 그렇지만 그건 진짜 문제를 놓치는 설명이다. 이러한 기술적 해법으로는, 지금보다야 나아질 수 있겠지만 변화의 폭은 제한적일 것이다.

진짜 문제는 총리와 재무장관이 단순히 너무 많은 일을 책임지고 있다는 것이다. 국가 경제와 공공서비스 대부분 화이트홀에, 그리고 그 안에서도 중심에 집중되면서 이 두 직책은 통제 불가능한 수준으로 비대해졌다. 아무리 강력하고 유능한 조직이 있더라도, 사소한 일부터 중대한 사안까지 국가 삶의 모든 측면에 결정을 내려야 하는 상황에서는 결코 전략적으로 사고할 수 없다.

코로나바이러스 대응은 이 문제가 얼마나 심각한지 생생하게 보여줬다. 헬렌 맥나마라는 코로나바이러스 조사위원회에서 이렇게 증언했다.

"그 당시에도 놀라웠지만 지금 돌아보면 정말 놀랍습니다. 총리실과 내각 사무처는 화이트홀의 다른 조직들과는 완전히 동떨어진 섬처럼 운영되었습니다. 중심부는 매우 외롭고 무력해 보였습니다. 부처들은 중심부의 지시 없이는 움직이지 않는 문화에 과도하게 의존했습니다. 총리실이 얼마만큼 해야 하는지를 정해주지 않으면 아무도 움직이지 않는 분위기였습니다."[55]

이 문제를 해결하려면 화이트홀 구조를 손보는 것만으로는 어렵다. 중앙정부가 개입해야 하는 의사결정의 가짓수 자체를 확 줄여야 한다. 이는 곧 지난 40년간 진행되어 온 지방정부 파괴라는 또 다른 해로운 흐름을 되돌려야 한다는 것을 의미한다.

제2장

내부의 적

지방정부는
어떻게 무너졌는가

"마거릿은 지방의회를 중앙정부의 하수인이라고 생각해 별로 관심 두지 않았습니다. 그런데 언젠가 한 번은 체념하신 듯 한숨을 쉬시더니, '그것들을 아주 없앨 수는 없겠지.' 하시더군요."
| 켄 베이커(Ken Baker) |[1]

● 　　　　2010년에 나는 교육부에서 신임 장관 마이클 고브의 보좌관으로 일하고 있었다. 당시 우리의 핵심 정책 중 하나는 이전 노동당 정부에서 시작한 아카데미 프로그램을 대폭 확대하는 것이었다. 이 정책 자체는 대처 정부가 만든 제도를 모방한 것이기도 했다.

이 정책의 목표는 학교를 지방정부의 통제에서 '해방'하고 학교들을 교육부에 직접 보고하는 신탁 형태로 묶어 서로 협력하게 하는 것이었다. 선택은 자율에 맡겼지만 재정 지원이 상당했기 때문에 많은 학교가 빠르게 이 방식을 채택했다. 5년 안에 국공립 중등학교의 4분의 3이 아카데미가 되었고, 많은 지역에서 지방정부의 역할이 사실상 사라졌다.

15년이 지난 지금 되돌아보면, 이 정책이 가져온 긍정적인 효과도 물론 있다. 일부 아카데미 신탁은 예전에 부진했던 학교들을 개선하는 데 두각을 나타냈다. 그런 학교들 다수는 기존에 지방정부로부터 많은 도움을 받지 못했고, 그래서 이 정책을 빠르게 받아들인 것이기도 하다.

하지만 전체적으로 볼 때 기대만큼의 변화는 없었다. 확실한 기준이 되는 연구는 없지만, 아카데미로 전환하지 않은 학교들도 대체로 비슷한 성과를 내고 있고, 한편으로는 아카데미 신탁 간 성과 차이도 크다. 지방정부가 관리하던 시절과 크게 다를 바 없다. 정책의 설계나 시행이 더 정교했다면 나았겠지만, 지금 시점에서 분명한 것은 막대한 시간과 예산을 들인 것 치고는 학생들에게 끼친 영향이 적다는 것이다.

그보다 큰 대가는 교육부 자체가 입은 손실이다. 대부분의 정부 부처와 마찬가지로 교육부 또한 담당 분야를 직접 운영하게끔 설계되어 있지 않다. 그런데도 수천 개 학교를 직접 관리하게 되었다. 내가 처음 회의를 느낀 것은 장관들과 함께하는 주간 회의에서였다. 그 회의에서 우리는 어느 학교의 체육관 건축 비용을 마련하기 위해 덤불이 무성한 작은 공터를 매각해도 될지, 임대차 계약을 다시 체결해야 하는지 등의 아주 사소한 일들을 논의했다. 말 그대로도, 비유적으로도 우리는 풀숲에 파묻히고 있었다. 지난 몇 년간 교육부는 전략적 사고 능력을 거의 완전히 상실했다. 장관들이 다른 나라에서라면 고위 관료가 신경 쓸 리 없는 사안에 시간을 허비하면서 부처의 역할 자체가 모호해졌기 때문이다.

지금 돌이켜보면, 그때 우리는 오늘날의 국정 운영 위기에 가장 큰 원인이 된 바로 그 사고의 오류를 범했다. 지방정부가 관리하는 학교 다수가 적절한 지원을 받지 못해 성과를 내지 못하고 있다는 것을 정확히 파악했고, 따라서 중앙정부가 직접 학교들을 책임져야 한다고 결론지었다. 어떤 것이 좋은 것인지 알고 있다고 생각했으니까.

그러나 우리는 지방정부의 지원이 그리도 들쭉날쭉한 까닭이 뭔지, 그리고 어떻게 개선할 수 있을지 생각했어야 한다. 예산과 행정 지침, 책무성 측면에서 말이다. 그런데 곧장 중앙집중화를 답으로 삼아 수십 년간 반복해 온 실수를 그대로 다시 저질렀다. 그 결과 중앙정부는 스스로 떠안은 책임에 짓눌리면서 그 업무를 제대로 수행하지도 못하게 되었다.

세계에서 가장 중앙집중화된 나라

교육부 사례는 전체 정부의 축소판이다. 영국은 세계에서 가장 중앙집중화된 나라가 되었다. 이 경향은 갈수록 심각해져서 이제는 우스꽝스러울 정도다. 2014년 연립정부는 중앙정부 차원으로는 '최초의 주간 쓰레기 수거 가이드라인'을 자랑스럽게 발표했는데, '주간 쓰레기 수거 지원 프로그램'에 2억 5천만 파운드 규모의 공모 예산이 포함되어 있었다.[2] 오늘날 지방정부는 고슴도치 도로 횡단 경고 표지판이나 가축 방지용 쇠창살 설치, 연간 4회 이상 뉴스레터 발행, 온라인 회의 개최 같은 일마저 중앙정부의 통제를 받는다.[3] 심지어 여전히 지방정부에는 일정 범위 내에서 유아 보육 서비스를 보장해야 하는 법적 책임이 있지만 가령 자체 보육시설을 설립하거나 보육 품질을 독자적으로 평가하는 일은 사실상 불가능하다.

중앙정부는 이런 세부 사항 하나하나 다 지시할 뿐 아니라 예산 집행도 철저히 통제한다. 지방정부는 혁신적인 아이디어가 있어도 실행할 돈이 없다. 점점 더 많은 예산이 공모 방식으로 배분되고 있다 보니 장기 계획을 세우고 실행하는 것은 불가능해졌다. 지방세는 마지막으로 남은 재정 수단이지만, 이마저도 명확한 상한선이 정해져 있다. 이렇게까지 조세권이 제한된 나라는 없다. 결과적으로 지방정부는 중앙정부 장관의 변덕에 좌우되는 이름뿐인 공공서비스 제공처로 전락하고 말았다. 여기서 불안정성과 저조한 생산성이 기인한다.

지방 경제를 발전시킬 권한과 그에 따른 보상 체계가 있는 지역 혹은 하위지역 수준의 정부가 전무하다는 사실은 영국이 다른 경쟁국들에 비해 경제적으로 뒤처지는 주요 원인 중 하나이다. 영국의 노동 생산성이 다른 선진국보다 낮다는 것은 잘 알려져 있으며, 정치인과 평론가들이 자주 지적하는 문제이기도 하다. 그러나 잉글랜드 동남권은 대다수 나라보다 생산성이 높다. 다른 지역들이 그만큼 훨씬 낮다는 뜻이다. 2015년 기준으로 동남권 생산성은 독일 평균치보다 7퍼센트 높았지만, 다른 지역은 22퍼센트 낮았다.[4] 고든 브라운, 앨리스테어 달링, 조지 오스본 재무장관 밑에서 성장 정책을 담당했던 고위 공무원 존 킹먼은 내게 이렇게 말했다.

"런던을 제외한 영국 대도시들의 구조적 약점을 해결하지 않고는 영국 경제 전반의 성과를 개선하기란 매우 어렵습니다. 국제적으로 비교해 보면 그 격차는 아주 두드러집니다."[5]

예를 들어 2011년 기준으로 맨체스터는 마르세유보다 30퍼센트, 뮌헨보다는 63퍼센트나 생산성이 낮았다.[6] 도시정책연구소(Centre for Cities)에서는 모든 도시가 동남권만큼 생산적이었다면 영국 경제 규모는 2030억 파운드 더 클 것이라고 추산했다.[7] 브렉시트 국민투표 이후 북부와 잉글랜드 해안의 '버림받은' 지역에서 주로 EU 탈퇴에 찬성했다는 분석이 많았는데, 결국 이 지역의 성패는 인근 대도시에 달려 있다. 맨체스터 없이 볼턴이 살아남을 수 없고, 셰필드 없이 돈캐스터가 번영할 수 없다.

이러한 지역 격차는 여러 가지 원인에 기인한다. 동남권 외 지역에는 고숙련 노동자 비율이 낮고, 교통 인프라가 특히 열악하며,

괜찮은 장소에 있는 괜찮은 주택이 모자라다. 그러나 이 모든 문제의 원인은 결국 중앙집중화다. 지방정부는 정책 자율성이 거의 없고, 재정도 매우 불안정하며, 자체 세입원을 확보할 수 없기 때문에 지역 경제를 성장시킬 동기도 없다. 설령 그럴 동기가 있다고 해도 그럴 수단이 없다. 공공서비스를 개선할 수도 없으며, 투자나 인재 유치도 방해받는다.

이런 분석은 케케묵은 것이다. 중앙집중화의 문제점은 수십 년 전부터 지적되어 왔지만 중앙집중화는 오히려 점점 더 깊이 뿌리내려 왔다. 정부에서 주도한 보고서들도 이 문제를 명확하게 지적했다. 1976년 레이필드 위원회(Layfield Committe)는 '지방 민주주의를 지속적으로 유지하는 유일한 방법은 전체 지방 수입에서 지방세가 차지하는 비율을 늘리는 것이다.'라고 조언했고, 30년 후인 2007년, 라이언스 위원회(Lyons Committee)도 같은 말을 반복했다. '경제 건전성과 지방세 기반 규모 사이의 연관성은 지역 공동체가 성장을 진지하게 추진하는 주된 동기가 될 것이다.'*8 그런데 이러한 평가에 응답하기는커녕, 중앙정부는 줄곧 정반대 방향으로 나아가며 상황을 더욱 악화시켰다.

---

* 1972년 지방정부 구조 개편 이후 재정 불균형, 복잡한 과세 구조 등에 대한 우려가 제기되자 에드워드 히스 정부는 1974년 프랭크 레이필드 경을 위원장으로 하는 레이필드 위원회를 출범시켰다. 레이필드 위원회는 지방세를 재산세에서 소득세로 전환하고, 지방정부에 세율 조정 권한을 줄 것을 권고했지만 중앙정부는 이 제안을 묵살했다. 한편 신노동당 정부 시기에도 지방세의 불공정성에 대한 논란이 커지면서 지방정부의 역할 및 재정에 대한 근본적인 재검토 필요성이 제기되었다. 이에 고든 브라운 재무장관은 2004년 마이클 라이언스 경을 위원장으로 하는 라이언스 위원회를 출범시켰다. 라이언스 위원회는 지방정부가 자율적으로 경제 발전을 추진할 유인을 부여하기 위해 지방세 기반을 확대해야 한다고 권고하였으나 역시 실질적인 변화로 이어지지 못했다.

이러한 중앙집중화 경향은 지방정부가 지역 성장 도모 및 지역 불균형 해소에 나서지 못하게 하고, 중앙정부의 운영 자체도 훨씬 더 어렵게 만들었다. 내각 장관들은 추상적인 수준에서는 더 많은 권한과 책임을 갖고자 한다. 하지만 실제 현실에서는, 점점 더 감당하기 어려운 문제들에 짓눌리고 있다. 결정해야 할 사소한 문제가 너무 많아서 전략적으로 사고할 여유가 완전히 사라진 것이다. 특히 장관들이 각 부처에 머무는 기간이 짧기 때문에, 자신이 맡은 분야를 제대로 파악할 시간조차 없다. 지나치게 중앙집중화된 공공서비스 체계는 감당할 수 없는 중앙정부의 변덕과 오락가락하는 방향 전환, 결정적인 순간이 닥쳐서야 나오는 결정에 좌우된다. 아주 비효율적일뿐더러 실무자들에게도 커다란 좌절감을 안긴다.

좌절하는 것은 화이트홀 사람들도 마찬가지이다. 최근 퇴직한 고위 공무원들과 이야기를 나누면서, 오늘날 중앙정부 업무가 얼마나 쉼 없이 작동하는 데에만 몰두하는지, 그리고 그들이 그런 현상에 얼마나 좌절했는지를 실감했다. 교육부와 내각 사무처에서 고위 공무원으로 있었고 현재는 조지프 라운트리 재단(Joseph Rowntree Foundation)*을 이끄는 폴 키삭은 내게 이렇게 말했다.

"화이트홀은 정책을 깊이 있게 사고할 수 있는 환경이 아니었어요. 그곳의 정책 수립이란 항상 빠르고 전술적으로, 얕게 생각한 다음 치워버리고 다음 사안으로 넘어가는 식이었죠."[9]

---

* 라운트리 초콜릿 회사를 운영했던 조지프 라운트리가 1904년 설립한 영국의 자선기관으로 빈곤, 불평등, 사회 정의 문제를 연구하고 이를 해결하기 위한 정책 대안을 제시하는 정책연구소 역할도 수행한다.

지방정부도 깊이 있는 사고를 할 수 있는 환경은 아니다. 중앙정부의 피상적 사고가 낳은 결과를 수습하느라 늘 허덕이고 있기 때문이다. 지방정부는 너무나 허약해져서, 중앙정부가 설령 실질적인 권한을 이양하고 싶다고 해도 권한을 넘겨줄 주체가 없어져 버렸다. 보수당과 노동당 모두 권한을 이양하겠노라 외쳐대곤 있지만 말이다.

어쩌다 이렇게 됐을까? 그리고 이제 어떻게 해야 할까?

중앙의 장악

국가의 구조와 중앙-지방 간 관계는 대체로 그 나라의 형성 과정에 기인한다. 미국이나 독일처럼 기존의 여러 국가들을 통합해 근대 시기에 형성된 국가는 연방제 국가가 되어 헌법이 지역 단위에 강한 권한을 부여하고 보장한다. 이탈리아나 스페인처럼 개헌을 통해 최근에야 지역 권한이 강화된 나라도 있다.

영국은 잉글랜드, 스코틀랜드, 웨일스, 북아일랜드라는 구성 국가들 사이 관계에서 이러한 구조를 어느 정도 따르고 있다. 하지만 잉글랜드가 전체 인구의 84퍼센트, GDP의 87퍼센트를 차지할 만큼 압도적이기 때문에 매우 특이한 형태다. 이 때문에 영국 의회는 사실상 잉글랜드 의회 역할을 하고, 잉글랜드에는 독자적인 의회가 없는 기이한 상황이다.

블레어 정부는 스코틀랜드, 웨일스, 북아일랜드에 상당한 권한을 이양했고, 2012년에는 스코틀랜드에 추가적인 조세권도 부여했다. 그러나 이번 장에서 집중할 잉글랜드는 여전히 극도로 중앙집중화되어 있으며, 지방정부의 권한은 제도적으로도 보호받지 못하고 있다. 지방정부는 실질적인 조세권도 없다. 잉글랜드는 역사적으로 이른 시기부터 단일 군주의 지배 아래 형성된 국가였고, 지역 단위인 카운티(county)는 역사적 정체성을 지니고 있기는 하지만 중앙정부의 통제 아래 운영되어 왔다. 이런 면에서는 프랑스와 가장 유사하다. 그런데 프랑스 역시 중앙집중화된 국가지만, 1982년 지방자치에 관한 법을 연달아 제정해 선출직 지역 행정 체계를 도입했고, 일부 지방정부 권한은 헌법에 명시되었다. 반면 잉글랜드는 정반대로 가고 있다.

잉글랜드의 지방정부들은 산업혁명 이후 19세기에 잠시 번성했다. 도시화로 인해 법과 복지 같은 튜더 시대의 제한된 국가 기능을 넘어서는 공공서비스 수요가 생겼고, 위생, 보건, 교통, 주택 등 인프라에 대한 투자가 필요해지면서 지방의회는 대체로 중앙정부의 통제 없이 주로 각 가구와 사업체에 지방세를 징수하여 다소 어설프고 불충분한 서비스를 제공했다.

그러나 국가 전반의 서비스 부족에 대응하기 위해 장관들이 점차 자율권을 줄이고 자신들의 권한을 확대하기 시작했다. 처음에는 치안, 그 뒤에는 교육 등으로 확장되었고, 지방정부의 구조를 재편하려는 시도도 이뤄졌다. 빅토리아 여왕 재위 말기에는 오늘날과 유사한 구조가 자리 잡기 시작했다. 또한 중앙정부가 특정 서비스를 위한 보조금을 다수 신설하면서 지방정부 재정에 대한 통제도 강화됐다.

20세기 초에는 노동당이 등장했고, 복지에 대한 국민적 요구가 솟구쳤다. 데이비드 로이드 조지의 국민 보험 도입이 그 요구를 어느 정도 충족했지만, 빈곤 구제에는 지방정부 역할이 여전히 중요했다. 노동당이 지방의회 다수를 장악하면서 지방세를 내는 중산층의 반발도 거세졌다. 이에 따라 보수당 중앙정부는 1925년 전국에 단일 세율을 적용하며 지방세를 직접 통제하게 되었다.[10] 이와 동시에 전국적으로 일정 수준 이상의 공공서비스를 바라는 국민들의 요구도 높아졌다. 예를 들어, 세계대전 이전에는 의료서비스가 하늘과 땅 차이였다. 런던은 양호한 공공병원이 자선 병원을 보완했지만, 빈곤 지역은 처참한 의료 환경에다가 전문 인력마저 모자란 실정이었다.

제2차 세계대전 이후 애틀리 정부는 석탄, 철강 같은 핵심 산업뿐 아니라 역사적으로는 지방정부가 맡아온 공공서비스까지 국유화하려 했다. 그전까지 중앙정부는 지방정부가 어떤 역할을 해야 하고 어떤 방식으로 재정을 운용해야 하는지 점차 통제하기는 했지만, 실제 서비스를 직접 제공하지는 않았다. 그러나 화이트홀은 1948년에 국민건강보건서비스 창설을 통해 병원 운영을 맡았고, 1950년대에 접어들면서 전기, 가스, 도로까지 장악하게 되었다.

당시 지방정부와 자선단체가 혼합하여 운영하고 있던 병원을 중앙정부 휘하로 일원화해야 하는지 내각 내에서 큰 논쟁이 벌어진 바 있다. 국무평의회 의장(Lord President of the Council)이었던 허버트 모리슨(Herbert Morrison)은 런던 카운티 의회를 운영했던 경험을 바탕으로 지방정부의 권한을 약화하는 것은 위험하다고 경고했다. 그는 병원 이사회가 보건부 직속이 될 경우 '자생력 없는 피조물'이 될 것이라고 우려했다. 하지만 당시 보건부 장관이던 애뉴린 베번(Aneurin Bevan)은 '의료서비스를 지방정부에 맡기면 무슨 수를 쓰든 불평등을 초래할 수밖에 없으며, 이는 동일한 기여금을 내는 국민에게 불공정한 일'이라고 주장해 결국 논쟁에서 승리했다.[11] 이 논리는 이후 수십 년간 각종 공공서비스가 중앙에 통합되는 과정에서 반복적으로 쓰이게 된다.

1970년대에 접어들면서 이 논리가 지방 민주주의의 중요성을 압도하고 우위를 점한다. 수도, 하수, 기타 보건 서비스 모두 중앙정부로 일원화되었다. 대처 정부가 출범할 무렵, 지방정부의 입지는 약해져 있었지만, 여전히 주택, 학교, 성인 교육, 보육, 사회복지 등의 공공서비스를 제공하는 데 중요한 역할을 담당하고 있었다. 이들은 중앙정부의 하부 기관처럼 운영되었고, 이미 예산도 대부분 지방세가 아닌 중앙정부 보조금에서 나왔다. 그런데 상당한 책임과 자율성이 부여되어 있었다.[12]

그 모든 것이 1980년대 들어서며 급변했다. 대처는 처음부터 지방정부에 적대적인 태도를 보였고, 지방정부 역시 같은 감정으로 응수했다. 양측의 관계는 대처의 재임 기간 내내 악화했다. 대처는 시장에 통제권을 넘기는 데 주저하지 않았다. 외환통제를 신속하게 철폐했고, 상업적으로 민영화가 가능한 모든 것을 매각했다. 수도, 가스, 전기 등을 포함해 시장 경쟁으로 제공되기 어려운 핵심 공공서비스 영역을 민영화하는 것은 큰 논란을 불러일으켰다. 한편, 공공의 영역에 남겨진 서비스는 중앙집중화되었다. 그녀가 생각하는 사회는 정치적 다양성을 인정하는 사회가 아니었다.

경제 운용은 점점 느슨해지고, 국유 자산이 대거 매각되면서 중앙정부는 공공서비스 제공에 더 집중할 수 있게 되었다. 대처와 참모진 다수는 지방정부가 공공서비스를 제공하는 데 비효율적이고, 납세자들에게 부담만 안긴다고 판단했다.

이러한 시각은 지방정부가 더 정치화되면서 강화되었다. 1965년만 해도 정당 또는 정당 연합이 주도하는 지방의회는 전체의 50퍼센트에 불과했다. 무소속 의원들도 흔했다. 그러나 1980년대 중반에는 그 비율이 84퍼센트로 증가해 있었다.[13] 도시 지역의 경우 대부분 노동당 통제하에 있었고, 런던을 포함한 대도시는 노동당 내 좌파 계열이 장악하고 있었다. 이들 의회는 1984년 대처가 보수당 연설에서 명시한 '내부의 적(enemy within)' 목록에 포함되었다.[14] 이 표현은 포클랜드 전쟁에서 패배한 아르헨티나인들을 '외부의 적(enemy without)'이라 칭한 것에 대비된다. 대처는 국내 문제도 같은 방식으로 대응할 것임을 명백히 드러낸 셈이다.

이전의 노동당 정부는 1976년 IMF 구제금융 이후 비용 절감 압박을 받으면서 지방정부에 제공하는 중앙 보조금을 삭감했다. 그 결과 지방의회는 세율을 인상할 수밖에 없었다. 1980년 보수당 정부는 지출이 많은 지방정부에 대한 보조금을 철회할 수 있도록 하는 법안을 통과시켰지만, 노동당이 이끄는 주요 지방의회에서는 중앙정부 보조금이 줄어드는 와중에도 지방세 세율을 인상하며 예산 감축을 피하고자 했다.

대처가 '내부의 적' 연설을 할 때, 중앙정부가 지방정부의 세율 상한선을 설정할 수 있도록 하는 법안이 의회에 상정되어 있었다. 즉, 실질적인 재정 자율성을 박탈하는 조치였다. 그녀는 또한 가장 호전적이던 적수, 곧 광역 대도시 의회(metropolitan county councils)를 해산시켰다. 그중에는 과격한 켄 리빙스턴(Ken Livingstone)이 이끌던 런던 광역의회도 있었다.*

예산 총액을 설정하는 데 그치지 않고, 대처는 재임 기간 내내 예산 사용 방식에 대한 통제도 강화했다. 1980년 대처 정부는 지방정부의 건설 사업과 도로 유지보수에 대해 민간 위탁을 강제하는 '의무 경쟁 입찰제(compulsory competitive tendering)'를 도입했다. 노동당 의회들이 이 법안에 포함되지 않은 프로젝트의 민간 위탁을 거부하자 정부는 1988년에 목록을 대폭 확장해 더 많은 서비스가 민간에 위탁되도록 했다.[15]

이와 더불어 대처는 지방정부가 쭉 담당해 오던 여러 서비스에서도 자율성을 대폭 축소했다. 특히 주택과 교육 분야에서 그랬다. 1980년 기준으로 500만 가구 이상이 지방정부 임대주택(council housing)에 거주하고 있었는데, 전체 가구의 약 3분의 1에 해당했다.[16] 제2차 세계대전 이후 지방정부는 수백만 채의 주택을 건설했고, 거기에 오늘날 가치로 연간 200억 파운드 이상을 지출하고 있

---

* 1974년 신설된 광역 대도시 의회는 맨체스터, 리버풀, 버밍엄 등 대도시권의 교통, 도시계획, 치안, 폐기물 처리 등 광역 업무를 담당했다. 런던 광역의회는 수도권 전체를 관할하는 수도권 지방정부였다. 이 의회들은 주로 노동당이 이끌었고 복지 확대, 반핵 운동 등 좌파 정책을 펴며 대처의 중앙정부와 공개적으로 충돌했다. 특히 켄 리빙스턴은 대처 정부를 공개적으로 비판하며 언론을 활용해 저항했다. 대처 정부는 결국 이들을 세금을 낭비하는 정치 선동 집단으로 규정하고 1986년 강제 해산시켰다.

었다.[17] 대처는 임차인들에게 집을 대폭 할인된 가격으로 살 수 있는 권리를 부여했다. 오늘날까지도 보수당 정치인들은 이 정책을 대처의 상징적인 정책이자 대표적인 성공 사례로 언급한다. 이 정책은 자가 소유의 기회를 제공해 보수당 충성 지지층을 형성했으며, 2008년 금융위기 당시 영국의 주택자가 보유율은 약 70퍼센트에 달하게 되었다.[18] 수익 측면에서도, 이 정책은 대처 시대 최대 규모의 민영화 사례로 기록되었다.

그러나 그 대가도 컸다. 무너진 임대주택 체계는 이후 회복되지 못했고, 오늘날의 극심한 주택 부족과 기나긴 대기 명단 문제로 이어졌다. 특히 중앙정부는 지방의회가 주택 매각으로 얻은 수익을 신규 주택 건설에 사용하는 것을 규제했고, 이 규제는 여러 번 강화되어 1990년에는 수익의 25퍼센트만 신규 주택 건설에 사용할 수 있게 되었다. 실질적으로 지방정부는 나머지 자금 대부분을 이전 주택을 짓는 데 쓴 부채를 상환하는 데 사용해야 했다. 돈도 없고 주택을 더 지어봐야 돌아올 것이 없었기 때문에, 지방정부가 관리하는 주택 비율은 2022년이면 6퍼센트까지 떨어진다. 오늘날 많은 지방정부는 아예 임대주택을 운영하지 않는다.[19] 대부분의 공공임대주택(social housing)은 이제 민간 비영리 주택협회가 운영한다.

학교에 대한 지방정부의 통제력 상실은 더 점진적으로 진행됐다. 1960년대부터 '진보' 성향의 좌파 지방의회가 교육과정 내용을 통제하고, 학생 행동에 대해 너무 느슨하게 접근한다는 우려가 쌓이기 시작했다. 이런 흐름은 킹슬리 에이미스(Kingsley Amis)와 아이리시 머독(Iris Murdoch) 같은 지식인들이 전통적 기준 회복을 촉구하며 발표한 「Black Papers(블랙 페이퍼)」 연재를 계기로 본격화되었다. 1970년대 중반에 런던 이슬링턴에 있는 윌리엄 틴데일 초등학교에서는 '아동 중심' 교육 정책을 실험 도입했다. 학생들에게 상당한 자율권이 허락됐고, 결과적으로는 예측할 만한 심각한 문제 행동이 발생했다. 지금 생각하면 다소 황당하지만, 일개 학교에서 있었던 이 사태가 의회 청문회로까지 이어졌고 대대적인 언론 보도는 물론, 교육 정책 자체의 변화를 촉진했다. 이전까지 중앙정부는 교육에 깊이 개입하지는 않았지만 1976년 제임스 캘러헌 총리는 처음으로 국가 교육과정의 필요성을 언급했다.[20]

대처 정부 초기에는 학부모가 학교 운영에 더 많이 참여하고 입학 절차에서 학부모 의견이 반영되도록 하는 몇 가지 조치가 도입됐다.[21] 그럼에도 언론은 계속해서 본격적인 교육 개혁을 촉구했다. 그 결과 입법된 1988년의 교육개혁법은 이른바 'GERBIL(Great Education Reform Bill)'이라 불린다. 이 법은 오늘날 학교 체계의 골격을 만들었고 두 방향에서 지방정부의 통제력을 약화했다. 예산과 인사권은 개별 학교로 넘겨져 영국 학교들은 세계적으로도 가장 높은 자율성을 갖게 되었다. 한편 기준 관리는 중앙으로 집중되었다. 새로운 국가 교육과정을 도입하고, 몇 년 뒤에는 교육기준청을 설치했으며, 해마다 시험을 치르고 성적 순위를 공개했다.

이 법은 또한 학교가 지방정부의 통제를 벗어나 '보조금 지원학교'로 전환하는 것과 기업이 후원하는 새로운 유형의 학교인 '도시 기술대학' 설립도 허용했다. 이 학교들은 이후 노동당 정부에서 추진한 아카데미 학교의 전신이 된다.

결과적으로, 대처가 몰락한 결정적인 계기는 (그녀가 보기에) '가성비가 나쁜' 지방정부에 대한 좌절감에서 비롯된 인두세 참사였다. 대처 정부의 장관들은 반복된 중앙집중화와 재정 자율권 부족이 지방정부의 책임성을 떨어뜨렸다는 점을 깨달았다. 지방정부가 단순한 집행 기관으로 전락할수록, 예산 부족의 책임은 중앙정부에 떠넘겨졌다. 보수당 입장에서는 지방의회가 제한 없이 지방세 세율을 인상하는 것을 허용할 수 없었다. 세금은 부동산 보유자에게 부과되는데, 지방정부가 제공하는 서비스는 주로 저소득층을 대상으로 했기 때문이다.

인두세에 대해 가장 종합적으로 분석한 학술 문헌은 이렇게 기술하고 있다. '대처주의자에게 인두세는 지방정부의 지출을 줄일 수 있으리라는 확신을 가져다주었다. 지방의회가 높은 세율의 인두세를 부과하려 하면 주민들에게 큰 반발을 살 것이므로 결과적으로 세금 인상에 제약이 생길 것이며, 인두세는 비율세(percent tax)가 아니라 명목세(nominal tax)였으므로 물가 상승과 함께 자동으로 세수가 늘어나는 재정 견인 효과도 없을 것이다. 지방의회도 매년 손쉽게 세금을 인상하기도 어려울 것이라고 보았다.'[22]

원래 계획은 세율 상한선을 두지 않고 보조금을 줄여서, 지방의회가 인기 없는 결정을 내릴 수밖에 없게 압박하는 것이었다. 일부 면제 대상을 제외하면 모든 사람이 동일한 세율로 세금을 내야 했기 때문에, 노동당 계열 지방정부는 이 세금을 부유층이 저소득층을 보조하게 만드는 수단으로 사용할 수 없었다. 그러나 당연하게도, 실제로는 계획대로 되지 않았다. 세금이 불공정하다는 인식이 확산하면서 많은 사람들이 더 많은 돈을 내게 된 데 대해 중앙정부를 비난했다. 인두세는 처음부터 인기를 얻지 못했고, 1990년 11월 대처의 총리직 사임에 결정적인 역할을 했다.

단순히 실패한 것을 넘어서 인두세는 의도했던 바의 정반대 효과를 낳았다. 세금에 대한 불만으로 노동당이 더 많은 지방의회를 차지하게 되었고, 혼란을 수습하기 위해 중앙정부는 지방정부에 대한 보조금을 전체 지출의 60퍼센트에서 80퍼센트로 늘려야 했다. 또한 새로 도입된 '지역사회 요금'(현재의 재산 기반 지방세)은 상한선이 유난히 엄격하게 설정되었다. 이 혼란스러운 과정은 지방정부를 중앙정부의 하부 기관으로 굳히는 결과를 낳았고, 지출이나 정책에 대한 자율성은 거의 사라지게 되었다.

1997년 마침내 보수당이 정권을 내준 뒤에도 상황은 달라지지 않았다. 신노동당은 스코틀랜드와 웨일스에는 권한을 이양했지만 잉글랜드에는 아무런 변화도 시도하지 않았다. 사실상 블레어 정부는 지방 민주주의의 약점에 대해 대처 정부와 비슷한 시각을 갖고 있었다. 지방의회에 대한 신노동당 정책은 다음과 같이 평가된다. '1997년 이후 지방정부를 가장 뚜렷하게 특징짓는 점은, 노동당 정부가 지방 서비스를 민영화하고 지방정부의 역할을 축소하는 결함 많은 보수당 정책을 현실화했다는 사실이다. 1997년 이후 신노동당 정책은 죽어가던 대처식 정책에 새로운 생명을 불어넣었다.'[23]

노동당 집권기에는 공공임대주택이 지방정부 소유에서 주택협회 소유로 빠르게 넘어갔다. 그 결과 공공주택 여유분은 보수당 집권기보다 더 빠르게 줄어들었다. '보조금 지원학교'는 폐지되었는데, 블레어는 자서전에서 이 결정을 후회한다고 밝혔다. 하지만 보조금 지원학교의 틀은 지방정부로부터 '자유로운' 아카데미 학교라는 형태로 되살아났다. 보조금 지원학교와는 달리, 아카데미 학교로 전환하는 것은 학부모 투표 없이도 가능했기 때문에 훨씬 쉽게 추진할 수 있었다.

비슷하게, 노동당은 초기에 '의무 경쟁 입찰제'를 폐지하고 '최고의 가치(Best Value)'라는 제도로 대체했다. 이론적으로는, 지방정부가 서비스 제공 방식을 더 자율적으로 결정할 수 있도록 하는 제도였지만, 실제로는 90가지가 넘는 매우 복잡한 성과 지표를 기준으로 감시와 감사를 받게 되었다. 이 지표 중 일부는 노숙자 급감 같은 신노동당의 대표 성과를 뒷받침하기도 했지만, 전체적으로 보면 대처조차 상상하지 못한 수준으로 중앙집중화를 심화시켰다.[24]

신노동당은 지방정부 재정의 근본적인 문제도 건드리지 않았다. 고든 브라운이 이끄는 재무부는 과세 권한을 넘길 생각이 전혀 없었고, 지방정부는 중앙정부 보조금에 의존하는 체제를 유지할 수밖에 없었다. 결국 지방정부는 속수무책으로 그 이후 닥친 일들을 당할 수밖에 없었다.

최후의 일격

데이비드 캐머런이 이끄는 보수당과 자유민주당은 야당 시절, 노동당의 중앙집중화된 관료주의적 성향을 맹비난했었다. 하지만 정작 자신들이 집권하자, 중앙집중화된 통치가 제법 괜찮다는 것을 깨달았다. 그들이 지방분권을 외치다 중앙집중으로 돌아선 과정은 그 누구보다도 빠르고 노골적이었다.

2011년 지방정부 담당 장관이었던 에릭 피클스는 '100년 동안 은근히 진행된 중앙집중화를 되돌리고 커다란 결함이 있는 지방 민주주의를 회복하겠다'며 지방주의법(Localism Act)을 자랑스럽게 발표했다.[25] 그러나 그의 접근법은 처음부터 모순된 것이었다. 지방정부에 일반 권한을 부여하여 법으로 금지되지 않은 일은 할 수 있다는 기본 전제를 세우고서는[26] 쓰레기 수거 방식, 공무원 급여 상한, 데이터 활용 방식 등 온갖 사소한 부분에 대해 새로운 규제를 줄줄이 도입한 것이다.

이런 일들은 대부분 셰리던 웨스트레이크(Sheridan Westlake)라는 특별 보좌관의 작품이었는데, 그는 캐머런부터 수낙에 이르기까지 모든 총리 밑에서 일한 유일한 참모로 '지방의 뚱보 관료들을 단속하겠다'는 식의 보도자료로 언론을 장악하곤 했다. 피클스와 웨스트레이크는 노동당 시절 수많은 성과 지표를 관리하던 감사위원회(Audit Commission)를 폐지했지만, 정작 자신들의 부서에서 더 혼란스럽고 단속적인 방식으로 통제를 이어갔다. 감사위원회의 점검 방식이 지나치기는 했어도, 위원회가 폐지되면서 지방정부의 재정을 제대로 감시할 기관이 없어졌고, 그로 인해 여러 지방정부는 최근 피할 수도 있었을 심각한 재정난에 빠지게 되었다.

'지방주의(localism)' 의제의 또 다른 축은 캐머런의 보좌관 스티브 힐튼(Steve Hilton)이 제안한 '빅 소사이어티' 구상에서 비롯됐다.

이 개념은 딱 폭스뉴스 논평자가 된 인물에게서 나올 법한, 두루뭉술하고 준비도 부족한 구상이었다. 지방주의법에는 지역 공동체 단체들이 지방정부 소유 토지에 입찰할 수 있는 권리와 지방정부가 운영하는 서비스를 직접 운영하겠다고 제안할 수 있는 권리가 포함되어 있었다. 하지만 현실에서 사람들은 좋은 공공서비스를 바라지, 자신들이 직접 운영하길 바라지는 않는다. 힐튼 특유의 열정이 넘치던 초기에는 역할이 불분명한 커뮤니티 조직가 수백 명을 임명하기 위한 예산이 배정되었다. 2012년 이후 힐튼이 정부에서 영향력을 잃자 이 의제도 실종되었다.

연립정부의 지방정부 정책 중 가장 중요했던 것은 단연, 조지 오스본이 긴축 정책의 일환으로 가한 대규모 예산 삭감이었다. 2010년 총선을 앞두고 보수당은 국민건강보건서비스와 학교 예산, 즉 정치적으로 가장 민감한 공공서비스 예산은 '보호'하겠다고 결정했고, 국방과 해외 원조에도 일정한 지출을 약속했다. 그 결과, 다른 화이트홀 부처들의 공공지출이 영국 역사상 최대 규모에 가깝게 삭감되었다. 복지지출도 큰 타격을 입었지만, 공공서비스 중에는 지방정부 예산이 가장 손쉬운 희생양이 되었다. 쓰레기 수거나 도로 보수를 제외하면 지방정부가 맡는 업무 대부분은 유권자들이 직접 접하지 않는 영역과 관련되어 있었던 것이다. 오스본은 더 나아가 공공 보건 예산을 지방정부로 넘겼는데, 가령 비만 예방 프로그램처럼 국민건강보건서비스 예산으로 집행되던 항목들이었다. 보기 드문 '분권화' 조치 같지만, 사실은 국민건강보건서비스 예산을 그대로 유지하겠다는 약속을 지키면서 실제로는 예산을 삭감하려는 의도였다.

2010년부터 2020년 사이 지방정부의 '지출 역량'은 24퍼센트 감소했는데, 그게 전부가 아니다.[27] 중앙정부 보조금은 465억 파운드에서 280억 파운드로 40퍼센트 삭감됐다.[28] 이를 일부라도 메우고자 지방정부는 같은 기간 지방세를 30퍼센트 인상해야 했다. 중앙정부는 여전히 지방세 상한선을 설정해 두었지만, 일부 상한선을 높이면서 보조금 감소분을 보완하도록 했다. '지방주의' 의제 아래 가장 우스운 정책은, 지방정부가 중앙정부의 상한선을 넘겨 세금을 인상하려면 주민투표를 거치도록 '허용'한 것이다. 당연히, 실제로 주민투표를 거친 곳은 거의 없었다. 2015년 베드퍼드셔에서 주민투표가 한 차례 있었던 것이 전부다. 주민들은 세금 인상안에 반대했다.[29]

이 모든 조치는 지방정부의 책임성과 자율성이라는 오래된 문제를 한층 더 악화시켰다. 예산은 줄어드는데, 법적 의무는 그대로 남아 있어서 주민 모두를 위한 지출은 불가능해졌다. 노인 복지, 아동 보호시설, 특수교육 지원 같은 법적 의무에 집중해야 했다. 이런 서비스는 물론 매우 중요하지만 전체 인구 중 일부만이 직접적으로 이용하는 서비스이다. 더 나아가 이런 서비스에 대한 수요는 인플레이션 수준을 훨씬 넘겨서 증가해 왔다. 고령화, 아동학대 신고 증가, 자폐 등 발달장애 진단 건수 증가가 그 원인이다.

동시에, 전체 인구를 대상으로 걷는 지방세는 계속 오르고 있음에도 대부분은 그에 따른 혜택을 체감하지 못하고 있다. 정당성이 약해지는 것이다. 내가 인터뷰한 지방정부 지도자들도 일관되게 이에 대한 답답함을 토로했다. 세금은 올려야 하는데, 정작 그 돈은 주민 대다수가 체감하지 못하는 일부 서비스에만 쓰인다는 것이다. 한 지도자는 이렇게 말했다. "제가 2017년에 행정 수장이 되었을 때, 지방세의 49퍼센트가 아동, 노인 복지, 공공 보건에 쓰였습니다. 올해는 87퍼센트까지 올라갔죠. 그래서 특히 우리 같은 상부 지방정부는 사실상 사회복지 전담 기금 기관이나 다름없습니다."[30]

중앙정부의 수입은 대부분 복잡하게 얽힌 보조금 체계로 나뉜다. 그중 가장 큰 몫은 학교나 경찰처럼 특정 기관에 바로 전달되는 항목이다. 나머지는 대부분 장관이나 산하기관의 '애착 사업'에 따라 나뉘는 소규모 보조금이고, 지방정부는 이 조각난 재원을 이어 붙여 자율적인 사업을 하려고 애쓴다. 게다가 이런 재원들이 수시로 바뀌기 때문에 장기 계획 수립은 불가능에 가깝다.

한 보고서에 따르면 2015년부터 2018년 사이 화이트홀 부처 14곳과 준정부기관 24곳에서 나온 보조금만 해도 448종류에 달했다. 이마저도 완전한 목록은 아니다. 또, 전체 보조금 중 4분의 1 내지는 3분의 1 정도는 해마다 폐지되고 새로운 보조금이 추가되어 체계가 계속 바뀐다고 지적했다. 중앙정부는 너무 많은 사안을 직접 다루느라 여유가 없고, 결과적으로 단기 보조금을 신설하거나 즉흥적인 사업을 진행하는 식으로 대응한다. 그래야 뭔가 했다고 말할 수 있기 때문이다.[31]

내가 만난 지방정부 지도자들은 이런 구조가 예산 운영을 얼마나 어렵게 만드는지 입을 모았다. 맨체스터시의 행정 수장 조앤 로니(Joanne Roney)는 이렇게 말했다. "재정 지원 항목, 즉 보조금이 130가지 있습니다. 자본 예산 항목만 세도 35개나 됩니다. 이걸 관리하느라 드는 행정비용이 엄청난데, 차라리 수익과 자본에 대해 장기적으로 안정적인 예산을 보장받는 편이 훨씬 효율적입니다. 지금 방식은 품이 너무 많이 들어요."[32]

더 심각한 문제는 이런 보조금 가운데 약 3분의 1이 경쟁입찰 방식으로 지급된다는 점이다. 특히 도시재생 같은 대규모 자본 사업과 관련된 보조금이 그렇다.[33] 이렇게 돈을 배분하는 것은 매우 비효율적이다. 지방정부는 입찰 준비를 위해 수천만 파운드를 컨설턴트 비용과 전담팀 운영에 쓰지만 상당수는 탈락할 수밖에 없다. 게다가 이 입찰 방식은 대부분 단발성이라 한번 떨어지면 다시 도전할 기회가 아예 없는 경우도 많다.

2022년에 진행된 한 연구에 따르면, 경제 재생 관련 보조금만 따져도 '중앙정부 부처 및 기관 10곳에서 53종류였으며, 기준과 일정, 자격 요건이 제각각이었다. 5가지 행정 단위에 걸쳐 자금을 받을 수 있었고, 그 외에도 19종류의 다양한 기관이 지원 대상이었다.'[34]

지방정부는 이 중 대형 보조금 세 개 항목에 입찰하는 데만 6,300만 파운드를 썼고, 여기에 실제 직원들의 인건비와 투여 시간을 합치면 훨씬 더 많은 자원이 낭비되었을 것이다. 더욱 실망스럽게도, 이 입찰 과정 대부분이 불투명하게 진행되어서 마지막에 규칙이 바뀌기도 하고 정치적 개입이 의심되는 사례도 많다.

로니는 '레벨링 업(Levelling Up)' 보조금 입찰 경험에 대해 이야기해 주었다. "우리는 1차 선발에 붙어서 맨체스터에 2천만 파운드를 확보했습니다[그 돈으로 도심에 창의적 디지털 산업 허브를 조성할 예정이었다]. 그래서 2차 선발 때는 공항 인근 와이던쇼 지역 중심가 재생 사업을 신청했어요. 그 지역은 북부에서 손에 꼽히는 낙후 지역이라 재개발이 절실했습니다. 그런데 탈락했어요. 최종 결과가 발표된 뒤, 1차에 선발된 지자체는 2차에 선발될 수 없다고 하더군요. 하지만 입찰 전에 중복 선발이 안 된다거나 그 기준이 무엇인지에 대한 안내는 전혀 없었습니다."[35]

이런 식으로 몰랐던 규칙에 발목 잡힌 사례는 수두룩하다. 사전에 알았더라면 1차 선발 때 어떤 사업을 우선순위로 올릴지 다르게 전략을 세웠을 것이다.[36] 의회의 한 특별위원회에서 지적한 내용 중에는 심지어 '1차 선발된 지자체에 2차 선발에도 신청하라고 권고하고는 나중에 탈락 처리했다'는 내용도 있다.[37] 아마 이런 비판을 의식해서였는지, 맨체스터는 3차 선발 때 자금을 배정받았다.

정부는 물론 부인하고 있지만, 정치적 이유로 자금을 배정한다는 의혹이 만연하다. 같은 위원회는 리시 수낙의 지역구이자 전국에서 가장 부유한 지역에 속하는 리치먼드셔가 레벨링 업 기금에서 1,900만 파운드를 받았다는 사실을 지적했다.[38] 다른 위원회인 공공회계위원회는 '타운스 펀드(Towns Fund)'라는 대규모 기금의 선정 과정을 통렬히 비판했다. 위원회에 따르면 이 기금은 탈산업화로 침체된 '소외된' 도시들을 지원하기 위해 조성된 것이었지만, 선정 기준이 전혀 투명하지 않았고 장관들이 실질적인 기준 없이 지자체를 골라내도록 설계되어서 정치적 편향처럼 보일 수밖에 없었다. 다음 내용은 해당 보고서의 요점이다.

'선정 절차는 공정하지 않았다. 장관들은 수십 개 적격 후보 도시 중 막연한 가정에 따라 도시들을 선정했다. 부처 공무원들은 소득 수준 같은 기준으로 잉글랜드 전역의 도시를 평가하고 점수를 매겼지만, 장관들은 그중 어느 도시가 신청할 자격이 있는지 자유재량으로 선택했다. 특히 중간 우선순위 그룹에서 어떤 도시를 뽑았는지에 대한 근거는 사실상 없고 전형적인 두루뭉술한 추정에 불과했다.'[39]

공무원 평가상 '우선순위 낮음'으로 분류된 도시 중 12곳이 장관들의 판단으로 선정됐고, 이들은 모두 보수당 지역구에 속했다. 이 도시들은 '우선순위 높음'으로 분류된 도시보다 인구당 더 많은 자금을 배정받았다.[40] 그러니까, 그다지 교묘하지 못했다. 또 다른 학술 연구는 '레벨링 업' 관련 보조금을 모두 분석했는데, 가장 가난한 지자체 상위 20곳 가운데 지원금을 가장 많이 받은 지자체 20곳에 든 곳은 세 곳뿐이었고, 그 세 곳(블랙풀, 스토크, 샌드웰)은 모두 보수당 지역구였다.[41]

물론 장관들 입장에서는 이런 식의 정치적 통제가 긍정적일 수 있다. 하지만 결국 중앙정부는 더 비효율적이고 일관성 없는 조직으로 전락한다. 중앙정부가 전혀 다뤄서는 안 되는 사안들에 대한 어이없는 기금이 만들어지는 경우도 있다. 내가 본 것 중 가장 황당했던 사례는 '껌 제거 전담 태스크포스(Chewing Gum Task Force)' 기금이었다. 지금까지 두 차례에 걸쳐 약 300만 파운드가 100여 개 지방정부에 배정되어, 길바닥의 껌을 제거하는 데 쓰였다.[42] 아차, '체스 테이블 설치 기금(installing chess tables fund)'이 더 황당한가? 이 기금은 100개 지방정부를 선정하고 각 2500파운드를 주어 공원에 체스 테이블 하나를 설치하도록 했다(다만 체스 말은 지급되지 않았다).[43]

이런 기금을 신청하고 심사하고 보도자료를 내고 화려한 연례 보고서를 만드는 데 든 행정비용은 정확히 알 수 없다. 다른 예시도 많다. 가령 '체인징 플레이스(Changing Places)' 화장실 기금이 있다.[44] 어느 지자체가 장애인 화장실이 가장 절실한지 가려내는 일에 화이트홀 공무원이 시간 들이는 것이 과연 최선일까?

지엽적인 규제, 세금 인상 상한제, 점증하는 법적 의무, 끊임없이 쪼개져 나오는 단기적, 비체계적 재정 지원. 이 모든 통제는 결과적으로 지방정부와 중앙정부 모두를 부실하게 한다. 지방정부는 지나치게 제약되고, 중앙정부는 사소한 일들에 너무 많은 시간을 빼앗긴다. 그 안에서 책임성을 찾아보기란 어렵다. 상황이 나빠질수록 빠져나오기도 어려워진다. 지방정부의 역량은 점점 하락하고, 중앙정부는 지방정부를 믿지 못한다. 그러면 중앙으로 더 권한을 집중시키고, 상황은 더 나빠진다.

중앙정부 부처들 사이에 퍼져 있는 지방정부를 향한 냉소적인 태도는 상당 부분 근거 없는 엘리트주의적 편견에서 비롯된다. 실제로 화이트홀에는 우수한 인재들이 더 많이 몰려 있고, 지방정부는 워낙 제약이 많다 보니 전략적으로 일할 여지가 더 적은 것은 사실이다. 하지만 반대로, 지방정부에서 일하는 사람들은 서비스를 제공받는 사람들과 훨씬 더 가까이에서 일하고 있고 그들의 삶을 더 잘 이해하고 있다. 중앙정부 공무원들은 아무리 똑똑하더라도 장관을 보좌하는 데 초점이 맞춰져 있는데, 장관들은 흔히 실질적인 문제 해결보다는 이미지 관리에 골몰하는 경우가 많다. 자신이 맡은 정책 영역에서 일한 경험이 없는 경우도 꽤 있다. 이 점에서 중앙정부는 지방정부보다 훨씬 더 현실에서 괴리되어 있다.

지방정부는 또한 독특한 기준으로 평가받는 경향도 있다. 과거 지방정부가 맡았던 서비스를 이제는 민간 기업들이 위탁받아 운영하는데, 민간 기업이 실패할 때는 훨씬 적은 책임을 지고 정치적 비난의 대상이 되는 일도 드물다. 중앙정부는 스스로의 운영 실패를 잘 드러내지 않고, 그런 사례에서 구조적인 교훈을 얻으려 하지도 않는다. 물론 지방정부도 실수할 때가 있다. 대형 조직이 으레 그렇듯, 관료적이고 비효율적인 측면이 있다. 질과 성과 면에서도 지역 간 편차가 크다. 하지만 그 한계는 실제로 가능한 다른 대안들과 비교해야 하며, 누구도 만족시킬 수 없는 비현실적인 기준을 들이밀면 안 된다. 게다가 지방정부를 신뢰하지 않으면, 그들이 자기 역할을 해내기란 더 어려워진다.

에식스 카운티 의회의 행정 수장인 개빈 존스(Gavin Jones)는 내게 이렇게 말했다. "지방정부는 무능하다는 말만 반복하면서 정작 누군가가 이 일을 맡도록 유도하지 않으면 결국 예견된 결과가 나타날 수밖에 없습니다. 지금 우리는 고령화 때문에 많은 인재와 지혜를 놓치고 있습니다. 젊은 사람들은 이런 일을 하지 않으려 하지요. 결국 유능한 인재를 확보하지 못하고, 중앙정부는 계속해서 우리를 신뢰하지 못하게 되는 겁니다."[45]

시장 시대 시작

수년 동안 영국 정부는 이런 문제들에 간헐적으로만 관심을 보여왔다. 특히 지역이 경제성장에 기여해야 한다는 필요성에 대해 말이다. 신노동당은 런던 이외 지역의 사업을 활성화하기 위해 지역 차원의 구조를 이리저리 덧붙이며 많은 시간을 보냈다. 1998년에는 지역 의회 8개를 신설하여 도시계획 권한 일부를 부여하고, 재생 자금이 흘러가는 통로 역할을 하던 지역개발기구(Regional Development Agencies, RDA)의 전략을 감시하도록 했다. 존 프레스콧(John Prescott) 부총리는 이 지역 의회를 선출직 기구로 전환하자는 계획을 밀어붙였지만, 첫 시범 사례로 택한 동북부 지역 주민투표에서 압도적인 반대에 부딪혔다. 이때 반대 선전에 나선 인물이 바로 도미닉 커밍스인데, 그는 이 과정에서 정치인들에 대한 대중의 반감을 활용하면 효과가 좋다는 교훈을 얻었다.

그렇게 그 구상이 끝났다. 지역 의회는 지방 지도자 협의회가 되었다가 연립정부가 들어서자 그마저 폐지되고 지방기업파트너십(Local Enterprise Partnerships, LEP)이라는 새 조직으로 대체되었는데, 이름만 다를 뿐 지역개발기구와 하는 일은 비슷하면서 예산은 훨씬 적었다.[46] 이런 식의 어정쩡한 구조 조정은 상황을 더 혼란스럽게 만들었다. 지역개발기구와 지방기업파트너십은 어디까지나 중앙정부에 책임을 지는 조직일 뿐, 독립적인 권한을 가지지는 못했다.

그러던 중 노동당 정부 마지막 해에 거의 주목받지 못한 지방

민주주의법(Local Democracy Act)이 통과되었다. 이 법은 의원들의 공금 횡령 스캔들로 헤이즐 블리어스(Hazel Blears) 지방정부부 장관이 사임한 시점에 조용히 상정되었다.[47] 지방정부가 '광역연합(combined authority)'을 구성할 계획을 직접 제출할 수 있도록 하는 법이었는데, 광역연합은 경제 개발, 교통 등의 권한을 넘겨받아 단일 도심지 단위가 아닌 더 넓은 지역 단위에서 전략적인 판단을 할 수 있게 하자는 취지였다.

전형적인 영국 방식답게, 이렇게 아무도 주목하지 않았던 발상이 존 프레스콧의 대대적인 계획보다 훨씬 더 근본적인 변화를 이끌었다. 초기에는 그레이터맨체스터에 속한 10곳 지방정부만 이 기회를 활용했는데, 2010년 퇴임을 앞둔 노동당 정부는 이들의 계획을 승인했고 새로 들어선 연립정부도 그 계획을 지지했다. 당시 맨체스터시의 행정 수장이었던 하워드 번스타인(Howard Bernstein)은 이 계획을 강력 지지했고, 중앙정부에 더 많은 권한 이양을 요청했다. 이윽고 2012년 3월, 닉 클레그(Nick Clegg) 부총리가 '시티 딜(city deal)'을 발표했다.*

이후 2012년 말, 마이클 헤젤타인이 데이비드 캐머런 총리의 의뢰를 받아 작성한 지방 경제성장 전략 보고서를 내놓았다. 그는

---

* 시티 딜은 영국 중앙정부와 특정 도시권이 체결하는 협약으로, 경제 성장, 인프라, 고용, 훈련 등의 권한과 예산을 이양받는 지역 맞춤형 분권 계약을 가리킨다. 2012년 3월 8개 핵심 도시와 제1차 시티 딜이 체결되었고, 이후 정치, 행정 권한까지 포함해 확대된 디볼루션 딜(Devolution Deal)로 확대되었다. 아래에도 설명되듯이, 디볼루션 딜은 광역 시장을 직선제로 선출할 것을 전제로 대규모 인프라 투자와 주택, 복지, 보건 등 복합정책 권한을 지방에 이양했다. 2025년 현재 잉글랜드 전역에서 30건 이상의 시티 딜 및 디볼루션 딜이 체결됐으며, 스코틀랜드, 웨일스, 북아일랜드에서도 자체적인 시티 딜 체계를 마련해 운영하고 있다.

대처 정부 시절인 1981년 환경부 장관으로 재직하면서 런던 도클랜드 개발 등 지방 재생 사업을 추진했던 몇 안 되는 탈중앙화를 지향하는 보수당 인사다. 관심받는 데 탁월했던 헤젤타인은 이번에도 보고서 개요에 '한 남자의 구상(One Man's Vision)'라는 제목을 붙여 언론의 이목을 끌었다. 이 보고서에서 그는 앞서 수십 년간 발표된 다른 정부 의뢰 보고서들과 마찬가지로 지방분권을 촉구했다. 하지만 헤젤타인은 더 직설적으로 말했다.

'거대한 정부는 작동하지 않는다. 장관이나 관료가 그렇게 똑똑하지도 않고, 상황은 예측할 수도 없다. 하지만 정부가 국민의 세금으로 이뤄낸 성과에 무관심할 수는 없다. 도전 과제는, 도시와 지역의 역량과 정부 자원을 함께 엮어서 더 균형 잡힌 파트너 관계를 맺는 것이다. 정부는 이제 지난 100년간의 흐름을 되돌려야 한다. 지역 경제의 역동적인 가능성을 풀어주어야 한다. 정부는 정말로 지역 중심 의제를 실현할 의지가 있는가? 정책인가, 슬로건일 뿐인가?'[48]

헤젤타인은 그레이터맨체스터 광역연합(Greater Manchester Combined Authority)을 긍정적인 사례로 언급하며, 정부가 그 지역에 더 많은 권한을 이양하고, 다른 지역들도 유사한 구조를 만들도록 독려했다. 당시 2012년의 총체적 난국이었던 예산안 발표 이후 경기 부양을 위한 새로운 해법을 찾고 있었던 조지 오스본 재무장관과 그의 수석 보좌관 루퍼트 해리슨은 전반적으로 그 제안에 동의했다.

특히 언제나 정치 책략가였던 오스본은 이 기회를 재빨리 포착했다. 지역 차원에서 실질적인 책무성을 만들고 나아가 보수당이 도시 지역에서 정치적 영향력을 확대할 수 있는 길이라고 본 것이다. 그는 지방분권과 재정 지원은 '직선제 광역 시장 도입'에 동의하는 것을 전제로 한다고 못 박았다. 그의 머릿속에는 런던이 있었다. 런던 중심부는 노동당의 텃밭이었지만, 보리스 존슨은 보수 성향의 런던 외곽 지역 유권자들의 지지를 받아 시장직을 거머쥐고 연임까지 했던 것이다.

해리슨은 당시 분위기를 이렇게 회상했다. "보수당 내부에는 추가 권한 이양에 반대하는 목소리가 컸습니다. 특히 지역구 의원이나 지방의원들은 자기 지역에 적용하기를 꺼렸어요. 당 전체로 보면, '어차피 노동당 후보만 시장에 당선될 텐데 왜 그걸 해야 하죠?' 하는 인식이 강했습니다. 하지만 우리는 그런 정치적 주장에 이렇게 말했습니다. '아시겠지만, 이런 지역에서는 이런 방식이 아니라면 사실 우리가 이길 방법이 없잖아요?' 하고요."[49]

결과적으로 그의 계산이 맞아떨어졌다. (버밍엄이 노동당으로 기우는 중에도) 웨스트미들랜즈에서는 앤디 스트리트(Andy Street)가, 티스밸리에서는 벤 하우첸(Ben Houchen)이 보수당 소속으로 시장에 당선되었다. 오스본의 주장처럼 선출된 시장은 광역연합에 정체성과 책무성을 부여했고, 초기에는 반신반의했던 지방의회도 점차 수긍하게 되었다. 맨체스터는 2014년에 시장 직선제 도입에 합의했고, 그 대가로 주택, 경찰, 교통 등에서 상당한 권한 이양과 20억 파운드 규모의 추가 예산 지원을 받았다. 다른 지역도 그 뒤를 따랐고, 2017년 6명의 시장이 직선제로 처음 선출되었다. 2024년에는 직선제로 선출된 시장은 11명으로 늘었다(그 이전부터 존재한 다른 방식으로 선출되는 런던시장은 제외한 수치이다).

하지만 이런 과정이 체계적인 설계 없이 그때그때 임기응변식으로 이뤄지다 보니, 제도는 지나치게 복잡하고 혼란스러워졌다. 각 지역은 서로 다른 권한을 담은 맞춤형 협약을 맺었고, 콘월이나 서머싯처럼 단일 행정구역인 곳은 시장 없이 제한적인 권한만 넘겨받았다. 특히 농촌 지방은 협약 자체를 이루지 못한 경우도 있었다. 이처럼 제도가 일관성을 갖지 못해 중앙-지방 관계를 실질적으로 재편할 동력은 충분치 않았다.

예컨대 당시 재무부 측 협상 대표였던 존 킹먼은 맨체스터 광역연합에 도시계획 권한을 부여하려 했지만, 당시 유일하게 보수당이 장악하고 있던 트래퍼드시의 반대로 무산됐다고 말했다.[50] 그러다 보니 이후의 다른 광역연합 협약에서도 도시계획 권한은 빠지게 되었다. 이는 중대한 결함이다. 도시계획을 기존 지방정부에 남겨두는 구조는 지역 차원의 경제 발전에 큰 걸림돌이 된다.

권한 이양이 계획 없이 서둘러 진행되다 보니 혼선은 더 커졌다. 킹먼은 이렇게 말했다. "우리는 이상한 양방향 협상을 하고 있었어요. 재무부는 하워드 번스타인과 협상하면서 무슨 권한을 주고 무슨 돈을 줄 것인지 논의했지만, 진짜 어려운 협상은 화이트홀 안에서 벌어졌습니다. 어느 부처가 어떤 권한을 내놓을 것인가 하는 협상이었죠. 그게 더 어려웠습니다. 실제로 시장들에게 넘길 수 있는 권한과 예산은 매우 많습니다."[51]

동시에 협상은 각 지방의회 대표들과도 진행되어야 했다. 이들 역시 자기 권한을 쉽게 내놓으려 하지 않았다. 맨체스터의 번스타인 행정 수장은 맨체스터 연합 내에서 유독 굳센 인망과 권위를 갖고 있었지만, 다른 곳은 더 균형 잡힌 구조였기 때문에 의견을 모으는 데 애를 먹었다. 코번트리 시의회를 이끌던 마틴 리브스(Martin Reeves)는 웨스트미들랜즈의 경우 이 균형 감각 때문에 시장 권한이 처음부터 제한적으로 설계될 수밖에 없었다고 말했다.

"우리 스스로가 아마 가장 큰 걸림돌이었을 겁니다. 처음부터 시장에게 줄 권한은 작게 하고, 그나마도 광역연합을 결성한 일곱 개 대도시 시의회 사이에 균형을 잡아야 한다고 고집했거든요. 시장은 지역 전체를 대표해서 발언하되, 일곱 대도시 지도자들이 실질적으로 권한을 나눠 가지는 구조로 말입니다. 강제수용권이나 도시계획 권한 같은 강한 수단보다는, 협의를 이끌어내는 부드러운 영향력에 기대는 구조였습니다."[52]

시장 제도를 적극 지지한 이들이 기대한 것은, 신뢰가 자리 잡고 나면 권한도 점차 강화되리라는 것이었다. 그러나 마틴 리브스가 말한 대로, 예상하지 못한 것은 국가 차원의 정치적 변화 때문에 분권화에 대한 확신과 의지가 점차 힘을 잃기 시작했다는 점이다.

"처음 100일간은 정말 흥분됐고, 대단하게 느껴졌으며 실현 가능성도 있어 보였습니다. 프로그램이 뭔가를 해낼 수 있을 것 같았지요. 하지만 우리가 확보한 분권 예산은 필요한 수준에 한참 못 미쳤고, 솔직히 말해서 실행을 위한 체계도 처음에는 전부 갖춰져 있지 않았습니다."[53]

광역연합은 계속 생겨났지만, 조지 오스본이 물러나고 브렉시트 직후의 혼란이 이어지면서 이 정책은 상당 부분 동력을 잃었다. 이후 지방정부 담당 장관이 된 마이클 고브가 재추진하려 했지만, 그의 거대한 '레벨링 업(Levelling Up)' 백서는 재무부의 지지를 받지 못해 끝내 무력화되었다. 2023년 예산안에서는 일부 결합 권역에 재정 자율성을 조금 더 확대하고 권한 몇 가지를 추가로 이양하려는 시도가 있었지만, 국민건강보건서비스나 초중등 교육, 복지 등 핵심 공공서비스 통제권은 여전히 화이트홀이 꽉 쥐고 있다. 재무부는 조세권 분할에도 반대하면서 세금 인상 권한은 자신들이 갖고 있어야 한다고 계속 주장해 왔다. 게다가 광역연합에 속한 지역의 인구는 전체의 절반밖에 안 되기 때문에, 이들에게 이양할 수 있는 권한 자체가 제한적일 수밖에 없다.

기회를 붙잡아라

광역 시장이 등장했다고 해서 영국 국가 체제의 과도한 중앙집중 구조가 개선된 것은 아니었지만, 적어도 지난 100년 넘는 세월 동안 처음으로 바람직한 방향으로 나아간 사례라고 할 수 있다. 특히 여야 정당 모두 이 제도에 지지를 보냈다는 점에서 의미가 크다. 처음에는 지역 차원에서 인기가 없었던 시장직이 이제는 유권자와 지역 언론으로부터 유익한 제도라는 평가를 받고 있다. 오랜만에 맨체스터 시장 앤디 버넘(Andy Burnham)처럼 런던이 아닌 지역의 정치인들이 자신의 의견과 활동을 통해 전국 언론에 종종 등장할 만큼 주목받고 있다. 물론 고전하는 사례도 있다. 그러나 광역연합의 효과에 대한 증거는 비록 시행 초기이고 제한적이기는 하지만 긍정적이다.《란셋(The Lancet)》에 따르면, 보건 권한을 실질적으로 이양받은 유일한 지역인 그레이터맨체스터에서는 예상보다 평균 수명이 소폭 증가했다.[54]

하지만 화이트홀이 아직 권한을 충분히 이양하지 않았기 때문에, 큰 변화로 이어지지는 못하고 있다. 가장 광범위한 권한을 이양받은 맨체스터조차, 시장이 실질적인 경제성장을 이끌기에는 제약이 크다. 재정 조달 권한도 없고, 주요 개발 계획에 대한 통제권도 없으며, 공공서비스를 통합할 힘도 없다. 지금까지의 진전은 제도적 권한보다 도시 내부의 인간관계에 크게 의존해 이루어진 것이다.

더 근본적인 문제는 어떤 권한을 이양하고 어떤 권한을 계속 국가에 배속시킬지에 대한 명확한 원칙이 없다는 것이다. 모든 것을 일회성 맞춤형 협상으로 처리하다 보면 혼란이 불가피하다. 교육 분야를 예로 들어보자. 학교 감독권을 광역연합에 이양하면 교육부의 부담은 줄어든다. 어차피 교육부는 모든 아카데미 학교를 직접 관리하기 위해, 자체적으로 지역 사무소를 따로 설치해야 했기 때문이다. 해당 권역이 학교를 경찰, 주거 등 다른 서비스와 연계할 수 있는 기반도 생긴다. 반면, 교과과정이나 시험은 중앙정부가 통제하면서 전국 공통 기준을 유지하는 것이 타당하다.

이처럼 더디게, 일회성 맞춤형 협상에 의존하는 방식으로 지방 정부를 확대해 나갈 것이 아니라, 속도감 있고 포괄적인 분권화를 위한 제대로 된 개혁이 필요하다. 영국 전역을 아우르는 지역 정부 체계를 마련하고, 각 지역이 자율적으로 경제를 성장시킬 책임과 동기를 갖고 필요한 권한을 행사할 수 있게 해야 한다. 여기에는 도시계획, 교통, 공공서비스 위탁 및 감독 권한뿐 아니라, 무엇보다 지방세를 부과할 권한도 포함되어야 한다. 이상적으로는 소득세의 일부를 부과할 권한까지도 필요하다. 이렇게 하면 런던 밖 저성장 지역 도시들도 자발적으로 발전을 꾀할 유인이 생긴다.

물론 이렇게 해도 각 지역이 자체 조세만으로는 공공서비스 제공에 필요한 비용을 다 충당할 수 없으므로, 그 격차를 메우기 위해 정부 보조금도 함께 지급되어야 한다. 그러나 지금처럼 수백 개의 자잘한 재원으로 쪼개서 경쟁입찰을 하게 하는 방식이 아니라, 단일한 보조금으로 통합해 행정비용을 대폭 줄여야 한다. 그리고 시장은 이런 권한을 받는 대가로, 더욱 엄격한 회계 감사에 동의해야 한다.

가장 큰 걸림돌은, 지역마다 분권화 수준이나 행정 역량, 조직 구조와 리더십 모델이 다르다는 점이다. 도시정책연구소와 생활수준재단(Resolution Foundation)은 이러한 이행이 어떻게 가능할지 설계한 청사진을 내놓은 바 있다. 런던, 맨체스터, 웨스트미들랜즈를 선도 지역으로 삼고,[55] 이후에는 지방정부 조직을 개편해 나머지 지역들도 점차 동일한 체계로 옮겨가는 것이다. 충분히 실행 가능한 계획이지만, 정부가 이를 국정의 최우선 과제로 삼아야 가능한 일이다.

이를 가로막는 핵심 요인은 세 가지이다. 첫째, 지방정부 문제가 유권자들의 관심 밖에 있다는 인식이다. 이런 인식 때문에 정부는 입법 의제를 범죄, 건강, 교육 같은 표면적인 문제에 집중시킨다. 그러나 사실 유권자들은 어느 정책 분야든 기술적인 세부 사항까지 파고들지 않으며, 그래야 할 필요도 없다. 이들이 원하는 것은 더 나은 서비스와 경제성장의 혜택이며, 그런 것을 제공하는 정치인에게는 확실히 응답할 것이다. 더구나 유권자들은 지방정부 재정구조 같은 기술적인 내용에는 관심이 없을지 몰라도, 자기 지역이 재생되고 활력을 되찾는 일에는 분명 큰 관심을 보이며, 시장의 역할이 커진 것에도 긍정적으로 반응해 왔다.

둘째는 중앙정부가 권한을 넘기기 싫어한다는 것이다. 역대 정부는 하나같이 권한을 움켜쥐려 했고, 자신들이 적임자이며 지방정부는 역량이 부족하다고 여겨왔다. 특히 재무부는 경제 관련 권한을 결코 넘기려 하지 않는다. 하지만 과도한 실무 통제가 오히려 중앙정부의 실질 역량을 약화해 왔다는 것이 현실이다. 정치인들은 끝없이 쏟아지는 자잘한 결정에 시달리느라 전략적인 리더십을 발휘할 여력이 없다. 권한을 나눠야만, 정부가 정말 중요한 일에 집중해 나라를 바꿀 힘을 가지게 된다. 나라에서 벌어지는 모든 문제가 내 문제가 된다면, 그저 불 끄기에 급급할 수밖에 없다.

재무부에 대해서도, 그간 핵심 역할을 맡아온 고위 관계자들조차 이제는 지나친 중앙집중이 영국의 성장을 가로막고 국가 재정을 감당하기 어렵게 만들고 있다는 점에 동의하는 추세다. 오스본의 보좌관이었던 루퍼트 해리슨은 시장들이 세금에 대해 더 많은 권한을 가져야 한다고 말했다. "지금도 쓸 만한 수단이 별로 없거든요. 보수당에서는 지역 소득세를 넘지 말아야 할 금기처럼 여겨

왔기 때문에 당 차원에서 생각이 다를 수 있겠지만, 차량세같이 지리적으로 연계된 세목은 얼마든지 지역으로 넘길 수 있다고 생각합니다. 결국 근본적으로는 지금의 지방세 체계가 도무지 제 기능을 하지 못하고 있으며 재조정도 사실상 불가능하다는 것이 큰 문제입니다. 그런데 만약 재조정이 가능하다면, 즉 지역 조세제도를 손볼 수 있다면, 세금 부담을 거기로 옮길 수 있지요."[56] 수년간 재무부에서 2인자 자리에 있었던 존 킹먼도 조세권을 포함한 분권화에 힘을 실었다. 이제는 진취적인 정부가 과감한 정책을 내놓아도 좋을 만큼 지지 기반이 갖춰지고 있다.

셋째는 가장 바꾸기 어려운 장애물로 영국의 고질적인 문화적 정서이다. 중앙집권국가로서의 전통 때문에, 지역마다 서비스나 조세에 차이가 있다는 개념 자체를 본능적으로 거부하는 것이다. 그러나 분권화란 곧 차이를 인정하는 것이다. 이념적으로든, 서비스의 질이든, 어떤 곳은 실패할 수도 있고, 사실 이미 실패한 곳도 있다. 재정 관리를 잘못할 수도 있다. 하지만 이를 중앙정부가 모든 걸 총괄해서 전국에 똑같이 질 높은 서비스를 제공할 수 있다는 허구와 비교하는 것은 무의미하다. 중앙집중은 평등을 가져오지 못했고, 오히려 동남권과 다른 지역 간 극심한 경제 격차를 초래했다. 이 격차 때문에 오히려 다른 지역의 서비스 운영이 더욱 어렵다.

그렇다고 해서 지방정부가 무소불위의 권한을 가져야 한다는 뜻은 아니다. 국가 정부는 전국 공통의 기준을 설정해 그에 따라 지방정부를 평가하고, 부패나 심각한 문제가 있다면 개입할 수 있는 수단을 가져야 한다. 또 분권화는 유권자들이 지역 정치인에게 책임을 물을 수 있게 하지만, 동시에 그 책임을 보장하는 제도적 장치도 함께 마련되어야 한다.

결국 중앙정부는 모든 일을 다 해낼 수 없고 그러려고 하면 아무 일도 제대로 할 수 없게 된다. 영국 국가 체제가 안고 있는 핵심 문제는 역량 부족이며, 그 역량은 지역과 지방 수준에서 새로 쌓아야만 채워질 수 있다.

제3장

죽여주는 계약

민간 업체는 어떻게 계속 실패하는데도
국가 운영을 맡게 됐는가

"정부는 아무 일도 하지 않습니다.
그저 조달을 담당하는 기관인데 그것조차 제대로 못 합니다."
|전직 정부 보좌관|[1]

"캐릴리언의 급부상과 극적인 몰락은 무모함과 자만, 탐욕이 만든 결과였습니다. 그 회사의 사업 구조는 인수합병, 부채 증가, 새 시장 진출, 하청 업체 착취를 통해 현금을 끌어모으는 데만 혈안이 된 구조였습니다."
|캐릴리언 몰락에 관한 의회 기업위원회 보고서|[2]

● 　　　　　　　　보호아동은 우리 사회에서 극도로 취약한 계층에 속한다. 이들은 대개 어린 시절 심각한 트라우마를 겪고, 그로 인해 행동 문제를 안게 되어 집중적인 전문 지원이 절실하다. 대부분 부유한 나라에서는 이런 지원을 지방정부가 맡는다. 그런데 외모 크리에이터 출신으로 리얼리티 프로그램 출연 경력이 있는 앰피카 픽스턴(Ampika Pickston)이, 포르노 사업으로 부를 일군 약혼자로부터 재정 지원을 받아 이 사업에 나선 바 있다.

《체셔의 진짜 주부들(The Real Housewives of Cheshire)》*에 출연해 이름을 알린 픽스턴은 2023년 여름에 한 아동보호시설을 등록했다. 이 시설은 그녀의 연인인 데이비드 설리번(David Sullivan)이 자금을 댔는데, 설리번은 웨스트햄 유나이티드 구단주이며 포르노 잡지와 성인용품점으로 부를 쌓았다. 한 보도에 따르면, 인근 지방정부들은 아이 한 명을 맡기는 비용으로 주당 1만 파운드를 지불했다.[3]

2023년 11월 영국의 교육기준청이 이 시설을 점검했고, 심각한 문제가 있다는 보고서를 발표했다. 이 보고서는 교육기준청 홈페이지에서 이후 삭제되었는데, 시설 등록은 임시 정지되었다. 이 시설에서는 문제가 해결됐다는 점을 입증할 때까지 아이를 돌볼 수 없었다. 2024년 1월 첫 모니터링 방문 이후 등록 임시 정지 처분은 해제되었고, 아이 한 명이 맡겨졌다.[4] 그런데 몇 주 뒤 이뤄진 추가

---

* 2015년 방영 시작된 리얼리티 쇼로, 잉글랜드 서북부 부촌 지역인 체셔를 배경으로 상류층 여성들이 출연한다. 방영 10년차인 2025년 현재에도 방영 중이며, 영국의 평균 TV 프로그램 시청률의 4배를 기록할 만큼 상당한 인기를 끌었다.

3장 죽여주는 계약 | 135

점검에서, 이 시설이 적절한 돌봄을 제공할 수 없어서 그 아이가 배치되자마자 다른 곳으로 옮겨졌다는 사실이 밝혀졌다. 교육기준청 보고서에는 '아동은 물리적 보호 조치 이후 멍이 들고 무릎을 다쳤다고 주장했으며, 이로 인해 병원 치료가 필요했다.'라고 기록되었다.[5] 시설은 다시 정지됐다.

이처럼 가장 도움이 필요한 사람들에 대한 돌봄조차 제대로 제공하지 못하고, 명백히 자격 없는 이들이 말도 안 되는 비용을 청구하면서 엉망인 돌봄을 제공하도록 내버려두는 현실은, 지금의 영국 국가 체계가 얼마나 무기력해졌는지를 단적으로 보여준다. 이 사례는 극단적인 사례이지만 돌봄 보호시설 시장 자체가 전반적으로 심각하게 왜곡되어 있기도 하다. 현재 아동보호시설 중 4분의 3은 영리 목적의 민간 업체가 운영하고 있으며, 이들 중 상당수는 괜찮은 투자 대상으로 여겨 시장에 진입한 사모펀드 운용사가 소유하고 있다.

보호 아동에 대한 법적 책임을 지고 있는 지방정부는 사실상 선택지가 없는 인질 시장에 갇혀 있다. 지방정부가 지출하는 위탁 비용은 지난 5년간 72퍼센트나 증가했고, 아동 한 명당 주간 평균 지출은 5,980파운드에 이른다.[6] 민간사업자들은 대부분 부동산 가격이 저렴한 지역에 시설을 세우고, 따라서 아동은 자신이 자란 지역에서 멀리 떨어진 곳으로 보내진다.

2023년 경쟁시장청(Competition and Markets Authority, CMA)은 주요 사업자 15명의 연평균 수익률이 무려 22.6퍼센트에 달한다고 발표했다.[7] '일부 대형 민간사업자는 과도한 부채를 안고 있어, 이

기업이 파산할 경우 보호 아동의 거처가 한순간에 사라질 수 있다'고 경고했다.[8] 2024년에는 시설 부족으로 아동 수백 명이 불법적으로 규제 밖 시설에 수용되었다는 조사 결과도 있었다.[9]

이러한 돌봄 시설 시장이 형성된 것은 영국 국가 체계, 특히 잉글랜드가 지난 수십 년간 어떻게 변화했는지 보여주는 대표적인 사례다. 국가 역량이 쇠퇴하면서, 중앙정부와 지방정부는 민간 부문에 점점 더 의존하게 되었다. 이론상으로는 경쟁 압박이 더 효율적인 서비스를 낳아야 하겠지만, 현실은 아주 딴판이다.

우리가 처한 국가의 현실

화이트홀 전체에 퍼진, 민간이 더 싸고 더 우수한 서비스를 제공한다는 신념은 도대체 어떻게 생겨난 걸까? 민간에 위탁한 지 40년이 넘었고 종종 더 싸지도 더 우수하지도 않다는 것이 명확해졌는데도 말이다. 이 주제는 흔히 단순한 좌우 대결 구도로 논의되곤 한다. 한쪽은 공공은 선, 민간은 악이라고 주장하고, 반대쪽은 선악을 뒤바꿔 말한다. 좌파는 공공 부문의 취약성을 외면하는 경우가 많고, 공공기관 직원이라면 당연히 높은 사명감을 지닐 것이라는 근거 없는 가정에 기반한다. 그러나 공공 부문에서 일해본 사람이라면 누구나 알겠지만, 조직이 크면 동기 부여 편차는 어디에나 존재한다. 반대로 우파, 때로 중도에서 민간 위탁을 옹호하는 목소리는 빈번하게, 정부가 민간 기업과 맺는 계약들이 더 이상 건전한 시장 구조나 인센티브 정렬 같은 기본 조건을 갖추지 못한다는 점을 완전히 간과한다.

민간 위탁의 핵심 원리는 경쟁을 통해 비용을 줄이고 혁신을 촉진하자는 것이다. 조건만 맞으면 이 방식은 분명 효과가 있다. 그 조건은 다음과 같다. 첫째, 가격과 품질 면에서 실질적인 경쟁이 일어나려면 공공이든 민간이든 서비스 제공자가 충분히 많아야 한다. 둘째, 원하는 서비스가 적정 기준에 따라 잘 제공됐는지 평가하기 쉬워야 한다. 셋째, 정부는 사업 실패에 따른 위험 부담을 상당 부분 민간에 넘길 수 있어야 한다. 만약 실패했을 때 세금으로 구제해야 한다면, 민간에 추가 비용을 지급할 이유가 없다.

이 세 가지 조건이 모두 충족된다면 민간 위탁은 훌륭하게 작동할 수 있다. 대표적인 예가 청소 용역이다. 청소는 이미 시장이 형성되어 있고, 여러 업체가 서비스를 제공하고 있다. 기준에 따라 청소 상태를 확인하기도 쉽고, 문제가 있더라도 다른 업체로 바꾸면 그만이다. 현재까지 확보된 가장 신뢰도 높은 자료에 따르면, 청소 용역 입찰을 통해 실제 비용 절감이 이뤄졌고, 내부 인력이 입찰을 따낸 경우도 예외는 아니었다.[10]

더 복잡한 서비스는 이 조건들이 잘 맞지 않는다. 예를 들어 이민자 처리 업무같이 전문적인 분야는 관련된 시장 자체가 없다. 결과적으로 입찰에 참여할 수 있는 업체는 사실상 어떤 사업이든 수주받는 데 주력하는 다국적 외주 대기업 몇몇뿐이다.

영국 시장을 장악한 '4대 천왕'은 서코, 카피타(Capita), 아토스(Atos), G4S인데, 이 글을 쓰는 현재 서코는 난민 구금 시설 운영,

여러 병원의 시설 관리, 도시 자전거 공유 서비스, 오크니 제도-셰틀랜드 제도 페리 운영, 교도소 여섯 곳 관리, 핵미사일 경고 시스템, 실업자 재취업 프로그램, 일부 지방정부의 쓰레기 수거 책임까지 도맡아 하고 있다.[11] 물론 일부 목록일 뿐이다. 과거에 운영했던 사업까지 합치면 목록은 훨씬 길어진다. 다른 세 업체도 비슷하다. 이들은 지난 10년간 대형 계약 실패에서 비롯된 여러 스캔들에 연루됐지만, 정부는 결국 다른 선택지가 없다는 이유로 이들에게 계속 일을 맡겨 왔다.

데이비드 로스(David Laws)는 연립정부 시절 닉 클레그와 밀접하게 일했던 자유민주당 출신 장관이다. 그의 일기에는 2013년 10월 28일, 내각 사무처 장관으로 재직하던 당시의 기록이 남아 있다. 그 시점은 마침 서코와 G4S가 해외에 있거나 사망한 사람들 대상 전자발찌 비용을 청구한 사건으로 막 떠들썩할 무렵이었다.[12] 그 전해에는 G4S가 런던 올림픽 보안 계약을 엉망으로 만들고 거짓말까지 하는 바람에, 군대가 대체 인력으로 투입되는 사태가 벌어졌다.[13] 카피타는 법정 통역 계약을 망쳐서 형사 사건 진행에 큰 차질을 빚었다.[14] 아토스는 장애인 급여 심사 실패로 대중의 분노를 샀다.

로스의 일기에 따르면, 당시 내각 회의에서는 일부 장관들이 이런 업체가 향후 입찰에 참여하는 것을 우려했다. 하지만 "조지 오스본은 이렇게 말했다. '이런 업체들에 계약을 주지 않으면 정부 민간 위탁 전체가 타격을 입게 됩니다. 영국의 민간 위탁 시장은 현재 네 개 업체에 과도하게 집중되어 있고, 이 중 셋은 심각한 문제가 생긴 상태입니다. 하지만 서코와 G4S는 여전히 핵 억지력 체계의 일원으로 매우 민감한 계약을 수행하고 있습니다. 그래서 관계를 잘 유지해야 합니다.'"[15]

이게 무슨 경쟁 시장인가?

계약 이행의 질을 정확하게 평가하는 일은 훨씬 더 어려운 문제이다. 서비스가 복잡할수록, 그 서비스가 제대로 제공되는지를 판단하기가 어려워진다. 예컨대 학교 조사는 2009년 일부 외주화되었고, 2015년 다시 내부 운영으로 전환되었다. 학교 조사가 이루어졌는지 여부는 확인할 수 있지만, 그 조사가 제대로 이루어졌는지 확인하려면 다시 점검해야 한다. 실제로 학교 감독 기관인 교육기준청이 학교 조사를 다시 직접 운영하게 된 배경 중 하나도, 학교 조사의 질을 더 잘 통제하려고 했기 때문이다.[16]

서비스의 질을 정확하게 측정할 수 없다면, 업체는 규정을 위반하지 않으면서 인력을 줄이고 인건비를 낮추고 서비스 수준을 떨어뜨리는 방식으로 이윤을 남길 수 있다. 실제로 그런 일은 자주 일어난다.

또 다른 문제는 위험 부담이다. 청소 서비스 수준이 떨어질 경우 계약을 취소하고 다른 업체를 투입하는 것은 비교적 수월하다. 그러나 감옥이나 병원처럼 대응하기 훨씬 어려운 경우도 있다. 국민적 우려가 훨씬 커질 뿐 아니라, 빠른 시일 내에 다른 업체에 넘기기도 거의 불가능하기 때문이다.

예를 들어 2011년 G4S는 버밍엄 교도소의 운영을 맡았다. 2018년 점검 결과는 그야말로 참담한 수준이었다. '수감자들이 서로를 위협하고 감시창을 통해 대소변을 뿌리는 장면이 목격되었다.'[17] 결국 이 교도소는 정부가 다시 임시로 운영하다가, 계약을 인수할 다른 민간 업체가 나타나지 않아 영구적인 공공 운영 체제로 전환되었다.

비슷한 사례로 캠브리지셔에 있는 힌칭브룩 병원은 2010년 민간 운영 시범 사례로 서클(Circle)이라는 민간 기업에 맡겨졌다. 그러나 서비스의 질도, 비용 경감도 기준치를 밑돌며 완전히 실패했다. 2014년 보건의료품질위원회(Care Quality Commission)는 이 병원을 '부적절함' 등급으로 평가했고,[18] 다른 정부 보고서는 전국에서 가장 비효율적인 병원이라고 평가했다.[19] 병원 운영진은 급기야, 환자를 유치하기 위해 동네 병원에 환자를 소개해 주는 대가로 돈을 주는 방식까지 썼다.[20] 이 병원도 결국 막대한 예산을 들여 공공 소유로 전환됐다. 공공회계위원회는 이렇게 지적했다. '계약상 서클이 책임지기로 한 적자를 훨씬 넘어서는 재정 손실이 발생했고, 나머지 손실은 세금으로 메워야 했다.'[21]

이 두 사례에서 보듯, 민간에 위험 부담을 떠넘긴다는 발상은 현실에서는 먹히지 않는다. 민간 기업은 망하면 그만이지만, 감옥이나 병원은 그냥 문 닫게 내버려둘 수 없다. 결국 모든 부담은 세금으로 돌아오게 된다. 그나마 이 경우는 감옥과 병원 대부분을 법무부와 국민건강보건서비스 측에서 운영하고 있었기에 다시 인수해 올 수 있었다. 하지만 만약 전체 서비스가 민간에 넘어간 상황이라면, 국가는 그 기능을 복구할 능력조차 상실한 뒤일 것이다. 그 경우 정책 자체를 폐기하거나 어쩔 수 없이 급히 공공의 역량을 복구해야 하고, 결국 막대한 시간과 비용이 더 들게 된다.

가장 끔찍한 실패 사례는 최근 몇 년 사이, 보호관찰 서비스 대다수를 민영화한 것이었다. 이 서비스는 출소한 사람이 재범하지 않도록 돕는 역할을 한다. 2013년까지 이 업무는 공공 부문에서 다양한 형태로 전국에 지역 보호관찰 신탁 기관 35곳을 두어 운영했다. 이 기관들은 국가범죄관리청의 감독을 받으며 감옥과 보호관찰을 함께 관리했고, 정부 평가에서도 모두 '우수' 또는 '매우 우수' 판정을 받았다.[22]

그런데 현대 영국 정치사에서 가장 무능한 고위 인사로 자주 언급되는 크리스 그레일링(Chris Grayling) 당시 법무장관은 이 서비스를 민영화하겠다고 결정했다. 계획은 이랬다. 저위험 및 중위험 수감자는 민간 기업이 운영하는 '지역갱생센터'가 맡고, 고위험 수감자는 계속 공공이 관리한다. 살인자나 성범죄자를 민간에 맡기는 것은 대중의 반발을 살 것이라고 우려했던 것이다. 이 계획에 보호관찰 업계는 전부 실패할 것이라고 경고했다. 이 정책은 앞서 말한 세 가지 기본 조건, 즉 경쟁성, 측정 가능성, 위험 전가 가능성을 전혀 충족하지 못했다.

이 정책은 시범 시행도 없이 전국적으로 한 번에 적용되었다. 보호관찰 직원들은 기존 업무를 기준으로 '고위험 수감자 팀'인 공공 부문과, 신설된 '지역갱생센터'로 분리 배치되었다. 같은 건물에서 일하면서도 갑자기 상사도 다르고 업무 방식도 달라진 것이다.

사전 준비도 없이 진행된 탓에, 보호관찰 업무에 전문성을 가진 기업 시장은 조성될 시간도 없었다. 총 21건의 계약이 체결되었는데 그중 11개가 소덱소(Sodexo)와 인터서브(Interserve)라는 대형 외주기업 두 곳과 체결한 것이다. 소덱소는 학교와 병원에 저렴한 급식을 제공하는 프랑스 회사였고 인터서브는 주로 건설업을 했는데 이후 파산해 버렸다.[23] 또 다른 수주업체인 워킹링크스(Working Links)는 실업자 재취업 프로그램을 운영했는데, 이 회사도 2019년 부정 회계 의혹과 함께 파산했으며, 소속된 보호관찰 센터는 '부적격' 판정을 받았다.[24]

G4S와 서코는 다수 계약을 따낼 것으로 예상됐지만 전자발찌 계약과 관련한 중대한 사기 수사가 진행되던 참이어서(이미 죽은 사람들을 추적한다며 비용을 청구했었다) 입찰에 참여하지 않았다. 하지만 그 뒤로 법무부의 다른 계약 다수를 따냈다. 이는 '경쟁 시장'이라는 것이 허공에서 뚝딱 만들어낼 수 있는 것이 아니라는 사실을 극명하게 보여준 사례다.

보호관찰은 전형적인 복잡한 서비스이다. 경찰, 교정시설, 보건, 주거, 교육 등 다른 공공서비스와 밀접하게 얽혀 있다. 그레일링은 계약에 성과 기반 보수 지급 체계를 도입했는데, 재범률을 줄일수록 수익이 늘어나는 방식으로 업체의 보상 구조를 마련한 것이다. 그런데 재범률은 보호관찰관의 업무로만 결정되는 것이 아니라, 민간 업체가 통제할 수 없는 다른 요인들의 영향을 크게 받는다. 이들 업체는 주거 지원이나 성인 교육 예산이 삭감되면서 재범률이 높아지는 상황을 막을 도리가 없었다. 그와 동시에 경찰 예산이 줄어들면서 비교적 약소한 범죄의 피의자가 기소되는 비율이 급감했다. 이로 인해 보호관찰 서비스 수요 자체가 줄어들었고, 이는 계약 설계 당시 전혀 고려되지 않았던 문제였다.

　오래지 않아 서비스는 박살 났다. 민간 업체는 손실을 줄이려고 재범률을 낮추려는 노력 자체를 포기했고, 계약 요건만 간신히 충족하는 수준으로 서비스를 제공했다. 그들은 수감자에게 몇 차례 전화하는 것만으로 실적을 채우기도 했다.[25] 보호관찰 수석 감독관은 워킹링크스에 대한 혹독한 점검 보고서에서 '이들은 수감자와 직접 접촉도 하지 않은 채 실적을 맞추기 위해 문서상으로만 보호관찰 계획을 완료하고 있다. 보호관찰의 전문적 윤리는 민간 계약의 상업적 압박 속에서 무너졌다.'라고 지적했다.[26]

　상황이 이렇게 되자, 법무부는 정책의 전면 실패를 인정하고 보호관찰 서비스를 다시 공공으로 되돌리기로 결정했다. 이 서비스는 여전히 국가가 위험 부담을 지고 있었기 때문에 운영 책임도 정부에 있었다. 그래서 부랴부랴 복구 방안을 찾았지만, 전문 인력은 이미 상당수 이탈해 인력난이 심각했으며, 잦은 조직개편 탓에 시스템도 사기도 엉망이 된 상태였다.

　2023년 새로 통합된 시스템 역시 여전히 심각한 어려움을 겪고 있었다. 수석 감독관은 "경험이 턱없이 부족한 직원들이 복잡한 사건을 감독도 없이 맡고 있다. 국민이 안전하다고 자신 있게 말할 수 없다."고 말했다.[27] 2022년, 보호관찰관들이 고위험자로 분류하지 않아 조기 석방된 후 제대로 된 감독 없이 생활하던 한 남성이 35세의 법원 공무원이었던 자라 알리나(Zara Aleena)를 끔찍하게 성폭행하고 살인한 사건이 일어났다. 정책 실패가 현실에 영향을 준 것이다.

수석 감독관의 독립 조사 보고서는 그 가해자에 대해 다음과 같이 기술했다. '그는 명백히 고위험자로 간주되어야 했다. 그렇게 판단했다면, 석방 이후 감독 약속을 여러 차례 잇달아 어겼을 때, 바로 교도소로 재수감할 수 있었을 것이다. 그러나 보호관찰 서비스는 그러지 못했고, 그는 한 무고한 젊은 여성을 상대로 끔찍한 범죄를 저질렀다. 이번 독립 조사는 정부의 일련의 실패가 낳은 결과를 적나라하게 보여준다. 특히 런던 지역의 보호관찰 서비스가 심각한 업무 과중과 인력 부족 속에서 얼마나 큰 부담을 안고 있었는지가 드러난다.'[28]

이처럼 공공 안전에 위협이 되는 상황 외에도, 정부는 2017년과 2018년에 이 계약들을 수정하고 조기 해지하는 데 드는 막대한 비용을 감당해야 했다. 감사원(National Audit Office)에 따르면 약 5억 파운드가 그렇게 지출됐다.[29]

이 사건은 특히 눈에 띄는 처참한 실패 사례이지만, 영국 대중은 대부분 그 사실조차 모르고 있다. 여기서 드러난 문제들, 제대로 된 경쟁이 없고 복잡한 계약을 쓰지 못하며, 실질적인 위험 분담이 전혀 없다는 점 등은 여러 분야에서 반복되고 있다.

결국 경쟁도, 혁신도, 위험 분산도 없는 최악의 상황에 빠졌다. 정부는 특정 분야에 대한 전문성은 거의 없지만 입찰 절차에는 능한 일부 초대형 복합기업들에 전적으로 의존하게 되었다. 이 기업들은 반복해서 일을 망쳤지만, 지금은 국가 체계 속에 너무 깊이 박혀 있어서 사실상 정부의 일부인 양 작동한다. 다만 정부에게는 당연히 따르는 책임성이나 투명성이 이들에게는 요구되지 않는다.

그래서 이들을 배제하려면 국가 운영 방식 자체를 처음부터 다시 설계해야 할 정도이다.

이 난장판을 '시장'이라고 부르는 것은 명백한 잘못이다. 정치적 좌파만 이 점을 지적하고 있는데, 세금 낭비에 분노하는 진짜 보수주의자라면 누구나 문제 삼아야 한다. 때때로 그런 인식이 반짝 드러나기도 한다. 2014년 보수당 지지자들을 위한 웹사이트 (Conservative Home)의 당시 편집자인 마크 월러스(Mark Wallace)는 이렇게 썼다. '너무 오랫동안 소수 대형 기업이 천문학적인 금액의 정부 계약을 독점했고, 그 대가로 우리가 받은 것은 형편없는 서비스 품질이었다.'[30] 보수당 의원들도 이러한 실패 사례를 조사한 여러 의회 보고서에 이름을 올려왔고, 특정 계약을 신랄하게 비판하기도 했다.

하지만 보수주의자들은 좀처럼 다음 단계로 나아가지 못하고 있다. 정부가 계약을 조금 더 잘 체결하면 된다고 말을 흐린다. 물론 계약 과정에서 정부의 무능이 드러난 사례도 많지만, 이는 어느 정도 불가피한 일이다. 대형 다국적 기업은 언제든 입찰 문서를 쓰는 사람에게, 정부보다 더 많은 급여를 줄 수 있기 때문이다. 그보다 더 큰 문제는, 애초에 보호관찰이나 병원처럼 복잡한 서비스를 대상으로 효과적인 계약을 설계하는 일이 가능하지도 않고 바람직하지도 않다는 것이다. 이런 서비스를 민간에 넘기면, 서비스 자체가 높은 위험에 노출되고, 동시에 국가가 자력으로 운영할 수 있는 역량도 사라진다. 최근 국가가 겪은 가장 충격적인 실패 사례들은 이런 무리한 민간 위탁에서 비롯되었다.

어떻게 이런 상황에 이르렀고, 실효성이 전혀 입증되지 않았는데도 왜 이런 민간 위탁 원칙이 이토록 깊이 뿌리내렸는지 이해하려면 다시 마거릿 대처 시대로 돌아가 봐야 한다.

민간 위탁의 시작

처음에, 또 오늘날의 많은 지지자들 믿음과는 달리, 마거릿 대처는 여론을 신중히 관리했다. 대중이 국가 운영에 민간 부문이 더 깊숙이 개입하는 것을 경계한다는 사실을 대처는 잘 알고 있었다. 첫 번째 임기 동안 그녀가 단행한 민영화는 영국항공우주산업처럼 최근에 국유화된 기관들에 한정됐다. 완전한 민영화 대신 위탁, 즉 계약을 통해 서비스를 외부에 맡기는 방식은 지방정부가 건설 및 유지보수 계약을 경쟁입찰에 부치고, 국민건강보건서비스를 청소 계약 입찰의 실험장으로 활용하는 수준에 그쳤다.

하지만 초기 시도가 성공을 거두고 1983년 총선에서 압도적 승리를 거두자, 1984년부터 정책은 대대적으로 확장되었다. 1984년의 영국전신회사를 시작으로 가스, 전기, 수도 등 독점 공공재가 민영화됐고, 존 메이저 시기인 1994년 영국철도까지 민간에 넘어갔다. 이들은 기존의 경쟁 시장에서 작동하던 영국항공 같은 기업과는 달리, 정부의 지속 규제가 필요한 복잡한 민영화 대상이었다.

이런 서비스는 독점적이면서도 필수적이었기 때문에, 정부는 위험 부담을 완전히 민간에 전가할 수 없었다. 예컨대 러시아의 우크라이나 침공 이후 리즈 트러스 총리가 거대한 에너지 보조금 정책을 발표할 수밖에 없었던 것도 같은 이유였다. 또 다른 사례로, 2023년에 철도 프랜차이즈 16개 중 민간 기업이 포기한 4곳을 영국 교통부가 다시 직접 운영하고 있다. 민간 주주들은 큰 수익을 챙겼지만 위험 부담은 여전히 납세자 몫이었다. 실제로 한 철도 운영업체 아반티(Avanti) 임원은 내부 프레젠테이션에 '어서 오세요, 꽁돈 드립니다(Roll Up, Roll Up, Get Your Free Money)'라는 제목을 붙였고 새 계약 조건이 '믿기 어려울 정도로 좋다'며 환호했다.[31]

대처는 지방정부에 대해 의무 입찰제를 대폭 확대해 대부분의 행정 서비스를 입찰 대상으로 만들었고, 중앙정부 부처에도 특정 업무를 전면 민영화하거나 최소한 위탁 방식으로 전환하라는 지시를 내렸다. 1991년에서 1993년 사이에 웨스트민스터 정부가 직접 운영하던 약 200개 기능이 외부에 위탁됐다(현재 가치로 환산하면 약 17억 5천만 파운드에 해당한다). 대부분은 IT, 급여, 시설 관리 같은 주변부 업무였지만, 핵 억제력을 담당하는 원자력무기기지(Atomic Weapons Establishment)처럼 중대한 기능도 포함되어 있었다(이 기관은 2020년 다시 공공 소유로 전환되었다).[32] 갈수록 부처들은 가능한 한 많은 서비스를 외부에 위탁하라는 기대가 형성되었다. 이러한 정책으로 1980년대와 1990년대에 카피타와 서코 같은 위탁 전문기업이 급성장했다.

신노동당 정부는 위탁 확대 흐름을 늦추지 않았고, 장기적으로는 오히려 국가 운영 역량을 약화하는 두 가지 방식으로 기여했다. 첫 번째 조치는 여러 차례 검토와 절차 개편을 통해 계약의 품질을 개선하려는 시도였다. 이 과정에서 재무부의 중앙 통제가 대폭 강화되었는데, 고든 브라운 체제하에서 재무부 권한이 점점 확대된 흐름과도 맞물린다. 이런 변화는 단순히 '가장 싼 제안'을 고르는 입찰 구조를 넘어서기는 했지만, 동시에 중소기업이나 자선단체가 복잡한 입찰 절차를 통과하기 어렵게 만들어 결과적으로는 대형 위탁 전문기업이 더 성장하는 기반으로 이어졌다. 아토스와 G4S 같은 업체는 1990년대 말과 2000년대에 여러 중소기업을 합병하며 덩치를 키웠다.

두 번째 조치는 '민간재정투자사업(private finance initiatives, PFI)'을 크게 확대한 것이다. 이는 정부가 병원이나 학교 같은 사회기반시설 건설과 유지관리를 민간 기업에 맡기고 수십 년에 걸쳐 연간 사용료를 지불하는 방식이다. 1992년, 효율성을 위한 위탁이 거의 신념처럼 받아들여지던 시기에 재무장관 노먼 레이몬트(Norman Lamont)가 처음 이 모델을 도입했다.

하지만 이 방식을 정부 전체로 확장한 것은 노동당이었다. 효율성 때문은 아니었는데, 여러 분석에 따르면 PFI는 비용 절감에 결코 기여하지 않았다.[33] 은행에서 돈을 빌리는 비용이 정부가 직접 자금을 조달하는 것보다 항상 더 비싸기 때문이다. 그럼에도 노동당이 이를 밀어붙인 이유는 회계상의 기발한 회피 수단을 확보할 수 있었기 때문이다. 앞서 1장에서 보았듯이, 고든 브라운은 공공지출에 제약을 두는 '재정 규칙'을 공식적으로 도입한 최초의 재무장관이었고, 2013년까지 모든 PFI 사업은 국제회계기준상 '재무제표 외(off balance sheet)'로 분류되었다. 곧, PFI에 지출하는 것은 정부 예산상의 지출 계산에 잡히지 않았다는 뜻이다.

재무부는 공식적으로는 회계상의 이 이점을 부인했지만 다들 알고 있었다. 옥스퍼드 대학교의 경제학자 디터 헬름(Dieter Helm)은 2011년 의회 위원회에서 PFI에 대해 이렇게 증언했다. "PFI는 공공 회계장부 밖으로 투자를 빼내 정부 부채 수치를 좋게 보이게 하려는 장치일 뿐이었습니다."[34] 이후 이러한 회계 편법이 어려워진 후로 정부가 PFI를 거의 활용하지 않는다는 사실만 봐도 이를 확인할 수 있다.

재무부는 이후에도 계속 PFI를 계승한 재무제표 외 계약을 고안하려 했고, 2018년에 감사원은 때때로 재무부가 그 과정에서 오히려 더 형편없는 거래를 하기도 했다고 지적했다.[35] 지금도 납세자들은 기존의 PFI 계약에 따른 비용을 2040년대까지 지불해야 한다. 2018년 기준 이후 신규 계약이 없다 하더라도 남은 비용은 2천억 파운드였다.[36] 학교 건설 사업만 봐도, PFI로 지어진 학교들에 들어갈 총비용은 약 300억 파운드에 이르지만(장기 유지보수 비용 포함), 실제로 보유한 건물 자산 가치는 약 75억 파운드에 불과하다.[37]

조달 규정 변경과 마찬가지로 PFI 역시 위탁 대기업들의 급성장을 이끌었다. 더 많은 사업이 이들에게 몰려들었기 때문이다. 동시에, 수많은 PFI 사업을 운영하던 기업이 하나라도 무너지면 정부 입장에서는 엄청난 골칫거리가 될 수 있었다. 그렇게 실패 사례가 드러나도 비판을 피하고 해당 기업에 더 많은 일을 맡기려는 유인이 커졌다.

2010년 이후 정부의 위탁 정책은 기존의 틀에서 크게 벗어나지 않았다. 일상적인 행정 서비스 대부분을 여전히 외부에 맡기고 있다. 하지만 긴축재정으로 공공 부문에 가해진 타격은 위탁업체에도 고스란히 전해졌다. 공공기관이 쓸 예산이 줄어들면서 계약 규모를 축소하고, 신규 프로젝트도 제한할 수밖에 없었다. 게다가 PFI 사업의 신규 공급망은 사실상 멈춘 상태다. 그 결과 입찰에 참여하는 기업 수는 더 줄었고 남은 몇몇 초대형 기업들이 시장을 독점하게 되었다. 이런 상황에서 정부 부처는 매우 난감한 선택지 앞에 놓였다. 한편으로는 예산을 아끼려 하고, 다른 한편으로는 이미 국가 기능의 상당 부분을 떠맡은 이런 기업들이 망하지 않도록 해야 했다.

그렇게 하여 경쟁도 거의 없고, 계약 감시도 불가능하며, 위험 분산도 전혀 이뤄지지 않은, 엄청나게 기능이 마비된 시장이 만들어졌다. 공공회계위원회는 2018년 보고서에 다음 내용을 담았다. '정부는 소수 대기업이 자신들은 절대 망하지 않는다는 인식을 갖도록 방치해 왔다. 이들은 적절한 가격에 적절한 서비스를 제공할 수 있는 능력이 있는지 고려하지 않고 무작정 새로운 사업을 따냈다.'[38]

가장 심각한 업체들, 공개적으로 실패한 업체들이 여전히 계약을 따내고 있다는 사실에서 이 말이 사실이라는 것을 확인할 수 있다. 최근 몇 년 사이 가장 악명 높은 사례는 아토스가 맡았던 근로능력평가 사업이었다. 이 제도는 2008년 노동당 정부가 도입한 것으로 장애급여 수급자 중 일할 수 있는 사람을 가려내 비용을 줄이려는 취지였다. 처음 도입되었을 때부터 장애인 단체는 거세게 비판했고, 이를 주도한 아토스는 곧 이 제도의 잔혹함과 동의어로 여겨졌다.

2013년, 여야를 가리지 않고 의원들이 이 문제를 제기했다. 이언 라이트(Iain Wright) 의원은 심각한 장 질환을 앓던 한 주민이 '기저귀를 차고 일할 수 있다.'는 평가를 받았다고 전했고, 스티브 로더럼(Steve Rotheram) 의원은 만성 폐쇄성 폐질환 환자가 '근로 가능' 판정을 받고 6주 뒤 사망한 사례를 언급했다. 파멜라 내시(Pamela Nash) 의원은 '전신 90%에 화상을 입은 여성'이 '직업 프로그램에 참여할 준비가 되었다.'는 평가를 받았다고 지적했다. 그 밖에도 다수 자살 사례가 보고되었다.[39]

기자이자 작가인 앨런 화이트(Alan White)는 아토스를 둘러싼 논란에 고용연금부(Department for Work and Pensions)의 편의성이 작용했다고 지적했다. 즉, 실질적인 위험 관리는 넘기지 못했지만 정치적 비난은 아토스에 떠넘길 수 있었다는 것이다. '아토스와 가장 깊이 연관된 평가는, 아토스 입장에서는 꽤 억울했겠으나 아토스가 만든 것이 아니었다. 평가 기준은 고용연금부가 정했고, 회사는 그 지침을 따를 수밖에 없었다.'[40]

그럼에도 불구하고, 아토스는 무능하게도 상황을 더 악화시켰다. 평가해야 할 질병에 대해 아무 지식 없는 인력을 채용했고, 민원 처리에 소홀했으며, 무엇보다 고용연금부 입장에서 심각했던 문제는 직원 이직률이 27퍼센트에 이르면서 평가 완료 건수가 턱없이 부족해졌다는 점이다. 2014년이면 미처리 건수는 70만 건에 달했고, 시스템 전체가 사실상 마비 상태에 빠져 있었다.[41]

정부는 아토스와의 계약을 1년 앞당겨 종료했고, 위약금을 한

푼도 묻지 않았다는 점을 부각해 정치적 위기를 넘겼다. 정치적 파장은 잠잠해졌지만 문제는 여전히 남아 있었다. 근로능력평가 계약을 맡을 수 있는 규모의 기업은 거의 없었고, 악평을 감수하려는 기업은 더더욱 없었다. 결국 이 계약은 미국의 대형 외주업체가 따냈다(다소 오만하게도 막시무스(Maximus)라는 이름을 쓰는 회사였다). 막시무스는 이 계약을 따내기 직전에 미국 정부와의 소송에서 메디케이드 청구 관련 허위 사실을 인정하고 합의한 상태였다.[42] 2016년 감사원 보고서는 막시무스가 주요 지표에서 아토스보다 더 나쁜 성과를 내고 있다고 밝혔고, 장애인 단체들도 계속해서 문제를 제기했다.[43]

더 놀라운 사실은, 아토스가 이후에도 장애급여의 또 다른 제도인 개인독립지원금(Personal Independence Payment, PIP) 관련 평가 계약을 따냈다는 것이다. 뿐만 아니라 고용연금부와 다른 정부 부처로부터 여러 계약을 계속 따냈다.[44] 2023년, 고용연금부는 두 가지 장애급여 제도를 통합한 평가 계약을 5개 지역으로 나누어 발주했다. 이 중 두 건은 아토스와 함께 PIP 평가를 맡아온 카피타가 수주했다. 하지만 카피타 역시 개인정보 유출, 잘못된 평가서 작성 등 심각한 문제가 있었다. 아마도 가장 심각한 사례는, 당시 27세였던 필리파 데이(Philippa Day)의 자살 사건에 이들이 연루되었다는 점일 것이다. 검시관은 PIP 제도의 실패가 '그녀가 죽음을 택한 결정적이고 유일한 직접적 요인'이었다고 판단했다.[45]

나머지 계약 세 건은 막시무스와 호주의 한 다국적 기업, 그리고 서코에게 돌아갔다. 그런데 아토스가 마지막 건에 대해 이의를 제기했다. 고용연금부가 자신들을 의도적으로 배제하기 위해, 서코가 기한을 넘겨 제출한 불완전한 입찰서를 받아들였다고 주장한 것이다. 그 입찰서에는 다른 입찰서에서 그대로 복사한 내용이 포함되어 있었다.[46] 이 과정은 화이트홀이 얼마나 꼬여 있는지 보여주는 대표적인 사례다. 성과와 무관하게, 결국 소수의 익숙한 기업들에게 일을 맡기게 되는 악순환이 반복되는 것이다. 일할 수 있는 업체가 사실상 이들뿐이기 때문이다.

이 구조가 지속 가능하지 않다는 사실은 영국 외주기업 순위 6위를 기록하던 캐릴리언(Carillion)이 2018년 파산하면서 명백해졌다. 다른 외주기업들과 마찬가지로, 캐릴리언은 작은 업체들을 합병하며 빠르게 성장했다. 인수 과정에 지나치게 많은 돈을 써 빚이 감당할 수 없을 만큼 불어났음에도, 회계 조작으로 이 사실을 숨기며 고배당을 계속 유지했고, 임원 보너스도 높게 책정했다. 손실을 메우기 위해 계속 계약을 따내려 안간힘을 썼고, 경쟁사보다 낮은 단가를 제시해 현금을 당겨오는 방식으로 연명했다. 어느 학자는 이를 두고 '합법적인 폰지 사기' 같다고 말했다.[47]

2017년 캐릴리언은 결국 실적 경고를 발표할 수밖에 없었다. 정부는 충격을 받았지만 이미 그 위험을 감지하고 있던 이들도 있었다. 믿기 어려운 사실이지만, 당시 이미 정부 계약 420건을 보유하고 있던 캐릴리언은 이 뒤로도 20억 파운드 규모의 추가 공공사업 계약을 따냈다. '실질적으로 납세자를 최후의 폰지 사기 투자자로 만든' 셈이라는 비판이 제기됐다.[48] 내각 사무처는 많은 계약을 보유한 캐릴리언을 '전략적 공급자'로 분류해 정기적으로 감독했어야 하나 수개월 동안 이 일을 맡은 사람이 아무도 없었다. 심지어 내각 사무처는 이 회사에 최고 위험 등급을 부여하지 않았는데, '그럴 경우 회사가 정말로 무너질 수도 있기 때문'이라는 순환논리를 꺼내 들었다.[49]

2018년 1월 13일, 회사 파산을 불과 며칠 앞두고 캐릴리언 사의 회장 필립 그린(Philip Green)은 정부에 1억 6천만 파운드의 구제금융을 요청하는 편지를 보냈다. 하원 기업위원회는 이 편지를 '막판 인질 몸값 요구서'라고 표현했다. 필립 그린은 캐릴리언을 파산시키면 '정부에 막대한 비용을 초래할 것이며, 사업에 자금을 계속 지원하는 것보다 훨씬 더 많은 비용이 들 것'이라고 주장했다.[50] 그러나 장관들은 이를 거부했고, 이틀 뒤 캐릴리언 사는 결국 파산했다.

이후 정부는 교도소 청소, 학교 시설 관리, 병원 및 고속철도 건설 등 여러 사업을 유지하기 위해 허둥지둥 대응에 나섰고, 서비스를 중단 없이 유지하는 데만 1억 5천만 파운드를 투입했다. 기존 계약을 떠맡을 다른 공급자를 찾아야 했고, 일부는 기존 단가보다 20퍼센트 이상 높은 금액을 요구했다. 법무부는 직접 교도소 계약을 떠맡기 위해 별도 기관을 만들어야 했다. 반복해서 봤듯이, 결국 모든 위험 부담은 여전히 국가의 몫이었다.[51]

직접적인 손해 외에도, 수천 명이 일자리를 잃었고 수천 명이 연금 수급 자격을 일부 상실했으며, 캐릴리언에 납품하던 중소기업들은 약 20억 파운드 손실을 입었다.[52] 이 사건은 상당한 파장을 일으켰고, 여러 상임위원회와 감사원이 조사에 착수했다. 회계 감사 법인이자 또 다른 주요 정부 계약업체인 KPMG는 규제당국을 오도하고 문서를 조작한 혐의로 1400만 파운드의 벌금을 부과받았다.[53] 캐릴리언의 경영 책임자와 재무 담당 이사 두 명은 허위 진술 혐의로 87만 파운드 이상의 벌금을 부과받았다. 이들이 과거에 받은 급여와 성과금 및 각종 보상금에 못 미치는 액수이다.[54] 이 재무 담당 이사들은 결국 10년 이상 회사 이사직에 임명될 수 없게 금지되었다.[55]

캐릴리언의 무능과 부정은 유독 심각한 수준이었지만, 그들이 선택한 성장 방식은 업계의 표준이라 할 법한 것이었다. 다른 기업들도 입찰 경쟁력을 높이기 위해 중소기업을 무리하게 인수하고, 과도한 회계 기법을 동원해 재무 상태를 부풀리며, 계약을 따내기 위해 덤핑에 가까운 가격을 제시하다가 심각한 재정난에 빠지곤 한다.

앞서 살펴본 바와 같이 보호관찰 제도 민영화에 참가했던 대형 업체인 인터서브와 워킹링크스도 결국 파산했다. 가장 거대한 공급업체라고 해서 안전하다는 보장은 없다. 2014년에는 G4S와 서코 모두 올림픽 보안 실패 등 공공연한 스캔들로 인해 심각한 위기에 처했다. 두 기업 모두 전자발찌 사기 사건에 연루되었고, 크고 작은 회사를 인수해 몸집을 키우는 동시에 과도한 회계 처리를 통해 재무 상태를 포장했으며, 계약을 따내기 위해 지나치게 낮은 가격을 제시했다. 그 결과 서코는 2014년 한 해에만 네 차례 실적 경고를 공고했고, 회계상 자산 16억 파운드를 감액했다.[56] 이로 인해 경영 책임자, 재무 담당 이사, 이사장 모두 사임하며 이른바 '기업 체질 개선(corporate reset)' 과정을 거쳤다. G4S도 비슷한 과정을 겪

었다. 두 회사 모두 생존했지만 위기일발의 상황이었다.[57]

글을 쓰고 있는 현재 G4S와 서코, 카피타, 아토스 모두 지금 당장 파산할 위험은 없지만, 이들 기업이 의도적으로 재무 상태를 은폐한다면 외부에서는 이를 포착하기 어렵다. 이들의 회계 보고서는 공공 부문보다 훨씬 불투명하며, 계약서에는 상업적 기밀 조항이 있어 구체적 조건조차 파악하기 어렵다. 시장은 계속 축소되고 있으며, 이 거대 기업들이 무너질 경우 닥쳐올 위기는 갈수록 커지고 있다. 정부는 납세자에게 제공되는 서비스의 가성비와, 이러한 위험 부담 사이에서 균형을 잡아야 하는 상황에 처했다.

지난 수십 년 동안 감사원과 공공회계위원회에서, 또 정부도 스스로 수십 건의 공식 보고서를 발표해 이런 문제를 지적해 왔다. 어떤 보고서는 아토스의 장애급여 심사처럼 특정 사안을 다루었고, 다른 보고서는 조금 더 구조적인 문제를 짚었다. 이 장에서 설명한 문제 중 실질적으로 논쟁의 여지가 있는 내용은 거의 없다. 그럼에도 모든 보고서는 결국 정부가 계약 관리 능력을 개선해야 한다는 결론으로 끝난다. 정부는 이미 수십 년 동안 그 개선을 시도해 왔는데, 스캔들은 점점 더 흔해지고 있고 위험은 점점 더 커지고 있다. 이제는 이 방식 자체가 작동하지 않는다는 점을 인정해야 한다. 이 시장은 기본적인 시장의 조건조차 충족하지 못하기 때문에 본질적으로 기능하지 못하는 것이다.

사모펀드 스캔들

중앙정부는 최소한 위탁 계약 시장이 지나치게 비효율적으로 작동하는 현실을 어느 정도 관리하려 하고 있다. 그런데 그보다 더 우려스러운 점은 대부분 국민 세금으로 운영되면서도 중앙정부도, 지방정부도 실질적으로 관리하거나, 제대로 파악하지도 못하는 공공서비스가 점점 늘어나고 있다는 것이다. 앞서 앰피카 픽스턴의 보육원 사례에서 보았듯이, 여기서 새로운 형태의 스캔들이 생겨난다.

대표적인 사례로 성인 돌봄, 아동 보육, 아동보호시설 서비스가 있는데, 이 서비스들은 모두 과거에 주로 지방정부가 운영했으며, 인구 구조 및 사회의 변화로 인해 수요가 급격히 늘었다는 공통점이 있다.* 한편으로는 화이트홀 정부 부처 내에서 우선순위가 낮은 영역들이기도 하다(성인 돌봄은 보건부에서, 나머지는 교육부에서 관리한다). 정부는 의도적으로, 수요 증가에 대응해 민간이 그 공백을 메우도록 정책을 설계했고, 그에 따른 심각한 결과가 이제 서서히 드러나고 있다.

그중 가장 돈이 많이 드는 분야인 성인 돌봄에는 정부가 연간

---

* 성인 돌봄(adult social care)은 노인, 장애인, 만성질환자 등 일상생활이 어려운 성인을 대상으로 하는 돌봄 서비스로, 요양보호, 간병, 일상생활 지원 등이 포함된다. 아동 보육(childcare)은 0~5세 사이 영유아를 대상으로 한 탁아, 보육, 유아 교육 서비스로 보육원이나 유치원 같은 시설에서 담당하거나 가정 위탁 보육인을 고용하기도 한다. 아동보호시설(children's homes)은 학대나 방임 피해를 겪는 등의 이유로 가정에서 거주할 수 없는 아동을 위한 집단 거주시설을 가리키며, 보호아동 중 시설에 배치된 아동들을 대상으로 제공되는 서비스이다. 보호아동은 어린 시기의 트라우마로 인해 정서 및 행동 문제를 가진 경우가 많아 사회복지사가 상주한다.

200억 파운드 이상을 지출하고 있으며,[58] 2030년까지는 고령화 및 기대수명 증가로 연간 비용이 300억 파운드를 넘길 것으로 전망된다.[59] 이미 경찰이나 고등교육에 쓰이는 예산보다 훨씬 많은 액수가 쓰이고 있다. 이 예산 대부분은 민간 영리기업으로 흘러 들어간다.

처음부터 그랬던 것은 아니다. 1979년에는 성인 돌봄 병상 중 64퍼센트가 공공 부문에 속했으나 2012년에는 6퍼센트로 뚝 떨어졌다. 1993년 당시 재가 돌봄의 95퍼센트를 지방정부가 맡았으나 2012년에는 11퍼센트로 감소했다.[60] 1990년에 입법된 국민건강보건서비스·지역사회돌봄법(NHS and Community Care Act)의 직접적인 결과다. 이 법은 지방정부가 서비스를 직접 운영하지 않고, 민간 제공자에게서 서비스를 '구매'하는 역할을 맡도록 설계되었다. 이 서비스 구매 시에만 중앙정부의 재정 지원을 받을 수 있었다.

이후 어떤 정부도 이 흐름을 되돌리려 하지 않았다. 정부가 새로운 돌봄 시설 건립에 돈을 들이지 않아도 되니 편리했기 때문이다. 민간 부문에 돌봄 서비스를 넘기는 흐름은 일종의 '느슨한 PFI'처럼 작동했다. 민간 기업이 초기 건축비를 부담하고, 이후 장기적으로 수수료를 통해 비용을 회수하는 구조다. 이 비용은 정부의 재정 통계에 잡히지 않아서, 재정 규칙을 맞추는 데 유리했다. 이것은 숫자에 집착한 재무부의 태도가 실제 정책을 얼마나 왜곡했는지 보여주는 사례이기도 하다.

2010년부터 2019년까지, 앞서 2장에서 살펴본 바와 같이 지방정부 예산은 큰 압박을 받았다. 성인 돌봄은 법적 의무 사항이기 때문에, 지방정부는 시민의 필요와 기업의 이윤 요구 사이에서 점점 더 곤란한 처지에 놓이게 되었다. 지방정부가 책정할 수 있는 수수료가 줄어들면서 민간 시장의 구조도 변했다. 규모가 작지만 상대적으로 질 좋은 독립형 돌봄 시설들이 버티지 못하고, 자본력이 있어 단기간의 막대한 부채를 감당할 수 있는 대형 사모펀드 자본에 인수되었다.

2019년 기준으로 주요 돌봄 기업 네 곳 중 세 곳이 사모펀드 소유였다. 이들은 자신들이 전국의 요양 병상 중 10퍼센트를 담당하고 있다고 주장했는데, 이 주장이 사실인지 입증할 통계조차 없어서 정부가 이 시장에 얼마나 무지한지를 보여준다. 다만 돌봄 시설이 점점 더 규모가 큰 기업이 운영하고 있다는 대략적인 흐름은 확인할 수 있다.[61]

사모펀드의 전형적인 운영 방식은 다음과 같다. 사모펀드는 기업에 빚을 지게 하고, 비용을 줄여 이익을 부풀린 뒤, 더 비싼 값에 되팔아 수익을 얻는다. 상위 5개 사모펀드 소속 돌봄 기업은 총 운영비 중 약 16퍼센트를 부채 상환에 쓰고 있다.[62] 공공 재정이 갈수록 줄어드는 가운데 이들은 국가에서 지원하는 수준보다 더 많은 비용을 감당할 수 있는 부유한 지역의 입소자를 집중 공략하고 있다.

같은 맥락에서, 돌봄 노동자의 임금도 최대한 삭감된다. 2014년 기준 민간 시설 돌봄 노동자는 시간당 7.23파운드를 받았고, 공공시설은 9.45파운드를 지급했다. 이로 인해 노동자 이직률이 높고, 교육도 제대로 이루어지지 않아 서비스의 질은 떨어질 수밖에 없다. 2022년 발표된 한 연구에 따르면, 영리 목적의 돌봄 시설은 검사에서 낮은 점수를 받을 가능성이 높았고, 그중에서도 사모펀

드가 소유한 시설은 가장 평가가 나빴다.[63]

서비스의 질이 낮아지는 것을 넘어, 이처럼 불안정한 시장 구조는 서비스 자체를 붕괴시킬 위험이 있다. 많은 지역은 요양 병상 자체가 부족한데, 이는 민간 운영자들이 수익을 보장할 만큼 인건비를 주고 직원을 채용하지 못하기 때문이다. 국가 지원이 적고 기업 부채는 많은 상황에서 인건비는 가장 먼저 줄여야 할 비용인 탓이다. 2023년 기준, 성인 돌봄 분야에는 수요에 비해 15만 명에 해당하는 인력이 모자랐다. 영국 전체의 의사 수보다도 많은 수치다.[64] 결국 의학적으로는 퇴원해도 될 환자들이 돌봄 병상이 없어 병원에 눌러앉게 되어 국민건강보건서비스의 병상 부족 문제도 심각해졌다. 2023년 겨울 기준, 국민건강보건서비스의 입원 대기자 수는 770만 명을 넘어섰다. 팬데믹 이후 적체가 심화된 주요 원인이 바로 이 돌봄 공백이다.

겉보기에는 전체 시스템이 천천히 망가지는 것처럼 보이지만, 이 비즈니스 모델의 구조적 불안정성을 고려하면 언제든 급속히 붕괴할 수 있다. 이미 대형 업체 여럿이 파산했다. 2011년에는 서던크로스(Southern Cross) 사가 파산했는데, 미국계 사모펀드인 블랙스톤(Blackstone)이 인수해 부동산 가격이 계속 오른다는 가정하에 지속 불가능한 재무 구조를 만들어놓고는, 막대한 수익을 챙겨 매각한 결과였다.[65]

2019년에는 당시 두 번째로 많은 병상을 운영하던 포시즌즈(Four Seasons)가 과도한 부채를 견디지 못하고 파산 보호 절차에 들어갔다. 미국 경제지 《포춘》에 실린 한 기사에 간략하게 소개된 이 회사의 소유권 역사에서, 돌봄 시설 시장에서 점점 흔해지고 있는 복잡하고 혼란스러운 재무 구조를 얼핏 볼 수 있다. '2004년부터 2017년까지 거액의 자금이 들고났고, 수익은 때로 해외의 여러 조세피난처를 거쳐 흘러갔다. 이 기간 회사 지분을 부분적으로 또는 전적으로 보유한 주체는 다음과 같다. 영국계 사모펀드 알케미(Alchemy Partner), 독일계 사모펀드 알리안츠캐피털(Allianz Capital Partners), 카타르 자본으로 운영되는 쓰리델타(Three Delta LLP), 미국계 헤지펀드 모나크얼터너티브캐피털(Monarch Alternative Capital), 과도한 부채로 곤란을 겪은 영국계 사모펀드 테라피르마(Terra Firma). 한편 포시즌즈의 주채권자는 미국 코네티컷주의 헤지펀드인 H/2 캐피털(H/2 Capital Partners)로 이들이 경영권을 장악했다. 2019년에는 파산 전문가들이 실질적으로 회사를 운영하게 됐다.'[66]

지방정부도, 중앙정부도 이 시장을 조절할 수단이 없다. 소유 구조는 지나치게 불투명하고, 복잡한 금융 구조와 조세피난처 활용이 흔하다. 명확하게 문제 발생의 징후가 드러나는 것도 아니다. 기업이 무너지면 요양 시설들은 매각되거나 문을 닫아야 하고, 이는 일부 지역에서 돌봄 공백을 야기하여 국민건강보건서비스에 더 큰 부담을 지운다. 소규모 독립 시설들이 재정난이나 소유자의 은퇴 등으로 계속 매각되는 가운데, 돌봄 수요는 늘고 있어 문제는 갈수록 악화할 가능성이 크다. 감사원과 의회 특별위원회도 이미 여러 차례 이 문제를 지적했지만, 정부는 여전히 아무런 대응도 하지 않고 있다.[67]

아동 보육도 비슷한 이야기다. 1990년대 중반까지만 해도 유아교육은 공공 영역에서 제한적으로 제공되었다. 지방정부는 학교 안이나 별도 기관 형태로 보육시설을 운영할 수 있었고, 각 가정이 얼마나 다양한 서비스를 받을 수 있는지는 해당 지방의 관심 수준에 달려 있었다. 경제적으로 여유 있는 가정은 민간 보육시설을 이용했다. 그러나 여성의 경제활동 참여가 급격히 증가하고, 가계소득에 대한 의존도가 커지면서 아동 보육 문제는 정치적 우선 과제로 떠올랐다.

1996년에 당시 총리였던 존 메이저는 세 살과 네 살 아동마다 주당 12.5시간의 유치원 바우처를 도입했다. 이 정책의 명확한 목표는 이번에도, 정부가 새롭게 투입하는 예산이 공공이 아닌 민간 부문에서 소비되도록 하는 것이었다.[68] 정권이 바뀐 뒤에도 이 방향성은 달라지지 않았다. 노동당은 바우처 제도를 '권리'로 전환했지만 실질적인 차이는 없었다. 2006년에는 지방정부가 자체 보육시설을 새로 짓지 못하도록 아예 법으로 금지하고는, 민간 공급이 부족하다는 명확한 증거가 있을 때에만 예외로 허용했다.[69] 그 사이, 모든 정부는 수요 증가에 대응해 무상 보육 시간('무료 이용 권리')를 점점 확대해 왔다. 성인 돌봄 분야와 마찬가지로, 처음에는 소규모 보육시설을 늘리는 방식으로 나타났고, 긴축재정으로 바우처 금액이 줄어들자 더 큰 규모의 회사들이, 특히 사모펀드 소유 회사들이 점점 더 시장을 장악하게 되었다.

2019년 기준으로 전체 보육 서비스의 69퍼센트는 민간 소유 보육시설에서 제공됐다. 단일 시설을 운영하는 업체의 비중은 2016

년 85퍼센트였는데 2019년에는 62퍼센트로 줄었고, 20개 이상 시설을 보유한 대형 체인은 같은 기간 3퍼센트에서 9퍼센트로 늘었다.[70] 이 흐름은 이후에도 계속되었고, 팬데믹으로 인해 더욱 가속되었을 가능성이 높다.

성인 돌봄과 마찬가지로 이 대형 보육 기업들은 수익성을 높이기 위해 부유한 지역에 집중해 입지를 확대하고, 비용 절감을 위해 비전문 인력을 대거 고용한다. 특히 인턴을 많이 채용해 최저임금 이하로 급여를 책정하는 일이 흔하다. 전반적으로 심각한 인력 부족을 겪고 있으나 이에 대해서도 중앙정부 및 지방정부가 마땅히 할 수 있는 일이 거의 없다.

2023년 예산안에 반영된 새로운 정책에 따라, 무상 보육 대상이 한 살과 두 살 아동까지 확대됐다. 이에 따라 기업들은 상대적으로 부유한 가정에 더 높은 비용을 청구해 수익을 보전하는 전략을 쓰기가 어려워졌고, 그 결과 이미 부채가 많은 기업들의 파산 위험이 더욱 커지고 있다. 이미 소규모 기업의 파산 사례는 이어지고 있고, 지역에 따라 보육 공급량 부족 문제는 더욱 심화하고 있다.[71] 《파이낸셜 타임스》는 2023년 보도에서 대형 보육 기업 중 하나인 비지비즈(Busy Bees)가 '지난 20년간 사모펀드와 기업 소유주 사이를 전전해 왔다'고 전했다. 현재 이 회사는 캐나다 온타리오 교사 연금의 사모펀드 부문이 소유하고 있으며, 최신 무디스 보고서에 따르면 부채는 수익의 7.5배에 달하고 신용 등급은 B3, 곧 '투기적이고 신용 위험이 높은 상태'로 평가받았다.[72]

이 장 서두에서 살펴보았듯, 아동보호시설 시장은 가장 심각하게 왜곡되어 있다. 이 역시 원래는 대부분 지방정부가 제공하던 서비스였으나, 새로운 시설을 지을 자금이 부족해지면서 민간에 외주를 주기 시작했다. 동시에 보호가 필요한 아동 수는 빠르게 증가하여, 2016년에서 2020년 사이 잉글랜드에서 14퍼센트 증가했다. 현재 아동보호시설의 4분의 3이 민간 부문, 그중에서도 대부분 영리기업이 운영하고 있다.

성인 돌봄이나 아동 보육과 달리, 아동보호시설 시장은 작고 특수한 구조를 갖고 있다. 각 지방정부가 해마다 맡아야 할 아동 수는 크게 달라질 수 있고, 예산은 전적으로 국가에서 지원되기 때문에 가격이나 품질을 조정해 줄 시장 메커니즘도 없다. 결국 지방정부는 영리기업들에 전적으로 의존할 수밖에 없다.

사모펀드 시장은 이 틈을 일찍이 간파했고 철저히 이익을 추구해 왔다. 시장 점유율이 가장 큰 상위 10개 사업자 중 7곳이 사모펀드 소유로 전체의 약 3분의 1 규모에 이른다.[73] 대부분 과도한 부채를 안고 있고 그 부채를 감당하기 위해 실로 터무니없는 이윤을 추구한다. 지방정부는 자금이 없어 자체 시설을 지을 수 없고, 아동 수요도 예측하기 어렵기 때문에, 결국 민간 업체는 고급 호텔보다도 비싼 가격을 지방정부, 결국은 납세자들에게 청구한다.

이처럼 막대한 비용을 지불하지만, 실제 서비스 품질은 낮은 경우가 많고 시설 입지 또한 수요와 맞지 않는다. 많은 업체는 블랙풀이나 번리 등 부동산이 저렴한 북부 도시들에 시설을 세우고, 부동산 가격이 높은 런던 및 동남권은 기피한다. 결국 이 지역 아동들은 집과 친구들로부터 수백 킬로미터 떨어진 곳으로 보내져 심각한 정서적 단절을 겪는다. 한 지방정부 대표는《옵저버》에 이 구조가 "노골적인 이윤 착취"라고 비판한 바 있다.[74] 이로 인한 인적 피해는 심각하다. 일부 아동은 범죄에 연루되거나, 성착취를 노리는 조직적인 그루밍 갱단의 표적이 되기도 한다. 정부 역시 이런 문제를 인식하여 공식 조사와 제도 개편을 예고했지만, 아직 예산이 확보되지 않았고 변화는 지지부진한 상태이다.[75]

국가 역량의 재건

지금 우리는 통제력을 상실한 정부를 마주하고 있다. 지난 40여 년 동안 정부는 연달아 권한을 화이트홀에 집중시켰다. 지방정부의 권한은 약화하고 예산은 삭감했으며 공공서비스는 이윤을 추구하는 민간 기업에 위탁했다. 청소나 쓰레기 수거 같은 비교적 단순한 업무에 적합했던 외주화 방식이 전 부문에 적용되었고, 그 결과 공공 부문 전반에 걸쳐 심각하게 작동하지 않는 시장이 형성되었다. 때로는 보호관찰 제도나 캐릴리언 사태처럼 완전한 붕괴와 실패로 이어졌다.

그러나 문제는 그보다 훨씬 넓은 영역에 걸쳐져 있다. 어디를 봐도 극소수 영리 대기업이 지배하는 시장 때문에 실패 사례는 만성적이고, 외주화 시대 이후 급속히 확장된 성인 돌봄, 아동 보육, 아동보호시설 등의 서비스는 통제되지 않는 시장 논리에 내맡겨졌으며, 그 시장을 장악한 이들은 점점 더 탐욕스러워지고 있다.

1970년대에는 노동조합이 지나치게 강력해서 국가 운영에 걸림돌이 됐다고 말했지만, 오늘날에는 자본이 그 자리를 차지했다.

문제를 바로잡는 첫걸음은, 이 모든 실패 사례와 스캔들이 단지 계약을 잘못 맺어서 일어난 일회성 사고가 아니라, 근본적으로 잘못된 모델에 기인한다는 사실을 인정하는 것이다. 그래야만 이제라도 보다 질서 있는 방식으로 공공서비스를 제공할 방법을 고민할 수 있다. 물론 공공 부문이 제공한다고 해서 더 잘 굴러가는 것은 아니다. 부실하게 운영되는 학교나 병원도 많고, 잘못을 은폐하려는 시도도 흔하다. 하지만 정치적으로 민감한 핵심 서비스를 정부가 민간 기업에 맡기지 못하는 이유는 분명하다(힌칭브룩 병원은 예외지만 말이다).

이런 서비스는 국민의 관심이 크고 책임 소재가 명확해야 하는데, 그 기대는 공공 부문만 충족할 수 있기 때문이다. 문제가 생기면 누구 책임인지 뚜렷하게 드러나고, 은폐하려 하는 경우에도 은폐 시도의 책임을 추적할 수 있다. 장관이 민간 기업 뒤에 숨어 상업 기밀을 핑계 삼아 책임을 피할 수는 없다. 물론 공공 부문 직원들이 모두 선량하다는 것은 아니지만, 최소한 주주 이익을 위해 조세를 갈취하려 들지는 않는다.

무엇이 바뀌어야 하는가? 무엇보다 먼저, 정부는 외주화가 적절한 경우를 판별할 수 있는 명확한 기준을 마련해야 한다. 이 기준에는 다음이 포함되어야 하는데, 우선 실제로 존재하는 시장이 있는지 확인해야 한다. 입찰자 수가 아니라 실적과 전문성 있는 주체를 기준으로 판단해야 한다. 또한 서비스가 평가할 수 있을 만큼 단순한지를 살펴야 한다. 그렇지 않다면 외주화는 제대로 작동하지 않을 것이다. 마지막으로는 공공 부문이 실제로 부담해야 할 위험을 정확히 평가해야 한다. 단순히 실패의 가능성뿐 아니라, 역량과 전문성 상실까지 포함해서 말이다.

이런 조건들을 만족할 때에만 외주화를 허용해야 하며, 그렇지 않은 계약은 종료시키고 정부가 다시 직접 서비스 운영을 맡아야 한다. 이는 또한 외주화가 타당한 영역에 대해서도 개선된 계약 체계를 마련할 수 있음을 뜻한다. 지금은 외주화가 너무 남용된 탓에, 과도하게 위험을 회피하는 방식으로 계약 체계가 설계되어 있어서, 규모가 작은 기업이나 자선단체는 계약을 따내거나 운영하기 매우 어렵다.

성인 돌봄 및 아동 보육 같은 시장은 화이트홀 밖의 지역 역량을 강화해 해결해야 한다. 2장에서 다룬 지방분권은 좋은 해법이 될 수 있다. 개별 지자체, 특히 도시 단위는 너무 작아서 권한이나 예산을 더 부여한다고 해도 이런 시장을 효율적으로 관리하기 어렵다. 광역 시장과 광역연합에 아동 보육과 아동보호시설 시장에 대한 감독 권한은 물론, 공공기관이나 비영리 주체가 시장에 진입할 수 있도록 보상 체계를 마련할 수 있는 자율권이 보장되어야 한다.

지금까지 살펴본 세 장에서 드러난 가장 큰 문제는, 여러 정부에 걸쳐 중앙집중화와 민간에 과의존한 나머지 국가 역량 자체가 붕괴할 위기에 처했다는 것이다. 더 강력하고 더 많은 예산을 운용하는 광역 정부가 이 문제를 해결하는 핵심 열쇠가 될 것이다.

감사원이나 의회 상임위원회 같은 기관들이 이런 문제를 지적하는 보고서를 계속 발표하고 있지만 실제로 정부에 영향을 미치는 경우는 거의 없다. 이처럼 정부를 견제하고 올바른 방향을 제시해야 할 공적 기관, 곧 상하원과 관료제, 법원, 외부 규제기관 등은 지난 수십 년간 점점 무력화되었다. 이제 다음 장부터 시작해 왜 이런 견제 장치들이 작동하지 않게 되었는지 살펴볼 것이다. 정부가 업무에 짓눌려 있는 것만으로도 좋지 않다. 그런데 업무에 짓눌린 정부가 너무 많은 권력을 쥐고 있다면 좋지 않은 것을 넘어 매우 위험해진다.

2부

권력 집중
OVERPOWERED

제4장

민주주의 건너뛰기

정부는 어떻게
감시를 피해 왔는가

"내각 정부는 번잡하고 어렵고
조금은 엉성한 시스템입니다.
하지만 가능한 한
민주적이고 책임 있는 엉성함이어야 합니다."

|존 헌트, 1973~1979년 내각 사무처장(John Hunt)|

● 영국 의회의 역사를 그저 쇠퇴의 이야기로만 보는 것은 쉬운 일이다. 한때 위대한 기관이었고 전 세계 많은 민주주의 국가의 모델이 되었던 영국 의회는 지금, 저급한 방송에 출연해 헛소리를 늘어놓는 하찮고 나태한 인물들로 가득 찼다는 평가를 받는다. 실제로도 무너져가고 쥐가 들끓는 웨스트민스터 궁전은 이 현상을 상징하는 진부한 은유로 자주 등장하는데, 코미디언 데이비드 미첼(David Mitchell)은 이미 10년 전부터 이런 표현을 쓰는 사람들을 비웃었다.

"뉴스거리가 없는 한산한 주말에 정치 풍자만화 같은 거 나오잖아요. 그 정도 수준의 통찰력에 기뻐하면서 갸웃거리는 거죠. 솔직히, 그런 걸 보면 IS에 가입하고 싶어지네요."[1]

하지만 진짜 이야기는 훨씬 복잡하다. 분명 과거에는 의회에서 눈에 띄는 거물 정치인들이 활동했다. 하지만 오늘날 의원들의 업무량 평균치는 사상 최고 수준이다. 의원의 질이 점점 떨어진다는 불만은 언제나 있었다. 의원들이 과거에는 더 독립적으로 활동했다는 주장도, 적어도 지난 200년 동안은 사실이 아니었다. 영국 체제에서 정부가 막강한 권한을 가진 것은 오래된 전통이며, 이를 '행정부 우위(executive dominance)'라고 부른다. 이 현상은 19세기 개혁 법안 도입 이후 정당 체제가 강화되면서 더욱 뚜렷해졌고, 20세기 초 의회 운영 절차가 정부 중심으로 개편되면서 정착됐다.[2]

일찍이 1923년, 윈스턴 처칠은 의회가 너무 약해져서, '눈가리개를 쓰고 순순히 처형장으로 향하고 있다'고 비판했다(다만 처칠은 이후 다시 장관직을 맡게 되자 이 문제에 개의치 않게 되었다. 이 장에서 반복해서 묘사될 패턴이다). 정치학자 매슈 플린더스(Matthew Flinders)와 알렉산드라 켈소(Alexandra Kelso)는 20세기 내내 의회가 무력해졌다고 주장한 책과 논문이 수십 권, 수십 편에 이른다고 정리한 바 있다.³

1949년에 출간된 『Can Parliament Survive?(의회는 살아남을 수 있는가?)』라는 책은 이런 인식을 가장 노골적으로 보여준다. '의원은 정당 체제에 복종하는 하인일 뿐이다. 무슨 안건인지도 모른 채 투표하러 가고, 그저 구호에 따라 발걸음을 맞춘다. 차라리 길들인 양 떼를 몰아서 찬성과 반대 방향으로 몰아넣는 편이 훨씬 단순하고 경제적이리라.'⁴

가장 유명한 사례는 1976년 헤일셤 경이 당시 정부를 '선출된 독재'라고 비판하며 헌정 개혁을 제안한 일이다. 물론 헤일셤 경도 몇 년 뒤 장관직에 복귀하자 말을 바꿨다. 플린더스와 켈소는 의회가 점점 쓸모없어졌다는 단순한 서술이 역설적이게도 문제를 악화시킨다고 본다. 의원들이 실제로 정부를 감시하고 견제하기 위해 들이는 보이지 않는 노력을 왜곡하며, 동시에 국민이 의회에 품는 기대를 가능하지 않은 수준으로 높이기 때문이다. 지금의 의회 구조는 본래부터 '강력한 행정부'에 유리하게 설계된 체제다.

또 다른 학자 필립 카울리(Philip Cowley)는 여당 의원들의 반란(즉, 당 지도부에 맞서는 표결)을 오랫동안 연구했는데, 과거와 달리 최근 의원들이 정부 뜻대로 움직이지 않는 경향이 훨씬 강하다는 사실을 밝혀냈다.⁵ 전후 최초로 자당 의원들의 반란에 패한 총리는 에드워드 히스였고, 그 뒤로 대처와 블레어처럼 거대 다수를 확보한 총리들조차 예외 없이 한 번씩은 반란을 겪었다.

2005~2010년 의회 전체 표결 중 28퍼센트에서 여당 내 반란표가 나왔고, 2010년 이후의 정부들은 그보다 더 불안정했다. 실제 법안 부결로 이어지지 않더라도 반란표의 의미는 크다. 정부는 분열이 있는 것처럼 보이기를 꺼리기 때문에, 다수 표결에서 이길 수 있음에도 반란이 예상되면 정책을 철회하는 일이 잦다.[6] 대표적인 사례로 2022년 리시 수낙 총리가 주택 건설 의무 목표를 철회한 것이 있다. 당시 야당인 노동당이 법안을 지지한다고 밝힌 상황이어서, 법안 통과는 보장되어 있었지만, 내분을 피하고자 법안 상정조차 하지 않은 것이다.[7]

의회의 쇠퇴라는 단순한 서사는 거부해야 하지만, 그럼에도 불구하고 지난 수십 년 동안 정부가 의회를 압도하는 문제는 훨씬 더 심각해졌다. 첫 번째 이유는, 앞서 살펴본 바와 같이, 오늘날의 정부는 과거 어느 시기보다 훨씬 더 많은 영역에 깊숙이 개입하고 있기 때문이다. 의회가 검토해야 할 사안의 복잡성은 비약적으로 높아졌고, 이를 제대로 감시하지 못할 때 생기는 위험도 커졌다. 2023년에 제정된 온라인보호법(Online Safety Act)은 그 대표적인 사례다. 이 법은 불과 10년 전만 해도 거의 논의되지 않던 주제를 다루는데, 262쪽에 달하는 고도로 복잡하고 기술적인 내용을 다루고 있다.

한편으로는 끊임없이 언론 괴물을 먹여야 한다는 압박 속에서 실질적인 효과보다 그럴듯하게 '행동하는 듯한' 이미지를 만들기 위한 보여주기식 입법이 급속이 늘고 있기 때문이다. 보리스 존슨과 리시 수낙 정부가 각각 통과시킨 두 건의 이민법이 모두 이런 보여주기식 입법 사례이다. 실제로는 의회와 정부에 중대한 파장을 가져올 수 있는 법안임에도 말이다.

두 번째 이유는 다소 역설적인데, 의회 내 당규율을 유지하는 일이 점점 어려워지고 있다는 것이다. 특히 하원의원들이 과거보다 더 적극적으로 목소리를 내고 있고, 상원도 활발히 활동하면서 정부는 그에 맞서 더 강하게 반응하고 있다. 그 결과, 최근 정부들이 과거에는 상상조차 하기 어려운 방식으로, 의회 권한을 무력화하는 방법을 찾아 과도한 권력을 행사하게 된 것이다.

못 말리는 의회

왜 이런 일이 벌어지는가? 이런 현상을 이해하려면, 먼저 왜 요즘 의회가 정부에 더 자주 반발하고, 정부가 의회를 기존 방식으로 다루기 어려워졌는지를 살펴봐야 한다.

핵심 이유는 간명하다. 지난 30년 동안 의원들의 역할이 완전히 달라졌기 때문이다. 그것도 대중이 생각하는 방향과는 정반대로 말이다. 초점 집단 조사에서 가장 자주 나오는 말은 "쟤네 다 저들 배만 채우잖아."다. 2009년 의회 경비 청구 스캔들 이후, 의원들은 모두 부패하고 탐욕스럽다는 인식이 뿌리내렸다. 보리스 존슨의 온갖 무리수나, 부적절한 행동으로 치러진 잇단 보궐 선거도 이런 인상을 심화시켰다.

하지만 현실은 완전히 다르다. 의원들은 과거보다 훨씬 더 많은 일을 하고 있다. 1990년대까지만 해도 의원직은 대개 부업이나 다름없었고 심하면 취미활동처럼 여겨지기도 했다. 지금은 완전히 달라졌다. 의원직 자체가 하나의 전문직이 되었고, 업무량도 훨씬 많고 강도도 세졌다.

1992년 하원에 입성해, 훗날 테레사 메이 정부에서 사실상의 부총리까지 오른 데이비드 리딩턴(David Lidington)은 당시 분위기를 이렇게 설명했다.

"제가 처음 하원에 들어갔을 때만 해도, 1950년대부터 정치하신 원로 의원들이 꽤 계셨어요. 그분들이 자주 하던 말이, '예전에는 보수당 의원들 대다수가 점심 먹고 사무실이나 저택, 금융회사나 법률 사무소에서 느긋이 들어와 당을 위해 표만 던지곤 했지'라는 겁니다. 노동당 쪽도 마찬가지였어요. 오랜 노조 활동에 대한 보상으로 안정적인 지역구를 배정받은 노련한 노조 출신들이 많았죠. 보수당 귀족들은 담배 연기 자욱한 방에서 스카치나 샴페인을 마시고 있었고, 노동당 노조 출신들은 지하 바에서 페더레이션 비터 맥주를 마시고 있었죠. 그리고 표결 종이 울리면, '이제 일하러 가자'는 식으로 표 던지러 가는 거였어요."[8]

1970년에 처음 의원이 되어 여러 보수당 정부에서 요직을 맡았던 켄 클라크도 비슷한 말을 남겼다. "하원 처음 들어갔을 때 저는 변호사였어요. 오전엔 법정에서 일하고, 오후엔 의회로 갔죠. 지금 의회와는 완전히 달랐어요. 당시는 의원직 외에 일을 하는 게 당연했어요. 보수당 의원들은 거의 전부 뭔가 다른 일을 하고 있었고,

그게 아니면 땅이나 가문 재산이 있었죠. 노동계급 의원들은 지금보다 훨씬 많았는데, 기관사나 광부 출신들도 있었죠. 이들은 노조 지원으로 의원 활동을 했어요. 지금처럼 의정 활동비나 수당도 없었거든요. 말하자면, '부업 의회'였죠."[9]

이러한 증언은 수치로도 뒷받침된다. 1990년 당시 의원들이 등록한 외부 이해관계를 분석한 결과, 보수당 의원의 대다수는 외부 활동으로 따로 급여를 받았고, 노동당 의원 대부분은 노조 후원을 받고 있었다.[10] 1995년에는 전체 의원의 70퍼센트가 '의원직과 직접 관련된 외부 단체와 재정 관계를 맺고' 있었다.[11] 하지만 2018년 기준으로 정기적으로 외부 유급 활동을 하는 의원은 18.5퍼센트에 불과했으며, 그 비율은 매 의회마다 계속 감소하고 있다.[12]

1990년대 중반에 여러 변화가 한꺼번에 일어나면서 전체적인 분위기가 바뀌었다. 언론의 의회 보도 비중이 증가하면서 의정 활동이 더 많이 노출되었고, 일에 집중하라는 압박도 커졌다. 탐사 보도 기자들은 의회 밖의 이익과 관련된 여러 스캔들을 폭로했는데, 이는 1990년대 중반 '부패한 보수당(Tory sleaze)'이라는 큰 흐름과 맞물렸다. 대표적인 사건이 '질문 장사(cash for questions)'로, 해러즈백화점 사장 모하메드 알파예드(Mohamed Al-Fayed)의 청탁을 받고 그에게 유리한 질문을 한 대가로 돈을 받은 보수당 의원 두 명이 들통난 일이었다. 이 일로 존 메이저 총리는 공적 윤리 기준을 논의할 놀런 위원회(Nolan Committee)를 설치했다. 이 위원회는 이해관계 공개, 규칙 위반 시 제재, 독립된 윤리 감시관 임명 등 광범위한 기준을 정립하게 된다. 토니 블레어는 이 기회를 이용해, 자당

의원들에게 후원을 받는 것을 금지하며 신노동당이 노동조합과 거리를 두고 있음을 강조했다.[13]

이와 동시에 하원 회의 시간도 일반적인 직장인 근무 시간에 맞춰 조금씩 바뀌기 시작했다. 1990년대 중반까지는 매일 오후 2시 30분에 회의가 시작됐기 때문에, 의원들이 금융가나 법률회사에서 일하고 의회에 출석할 수 있었다. 그러나 1994년부터 2012년까지 몇 차례에 걸쳐 회의 시간이 조정되어, 현재는 화요일과 수요일은 오전 11시 30분에, 목요일과 개회할 경우 금요일은 오전 9시 30분에 시작하는 체제로 바뀌었다.[14]

이러한 내부 문화 변화와 함께, 이메일이 보편적으로 쓰이면서 유권자와 의원 사이의 관계가 완전히 달라지게 되었다. 물론 지역구 활동을 중요하게 여긴 의원들은 전에도 있었지만, 지역구 활동이 필수적인 것은 아니었다. 윈스턴 처칠이 던디 지역구 의원이었을 때 그는 1년에 한 번만 지역구에 방문했다. 웨스트민스터에 가까운 지역구를 둔 의원들조차 대부분 다른 곳에서 시간을 보냈다. 데이비드 리딩턴은 켄트 지역구 주민들이 전임 의원에게, 연례 방문을 기념해 선물한 컵을 본 적 있노라고 말했다.[15] 1950년대와 1960년대에 의원들이 유권자에게 받는 편지는 평균적으로 주당 12통에서 15통에 불과했다.[16]

그러나 지금은 기술이 발전하여 의원들에게 손쉽게 접근할 수 있게 되었고, 의원 한 명당 주당 500통에서 1000통의 편지, 이메일, 전화가 들어온다.[17] 이에 따라 의원 보좌진 예산도 크게 늘었고, 지역구 사무실에는 보통 서너 명으로 구성된 팀이 꾸려진다. 의원의 책임도 더 무거워졌고, 복지 수급자와 이민자 수가 급격하게 늘면서 관련 민원도 많아졌다. 2010년대 의원들을 대상으로 한 설문조사에 따르면, 전체 의원 중 3분의 1은 지역구 업무에 가용한 시간 절반 이상을 쓰고 있다고 답했다.[18]

이처럼 의원직은 완전히 다른 직업이 되었다. 오늘날에는 '본업이 따로 있는 의원'은 거의 없고, 있다 해도 대개 앞으로 장관직을 맡을 생각이 없는, 은퇴를 앞둔 보수당 노장 의원들 몇몇이 전부다.[19] 앞으로 몇 차례 총선을 거치면 이들은 대개 은퇴할 것이다. 의원직이 전문직으로 자리 잡으면서, 의회에 입성하는 사람들 유형도 바뀌었다. 법조인이나 의료인 출신 비율은 1979년 45퍼센트에서 2015년 31퍼센트로 감소했고, 이들도 정치인이 된 후에는 본업을 그만두는 경우가 많다. 육체노동 종사자 출신은 더 큰 폭으로 줄었다. 16퍼센트에서 3퍼센트가 된 것이다. 이는 노동조합의 약화, 노동당과 노조의 느슨해진 관계 등이 원인이다. 반면 정당 보좌관이나 활동가로 일하던 사람이 의원이 되는 경우는 늘고 있다(기존 3퍼센트에서 17퍼센트로 증가).[20]

의원직이 전업이 되면서 사회적으로는 분명한 이득이 생겼다. 유권자들은 전보다 더 성실하고 적극적인 의정 서비스를 받게 되었고, 의원들은 더 열심히 일하며 술도 덜 마시고(여전히 너무 많이 마시기는 하지만), 소명 의식도 더 높아졌다. 여성과 소수 인종 비율도 크게 늘었다. 물론 아직도 젊은 보좌진을 향한 부적절한 행동이 빈번하게 일어나지만 상황은 나아지고 있다. 1997년 총선 전까지는, 하원의원 중 '존(John)'이 이름인 사람이 여성 의원들 전체보다

많았지만, 지금은 전체 의원의 35퍼센트가 여성이다.[21]

1997년 전까지만 해도 흑인이나 소수 민족 출신 의원은 손에 꼽힐 정도였다. 폴 보탱(Paul Boateng)은 2002년에야 최초의 흑인 장관이 되었다. 지금은 의원 중 8퍼센트가 소수 인종 출신이며, 내각 장관 중에도 소수 인종은 다수 있다.[22] 그러나 계층 배경은 예외다. 노동당이 노조와의 연결을 끊으면서 노동 계층 출신 수는 감소했다.

문제는 이렇게 전문적이고 성실한 의원들이 여전히 '강력한 행정부 그리고 부업 의회'라는 옛 구조 속에서 일하고 있다는 것이다. 데이비드 리딩턴이 말하듯, 과거 보수당 귀족과 노동당 노조 의원 중 대다수는 '장관직을 원하거나 기대하지 않았다.' 하지만 지금처럼 정치를 '직업'으로 삼는 의원들이 많은 상황에서, 의회보다 권한이 큰 행정부로 들어가고자 하는 것은 어쩌면 당연하다. 장관이 되면 급여도 훨씬 많다. 그런데 법적으로 장관직을 맡을 수 있는 의원 수는 최대 95명에 불과하고, 여당이 과반을 차지하고 있다면 의원 수는 최소 326명에 달한다.*

이것이 장관직 없는 평의원(backbencher)들의 불만이 점점 커지는 주된 원인이다. 정권 초반에는 대부분의 평의원들이 자기도 언젠가 장관이 될 수 있다는 기대 때문에 정부의 말을 잘 듣는다. 장관직에 관심이 없는 소수도 있는데, 너무 나이가 많거나 특이한 성

---

* 영국 정치에서 '장관(minister)'은 다양한 직책을 아우르는 표현으로, 한 부처의 수장인 'Secretary of State' 외, 주요 분야를 담당하는 실무 책임자 'Minister of State', 부처 내 말단 정무직 'Parliamentary Under-Secretary of State'는 물론 보직 없는 장관으로 당내 정치 업무를 수행하는 'Minister without Portfolio' 등을 포괄한다. 영국 하원 의석수는 총 650석으로, 과반수 확보를 위해서는 최소 326석을 차지해야 한다.

향의 의원들이다. 그러나 대부분은 승진을 바란다. 시간이 지나면 자신에게는 기회가 없다는 것을 깨닫거나, 장관직을 맡았다가 해임되는 경우도 생긴다. 그 결과 점차 반기를 들거나, 심지어 총리를 교체하자는 움직임에도 가담한다. 그렇게 하면 새로운 기회가 올 수도 있기 때문이다. 정부가 오래 지속되면서 지지율이 떨어지면 이런 분위기는 더욱 강해진다. 신노동당 정부 말기에 반란표가 일어난 이유, 최근 보수당 정부가 내분으로 시끄러웠던 이유 모두에 대한 배경이다.

이런 상황에서 정부는 점점 더 힘을 얻고 있는 의회를 우회하려는 방법을 찾기 시작했다. 바로 이러한 행정부의 반격이 의회의 감시 기능을 무너뜨리고 입법의 질을 저하시킨다. 게다가 정부는 갈수록 일에 짓눌리고 있는데, 그래서 감시에 쓰이는 시간을 더 줄이려고 한다. 그 결과 성과는 더 나빠지고 정부는 일에 더 짓눌리게 된다.

단속에 반격하다

평의원들이 점점 말을 듣지 않자, 정부는 그들을 다시 통제할 새로운 방법을 찾아내기 시작했다. 당론에 따라 표를 던지도록 의원들을 단속(whipping)하는 일은 17세기까지 거슬러 올라가며, 정당 체계가 정립되기 이전부터 있던 관행이다(Whip, 채찍이라는 용어 자체가 18세기의 사냥 용어에 풍자적으로 빗대 쓰이기 시작했다). 그 뒤로 단속은 협박과 뇌물 등 모든 전술을 두루 포괄하게 되었다. 오늘날 하원에는 장관급 직책을 맡고 있는 단속 담당 의원(whips)이 총 16명 있다. 이들은 각각 약 20명 정도의 의원들을 담당해 관리하는데, 어떻게 다룰지는 각 단속 담당 의원들의 성격에 따라 달라진다.

물리적이거나 정서적 괴롭힘 같은 단속은 요즘 들어서는 점점 드물어지고 있다(과거 세대의 의원들 회고록을 보면, 단속당하는 일은 마치 기숙학교 선배들에게 얼차려 받는 것과 비슷하다고 묘사된다). 오늘날은 웨스트민스터 밖의 직장 문화가 바뀌었고, 언론의 감시도 거세기 때문에 이런 방식은 위험하고, 사회적으로도 용납되지 않는다(그렇다고 완전히 사라진 것은 아니다). 단속 담당 의원들은 대부분 설득을 우선하며 자신이 맡은 의원들과 긍정적인 관계를 유지하려 한다. 그럼에도 여전히 더러운 술수가 쓰이기도 한다. 단속 의원들은 각 의원이 언론에 절대 알리고 싶지 않아 하는 사생활과 비밀 소문을 파악해 두고 있다. 이런 정보는 반복해서 반란표를 던지는 의원들에게 보복용으로 쓰일 수 있다.

최근 들어 단속 의원들이 새롭게 손에 넣은 도구는 기숙학교식 얼차려보다 훨씬 강력할 수 있다. 재정 집행의 중앙집중화로, 특히 도시재생사업 등 지역 프로젝트 예산이 정부에 집중되면서, 단속 의원들은 말을 듣지 않는 의원들을 상대로 새로운 정치 인질극을 벌일 수 있게 됐다. 이런 예산은 원칙적으로 객관적인 기준에 따라 배정되어야 하지만, 현실에서는 종종 정치적 무기로 사용된다. 이런 점에서도 중앙집중화된 예산 구조는 건강한 국정 운영을 방해한다.

크리스천 웨이크퍼드(Christian Wakeford) 전 보수당 의원은 보리스 존슨이 총리였던 시절, 결국 노동당으로 당적을 바꾸었는데, 그 계기가 된 유사한 사례를 이야기했다. "내가 특정 법안에 반대표를 던지면 내 지역구 버리사우스에 있는 래드클리프에 새 학교를 지어주지 않겠다는 협박을 받았습니다. 그곳에는 10년 가까이 고등학교가 없었죠. 표 하나 때문에 도시재생을 미뤄야 한다면 어떻겠습니까? 불편하기 짝이 없는 일이었죠. 그때부터 내가 있어야 하는 자리, 내가 있던 자리, 그리고 나아가 내가 지금 있는 자리에 의문을 품기 시작했습니다."[23]

또 다른 보수당 의원인 윌리엄 래그(William Wragg)는 탈당하지는 않았지만 2022년 차기 총선 불출마를 선언하며 의회 특별위원회에서 이렇게 증언했다. "정부 단속 의원들의 기본 역할은 물론 하원에서 정부 안건을 통과시키는 것입니다. 하지만 단속 의원들이 공공 재정으로 진행되는 지역구 투자 사업을 빌미로 의원들을 협박하는 것은 장관 윤리강령을 명백히 어기는 일입니다."[24]

다른 보수당 의원들 역시 비공식적으로 나에게, 자신도 암시적으로든 노골적으로든 이런 협박을 받았다고 털어놓았다. 과거의 단속 의원들도 그런 수단이 있었더라면 비슷하게 활용했겠지만, 당시에는 지금처럼 인프라 예산이 중앙에 집중되어 있지 않았다. EU의 재생 기금이 폐지되고, 이를 대신하는 또 다른 중앙정부 통제형 예산이 생긴 것도 이런 정치적 통제 수단을 늘리는 데 일조했다.

단속 의원들이 점점 더 자주 쓰고 있는 또 다른 수법은, 공식적인 장관직은 아니지만 어쨌든 그 자리를 유지하려면 정부 방침에 따라야 하는 '자리'를 만들어내는 것이다. '사실상의' 장관직에 앉은 사람 수는 1900년 무렵 60명 정도에서 오늘날에는 (상원까지 합산하여) 120명 가까이 된다.[25] 이 가운데 대부분은 실질적인 필요성이 의심스러운 하급직이다. 실제로 많은 하급 장관들이 쓴 일지를 보면 맡은 역할이 얼마나 무의미한지 한탄하는 대목이 많다. 담당 업무가 몇 가지 사소한 사안들뿐인 것이다.

크리스 멀린(Chris Mullin) 전 노동당 의원은 자신의 경험에 대해 이렇게 적었다. '임명된 지 넉 달쯤 되었는데, 솔직히 말해 현재 내 존재감은 거의 없다. 가슴에 손을 얹고 말하건대 지난 8년간 지금처럼 정부 정책에 영향력이 없었던 적이 없다. 이 일을 계속하는 유일한 이유가 있다면 그건 언젠가 더 나은 자리로 나아가리라는 희망뿐이다.'[26]

그러나 법적으로 하원에 배정된 장관직은 최대 95개로 제한되어 있다(전체 유급 장관직은 109개이며, 10~15개 정도의 무급 장관직도 있는데 요즘에는 대부분 상원에 배정된다). 그래서 전간기에 정부는 '의회 개인 비서(Parliamentary Private Secretaries, PPS)'라는 직책을 만들었다. 이 자리는 장관의 보좌관이지만 무급이며, 본래는 장관이 평의원들의 분위기를 파악하고 법안 통과를 도울 수 있도록 보조하는 역할이다. 총리나 재무장관의 PPS처럼 일부 PPS는 실질적인 역할이 있다. 하지만 현실에서 대부분의 PPS는 하는 일이 거의 없다.

정부는 PPS 임명을 아주 좋아한다. 이들은 법적인 장관 수 95명 제한에 포함되지 않으면서도 정부와 발맞춰 투표해야 하고, 그렇지 않으면 사퇴해야 하기 때문이다. 초선의원들에게 PPS는 대단한 자리로 여겨지지는 않지만 장관직으로 가는 사다리의 첫 칸으로 여겨진다. 일찍이 1940년에 한 의회 위원회는 이 점을 간파하고 이렇게 지적했다.

"본 위원회는 PPS 제도가 하원에서 정부의 찬성율과 영향력을 높이는 수단으로 인식되고 있음을 지적하지 않을 수 없습니다. (아무리 가능성이 낮더라도) 이 제도가 그런 목적으로 오남용될 소지가 있음을 지적하는 바입니다."[27]

70년 뒤, 토니 블레어 총리의 전 비서실장이었던 조너선 파월은 이 점을 더 노골적으로 인정했다. "그것은 총리의 하원 표 확보 수단입니다. 총리 마음대로 할 수 있다면, 자기 당 모든 평의원을 장관직에 앉혀 표를 확보하고자 할 겁니다."[28]

1992년에는 이미 PPS 수가 41명에 달했지만 토니 블레어는 더 나아갔다. 2001년 회기 동안에는 역대 최대치인 58명까지 늘렸는데 점점 통제하기 어려워지는 다수당 의원들을 관리하기 위한 조치였다.[29] 그러니까 자기 자신도 할 일이 별로 없는 하급 장관 밑에 할 일이 하나도 없는 보좌역이 붙는 상황이 된 것이다.

보수당 총리들은 최근 이런 접근법을 새로운 차원으로 끌어올렸다. PPS 직책으로는 부족해지자, 전례도 없고 보수도 없고 장관 역할도 없는 명목상의 직책을 대거 만들어내며, '내각 소속 의원 집단(wider payroll vote)'이라는 개념을 만들어냈다. 캐머런은 '빅 소사이어티 대사(Big Society Ambassadors)'라는 직함을 만들어냈고, 테레사 메이는 여러 나라의 '무역 특사'를 임명했는데, 이 자리는 외유성 출장이라는 보상도 약속됐다. 보리스 존슨은 보수당에 '부의장'

직함을 여럿 만들어 더했다.

물론 이 수법이 항상 통하는 것은 아니다. 샬럿 레슬리(Charlotte Leslie) 전 보수당 의원은 단속 의원들이 어떻게 그녀의 '빅 소사이어티 대사' 직책을 무기로 삼아 반란표를 막으려 했는지 회상했다. "상원 개혁안에 반대표를 던지겠다고 하자 단속 의원이 전화를 걸어왔습니다. 제가 '이건 도저히 안 되겠어요. 말도 안 되는 법이에요'라고 하자, 그는 '찬성하지 않으면 대사직을 박탈하겠다'고 하더군요. 웃음이 났어요. '진심으로 내가 그걸 신경 쓸 거라고 생각해요?' 내가 정치를 하며 겪은 가장 큰 문제는, 너무나 절망적이게도 자기들을 위해 투표하라며 우스꽝스러운 모자를 씌워주는 행태를 못 본 체할 수 없었다는 겁니다."[30]

샬럿은 특이한 경우다. 그녀도 인정하듯, 그녀가 장관직에 오를 거라는 예측이 만연했음에도 그녀는 게임 규칙을 따르지 못했고 2017년 총선에서 낙선하기까지 평의원으로 남아 있었다. 반면 평의원들은 대개 사다리를 계속 오르기 위해 타협할 준비가 되어 있다. 이처럼 급여도 없고 실질적인 역할도 없는 '내각 소속 의원 집단'이 얼마나 되는지 정확히 알 수 없다. 공개된 자료가 없기 때문이다. 2023년 3월 기준 정부정책연구소는 보수당 의원 360명 중 최대 160명이 이런 역할을 맡고 있다고 추산했다.[31]

그렇다고 이런 수법이 계속 통하는 것은 아니다. 자리를 미끼로 하거나 지역구 개발 예산으로 꾀어도 흔들리지 않는 의원들이 언제나 있기 마련이다. 이들은 특정한 사안에 확고한 신념을 가진 경우가 많다. 대표적으로 EU 내 영국의 지위 문제가 있다. 이 사안은 사실 1970년대부터 반란표 흐름을 만들어냈다. 처음에는 양당 모두 그러했지만 시간이 지날수록 보수당 쪽이 훨씬 심해졌다. 집권한 지 고작 1년 지난 2011년에도 이미 46명의 보수당 의원들이 EU 회원국 국민투표를 지지하는 표결에서 반란표를 준비한 적 있다. 2018년과 2019년경 테레사 메이의 브렉시트 합의안 표결 당시, 의원들은 그녀가 총리직을 오래 유지하지 못하리라는 것을 알고 있었기 때문에, 역사상 최대 규모의 반란표가 던져졌다. 리시 수낙 총리는 당내 단결을 유지하려 애썼음에도, 종종 자신의 정책 목표를 일부 포기해야 했다. 그럼에도 워낙 많은 의원들이 장관직을 꿈꾸기 어려운 상황이라 정기적인 반란표에 시달렸다.

이처럼 당 지도부가 기존 수단으로 의원들을 통제하지 못하게 되면서, 의회 절차를 비틀어 아예 감시와 심의를 피해 보려는 창의적인 방식이 나타나기 시작했다. 이것이야말로 영국 정치 체계가 근본적으로 망가졌다는 신호다.

감시 피하기

이 새로운 접근법 중 가장 극단적인 사례는 2019년 보리스 존슨이 자신의 브렉시트 해법을 방해하려는 하원의 움직임을 차단하기 위해 의회를 정회하려 했던 것이다. 정회란 보통 회기를 끝내는 절차로 별 논란 없이 진행된다. 하지만 존슨은 2019년 9월, 브렉시트 협상 마감일을 앞두고 무려 5주 동안 의회를 폐쇄하기 위해 정

회를 활용하려 했다. 의회는 정회를 막을 수단이 없었기 때문에 처음에는 존슨의 계획대로 진행되었다.[32]

이 시도는 지나치게 노골적이어서 평소 절차상의 문제에는 무심한 대중과 언론마저 주목했다. 결국 대법원은 정부가 여왕에게 잘못된 조언을 했다는 이유로 정회가 무효라고 판결했다.* 하지만 판결은 반대로 나올 수도 있었다. 실제로 고등법원은 이 문제를 사법 심사 대상이 아니라고 판결했던 것이다(즉, 정치적 영역에 속해 법원에서 다룰 여지가 없는 사안이라는 것이다).[33]

대법원은 이와 다른 입장을 만장일치로 내놓았지만, 그 당시만 해도 많은 전문가들은 대법원이 정회 권한을 군주의 특권으로 인정해 정부 측 손을 들어줄 것이라고 예상했다. 만약 그렇게 판결되었다면 정부가 필요할 때마다 몇 주고 의회를 정회시키는 것이 정당한 관행으로 여겨질 수도 있었다.

이 정회 시도는 헌정 원칙과 의회 주권에 대한 노골적인 무시에 가깝지만, 본질적으로는 그간 정부가 의원들의 감시 권한을 줄이려 했던 다른 방식과 크게 다르지 않다. 보리스 존슨과 그의 수석 보좌관 도미닉 커밍스가 법의 정신에 아무런 관심이 없었던지라 그렇게 노골적이고 공격적인 수단을 택했고, 그로 인해 평소보다 큰 주목을 받은 것뿐이다.

---

* 영국의 입헌군주제 특징 중 하나로, 형식상 총리는 국왕에게 정회할 것을 조언하고 국왕이 정회를 선포하는 방식으로 이루어진다. 군주는 정치적 중립을 지키며 관습적으로 총리의 조언을 그대로 따르기 때문에, 대법원은 군주의 정회 선언이 아니라 총리의 정회 조언을 문제 삼았다. 대법관 11명 전원 일치 판결이 났지만 법리적으로는 논쟁이 많았으며, 보수당은 이 판결에 대해 '사법의 정치화'라며 강하게 반발했다.

테레사 메이도 2017년 판단 착오로 인한 조기 총선에서 과반을 잃기 전부터, 브렉시트 과정에서 의회의 역할을 최소화하려고 했다. EU 탈퇴 과정을 연구한 메그 러셀(Meg Russell)과 리사 제임스(Lisa James)에 따르면, 한 전직 내각 장관은 이렇게 말했다. "사실 정부는 어떤 사안이든 의회가 크게 개입하는 것을 반기지 않습니다."[34]

이런 태도는 장관뿐 아니라 공무원들 사이에서도 공통적이다. 한 고위 관료는 그들에게 "브렉시트 전 과정에서 일종의 불문율처럼, 의회를 가능한 한 끌어들이지 않는 것이 기본 방향이었습니다."라고 밝혔다.[35]

메이 총리는 처음에는 의회가 브렉시트 최종 협상안에 대해 표결권을 가져야 한다는 것조차 받아들이지 않으려고 했다. 하지만 의원들의 강한 요구로 인해 그 입장을 유지할 수 없었다. 메이는 또한 EU 탈퇴를 개시하는 리스본 조약 50조 발동 여부에 대해 의회가 표결권을 갖는지에 대해 법정에서 다투기도 했다. 의회가 탈퇴 개시로 표결할 것은 거의 확실했기 때문에, 메이가 굳이 이 문제까지 싸워야 했는지 의아하다.* 러셀과 제임스는 이에 대해, 관료들은 행정부의 특권을 지키려 했고, 총리실의 정치 참모들은 이 기회를 통해 브렉시트 반대파가 국민투표 결과를 뒤엎으려 한다

---

* 2016년 브렉시트 국민투표 이후 테레사 메이 총리는 의회 표결 없이 정부가 독자적으로 리스본 조약 50조(EU 탈퇴)를 발동하겠다고 선언했다. 이에 시민운동가 지나 밀러(Gina Miller)가 소송을 제기했고, 대법원에서는 2017년에 의회 표결을 반드시 거쳐야 한다고 판결했다. 이후 결과적으로 하원과 상원이 리스본 조약 50조 발동에 찬성하면서 메이 총리가 정치적 실익 없이 법적 다툼에 나선 모습이 되었다.

는 서사를 구축하려 한 것이라고 분석했다.[36]

궁극적으로 정부가 의회와 협력해 해법을 찾으려 하지 않고 오히려 거리를 두려 한 이 전략은 의원들이 소수 정부를 견제하려는 강한 의지로 이어져 3년 간의 혼란을 불러일으켰다. 존슨의 의회 정회 시도가 이 충돌의 절정이었다. 당시 하원의장이었던 존 버커우(John Bercow)는 서기관들의 반대에도 불구하고 헌정 실험에 나섰고, 덕분에 반란파 의원들은 한동안 정부의 입법 일정을 장악해 자체 법안을 통과시킬 수 있었다.*

브렉시트 시기의 혼돈은 전반적인 현상의 압축판이었다. 장관들, 어느 정도는 고위 공무원들까지 감시를 회피하려는 경향이 점점 더 심해지고 있다. 특히 그 감시가 실질적인 결과를 담보하는 경우 더욱 그러하다. 이 흐름은 1990년대 중반 정치의 전문화와 밀접한 관계가 있으며, 신노동당 정부가 1997년 도입한 작은 변화에서 시작되었다. 정부가 의회 토론을 피해 갈 수 있는 구조가 만들어진 것이다.

토니 블레어가 이끄는 노동당이 정권을 잡자, 그들은 여성 의원 수가 대폭 늘어난 데 맞춰 하원의 '가족 친화성'을 개선하겠다는 명목 아래 여러 변화를 도입했다(남성이 육아하는 것은 논의되지도 않던 시절이었다). 그중 하나가 바로 '입법 일정안(programme motions)'

---

* 테레사 메이는 의회와 거리를 두는 전략을 썼지만 소수 정부라 실패했고, 의회 내에서는 주도권을 잡으려는 흐름이 강해졌다. 후임 보리스 존슨 총리는 강경 브렉시트 노선을 주장했고, 반대파를 막기 위해 의회 정회를 시도했다가 대법원으로부터 위헌 판정을 받았다. 관습적으로 정치적 중립을 지켜야 하는 하원의장 존 버커우는 서기관들의 조언을 따르지 않고 정부에 반기를 든 의원들을 절차적으로 지원하여 독자 협상안을 통과할 수 있도록 했다.

도입으로, 그전에는 정부가 제출한 법안에 대한 토론 시간에 정해진 제한 시간이 없었다. 정부는 이른바 '단두대 조항(guillotine motion)'으로 토론을 강제 종료할 수 있었지만 실제로는 잘 사용하지 않았다. 의원들은 각자 관심 있는 쟁점이 해소될 때까지 어떤 법안에 대해서든 자유롭게 발언할 수 있었다.[37] 장관들은 의원들이 주절대는 동안 밤새 깨어 있어야 했고 이를 성가셔했지만, 그만큼 법안을 모든 측면에서 철저하게 검토할 수 있었다.

그러나 입법 일정안이 도입되면서 모든 법안에 처음으로 명시적인 시간표가 부여되었고, 토론 시간이 끝나면 남은 쟁점이 무엇이든 간에 법안 처리가 종료되었다. 처음에는 여야 합의로 시간표를 정하려 했으나, 보수당이 배정된 시간이 너무 적다고 반발하면서 곧 결렬되었다.[38] 2000년 이후로는 정부가 법안의 '제2독회', 사실상 본격적으로 토론하는 첫 시기에 일정을 일방적으로 정하게 되었고, 그 결과 야당 수정안은 물론 정부 여당의 자체 수정안까지 토론 없이 표결에 부쳐지거나 폐기되는 경우가 많아졌다.

이후 정부는 불편한 쟁점을 회피하거나 시간 끌기 발언, 여당 의원의 사전 질문 배치 등을 통해 토론의 흐름을 교묘히 통제하는 데 능숙해졌다. 입법 일정안 자체도 점점 더 짧아졌다. 심지어 매우 논란이 많은 주제에 대해서도 그러했다. 예를 들어, 난민의 기본 권리를 박탈하는 내용의 불법이민법(Illegal Migration Bill)은 마지막 단계 논의에 고작 4시간만 배정되었고, 정부 수정안 수십 개가 토론 없이 표결로 처리되었다.[39] 2021년 12월에는 총 1,200쪽에 달하는 브렉시트 협정문도 하루 만에 의회를 통과했다.

데이비드 리딩턴은 2022년 연설에서 이렇게 말했다. "노동당 정부와 그 뒤를 이은 보수당 정부 모두, 하원 다수당의 기계적인 지지와 자동적인 입법 시간표가 결합하면서 모두 준비 없이 졸속으로 마련된 법안을 남발하게 되었고, 그중 상당수는 하원에서 단 한 줄의 토론도 없이 통과되었다가 상원에서 정부 스스로 수정안을 내어 고쳐야 했습니다."[40]

여기서 핵심은 두 가지다. 첫째, 법안을 오래 논의하지 않아도 되게 되면서, 정부는 입법의 질을 챙기려는 노력을 덜 기울이게 되었다. 의원들의 세밀한 검토를 거의 받지 않기 때문이다. 좋은 법을 만들려면 정책 문제의 복잡한 맥락을 제대로 파악하고 세밀하게 설계해야 한다. 그런데 그런 과정 없이 성급하게 만들어진 법은 얼기설기 짜깁기된 조항으로 가득해지고, 결국 나중에 다시 손질해야 하는 상황이 벌어진다. 이렇게 하원에서 법안을 통과하는 데 시간과 품이 덜 들게 되면서, 실질적인 효과보다는 신문 헤드라인을 장식하거나 당내 강경파를 달래기 위한 '보여주기식' 법안이 훨씬 많아졌다.

둘째, 졸속으로 처리된 법안이 상원에 부담을 던지고 있다. 상원에는 법안 논의 시간을 자동으로 제한하는 규정이 없기 때문에, 점점 더 미완성 상태의 법안이 상원으로 넘어오고 있다. 상원은 원래 법안의 세부 사항을 점검하는 역할이지, 1차 검토를 전담하는 역할이 아니다. 그런데 요즘은 전면 재설계가 필요할 만큼 반만 설계된 법안이 많이 올라오는 실정이다.

이런 상황은 여러 문제를 낳는다. 상원의원 중에는 분야별 전문성을 갖춘 이들도 있지만 그 수는 많지 않다. 여야 모두 자기편 전직 의원, 보좌관, 후원자들을 마구 상원에 밀어 넣고 있기 때문이다. 2000년에 상원임명위원회(Lords Appointments Commission)가 도입되면서 새로 임명되는 의원들을 심사하지만 형식적인 권고에 그치고 총리는 그 권고를 무시할 수도 있다.

보리스 존슨은 2021년에 그 권한을 실제로 행사했다. 보수당의 주요 후원자인 피터 크러더스(Peter Crudas)를 상원의원으로 임명했는데, 크러더스는 2012년에 돈을 주면 데이비드 캐머런과 조지 오스본과의 만남을 주선하겠다고 말한 의혹이 불거져 보수당 재무 책임자에서 물러난 인물이다. 그런데도 존슨은 그를 상원에 앉혔고, 크러더스는 임명 확정 며칠 뒤 당에 50만 파운드를 추가로 기부했다.[41] 또한 존슨은 러시아계 사업가 에브게니 레베데프(Evgeny Lebedev)를 안보 당국의 우려에도 불구하고 상원의원으로 밀어붙였는데,[42] 그는 2020년에 햄튼과 시베리아의 레베데프 경(Lord Lebedev of Hampton and Siberia)이라는 작위를 받아 상원의원이 되었다.*

2023년 존슨이 퇴임하며 제출한 상위 작위 수여 명단은 이 제도를 오용한 극치로 조롱거리가 되기에 충분했다. 임명위원회는 그가 제안한 인물 중 8명을 걸러냈고, 리시 수낙은 이 결정에 개입하지 않았다. 하지만 나머지 후보들 중에도 평생 입법권을 줄 만큼 자격

---

*　에브게니 레베데프의 아버지는 소련의 정보기관인 KGB 소속이었으며, 에브게니는 러시아 모스크바에서 태어났다. 아버지가 주영 소련 대사관에서 일하게 되면서 런던으로 이주했고, 2010년 영국 시민권을 취득해 이중 국적자가 되었다.

이 있는지 의문스러운 이들이 많았다. 예를 들어 샬럿 오웬(Charlotte Owen)은 트러스와 존슨 정부 총리실에서 단 18개월 동안 하급 보좌관으로 일했을 뿐인데, 29세 나이로 상원의원이 되었다. 로스 켐셀(Ross Kempsell)은 《귀도 폭스(Guido Fawkes)》라는 가십거리 웹사이트의 전직 기자로 존슨의 미디어 담당 보좌관을 지냈고 31세 나이로 상원에 입성했다. 리즈 트러스도 고작 7주간 총리직을 수행한 뒤 퇴임하면서 여러 사람에게 작위를 주었다.

존슨과 트러스가 특히 노골적이었을 뿐, 전임 총리들도 본질적으로는 같은 일을 했다. 1999년 노동당이 상원을 개혁하면서 세습 작위를 가진 의원 중 92명을 빼고 대부분을 축출했지만, 그 후 정치적으로 임명된 상원의원 수는 계속 늘어났다. 지금 상원의원 수는 거의 800명에 달하며, 세계에서 가장 큰 입법기관 반열에 들었다. 블레어 역시 작위를 대가로 후원을 받았다는 스캔들에 연루되면서까지 수많은 정치적 지지자와 후원자에게 작위를 수여했고, 결국 2006년 상원에서 노동당이 다수를 차지하게 되었다.

캐머런과 클레그는 2014년 보수당과 자유민주당 연정을 통해 숫자 균형을 맞추기 위해 정치적 임명을 단행했다. 1993년부터 2020년까지 보수당의 재무 책임자를 지낸 18명 중 17명이 작위를 받았고, 유일하게 작위를 받지 않은 믹 데이비스 경(Sir Mick Davis)도 스스로 거절했을 뿐이다. 작위 수여에 정해진 절차나 규칙은 없으며, 국왕이 서명하기만 하면 총리는 얼마든지 많은 지지자들을 상원에 밀어 넣을 수 있다.

이 문제를 상원의원들 스스로도 잘 알고 있다. 상원의장인 노먼 파울러(Norman Fowler)는 상원이 '본연의 임무를 수행하는 데 필요한 수를 훨씬 초과'했으며, '상원임명위원회의 현재 권한이 근본적으로 부실하다. 위원회는 강하고 독립적인 구성원들로 이루어져 있지만 그 권한이 단지 자문역에 그친다는 것은 터무니없다.'고 썼다.[43] 2017년 상원위원회는 상원의원을 600명으로 제한하고 정치 임명 비율에 대한 공식 규정을 마련하자고 제안했지만, 예상대로 후원 관계를 중시하는 정부는 이를 외면했다.[44]

정치적 임명 위주로 계속 상원을 채워가는 경향은 여러 해로운 결과를 낳고 있다. 우선 상원이 원래 지니고 있던 전문성이 희석되었다. 정치 자금을 낸 인사나 낙하산 인사는 복잡한 법안을 면밀 검토하는 데 별다른 도움이 되지 않는다. 남아 있는 독립된 전문가들이 대부분의 검토 작업을 떠맡고 있고, 업무 부담은 갈수록 늘고 있다. 미완성 법안들이 쏟아져 들어오기 때문이다. 상원에는 회의 시간 제한이 없기 때문에, 신체적으로도 벅찬 업무일 수 있다. 2023년 1월에서 4월 사이에 상원에서 밤 10시를 넘겨 회의를 진행한 횟수는 무려 16번에 이른다. 대략 근무일 기준 나흘에 한 번 꼴이다.[45] 평균 연령이 높은 상원의 특성을 고려하면 이는 질 높은 토론 환경과는 거리가 멀다.

이와 동시에 상원이 점차 하원처럼 변하면서 독립성을 잃어가고 있다는 문제도 있다. 정당에 소속되지 않은 상원의원은 약 180명 정도 되며, 정당을 통해 임명된 의원들도 장기적인 정치 경력을 크게 염두에 두지 않고 비교적 자유롭게 반대표를 던질 수 있다. 그러나 최근 들어 장관직을 노리며 명예와 소득을 더 얻고자 하는 젊은 상원의원들이 늘고 있다. 이들은 하원의원 못지않게 당에 충성할 유인이 있다. 또 어떤 이들은 후원에 보답하기 위해 충성을 과시하고자 하며, 표결에서도 거의 예외 없이 당론에 따른다. 데이비드 캐머런의 정책실장 출신인 커밀라 캐번디시 남작은 내게 이렇게 말했다.

"상원은 하원의 거울처럼 행동하지 않을 때 가장 잘 작동합니다. 표결하러 가보면 반대 방향으로 가는 사람들이 있어요. '지금 우리가 투표하는 게 수정안 64번 맞나요?' 하고 물어보기도 하고요. 아무 생각 없어 보이는 사람들도 많습니다. 이전에 하원의원이었던 사람들은 자기 진영 따라 움직여요. 독립적인 검토 역할은 다양한 사람들이 함께 수정안을 제안하고 양심에 따라 투표할 때 가장 잘 이뤄집니다."[46]

2016년 이후 보수당 정부가 상원에서 계속 고전한 이유는 몇 가지 악법들이 너무 조악하게 짜여 있어서 평소에 정부를 지지하던 의원들조차 찬성하지 않있기 때문이기도 하지만(특히 브렉시트와 관련해서는 나이 든 보수당원 상당수가 유럽 통합 구상에 더 애착을 가지고 있었기 때문이기도 하다), 근본적으로는 보수당이 상원에서 다수를 차지하지 못했기 때문이다. 1979년부터 1997년까지 보수당이 18년간 정권을 잡았을 때에는 세습 작위 의원이 다수였기 때문에 상원에서도 절대다수를 차지했고, 해마다 평균 13번만 표결에서 패배했다. 상원 개혁 이후 노동당은 10년 넘게 과반을 차지하지 못했고, 그동안 연평균 41번 상원 표결에서 패배했다. 연정 시절에는 보수당과 자유민주당이 함께 투표하면 다수를 이뤘기 때문에 연평균 25번 패배했다. 그러나 2015년 이후 보수당 단독 정권이 들어서면서 2022년까지 패배 횟수는 연평균 60회로 증가했다(2019년 이후만 따지면 연간 80회다).[47]

이 수치는 상원이 하원에서 거의 다루지 않은 법안들을 넘겨받으며 감당해야 할 입법 검토가 얼마나 늘었는지를 보여준다. 동시에 정당 간 권력 균형이 상원의 독립성을 지탱하는 핵심이라는 점도 드러난다. 만약 상원이 정부에 지나치게 불편한 존재가 되면, 정부는 언제든 다수를 확보할 만큼 의원을 추가로 임명해 버릴 수 있기 때문이다.

이 문제는 상원이 조악한 법안을 고쳐내는 데 적합한 기관이 아니라는 또 다른 이유로 이어진다. 상원의원이 잘못된 법안에 제동을 걸 수는 있지만, 정부가 물러서지 않으면 실제로 법안을 막을 수는 없다. 지금까지 상원 표결에서 정부가 졌던 대부분 안건들은 결국 하원에서 원안대로 통과됐다. 상원은 선출되지 않은 기관이기 때문에 언제나 선출된 정부보다 앞서서 나서기를 꺼린다.

하원이 검토를 소홀히 하면서 상원이 그 역할을 떠맡게 된 구조는, 상원이 수행해야 할 입법 기능과 그럼에도 불구하고 부족한 민주적 정당성 사이의 긴장을 더 강화하고 있다. 1911년과 1949년 의회법은 하원이 입법 우위를 갖도록 규정했으며, 상원은 이에 따라 하원의 법안을 대부분 막을 수 없게 되었다. 상원은 (법적으로) 재정 관련 법안을 거부할 수 없으며, 정부의 총선 공약에 포함된 법안 역시 (관례적으로) 거부할 수 없다.

그 외의 법안에 대해서는 반대할 수 있지만, 그렇게 해서 법안 처리를 1년 미루더라도 정부가 다음 회기에서 같은 형태로 다시 제출하면 결국 상원은 법안을 통과시켜야 한다. 현실적으로 상원은 이런 대립을 끝까지 끌고 가지 않는다. 민주적 정당성 측면에서 하원보다 우위에 있다고 주장할 수 없기 때문이다. 지금까지 의회법이 실제로 활용된 것은 단 7번뿐이며, 2004년 이후로는 한 차례도 없다.[48] 대체로 상원이 한발 양보하기 때문이다.

다만 때로는 정부가 상원의 충고를 받아들이기도 한다. 2022년 5월 상원에 제출된 학교법은 정부가 너무 급히 추진한 나머지 일부 조항에 정부가 학교 운영을 직접 간섭할 수 있는 초법적 권한이 들어가 있었고, 상원의원들이 이를 맹비난하면서 사실상 법안은 갈기갈기 찢기고 말았다. 법안을 대표해 상정했던 다이애나 배런 남작(Baroness Diana Barran)은 정작 최종 초안도 보지 못한 상태였으며, 그녀가 사전에 제기한 문제점들도 무시됐다는 점은 법안 준비가 얼마나 허술했는지를 보여준다.[49]

이 사례에서 상원 내 모든 정당에서 이 법안을 강하게 비판했으며, 일부 보수당 의원과 장관들조차 같은 우려를 표했다. 그래서 정부는 체면을 구기면서도 법안의 상당 부분을 삭제하기로 했고, 그해 가을 리즈 트러스 정부가 혼란에 빠지면서 결국 법안 자체를 폐기했다. 하지만 대부분, 장관들은 처음 시작한 입법안에서 후퇴하는 것을 '실패'로 보기 때문에, 내용이 부실해도 밀어붙이려 한다. 혹은 애초부터 실질적인 목적이 있는 것이 아니라 특정 이슈에 대한 의지를 상징적으로 보여주는 것이 목적인 경우도 많다.

상원의 많은 의원들은 불법이민법에도 강하게 반대했고, 가장 극단적인 조항을 완화하는 여러 수정안을 통과시켰다. 이런 수정안에는 아동을 무기한 구금하지 못하도록 하고, 성인의 구금 기간을 6개월로 제한하는 내용 등이 포함된다. 정부는 몇 가지 사소한 수정을 받아들였지만, 이들 수정안을 모두 하원에서 부결시켰다. 이례적으로 캔터베리 대주교*를 비롯해 당파를 가리지 않은 상원 의원 다수가 이에 반발해 끝까지 싸웠고 법안은 상원과 하원을 오가며 '핑퐁' 상태에 빠졌다(영국에서는 정말로 이를 '핑퐁'이라고 부른다). 결국 정부는 찬성표를 던지도록 보수당 상원의원들을 설득해 강제로 법안을 통과시켰다. 이 법안은 보편적 인권 기준과 충돌할 가능성이 높음에도 말이다.

껍데기 법안과 헨리 8세 조항

논의 없이 졸속 통과되는 법안도 문제지만, 정부는 이제 아예 정식 입법 절차조차 무시하려는 경향을 가감 없이 드러내고 있다. 점점 더 많은 법률이 정부에 광범위한 권한을 부여하며, 의회를 통하지 않고도 정책을 시행할 수 있도록 설계된다. 상원의 위임입법 및 규제개혁 위원회(Delegated Powers and Regulatory Reform Committee)는 2022년 이런 경향을 두고 '의회에 대한 모독이자 민주주의에 대한 모욕'이라며 강도 높게 비판했다.[50]

---

* 영국 상원에는 캔터베리 대주교를 포함해 26명의 국교회 고위 성직자들이 '성직 귀족'으로 포함되어 있다. 캔터베리 대주교는 전통적으로 윤리적, 도덕적, 종교적 가치를 대변하며 사회 현안에 개입한다.

같은 시기, 역시나 딱딱한 이름을 가진 이차입법 감시위원회(Secondary Legislation Scrutiny Committee)도 '명령통치(Government by Diktat)' 보고서를 발표하며 다음과 같이 날 선 경고를 남겼다. '의회와 정부 사이의 권력 균형은 한동안 정부 쪽으로 기울어왔으며, 브렉시트와 코로나바이러스 팬데믹 사태로 그 경향이 더욱 심해졌다. 현재, 그 균형을 되돌리는 것이 아니라 새롭게 재설정해야 할 중대한 전환점에 다다랐다.'[51]

좌파 운동가들이 아니라 전직 보수당 및 노동당 장관들과 엘리자베스 여왕의 전 비서관이었던 로빈 잰브린(Robin Janvrin), 전 대법원장 존 토머스(John Thomas) 같은 인사들이 참여한 위원회에서 지적한 내용이다.

정부가 이렇게까지 할 수 있었던 것은, 법안에 담길 내용에 대한 규정이 매우 느슨하기 때문이다. 정부는 의회의 감시를 거의 받지 않는 막대한 권한을 장관에게 부여하는 법안을 만들어낼 수 있다. 이렇게 넓고 구체적이지 않은 권한을 부여하는 법안을 '껍데기 법안'이라고 부르는데, 최근 들어 점점 더 자주 등장하고 있다. 정부가 과중한 업무에 시달리면서 명확한 정책 목표 없이 서둘러 법안을 발의하는 경우도 있지만, 동시에 행정부가 자신들의 입지를 강화하려는 전략이기도 하다. 공무원들 역시 자기 업무를 단순화할 수 있다는 점에서 이를 반긴다.

대표적인 사례가 2016년의 아동보육법(Childcare Act)이다. 이 법은 당시 총선 공약이었던 무상 보육 시간 확대를 빠르게 실행하기 위해 서둘러 발의됐고, 불과 몇 쪽 분량에 '실질적인 내용은 거의 담겨 있지 않았다.'⁵² 대신 이 법은 장관에게 엄청난 권한을 위임하고 있었는데, 가령 벌금형이나 징역형에 처할 수 있는 권한까지 포함됐다. 더욱 심각한 것은, 이 법이 어떤 사람에게든 '목적에 따라 다르게 규정을 정할 수 있는 권한'을 줄 수 있고, '기존의 모든 법률(과거 또는 미래에 제정된 법 포함)을 개정 및 폐지하거나 무효화할 수 있다'는 조항까지 담고 있다는 것이다. 이 마지막 조항, 곧 다른 법률을 장관의 명령(규정)으로 바꿀 수 있도록 하는 조항은 1539년 헨리 8세가 의회 승인 없이 법을 만들 수 있도록 한 포고령법을 연상시킨다고 하여 '헨리 8세 조항(Henry VIII power)'이라고 불린다.

'행정부에 권한 넘기기: 헨리 8세의 부활'이라는 연설에서 전 대법원장 저지 경(Lord Judge)은 이 법을 강하게 비판했다. "여기서 말하는 '어떤 사람', 다시 강조합니다만 '어떤(any)' 사람이라는 건, 행정부가 지정하고 동의하는 사람일 가능성이 높습니다. 그런 사람에게 기존 법률은 물론 아직 제정되지도 않은 법률까지 폐지할 수 있게 하겠다는 겁니다. 1539년의 의원들이 이런 조항을 봤다면 뭐라고 했을지 상상조차 할 수 없습니다. 아마 그 언사는 인쇄할 수 없을 만큼 거칠 테고 당시의 하원 의장은 자신이 왜 탑에 갇힐 위험을 감수했는지 의아해할 겁니다."*⁵³

이런 껍데기 법안은 최근 10년 동안 급격히 늘었고, 브렉시트 과정에서 특히 많이 등장했다. 그렇게 확보한 광범위한 권한은 주

---

* 헨리 8세 시기는 절대왕정 시기로, 국왕에 거역하면 런던탑에 수감될 수 있었다.

로 법률 명령(statutory instruments, SI)이라는 형태로 활용된다. 이 단어는 그저 기술 용어처럼 들리지만, 사람들의 삶에 엄청난 영향을 미칠 수 있다.

이론상 법률 명령은 어느 정도 감시받게 되어 있지만, 통상적인 법안보다는 그 정도가 훨씬 약하다. 수정 자체가 불가능하고, 토론조차 요청이 있어야만 진행된다. 설령 토론이 진행되더라도, 그 시기는 정부가 정한다. 실질적으로는 폐기되는 일이 드물다. 의원들 대부분은 법률 명령의 종류나 절차를 제대로 이해하지 못한다고 인정한다. 하원에서 법률 명령을 마지막으로 폐기한 건 1979년이었고, 상원은 비교적 주의를 기울이는 편이지만 폐기 권한을 행사하는 일은 거의 없다. 왜냐하면 상원이 법률 명령을 폐기하면 하원이 이를 되살릴 수 없기 때문이다. 이는 다시금, 상원의 민주적 정당성이 부족하다는 구조적 문제로 환원된다.

법률 명령은 제2차 세계대전 이후 국가의 역할이 커지고 정부의 책무가 늘어나면서, 이를 실무적으로 뒷받침하기 위해 도입된 제도다. 대부분은 기술적이고 사소한 내용으로 지금까지 17만 건 넘게 제정되었다. 아무도 이 제도 자체가 필요 없다고 하지는 않는다. 그러나 최근 들어 정부는 이 제도를 통해 중대한 정책을 의회 논의 없이 시행하고 있다. 이 현상은 보수당 정부에만 국한되는 것이 아니며, 신노동당 시절에도 두드러졌다. 당시 제정된 일부 법률 명령은 너무 허술하게 작성되어 법적 문제를 낳기도 했다.

예를 들어 2004년, 법률 명령을 통해 이민자들을 추방할 수 있는 범죄 목록이 설정되었는데, 2009년에 이 조항은 유럽법에 위배

된다는 이유로 법원에서 무효 판결을 받았다. 정부는 아무런 논의도 없이 이민자들을 불법적으로 구금하고 추방했던 것이다.[54]

이후 2015년 이래 보수당 정부 시기에 법률 명령 남용은 훨씬 더 심해졌다. 당시 정부는 저소득층 대학생에 대한 학자금 보조 폐지 등 논란이 많은 긴축 정책을 법률 명령으로 강행했다. 특히 세금 공제제도에서 50억 파운드에 달하는 예산 삭감을 법률 명령으로 시도했는데, 상원에서 드물게 이를 부결시켰다. 이에 정부는 상원의 거부권을 박탈할 수 있는지 검토하겠다며 위원회를 구성했지만 실질적인 조치는 취하지 않았고, 결과적으로는 향후 거부 사례가 줄어드는 효과를 거두었다.[55] 놀랍게도 2019년의 넷제로 탄소중립 목표조차, 2008년 기후변화법에서 부여된 광범위한 권한을 활용해 법률 명령으로 제정되었다. 이는 그 재정 규모를 고려할 때, 법안을 통해 다뤄졌어야 마땅한 사안이다.[56]

존경받는 법조인 톰 드 라 메어(Tom de la Mare)는 정부가 법을 만들 때 사용하는 법률 명령 활용을 마약 중독에 빗대 설명한 바 있다. 그 중독은 시간이 지날수록 심화하는데, '브렉시트는 코카잎을 정제해 코카인으로 만든 것'이라고 표현했다. 정부는 브렉시트 논의가 워낙 빠르게 진행되고 복잡하다는 점을 내세워 전례 없는 수준으로 행정부에 권한을 넘겼고 이를 정당화했다. 한 데이터베이스에는 브렉시트 관련 법률 명령이 천 건 넘게 등록돼 있다. 그중 상당수는 EU법을 영국법에 옮겨 적는 것이었지만, 그 과정에서 실질적인 변화가 많이 이뤄졌다. 특히 EU가 강하게 규제해 온 농업과 식품 안전 기준 등의 분야에서 두드러졌는데,[58] 이런 변화는 의회에서 논의되지도 않았고 의원들에게 미리 알려지지도 않았다. 예를 들어 농약 규제나 대기질 기준을 약화하는 조치들이 그 과정에서 포함되었다는 사실이 이제야 언론과 의원들을 통해 서서히 밝혀지고 있다.[59]

브렉시트가 촉발한 중독은 팬데믹 응급 사태로 더 깊어졌다. 이 긴급 상황은 영국 정부가 전시가 아닌 평시 상황에서 역사상 가장 강력한 조치를 거의 아무런 감시 없이 도입할 수 있게 했다. 초기에 위기 대응을 위해 긴급 권한을 사용하는 것은 불가피한 일이었지만, 그 순간에도 정부는 어떻게 하면 의회의 견제를 피할 수 있을지 고민했다.

정부는 단 며칠 만에 코로나바이러스법(Coronavirus Act)이라는 새 법을 밀어붙여, 광범위한 규제를 별도 토론 없이 발동할 수 있는 권한을 손에 넣었다. 사실 기존의 비상사태법(Civil Contingencies Act)으로도 대부분의 조치는 충분히 가능했다. 법률가 애덤 와그너(Adam Wagner)에 따르면, '비상사태법은 장관에게 결국 코로나바이러스법이 가능케 한 것과 유사하게, 매우 상당한 수준의 규제 제정 권한을 부여하면서도, 비상 규제안이 발효된 후 7일 이내에 의회의 승인을 받아야 하고, 의회는 이를 수정할 수 있으며, 30일이 지나면 규제가 자동 종료되는 등의 강력한 민주적 안전장치를 갖추고 있었다.'[60] 정부가 정말로 새 법이 필요하다고 판단했더라도 이런 장치들을 그대로 도입할 수 있었을 텐데, 그렇게 하지 않았다.

코로나바이러스법은 훨씬 강력한 법이었다. 그러나 '봉쇄' 조치의 필요성이 제기되기 전에 만들어진 법이어서 정작 봉쇄를 시행할 수 있는 권한은 담고 있지 않았다. 그래서 정부는 1984년에 제정된 공중보건법(Public Health Act)을 활용했다. 이 법은 2008년에 거의 논의 없이 대폭 강화된 바 있으며, 이후 2년 동안 우리 삶의 모든 영역을 규제하는 법률 명령을 만드는 데 이 법이 근거로 사용되었다. 첫 번째 규제는 보리스 존슨이 첫 번째 봉쇄 조치를 발표한 지 사흘 뒤에 나왔다. 상황은 혼란스러웠다. 존슨이 대국민 연설을 했을 때, 그 누구도 이 조치를 글로 쓰기 전이었고, 정식으로 공개되기 두 시간 전체 벌써 법적 효력을 갖게 되었다. 의회는 이후 6주가 지나도록 아무런 논의도 하지 않았다.[61]

팬데믹이 길어지면서 이러한 입법 방식의 문제점은 점점 더 명확해졌다. 다른 나라에서는 의회가 훨씬 더 큰 역할을 했다. 스웨덴과 뉴질랜드는 서로 매우 다른 방식을 택했지만, 두 나라 모두 초당적 위원회를 중심으로 계획을 점검하며 일관성을 유지했다.[62] 하지만 영국에서는 정부가 백지수표를 쥐고 있었다. 만약 의회가 특정 규제를 부결시킨다면, 해당 규정뿐 아니라 전체 규제를 폐기해야 했기 때문에 그건 사실상 선택지가 아니었다. 권한이 지나치게 집중된 결과 이 장에서 계속 반복되듯, 정책은 졸속으로 추진되었고 입법은 혼란스럽고 보여주기식으로 진행되었다.

정부는 계속 규칙을 바꾸었다. 단지 그렇게 할 수 있기 때문이었다. 처음부터 정치인들은 법률에 명시된 것과 다른 규칙을 이야기했다. 규제가 점점 많아지고 복잡해지면서 정치인들조차 제대로 이해하지 못했고, 경찰들도 따라갈 수 없었다. 캠브리지셔 경찰이 슈퍼마켓의 비필수 품목 진열을 금지한다고 잘못 안내한 사례는 특히 유명하다.* 검찰청이 실시한 기소 기록 검토에서는 코로나바이러스법에 따라 이뤄진 모든 기소가 잘못된 것으로 판명됐다.⁶³

코로나바이러스 정책 수립 과정의 핵심 인물이었던 내각 차관보 헬렌 맥나마라는 코로나바이러스 조사위원회에 제출한 진술서에서 이렇게 적었다. '장관과 공무원들이 기존의 정상적인 정책 수립 절차를 거치지 않아도 된다는 것을 깨닫고 나자, 다시 이전 방식으로 돌아가려 하지 않았다. 졸속 정책 논의가 바로 규제로 이어진 이 짧은 과정 때문에(2020년 12월부터 2021년 1월 사이 런던에는 단 한 달 사이에 네 차례나 다른 규제가 적용되었다), 2020년 12월에는 술집에서 스카치 에그를 팔아야만 하는 거짓말 같은 혼란이 벌어졌다.'**⁶⁴

봉쇄 조치의 의학적 효과에 대해 여기서 왈가왈부할 필요는 없다. 하지만 잘못 만들어진 규제 때문에 수천 건의 잘못된 기소가 이뤄졌고, 시민들은 자신이 무엇을 할 수 있는지도 전혀 알 수 없었다. 이로 인해 분명히 큰 피해가 초래됐다. 왕실 고문 변호사 톰 힉맨(Tom Hickman)은 팬데믹에 대해 '의회가 위임입법과 관련해 얼마나 취약한 위치에 놓여 있는지를 보여줬고, 정부가 책임성을 전

---

* 2020년 팬데믹 봉쇄 초창기에 캠브리지셔 경찰이 비필수 상품 진열을 막아야 한다는 주장을 SNS에 게재했다. 정부 지침에도 없는 조치였기 때문에 위법성과 강압성 논란이 일었고 시민 자유와 사생활을 침해한다는 논란이 일었다.

** '식사 제공 시에만 주류 판매가 가능하다'는 코로나 규제를 두고, 일부 술집에서 스카치 에그(삶은 달걀을 다진 고기에 싸서 빵가루를 입힌 후 굽거나 튀긴 요리)가 식사라고 주장하며 주류 판매를 이어갔다. 결국 규제 문구에 담긴 '식사'라는 표현에 대한 논란이 일었고, 당시 환경장관 조지 유스티스(George Eustice)가 라디오 인터뷰에서 '스카치 에그는 테이블 서비스가 제공된다면 충분한 식사로 간주될 수 있다'고 발언하여 언론의 조롱을 받았다.

무한 수준으로 낮추는 일이 얼마나 쉽게 벌어질 수 있는지를 증명했다.'라고 지적했다.[65]

정부가 위기를 명분으로 이런 방식의 권력 강화를 밀어붙인 결과, 행정부 권한에 대한 중독은 훨씬 더 깊어졌다. 정부정책연구소 소장 한나 화이트(Hannah White)는 다음과 같이 밝혔다. '의회의 역할을 최소화하려는 장관들의 시도는 팬데믹 이전에도 존재했다. 그러나 이번 예외적인 사태는 그 성향을 더욱 강화했다. 문제는 코로나바이러스 사태가 브렉시트와 마찬가지로 웨스트민스터의 악순환을 부추겼다는 것이다. 행정부가 의회를 무시하면 시민의 신뢰는 더 약해지고, 그만큼 장관들은 더 노골적으로 의회를 배제하려 드는 것이다.'[66]

팬데믹이 지나간 지금, 브렉시트와 코로나바이러스 시기 형성된 권력 중독이 여전히 계속되고 있음은 점점 더 분명해지고 있다. 예를 들어 2020년, 정부는 온갖 새로운 도시계획법을 법률 논의 없이 법률 명령을 통해 만들었다. 체면 따위는 아랑곳하지 않는 도미닉 커밍스는 정부에서 물러난 뒤 트위터에 '작년 중요한 법률 명령들을 밀어붙였는데 의원들이 흥분할까 봐 공개 토론은 거의 안 함'이라고 올리며 의회 감시를 피하려는 의도를 노골적으로 드러냈다.[67] 그 의도는 존슨과 커밍스가 떠난 뒤에도 계속됐다. 특히 수엘라 브레이버먼(Suella Braverman) 내무장관이 주도한, 노골적으로 대중의 감정에 기댄 법안들이 그러했다.

가장 충격적인 사례는, 의회가 한 차례 부결시킨 조항을 법률 명령을 통해 사실상 다시 도입한 전례 없는 경우였다. 2023년 공공

질서법(Public Order Act)을 심의하는 과정에서, 정부는 법안이 하원을 통과한 뒤 상원에 계류할 때, 경찰이 시위를 보다 쉽게 해산할 수 있도록 하는 내용을 추가하고자 했다. 상원은 법안을 부결시켰고, 너무 늦게 추가된 탓에 하원으로 돌려보낼 수도 없었다. 정부는 그 대신 2003년의 공공질서법에 기반해 거의 동일한 내용을 담은 법률 명령을 제출했다.

이 규정은 수정할 수 없었고, 상원은 이를 부결하지 않기로 했다. 아마도 2015년 세금 공제 관련 분쟁 당시 정부가 상원 권한 축소를 운운했던 위협이 기억에 남아 있었기 때문일 것이다. 노동당도 '상원이 선출되지 않은 기관으로서 하원의 의사를 뒤엎는 것은 바람직하지 않다'는 이유를 들며 당론으로 법안 통과를 채택했다.

하지만 헌법학자 데이비드 앨런 그린(David Allen Green)은 이것이 행정부 권한의 심각한 남용이라고 평가했다. "정부가 광범위한 위임입법 권한을 이용해, 본회의 법안으로는 도저히 통과시킬 수 없는 내용을 규정으로 시행하고 있다. 이런 방식은 절대 정상적인 입법 절차라 할 수 없다. 정부가 정식 입법을 거치지 않고 이렇게 규정을 남용하고 있다는 것은 심각한 문제이다. 이런 식으로 권력을 사용하다가는 좋은 결말을 맞기가 어렵다."[68]

우리 시대에 걸맞은 의회를 세우자

행정부 우위는 새로운 일이 아니지만, 이제는 새롭고 우려스러운 방식으로 남용되고 있다. 과거에는 덜 바쁘고 제도적 관행이 강했던 부업 의회에서는 그럭저럭 작동하던 방식이 지금은 통하지 않는다. 정부는 의사일정을 장악해 법안을 충분히 검토할 시간도 없이 밀어붙인다. 상원을 당파적 지지자들로 채워 그 위상을 훼손했고, 위임입법을 통해 의원들과 상의조차 없이 국민의 삶에 중대한 영향을 끼쳐왔다. 보리스 존슨은 아예 의회를 멈춰 세우려다 법원에 제지당했다. 연이은 정부들은 의회를 가능한 한 피해야 할 성가신 존재쯤으로 취급했고, 그런 태도를 공무원들조차 편의상 지지해 줬다.

단순히 절차에 대한 불만이 아니다. 감시와 검토가 빠지면 법은 엉망이 된다. 무책임하거나 오만한 정부가 내용도 부실하고 실행도 어려운 법안을 무리하게 입법하려 하기 때문이다. 지금의 국정 운영 위기는 바로 이 점과 맞닿아 있다. 강한 행정을 위해 강한 정부가 필요하다고 말하는 사람들도 많지만, 나쁜 법은 정부도 약하게 만든다.

브렉시트 관련 규정들을 온갖 문제를 쏟아냈고, 장관들은 그걸 수습하느라 많은 시간을 써야 했다. 복잡하고 까다로운 코로나바이러스 규제로 인해 수만 명이 부당한 처벌을 받고, 막대한 비용이 소모됐다. 결과적으로 국민들이 규제의 정당성에 의문을 품게 했다. 정부의 이민 정책에 대해서 자유주의자들이 원칙적으로 반대하곤 하지만, 법률 자체가 허술한 탓에 정부는 자신들이 내건 목표를 달성하지 못하고 계속해서 법원에서 좌절을 겪는다.

의회 감시의 중요성을 제대로 인식하는 정부라면 개선 방안을 찾는 데 어려움이 없을 것이다. 헌사드협회(Hansard Society), 런던 유니버스티대학교 헌법연구소(Constitution Unit at University College London), 정부정책연구소 등이 의회를 강화할 다양한 방안을 제안한 바 있다. 예컨대 의원들이 의사일정에 대한 권한을 더 갖도록 하거나, 법안을 사전에 검토할 절차를 새로 만들고, 위임입법이나 법률 명령 권한을 엄격히 제한하자는 구상 등이 있다.[69]

하원의 권한이 이렇게 강화된다면, 상원을 대대적으로 개편할 필요는 줄어든다. 상원을 선출 방식으로 구성하더라도, 하원처럼 정치 경력 중심의 문화는 피할 수 있다. 예를 들어 장기 단임제를 도입할 수 있다. 다만 이 경우 상하원 사이 충돌이 더 잦아질 수 있다. 하원이 감시 역할을 충분히 수행한다면, 굳이 그런 식으로 바꿀 필요는 없다.

선출제를 도입하지 않더라도 상원을 개선할 여지는 많다. 의원 수를 제한하고 임명위원회 권한을 강화하며, 정당에 속하지 않은 인사들을 더 많이 임명하면 된다. 지금 남아 있는 세습 귀족은 시대착오적이므로 당연히 폐지해야 한다. 상원도 이 점에 반대하지 않는다. 실제로 상원 내부에서도 이런 제안은 꾸준히 나왔다(의원 수를 제한하려는 시도는 일찍이 1719년에 있었다. 그러나 로버트 월폴은 자신의 후원자였던 웨일스 공이 훗날 왕이 되었을 때 귀족을 임명할 권한을 갖고 있기를 원했기 때문에 의원 수 제한 시도를 저지했다).

이런 기술적인 개선이 효과를 내려면 더 근본적인 인식 변화가 뒤따라야 한다. 과거 어느 시점으로 돌아간다고 해서 이상적인 의회가 다시 돌아오는 것이 아니다. 오히려 지금처럼 정부가 훨씬 빠르게 더 많은 일을 하는 시대에 알맞은 새로운 의회의 모습을 만들어야 한다. 무엇보다, 입법 활동을 진지하게 하고자 하는 의원들이 많아져야 한다. 현재는 대부분 입법보다는 집행에 관심이 많다. 다시 말해, 정치에 입문한 이유가 대개 장관이 되어 실질 권한을 행사하고 싶어서이다. 그렇지 않은 의원들은 보통 지역구 활동에 몰두하게 되는데, 이 역시 점점 더 뚜렷해지는 경향이다. 하지만 의회가 실질적인 변화를 만들어낼 수 있다면, 입법가로서의 역할에 관심을 가지는 사람들도 늘어날 것이다. 좋은 의원을 바란다면, 그 일 자체가 매력적이게 만들어야 한다.

이런 변화가 실제로 어떤 식으로 나타날 수 있는지는 상임위원회의 발전 과정에서 엿볼 수 있다. 상임위원회는 각 부처의 업무를 감시하고 정책 사안에 대한 조사를 진행하는 의원들로 구성된다. 지금과 같은 체계는 1980년에 시작됐고, 시간이 흐르면서 영향력도 커졌다. 위원회가 낸 권고안이 실제 정책에 반영되기도 하고, 정부를 비판하는 보고서는 언론의 주목을 받는다. 특히 위원장직은 의원들에게 매력적인 선택지가 되고 있다. 2003년부터는 위원장에게 장관 급여의 4분의 1 수준인 연 16,422파운드의 추가 수당이 지급되고 있다.

2010년에는 위원장을 하원 전체의 비밀투표로 선출하고, 위원도 각 정당에서 의원들의 비밀투표로 뽑는 방식이 도입되었다. 덕분에 당 지도부가 이 자리를 인사에 활용하기는 훨씬 어려워졌다. 존슨 정부 당시 그의 노선을 불편하게 여긴 보수당 중진들, 예컨대 제러미 헌트나 톰 터건햇(Tom Tugendhat) 같은 의원들이 위원장직을 맡아 정부를 적극적으로 감시하기도 했다.

다만 헌사드협회의 분석대로, 위원회 활동은 아직까지 정치 경력의 대안이라고까지 보기는 어렵다. 대개 장관직 진출을 위한 발판이거나, 인사에서 낙마했을 때 머무는 자리, 복귀를 노리는 잠시의 경로로 활용된다. 존슨 정부에서 이 자리를 맡았던 의원들 다수가 그러했다.[70] 그러나 몇 가지 조치만 추가되면 '입법가'는 '장관' 못지않은 경력이 될 수 있다. 우선 급여를 장관 수준으로 올려야 한다. 그리고 더 중요한 것은 위원회가 하원 의사일정에 실질적인 영향을 줄 수 있는 권한을 갖는 일이다. 위원회는 법안이 제출되기 전에 사전 검토할 수 있어야 하고, 장관에게 증언을 요구할 수 있어야 한다.

이처럼 의회를 다시 설계하려는 문화적 변화가 있어야만, 의회는 감시를 통해 더 나은 정부를 뒷받침할 수 있다. 향후 장관이 되려는 사람들은 당연히 이런 변화가 자신들의 자율성을 제한할까 봐 걱정할 수 있다. 그러나 다수당이 집권한다면 기본적인 의제는 여전히 관철할 수 있을 것이다. 더 강한 의회란, 정부가 정말 필요한 정책에 집중해서, 더 적고 더 정교한, 더 명확한 목표로 만들어진 법안을 내놓아야 한다는 것을 뜻한다. 이것이 국정 운영의 위기를 풀어갈 핵심 열쇠이다.

제5장

국민의 적

오늘날 가장 큰 정치적 갈등은
왜 법원에서 결판나는가

"법치주의에 기반한 민주주의에서
행정부의 사법부 존중은 선택 사항이 아니라,
민주주의를 지켜내기 위한 필수 조건입니다."
| 버넷 경, 대법원장, 2022년(Lord Burnett) |[1]

약해진 의회의 빈자리를 판사들이 메우게 되었다. 정부 결정에 대한 사법적 감시는 수십 년에 걸쳐 점진적으로 확대되어 왔지만, 최근 들어 법정 다툼은 주요 정치 논쟁에서도 흔한 일이 되었다. 정부 권한은 점점 커지는데 의회가 제대로 된 감시 역할을 하지 못하는 데 따른 반작용이다. 이제 정치 운동가들은 기존의 민주적 경로가 막히면 사법 심사를 통해 목표를 이루려 한다.

브렉시트 협상 과정에서 정부가 핵심 국면마다 의회를 건너뛰려 하자, 여러 건의 유명한 소송이 이어졌다. 2016년 법원은 정부가 EU 탈퇴 절차인 리스본 조약 50조를 발동하려면 의회의 승인을 받아야 한다고 판결했다(시민운동가 지나 밀러가 제소했기 때문에 밀러1 사건으로 알려졌다). 이 판결 이후 《데일리 메일》은 고등법원 판사 세 명의 사진을 1면에 실으며 '국민의 적'이라고 비난했다. 2019년에는 보리스 존슨이 의회를 정회하려 한 시도를 대법원이 만장일치로 위헌이라 판단했다(밀러2 사건).

팬데믹 시기, 정부가 다시 의회를 배제하려 하면서 여러 중요한 소송이 제기되었다. 법원은 봉쇄 조치의 위법성을 다룬 사법 심사 청구는 기각했으며, 입국자를 호텔에 격리하도록 한 규정과 관련된 사건도 각하했다.[2] 하지만 시민단체는 몇몇 사건에서 승소했다. 경찰이 사라 에버러드(Sarah Everard) 추모 집회를 봉쇄 법률로 해산한 건에 대해 위법 판결이 났고,[3] 정부가 코로나바이러스 대응용 의료 보호장비를 조달하며 마련한 긴급 구매 절차도 위법 판정을 받았다.[4] 또한 정부는 보리스 존슨의 수첩과 일정표를 포함해 코로

나 조사위원회에 필요한 자료를 정부가 제출해야 한다고 판결했다.[5]

2023년, 대법원은 망명 신청자를 르완다로 추방하려는 정부의 계획을 막아섰다. 정부의 계획은 소형 보트를 이용해 영국 해협을 건너려는 다른 사람들을 억제하려는 목적에서 마련된 것이었다.[6] 정치적으로 가장 폭발력이 큰 판결이었는데, 이와 별개로 지난 수십 년간 이어진 정부에서도 난민 정책은 여러 조항이 위법하다는 판결을 계속해서 받아 왔다.[7] 복지 정책과 관련해서도 수급자에게 부당하다고 여겨진 결정들이 사법 심사에서 잇따라 위법 판정을 받았다.[8]

최근 수십 년 사이, 행정부와 사법부 사이의 긴장은 이전에는 보기 힘들었던 수준까지 치솟았다. 이런 정도의 헌정 갈등은 17세기 명예혁명을 통해 입헌 질서가 정립된 이래 근대 정치사에서는 보기 힘들다. 신노동당 시절에도 장관들은 법원에 불만을 터뜨리곤 했다. 2003년 당시 내무장관이었던 데이비드 블렁킷(David Blunkett)은 망명 소송에서 패소한 뒤 《데일리 텔레그래프》와의 인터뷰에서 이렇게 말했다. "공공 정책이 계속 개인의 소송 제기로 무력화된다면, 민주주의 그 자체가 위태로워질 수 있습니다[**강조는 원문**]. 우리는 이번 사건이 눈덩이 효과로 이어지지 않도록 주의해야 합니다. 그렇지 않으면 사람들은 의원들이나 민주주의에 기대지 않고 법정에 호소해야 한다고 믿게 될 것입니다."[9]

몇 년 뒤, 블렁킷의 뒤를 이은 존 리드(John Reid) 역시 법원 판결에 거듭 불만을 표했다. 그는 당시 테러 용의자들의 이동을 제한하는 정부의 '통제 명령'이 인권 침해라는 항소법원의 판결에 반발하며, '판사들이 단지 우리의 자유를 악용하려는 이들을 막기 위해 어느 정도 자유를 조정해야겠다는 점을 이해하지 못한 것 같다'고 말했다. 몇 달 뒤 그는 인권법의 일부 조항을 정지시키기 위해 '비상사태'를 선포할 준비가 되어 있다고 말하기도 했다.[10]

이후 보수당 정부에서도 비슷한 수사가 계속되었다. 정부가 소송에서 패하면 '자유주의 성향 좌파' 판사들과 변호사들이 국가 문제의 주범이라는 식의 비난이 따라붙었다. 한 보수당 부대표는 르완다 판결 이후 '법을 무시하고' 정책을 강행하자고 공개적으로 제안했다.[11] 하지만 이런 대립은 훨씬 전부터 시작되었다. 2015년 보수당과 자유민주당 연정은 사법 심사에 대한 접근을 제한하는 법을 통과시켰고,[12] 브렉시트로 갈등이 격화한 뒤로는 판사의 권한을 제한하겠다는 위협성 발언이 점점 더 노골적으로 나오기 시작했다.

2019년 보수당 총선 공약집에는 이런 내용이 있다. '국민의 권리를 과도한 국가 권력으로부터 보호하는 수단으로 사법 심사를 유지하되, 이를 *정치적 수단으로 오용하거나 불필요한 지연을 야기하지 않도록 하겠습니다*[강조는 원문]. 집권 첫해에 우리의 제도와 민주주의 운영 방식에 대한 신뢰를 회복할 방안을 제시하겠습니다.'[13]

하지만 실질적인 법 개정은 제한적이었다. 대신, 정부가 마음에 들어 하지 않는 법원 판결을 매년 법률로 무효화하는 방안을 포함한 잠재적 변경안들이 점점 더 자주, 더 강하게 보도되기 시작했다.[14] 2022년 '민주주의와 헌법에 대한 초당파 의원 모임'은 사법 독립성에 대한 검토 보고서에서 이러한 지속적인 보도와 발언이 정부가 법원에 정치적 압박을 가하려는 것이라고 비판했다. 이들은 다음과 같이 경고했다.

'2020년 이후 사법부는 행정부가 당사자인 사건들에서의 판결로 인해 두 차례의 공식 조사를 받았다. 또 주요 사법개혁 법안 두 건 이상이 예고되었다. 그 외에도 정부가 판결을 뒤집을 권한을 갖는다거나 대법관에 대한 정치적 사전 심사제도를 도입하는 것 등의 더 과격한 개혁안에 대한 추측도 이어지고 있다. 이런 상황은 사법부가 행정부로부터 압박을 받고 있다고 느낄 만한 맥락을 형성한다.'[15]

2020년의 한 설문조사에서 판사 중 94퍼센트가 행정부의 존중이 줄어든 것에 우려를 표했고, 70퍼센트는 사법 독립성의 훼손을 걱정하고 있다고 응답했다.[16]

정부는 의회에 대해 그랬던 것처럼 법원이 감시 기능을 수행할 때 이를 수용하고 반성하기보다는 오히려 그 감시를 무력화하려 했다. 일부 시민운동가들이 사법 심사를 전략적으로 활용하는 방식에 대해서는 정당한 비판이 있을 수 있지만, 사법부 전체를 '국민의 뜻을 방해하는 자유주의 엘리트'라 치부하면 민주주의는 심각하게 훼손된다. 사법 심사 제도를 개혁하려는 진지한 시도라면, 단순히 권한을 제한할 것이 아니라 더 비대해진 국가와 그에 따른 행정부 권한 집중, 의회의 약화라는 배경 전체를 함께 살펴보아야 한다.

현재 정부가 막대한 시간과 세금을 들여 법정에서 계속 싸움을 벌이고 있는 상황 자체가 지금의 국정 운영의 위기를 잘 보여준다.

그리고 2023년 대법원이 르완다 추방 계획에 제동을 걸자, 정부는 헌정 질서를 근본적으로 흔들 수 있는 위험한 길로 들어섰다. 의회에서 새 법을 통과시켜 법원이 국제법과 자국 판례를 무시하도록 강제하면서, 르완다가 난민에게 안전한 나라라고 선언한 것이다. 이로써 정부는 영국 전체를 아주 어두컴컴한 수렁으로 끌고 들어갔다.

사법 권력의 부상

제2차 세계대전 이후 전 세계적으로 사법 권력은 확대되어 왔다. 많은 나라에서 이러한 변화가 일어난 까닭은 비교적 쉽게 설명할 수 있다. 전쟁의 참화를 겪은 후, 이들 국가는 판사에게 더 큰 역할을 부여하는 새 헌법을 채택했고, 이를 통해 민주주의를 보호하려 했다. 대부분은 사법부가 입법부나 행정부와는 독립된 권한을 가진 미국 사례를 참고했다.[17] 이후 세계 곳곳에서 일어난 민주화의 물결(지금은 많은 곳에서 주춤하고 있다) 역시 이러한 사법 권력의 성장을 더욱 가속했다.[18]

영국에서도 이런 변화가 나타났지만, 여기서는 그 이유를 명확하게 설명하기가 쉽지 않다. 영국은 여전히 성문 헌법이 없는 몇 안 되는 나라다. 물론 여러 문서들이 영국의 헌정 체계를 구성하고 있기는 하지만, 하나로 정리한 문서는 없다. 이런 구조는 성문 헌법이 있다면 누리기 어려웠을 유연함을 누리게 해준다. 하지만 그 대가로, 누가 어떤 결정을 어떤 근거로 내릴 수 있는지가 불분명하다.

영국은 의회가 최고 권한을 가진 결정 기구로 작동하는 의회 주권 체제를 채택했다. 그럼에도, 법원이 스스로의 역할을 해석하고 확대할 여지는 상당히 많다. 단, 그 해석을 명시적으로 금지하는 법률이 존재하지 않는 경우에 한정된다. 특히 최근 수년간, 의회는 법원에 보다 능동적인 역할을 권하기도 했다. 대표적인 사례가 1998년 제정된 인권법(Human Rights Act, HRA)이다. 이 법은 유럽인권협약(ECHR)에 명시된 권리를 영국 국내로 도입한 법이다.

이 법의 제3조는 판사에게 '가능한 범위 내에서, 다른 모든 법률을 협약상 권리와 양립 가능한 방식으로 해석하고 적용'할 것을 요구한다.[19] 만약 어떤 법안을 인권법에 맞게 해석할 수 없는 경우에는 '비양립성 선언(declaration of incompatibility)'을 내릴 수 있다. 이 선언으로 해당 법률의 효력이 중단되지는 않지만, 의회가 이를 해결해달라는 요청으로 간주된다.

실질적으로 이 조항이 법원의 역할을 크게 확대했다. 전 대법원장 뉴버거 경(Lord Neuberger)은 2014년 강의에서 이렇게 말했다. "우리는 법률 해석을 관통하는 일련의 원칙과 개인을 보호하는 규칙을 가지고 있습니다. 마치 헌법을 가지고 있는 것이나 다를 바 없습니다."[20]

판사들은 인권법 제3조를 활용해 법률의 의미를 창의적으로 해석해 왔다. 이는 이미 존재하던 '합법성 원칙(principle of legality)'의 흐름 위에 쌓아 올려진 것이다. 이 원칙은 예컨대 공정한 재판을 받을 권리처럼 본질적으로 중요한 권리는, 의회가 이를 제한하려는 명확한 의사를 밝히지 않는 한 일반적인 표현으로는 침해할 수 없다는 것이다. 호프먼 경(Lord Hoffmann)은 1999년 수감자의 언론 인터뷰 권리를 인정한 판결에서 이 원칙을 이렇게 설명했다.

"기본권은 일반적이거나 모호한 표현으로 무력화될 수 없습니다. 그 이유는, 그러한 표현이 갖는 의미가 민주적 절차 속에서 완전히 인식되지 못하고 지나갈 가능성이 크기 때문입니다. 이런 방식으로, 영국 법원은 비록 의회의 주권을 인정하면서도, 입법권이 헌법에 제한되는 다른 나라들과 크게 다르지 않은 헌정 원칙을 적용하고 있습니다."[21]

판사들은 이 원칙을 비교적 절제하며 활용해 왔지만, 이는 분명히 법원의 해석 권한을 넓히고 그들이 정책의 목적을 해석하는 과정에 더 깊이 개입하도록 만든다.[22]

'합법성 원칙'은 1980년대에서 1990년대 초반에 확립된 개념으로 자리 잡았으며, 인권법 제정 훨씬 이전부터 사법 심사의 범위는 이미 크게 확대되어 있었다.[23] 1960년대에 사법 심사에서의 큰 전환점이 있었다. 이 시기 일련의 판례를 통해 판사들은 이전까지 정부 결정에 매우 순응적이었던 기존 태도를 바꾸기 시작했다.[24] 이 변화는 일부 영향력 있는 판사들의 개인적인 성향에서 비롯된 측면도 있었지만, 보다 근본적으로는 전체적으로 커진 정부의 역할과 그에 따라 의회와 행정부 사이의 권력관계가 달라진 데에 있었다. 2015년에 또 다른 고위 판사인 다이슨 경(Lord Dyson)은 이렇게 설명했다.

"지난 수십 년간 사법 심사 청구 건수가 급격히 증가한 것은 의

심할 여지가 없습니다. 아마도 오늘날의 판사들이 과거만큼 정부 편향적이지 않기 때문일 것입니다. 두 번째로, 충분히 숙고되지 않은 법률이 폭발적으로 증가한 점도 한몫했습니다. 이런 입법 과정은 불확실한 해석으로 이어져 소송의 빌미를 제공하지요. 셋째로 국내외에서 큰 위기를 겪으며 행정기관들이 법적으로 문제의 소지가 있는 결정을 감행하거나, 위험 부담이 큰 판단을 내리기 시작했다는 점도 있습니다."[25]

여기서 사법 심사의 확대와 앞선 장에서 다룬 행정부 우위 흐름 사이의 핵심적인 상호작용을 확인할 수 있다. 일부 판사들은 자신들의 헌법적 역할에 대해 다르게 사고해야 한다는 근거로 이 점을 분명히 언급해 왔다. 2005년의 R (잭슨) 대(對) 법무장관 사건을 보자. 노동당 정부가 개사냥을 금지하는 법안을 강행 처리한 것에 대해 영국농촌연맹(Countryside Alliance)이 소송을 제기한 이 사건에서 스테인 경(Lord Steyn)은 이렇게 말했다.

"압도적 다수로 당선된 정부가 의회를 지배하는 정도는 점점 더 심해져 왔습니다. 이 흐름은 헤일섬 경이 경고한 이후로도 *가차 없이 계속 강화되어 왔습니다[강조는 원문]*."[26]

스테인 경은 젊은 시절 남아프리카공화국에서 변호사로 활동하다가 아파르트헤이트에 반대해 영국으로 떠나온 인물로, 제한 없는 행정 권력의 위험에 누구보다 예민했던 것으로 보인다. 그는 심지어 의회의 절대 주권 개념에도 의문을 제기했다.

"의회의 최고 권위라는 전통적인 설명은 완전무결한 개념처럼 보일지 몰라도, 현대 영국 사회에는 더 이상 적합하지 않습니다. 관습법으로 만들어진 개념이지요. 판사들이 이 원칙을 만들었습니다. 그렇다면, 이 원칙이 다른 헌법 질서 위에서 만들어졌다는 점을 감안할 때, 앞으로는 법원이 이 원칙에 어느 정도 제한을 가해야 할 상황이 생길 수도 있다고 봅니다."[27]

즉, 그는 의회의 주권과 그에 기반한 다수당 행정부의 권력에 대한 최종 견제 역할을 법원이 맡고 있다고 주장한 것이다. 이 입장은 당시 상원 판사였던 호프 경(Lord Hope)과 헤일 남작(Baroness Hale)의 지지를 받았다.* 호프 경은 이렇게 말했다.

"의회가 입법할 수 있는 자유가 전혀 제한되지 않는다고 말하는 것은 이제 더 이상 옳지 않습니다. 점진적으로, 그러나 분명하게 의회의 절대 입법권이라는 원칙에 제한이 생기고 있습니다."[28]

이러한 발언은 그 맥락과 함께 살펴보아야 한다. 이 판결에 참여한 다른 판사들부터 시작하여 이후의 판결에서도 이러한 해석에 이견이 제기되었고, 스테인 경, 호프 경, 헤일 남작 또한 극단적인 경우에 한해 언급한 것이었다. 일상적인 법 집행에서는, 의회가 통과시킨 법률이 무효화되어서는 안 된다는 데 아무런 이견이 없다. 그러나 의회 주권이 기본권을 침해하는 방식으로 행사된다면 그 권한에 한계가 있다는 원칙이 점점 더 보편화되고 있다.

더 최근인 2017년, 정부가 고용 재판소 이용에 수수료를 부과

---

* 2009년 헌정개혁법(Constitutional Reform Act)이 발효하며 영국 대법원이 창설되기 전에는 상원의 법조계 출신 의원들이 대법원 기능을 수행했다. 이들은 형식상 입법부에 속해 있었지만 사법부의 최고 법원 역할을 담당했으며, 비공식적으로는 법관 귀족(Law Lords)이라고 불렸다. 2009년 대법원이 창설되면서 기존의 법관 귀족 제도는 폐지되었으며, 당시 상원 판사 12명이 대법원 초대 대법관으로 자동 임명되었다. 대법원 창설로 사법부는 법관 임명 절차, 독립성, 권한 모두를 강화하였다.

하려 하자 이에 맞서 노동조합이 제기한 소송에서 리드 경(Lord Reed)은 이렇게 판시했다.

"의회에서 입법한 법이 공정한 재판을 받을 권리를 침해하는 것을 용인한다고 해도, 그 권리 침해는 암묵적인 제한을 받는다고 여겨집니다. 암묵적인 제한이란, 권리에 대한 침해 정도가 해당 조치를 통해 달성하고자 하는 목적에 비해 지나쳐서는 안 된다는 점입니다."[29]

이러한 의회 주권에 관한 논의는 지금까지 대체로 이론적 수준에 머물러 있었지만, 행정부 권력 과잉에 대한 우려는 법원이 더 적극적으로, 사법 심사를 통해 창의적인 방식으로 정부를 견제하려는 태도에 영향을 미쳐 왔다. 그 결과 망명, 수감자의 권리, 사법 접근성, 복지 정책 등 민감한 정치 이슈 전반에 걸쳐 정부가 패소하는 사건이 급증했다. 이는 판사들이 점점 더 정책 결정 영역 및 정치적 논쟁의 장으로 끌려 들어가고 있음을 보여준다.

일각에서는 이러한 흐름이 오히려 문제를 키웠다고 본다. 보수 성향의 판사인 섬프션 경(Lord Sumption)은 대법관에 임명되기 직전인 2011년 연설에서, 스테인 경의 행정부 권력 견제 발언에 다음과 같이 반박했다.

"총선 결과를 바로잡는 것이 사법부의 역할이라는 암묵적 주장에 불편함을 느낍니다. 저만 그렇게 느끼는 것은 아닐 테지요."[30]

그는 스테인 경 같은 판사들이, 의회의 권력이 약해져서 법원이 개입할 수밖에 없다는 잘못된 전제를 가지고 있다고 비판하면서 사실 영국 정치에서 행정부가 항상 우위에 있었다고 주장했다. 그러나 앞 장에서 보았듯 이는 최근 수십 년간 정부가 의회를 우회하기 위해 점점 더 창의적인 수단을 동원해 왔다는 사실을 간과하는 발언이다. 공정하게 보자면, 섬프션 경의 발언 이후 이러한 경향이 더 뚜렷해지기는 했다. 실제로 그는 2020년 코로나바이러스 봉쇄 조치를 강하게 비판하면서, "정부가 자신들의 법적 권한의 한계를 무시"했고, 의회와도 논의하지 않았다고 규탄했다.[31]

리처드 에킨스(Richard Ekins) 교수가 주도하고 중도 보수 성향 정책연구소인 정책전환(Policy Exchange)이 후원하는 '사법 권한 프로젝트(Judicial Power Project)'는 법원이 지나치게 권한을 확대하고 있다며 비판한다. 이들은 "사법 권한의 팽창은 헌정 질서를 흔들고, 의회 민주주의와 법치, 효율적인 국정 운영을 위협한다"고 주장한다.[32] 우파 언론과 보수당 내에서 이들은 상당한 영향력을 갖게 되었다.

그러나 대부분의 법학자와 실무 법조인들은 사법 심사 확대가 행정부 권력에 대한 효과적인 견제 수단으로 대체로 긍정적인 역할을 했다고 본다. 예를 들어 폴 크레이그(Paul Craig) 교수는 '권한 남용(overreach)'이라는 표현이 남용되고 있으며, 실제로는 법원이 인권법 관련 판결에서 정부에 지나치게 유화적인 태도를 보였다고 지적했다.[33]

확실한 것은, 사법 권한 남용 가능성에 대한 우려가 정당하다면, 그에 못지않게 행정 권한 남용에 대한 경계 역시 필요하다는 점이다. 사법 권한 프로젝트 측에서는 행정부는 본질적으로 민주적이며 사법부는 그렇지 않다고 주장할 테지만, 영국의 민주주의는 의회 대표성을 기반으로 하며, 그 기반이 약할 경우 유연한 헌정 체계는 비록 조잡하고 불완전하더라도 대안 안전장치를 모색하게 된다.

섬프션 경 역시 코로나바이러스 상황을 언급하며 이렇게 말했다. "영국 정부는 입법부의 선출된 구성원들로 권한을 위임받아 집행권을 행사합니다. 이것이 우리가 민주주의 국가인 이유입니다. 그런데 현재 정부는 그 권위를 국민으로부터 직접 얻으려고 하며, 그 과정에서 선출된 대표자들을 우회하려고 합니다."[34]

만약 행정부가 계속해서 입법부 권한을 억누르려 한다면, 법원은 오히려 의회 주권을 보호한다는 더 깊은 명분 아래, 정부 결정을 더 자주 무효화하려 할 수도 있다. 브렉시트와 관련된 두 차례 '밀러' 판결은 이에 대한 단적인 예이다. 두 경우 모두, 행정부가 의회 심의를 피하려 했던 권한을 법원이 다시 의회로 돌려주었기 때문이다.

행정부, 사법부에 도전하다

의회의 감시를 줄이기 위해 애써온 정부 장관들은 그 자리를 사법부가 대신하는 것을 바라지 않는다. 여기서도 다시 확인할 수 있는 것은, 이러한 감시가 오히려 행정부의 의사결정을 개선하고, 원하는 결과에 더 효과적으로 다가가도록 돕는다는 사실을 전혀 이해하지 못하고 있다는 것이다.

앞서 살펴봤듯이, 신노동당 정부의 여러 내무장관들은 사법부에 대해 거세게 비판했었다. 특히 블렁킷은 사법 심사 확대 자체를 비민주적이라고 여겼으며, 퇴임 후 출간한 일기에서 사법 심사를 '전적으로 판사들이, 판사들에 의해, 의회로부터의 어떤 견제도 책임도 없이 작동하는 완전히 새로운 헌법 기관'이라고 표현했다.[35]

하지만 블레어와 브라운 정부는 사법 심사 건수를 직접 줄이려 하지는 않았다. 오히려 1998년 인권법 제정으로 사법 권한 확대를 부추긴 셈이다. 다만 이들은 원래 취지는 좋았지만 결과적으로 행정부와 사법부 관계를 불필요하게 뒤틀어버린 법을 통과시키기도 했다.

2005년 헌정개혁법(Constitutional Reform Act)은, 사법 독립을 잠재적으로 해칠 수 있는 몇 가지 모순을 정리하려 했다. 그중 핵심은 로드 챈슬러(Lord Chancellor)의 역할에 관련되는데, 법 개정 전까지 로드 챈슬러는 내각 장관이자 상원의장이며 동시에 사법부 수장으로 판사 임명 전반을 책임졌다. 그러다 보니 오랫동안 행정부가 사법부 인사에 영향을 주는 여지를 만든다는 비판을 받아왔다. 헌정개혁법은 로드 챈슬러직을 셋으로 분리했다. 이제 상원의장은 상원에서 자체적으로 선출하고, 사법부 수장은 대법원장이 맡으며, 로드 챈슬러는 보통 하원에 소속된 내각 장관으로 법무부를 이끄는 인물로 바뀌었다. 중요한 점은 이제 더 이상 로드 챈슬러가 법조인일 필요가 없다는 것이다.

많은 비평가들이 그 당시 우려했던 것처럼, 이 변화는 행정부와 사법부 사이의 간극을 넓히는 결과를 가져왔다. 이전에는 로드 챈슬러가 내각에서 사법부의 목소리를 대변했고, 법의 지배를 수호하고 사법 접근권 제한에 반대하는 입장을 견지했다. 이 역할이 이론상으로는 사법부 독립성을 훼손할 수도 있었지만 실제로는 그 반대 기능을 수행했던 것이다. 법이 통과된 직후, 법학자 케이트 말리슨(Kate Malleson) 교수는 이렇게 지적한 바 있다.

"과거 로드 챈슬러직은 뛰어난 법조인과 정치인이 이르는 정점이었습니다. 그 자리를 맡은 이는 총리나 내각 동료들의 눈치를 보지 않으면서 사법부를 대변할 수 있었고, 승진 문제에서도 잃을 것이 없었습니다. 하지만 앞으로는 상황이 달라집니다. 로드 챈슬러는 이제 경력의 중반에 접어든 정치인일 가능성이 높고 상위 부처로의 승진을 노릴 수밖에 없을 것입니다."[36]

그리고 정확히 그렇게 됐다. 지난 10년간 이 직책에는 크리스 그레일링, 리즈 트러스, 도미닉 랍(Dominic Raab)처럼 정치적 야심이 강한 사람들이 앉아 있었다. 이들이 사법부를 옹호하는 발언을 할 가능성은 거의 없었고, 그런 말을 했다면 보수 언론의 공격을 받았을 것이다.

옛 로드 챈슬러 가운데 마지막에서 두 번째였던 데리 어바인(Derry Irvine)은 토니 블레어의 친구였지만, 고등법원 부판사를 지낸 고위 법조인이기도 했다. 그는 이후 "장관 회의에서 사법 독립을 옹호하기 위해 '매우, 매우, 자주' 목소리를 내야 했다"고 회고했다. 아마 데이비드 블렁킷 같은 인물과 맞서야 했을 것이다. 지금은 아무도 그런 역할을 하지 않는다. 트러스는 로드 챈슬러 시절, 《데일리 메일》이 대법원 판사들을 '국민의 적'이라고 공격한 일면 보도에 대해 비판하지도 못했다.* 자신의 정치 경력에 해가 될까 두려웠기 때문이다.

로드 챈슬러의 역할 변화는 현 정부 들어 더욱 분명해진 몇 가지 부작용을 낳았다. 그중 가장 큰 문제는, 이제 로드 챈슬러가 독립 부처인 법무부를 관장한다는 점이다. 이 부처는 극심한 예산 삭감 대상이 되었고, 후임 로드 챈슬러들은 사법 접근성의 중요성을 강조하기보다는 예산을 줄이는 데 집중해 왔다. 이전 같았으면 이런 결정에 제동을 걸었겠지만, 이제는 그러지 않는다.

2010년 이후 전반적인 공공서비스 전체가 심각한 긴축을 겪었지만, 법률구조 제도는 그중에서도 가장 극심한 타격을 받았다. 2012년 크리스 그레일링이 로드 챈슬러에 임명되었다. 그레일링은 3장에서 보호관찰 체계를 무너뜨린 장관으로 이미 등장한 바 있다. 그게 끝이 아니었다. 2013년에는 법률구조형벌법(Legal Aid, Sentencing and Punishment of Offenders) 제정을 주도했다. 이 법은 법률구조 지원 자격을 전반적으로 축소했을 뿐만 아니라, 민사 부문 전체, 즉 가족, 노동, 복지 관련 법률 등을 구조 대상에서 아예 제외해 버렸다.

그 여파는 충분히 예견할 만한데 아주 참담하다. 2010년 이후 법률구조를 받는 사람의 수는 80퍼센트 이상 감소했다.[37] 2012년 이후 시민 권익 및 법률 상담 센터도 59퍼센트나 사라졌다. 지금은 전국 곳곳에서 법적 지원을 받을 수 없는 공백 지대가 생겼다.[38]

---

* 리즈 트러스는 2016년에 최초의 여성 로드 챈슬러로 임명되었다. '로드 챈슬러'라는 호칭은 성별과 무관한 전통적 직책명이라 그대로 사용되었다.

특히 가족법 관련 재판에서 나타나는 피해는 매우 심각하다. 현재 가족법 사건의 80퍼센트 이상에서 당사자들은 변호인 없이 혼자 법정에 선다. 아이 양육권, 강제 입양, 가정폭력 같은 중대한 사안이 다뤄지는 재판들인데도 말이다.[39] 영국 인권평등위원회(Equality and Human Rights Commission, EHRC)는 가정폭력 피해자가 변호인 없이 법정에 서서, 가해자에게 직접 반대 심문을 당한 사례를 조사해 발표했다.

한 여성은 패소한 경험을 증언했다. "혼자 변호도 못한 채 재판에서 졌고, 폭력을 쓴 남편은 일주일마다 아이를 데려갈 수 있게 됐습니다. 그 사람이 우리 집 문을 두드리며 위협할 때는 정말 견디기 어려웠습니다. 아이는 거실에 있었고 그가 하는 말을 다 들었죠."[40]

EHRC는 아동이 법정에서 스스로 자신을 변호한 사례도 발견했고, 이 같은 제도 변화가 가장 취약한 아이들에게 특히 치명적이었음을 지적했다.[41] 한편 이러한 변화는 법정의 정상적인 운영도 방해하고 있는데, 법정 체계는 당연히 변호인을 전제로 설계된 것이기 때문이다.

한 판사는 《가디언》과의 인터뷰에서 이렇게 말했다. "자기 자신을 직접 변호하는 사람들이 재판 진행을 망칩니다. 99.9퍼센트는 재판장 안팎에서 무슨 일이 벌어지는지도 모르고, 어떤 쟁점이 중요한지도, 법이 무엇인지도 모릅니다. 자기가 입증해야 할 것이 뭔지도 모릅니다. 질문을 어떻게 해야 하는지조차 몰라요. 제 생각에 법정에 나오는 사람들 중 상당수는, 처음부터 변호사에게 자문을 구할 수 있었더라면 법정까지 오지 않았을 겁니다."[42]

적절한 조언을 받을 수 없어서 중재를 시도하는 사람 수가 급감했고, 이로 인한 비용과 함께 가정법원에는 11만 건이 넘는 사건이 밀려 있는 상황이다. 이로 인해 장기적으로 오히려 더 많은 비용이 들고 있다. 처음부터 제대로 된 법률 조력을 받을 수 있었다면 훨씬 줄었을 부담이다.[43] 고용, 복지, 주거 등과 관련된 각종 심판기관과 법원의 사정도 마찬가지다.[44] 정부는 이런 결과가 벌어지리라는 것을 알면서도, 정의보다 단기적 예산 절감을 선택했다.

의회의 인권특별위원회는 당시 다음과 같이 지적했다. "정부가 법률구조 제도를 개편하겠다고 하면서 필요할 경우 법률 조력을 포함해 재판을 받을 수 있는 실질적 권리가 보장되어야 한다는 보통법상 기본 원칙을 고려하지 않은 것 같아 의아합니다. 중요한 사안이나 법적으로 복잡한 분쟁의 경우, 재판받을 수 있도록 법률구조를 제공해야 한다는 것이 헌법상의 기본 요건이라고 믿습니다."[45]

이듬해 그레일링 장관이 사법 심사에 대한 법률구조 지원까지 더 줄이려 하자, 같은 위원회는 해당 발표가 《데일리 메일》 기사를 통해 시작됐음에 주목했다. 그 기사에서 그는 법정 소송을 제기하는 '좌파 운동가들'을 공격했는데, 위원회는 이런 편향된 비난이 '법의 지배에 관한 로드 챈슬러의 법적 책무와 쉽게 양립하기 어렵다'고 지적했다.

위원회는 한 전직 판사의 말을 인용하기도 했다. '독립적인 로드 챈슬러였다면 사법 심사 제한에 맞서 싸웠을 것'이며, 이런 침묵

이 '로드 챈슬러와 법무장관이라는 두 역할이 병합되어 생기는 근본적인 충돌을 드러낸다.'라고 평했다.[46] 물론 정부는 애초에 이 조처를 감행할 생각이었을지도 모른다. 하지만 내각 안에서 사법부를 대변하는 인물이 없다 보니 더 쉽게 밀어붙일 수 있었다.

그레일링은 2015년 또 다른 법안을 도입해 사법 심사에 대한 접근을 제한하려 했다.[47] 이 법안은 상원의 여러 차례 표결에서 패한 끝에 다소 누그러졌지만, 판사들과 법조계는 여전히 이를 '불필요한 피해'를 낳는 조치로 여겼다. 당시 영국 최고위 판사에 속했던 다이슨 경은 회고록에 이렇게 적었다. '그레일링이 시민이 법 앞에 설 수 있는 권리를 사회적으로 중요한 가치로 진지하게 생각했거나, 법의 지배의 중요성을 제대로 이해하고 있었다고 믿은 적이 없다.' 다이슨 경은 로드 챈슬러 역할을 법무장관으로 격하시킨 것이 실책이었다고 결론지었다.[48]

설사 내각 안에 사법부를 대변할 인물이 남아 있었더라도, 현 정부는 이 문제를 정치적으로 이용할 기회를 놓치지 않았을 것이다. 지금도 내각 급은 아니지만, 법조인이 맡는 장관직이 세 자리 있다. 이 중 가장 중요한 자리는 법무 총책임관(Attorney General)으로, 정부의 최고 법률 고문이며, 형사기소청을 관할한다. 지금까지 이 자리는 관행상 변호사 출신이 맡아왔지만, 최근 들어 정치적 색채가 강해지고 있다.

테레사 메이 총리는 제프리 콕스(Geoffrey Cox)를 이 자리에 임명했다. 그는 브렉시트 협상안과 관련해 총리가 원한 조언을 거부했고, 결국 메이 총리는 퇴진하게 되었다. 하지만 그는 사법 심사에도 부정적인 인물이었다. 재직 중 '정치를 사법화한다'고 비판하는 연설을 했고, 존슨 총리의 의회 정회 조치가 합헌이라는 잘못된 법률 조언을 내리기도 했다.[49] 그럼에도 존슨은 그를 '같은 편 선수' 느낌이 들지 않는다는 이유를 들어 경질했다. 법무 총책임관은 원래 '다른 편 선수' 역할을 맡는 자리인데도 말이다.

2020년 2월, 콕스가 경질된 후 정무적 야심에 불타는 수엘라 브레이버먼이 법무 총책임관이 되었다. 브레이버먼은 존슨이 서명한 브렉시트 협정 논란에서 법적 우려를 무시하고 정치적으로 강경한 발언을 해줄 인물로 낙점되어 임명됐다. 변호사 출신이기는 하지만, 이전의 법무 총책임관들에 비해 경력이 짧았고, 정치 입문 전 몇 년 동안 법조계에서 활동했을 뿐이었다. 왕실 고문 변호사 자격도 이 직위에 오르면서 받았다.

무엇보다 그녀는 강경한 브렉시트 지지자였고, 우파 언론에 자신을 알리고 싶은 정치인이었다. 제프리 콕스는 존슨의 전기 작가인 앤서니 셀든(Anthony Seldon)과 레이먼드 뉴웰(Raymond Newell)에게 이렇게 말했다.

"존슨 내각에서 살아남기 위한 조건은 복종이었습니다. 근시안적인 거죠. 법률 조언을 맡은 자리에서 충성심으로 판단을 굽히는 것 말이죠. 법무 총책임관은 추종자여서는 안 됩니다."[50]

2020년 9월, 브레이버먼은 영국내수시장법(UK Internal Market Bill) 발의에 동의하면서, 법무 총책임관이 추종자일 때 얼마나 안 좋은 영향을 미칠 수 있는지 보여줬다. 이 법안은 브렉시트 협상의 핵심 조항 중 하나인 북아일랜드 의정서를 무력화할 수 있도록 했는데, 그 의정서는 사실상 북아일랜드와 영국 본토 사이에 국경을 설정하는 내용을 담고 있었다. 법안 심사 과정에서 북아일랜드 담당 장관 브랜든 루이스(Brandon Lewis)는 이 법이 국제법을 위반하게 될 것임을 자인하면서도, '특정하고 제한된 방식으로만' 위반할 것이라고 발언해 큰 파장을 일으켰다.[51]

이처럼 법을 가볍게 대한 결과, 공직자의 사임이 이어졌다. 브레이버먼이 감독하는 정부 법무국 수장을 비롯해 법률직을 맡고 있던 다른 장차관 세 명 중 한 명도 "갈수록, 법률 고문으로서의 책무와 총리의 정책 의도는 양립시키기가 어려웠다"고 밝히며 사표를 냈다.[52] 존경받는 인권 변호사이자 조지 클루니의 아내인 아말(Amal Clooney)은 '언론의 자유에 관한 영국 특사' 자리에서 사임하면서 이렇게 밝혔다. "총리가 서명한 지 1년도 지나지 않은 국제 조약을 어기겠다는 의지를 공공연히 밝히는 것은 영국이 해서는 안 되는 부끄러운 짓입니다."[53]

결국 정부는 상원에서 법안이 부결될 것을 예상하고 표결에 부치기 전 문제가 된 조항들을 철회했다. 그 사이에 행정부와 사법부 사이 관계는 크게 훼손됐다. 의도적이었든 실수였든, 당시 법무 총책임관 브레이버먼이 제공한 법률 자문은 명백하게 잘못된 것이었다. 사법 독립을 조사한 범정당 위원회는 이렇게 지적했다. '법무 총책임관은 내수시장법에 담긴 국제법적 함의를 설명하며, 조약상의 의무는 국내법으로 명시되지 않은 한 구속력을 갖지 않는다고 주장했는데, 법적으로 볼 때 아주 기초적인 오류다.'[54]

더 심각한 문제는, 법안의 해당 조항들 중에는 사법 심사의 대상이 되지 않는다고 명시한 조항도 있었다는 것이다. 감시를 피하려는 정부의 새로운 시도다. 전 대법원장 데이비드 뉴버거 경은 이 접근법을 강하게 비판했다. "정부의 행동에 이의를 제기하기 위해 법정에 갈 권리를 박탈하면, 그것은 독재이자 폭정입니다. 국민이 법적 권리를 지키고 정부가 법을 준수하도록 하기 위해 법정에 나아갈 수 있어야 한다는 것은 모든 법치 체계의 기본입니다. 지금 우리는 아주 미끄러운 비탈길 위에 서 있는지도 모릅니다."[55]

행정부는 사법 심사를 제한하려고 또 한 번 시도했는데, 로드 챈슬러 로버트 버클랜드(Robert Buckland)와 새로이 법률을 준수하게 된 법무 총책임관 브레이버먼이 나섰다. 이 시도는 2019년 총선 공약집의, 사법 심사가 '정치적 수단으로 오용하거나 불필요한 지연을 야기하지 않도록 하겠습니다'라는 문장에서 시작했다. 정부는 사법 심사에 대한 자체 검토위원회를 꾸렸고 위원장으로 전 보수당 장관이었던 에드워드 포크스 경(Lord Edward Faulks)을 앉혔다. 그러나 기대와는 달리, 검토위원회는 정부가 바란 결론을 내지 않았다. 검토위원회는 보고서에서 다음과 같이 밝혔다.

'정부와 의회는 법원이 정부 행위의 합법성을 검토할 때 기관 간 경계를 존중할 것이라는 점을 확신해도 된다. 정치인들은 사법부가 그 권한을 행사할 때 마땅히 받아야 할 존중을 보여야 한다.'[56]

정부가 바랐던 결론은 이게 아니었다. 그래서 정부는 애써 다른 말을 들은 체하기로 했다. 법무부는 보도자료에서 위원회 결론을 '법원이 정부 결정의 절차가 아니라, 사법 심사의 한계 너머에 있는 결과 자체를 검토하려는 경향이 커졌다'는 식으로 설명했다.

포크스 경은 곧바로 BBC 라디오4 스튜디오에 출연해 법무부의 요약이 보고서를 잘못 해석한 것이라고 반박했다.[57] 그럼에도 정부는 아랑곳하지 않고 계속해서 사법 심사가 좌파 운동가들과 자유주의 성향 판사들 탓에 정치화됐다고 주장했다. 그런데 변호사협회가 지적한 바에 따르면, 사법 심사 신청 건수는 2015년 대비 2019년 44퍼센트나 감소한 것으로 드러났다. 앞서 정부가 단행한 '개혁'의 결과다.[58] 2022년 4월, 정부는 사법심사법원법을 제정했다. 이 법은 판결에서 패소한 사람들의 사법 심사 접근권을 제한했는데, 난민 신청이나 복지 수당, 아동 특수교육 지원 등에 관한 판결들도 포함된다. 정부의 결정을 뒤집는 데 판사의 재량권을 제한하려는 조항도 있었으나, 이번에도 상원에서 저지되어 그나마 완화된 형태로 통과되었다.[59]

보리스 존슨에게는 이조차 부족했다. 그는 로버트 버클랜드를 해임하고 르완다로 이민자들을 추방하려는 계획을 막는 '자유주의 성향 변호사들'과 '착한 척하는 자들(do-gooders)'에 대한 비난 수위를 높였다.[60] 그리고 즉시 도미닉 랍을 후임으로 임명하고, 사법 심사를 더 강하게 제한하는 방안을 검토하라고 지시했다. 이후 2022년 여름 보리스 존슨이 실각하고, 랍 본인은 공무원 괴롭힘 논란으로 사임하지 않았더라면 계획은 그대로 추진되었을 것이다.

리시 수낙은 처음에 법의 지배에 조금 더 우호적인 것처럼 보였다. 그는 2023년 2월 EU와 북아일랜드 의정서 문제를 협상해 타결했다. 그러나 수낙은 여러 반대에도 불구하고 수엘라 브레이버먼을 내무장관에 임명하면서 본색을 드러냈다. 사법부의 권한 남용에 대한 당내 불만을 통제하려던 보수당 자체의 시도는, 대법원이 행정부의 르완다 추방 정책을 막아선 순간 완전히 무너졌다. 대법원 판결에 대응해 정부에서는 지금껏 시도된 것 중 가장 극단적인 방식으로 국민의 재판 청구권과 법원의 감시 권한을 막는 법을 제정했다.

행정부와 사법부 간의 갈등은 앞으로도 쉽게 해소되기 어려워 보인다. 노동당은 다른 입장을 취할지도 모르지만, 앞서 살펴보았듯이 신노동당 시절에도 행정부는 사법부에 우호적이지 않았다. 한편 영국 보수층에서는 법원이 필요한 정책을 가로막고 있다는 주장이 일반적으로 받아들여지고 있다. 이로 인해 향후 정부가 유럽인권협약 같은 국제협정에서 탈퇴하거나, 최소한 르완다 법안의 전례를 통해 영국 법원이 이를 논하지 못하도록 나아갈 가능성이 있다. 그렇게 되면 더욱 책임지지 않으면서 더욱 강력한 권한을 휘두르는 행정부가 탄생할 것이다.

이 흐름이 낳을 결과는 명백하다. 사법부는 더 강하게 반발할 것이고, 법 집행의 질은 더 나빠질 것이다. 정부가 재판에서 패소하는 이유는 거의 항상 충분한 사전 협의나 핵심 증거 검토 없이 성급하게 정책을 추진했기 때문이다. 정부는 대부분의 재판에서는 이긴다. 진보 진영이 비판하는 복지나 이민 정책에 대한 소송에서도 대부분은 승소한다. 실제로 정부가 패소한 사건들도 대부분 절차만 제대로 밟았더라면 충분히 이길 수 있는 사안들이었다. 장기적으로 헌법적 의미가 있는 사건은 극히 일부이고, 그런 판결들조차도 밀러2 사건처럼 정부가 의회를 완전히 무시하거나 가장 근본적인 권리를 짓밟았을 때 내려졌다.

물론 선출되지 않은 법원이 이런 역할을 떠맡는 것은 바람직하지는 않다. 그러나 행정부를 감시하는 기능이 통치 체계 내 어딘가에는 반드시 있어야 한다. 오늘날 정치에서 사법 심사의 역할이 커진 이유는, 권력이 점점 커지고 중앙집중화된 현실 속에서 의회가 제 기능을 하지 못하고 있기 때문이다. 정치인들이 사법 심사의 확대를 원하지 않는다면, 다른 국가기관의 역할을 강화해서 법원이 헌정 수호 최후의 보루가 되지 않게끔 해야 한다.

정부가 자체적으로 진행한 사법 심사 검토 보고서도 이렇게 밝히고 있다. '의회에 대한 판사들의 존중은 언제나 필요하다. 실질적인 의회 감시가 존재할 때, 그러한 존중이 더 쉽게 지켜질 수 있다.' 그러면서 보고서는 정부가 이례적으로 남용하고 있는 법률 명령과 껍데기 법안을 지적하며, 이로 인해 행정부에 막대한 권한이 쏠리고 있다고 경고했다.[61]

일찍이 2007년에 케이트 말리슨 교수는 이렇게 썼다. '선출되지 않은 사법권 남용과 선출된 독재 견제 사이의 균형을 어디에서 잡을 것인지는 정치적인 성향의 문제이다. 사법권 확대에 민주주의 관점에서 우려할 만한 이유는 분명히 있다. 하지만 법원이 점점 더 큰 역할을 맡게 되는 현실의 진짜 이유는 의회가 본연의 역할을 하지 못하고 있다는 데 있다. 의회가 회복되지 않는다면 판사들이 비공식 야당처럼 행동하고 행정부 권력 남용에 대한 유일한 견제 장치처럼 기능할 수밖에 없다. 의회의 회복 문제가 진지하게 다뤄지지 않는다면 사법권 확대는 불가피하다.'[62]

그녀는 명백히 옳았다. 그렇다고 해서 사법부에 대한 의회의 감시가 불필요하다는 뜻은 아니다. 2005년의 헌정개혁법 이후 사법부에 대한 민주적 통제가 약해진 것은 사실이다. 그러나 권한을 오용할 가능성이 큰 행정부에게 그 통제를 맡기는 것이 아니라, 가령 의회 상임위원회를 통해 사법부 임명 과정을 감시할 수 있다면 정치적 공격에 맞서 사법부의 정당성을 더 확실히 세워줄 수 있을 것이다. 동시에, 로드 챈슬러직은 법무장관과 분리되어야 한다. 로드 챈슬러는 반드시 법률 전문가가 맡아야 하며, 행정부 내 법의 지배와 사법 접근권을 수호해야 한다. 특히 사법 접근권 회복은 법률구조 제도 예산의 복원과 사법 심사에 대한 지원을 강화하는 것으로부터 시작된다.

인사권 남용

행정부와 사법부 사이 수많은 긴장 사안이 있지만, 사법부는 여전히 실질적인 독립성을 유지하고 있다. 로드 챈슬러가 이론상 판사 임명을 거부할 수 있기는 하지만, 실제로 거부한 적은 한 번도 없었으며, 정부가 원하는 사람을 지명할 수 있는 권한도 없다. 정부의 공격적인 언사 때문에 독립적인 판사들이 심리적 압박을 받을 수는 있어도, 사법부는 정파적이지 않다.

하지만 언론 규제나 식품 안전, 보건 서비스, 평등법 준수 등을 관장하는 다양한 공공기관에 대해서도 그렇게 말할 수 있을까? 이들 다수는 준사법적 성격을 띠며 공공서비스나 민간 기업을 감독하는 역할을 한다. 현재 영국에는 총 331개의 공공기관이 있으며, 이들이 감독하는 예산만 2천억 파운드에 달한다. 2020년도에 정부는 약 1,500건의 공공기관 인사 임명을 단행했으며, 이처럼 인사권을 장악하는 것은 장관들에게 막대한 영향력을 제공한다.[63]

이처럼 공공기관의 인사권이 중요해진 것은 최근 수십 년 사이 '규제 국가'가 부상했기 때문이다. 1980년대와 1990년대 이전에는 이런 유형의 기구들이 거의 없었다. 하지만 민영화가 확대되면서 특히 수도, 가스 등의 독점 산업에는 새로운 규제 기구가 필요해졌고, 금융, 의료, 고등교육 등 전문 영역 역시 갖가지 스캔들로 자율 규제가 무너지고 국가 감독이 대신하게 되었다. 교육기준청처럼 공공서비스에 대한 감독도 훨씬 치밀해졌고, 시장 실패에 대한 언론의 집중 조명이 위험 규제 수요를 늘렸다. 예를 들어 '광우병 사태' 이후 1999년 식품기준청(Food Standards Agency, FSA)이 창설된 것이 있다.* 마지막으로 불평등과 차별을 줄이기 위한 '사회 규제'도 확대되었는데, 대표적으로 인권평등위원회 등이 창설되었다.

---

* 광우병은 1986년 영국에서 처음 발견되었다. 그러나 발견 초기, 보건부와 농업부는 위험성을 축소 및 은폐하려다 대중의 분노와 국제적 신뢰 붕괴를 초래했다. 1996년 영국 정부가 처음으로 광우병의 인간 전염 가능성을 공식 인정하면서 세계적 보건 위기로 확산되었다. 이에 유럽 국가들의 영국산 소고기 수입 금지 조치가 취해졌다. 영국 국민들의 불신을 해소하고 과학적으로 식품 안전 관리에 나서고자 영국 정부는 1999년 식품기준청을 창설했다. 기존 보건부, 농업부에서 자체적으로 가지고 있던 식품 안전 권한을 분리해 독립된 기관을 설립한 것이다. 한국 역시 1990년대 후반부터 영국산 소고기 수입을 금지하고 있었고, 2003년 미국 내 광우병 발생 사례가 처음으로 보고되자 미국산 소고기도 수입 중단 조치를 취했다. 이후 2008년 미국산 소고기 수입 재개 협상 과정에서 대규모 촛불시위가 일어났다.

이처럼 규제 기구가 폭발적으로 증가한 것은 1부에서 다룬 바 있는 국가 권력의 급속한 성장과 중앙집중화에서 중요한 일부이다. 이로써 국정 운영 자체가 감당하기 어려워졌다는 평가도 많다. 이 분야의 최고 권위자였던 고(古) 마이클 모런(Michael Moran) 교수는 이렇게 썼다.

'영국 헌정 체계에서 장관책임제는 매우 개인화된 책임 구조를 만든다. 하지만 오늘날의 규제 국가는 제도적으로 너무 복잡하고, 장관과 무관하게 작동하는 경우가 많기 때문에, 이러한 개인 책임 구조는 의미가 없다. 규제 국가는 너무 빠르게, 최근 들어 성장한 탓에 헌정 이론이 제도 변화 속도를 따라가지 못했다.'[64]

이 흐름은 의회의 영향력 약화에도 영향을 줬다. 집행 기관과 산하기관에 더 많은 권한을 부여하는 포괄적인 입법이 필요해졌다. 곧, 의회가 법률 통제력을 잃어갔다는 뜻이다. 동시에 사법 심사가 확대되는 데에도 기여했다. 새로운 규제 기구가 워낙 많아져서, 이들이 만들어낸 각종 규칙이 판사의 검토 대상이 되었기 때문이다. 이처럼 국정 운영의 위기를 해결하려면 권한 분산이 중요하다는 점이 다시 드러난다. 지방분권이 만병통치약은 아니지만, 권한을 나누는 것만으로도 부담은 줄어들 수 있기 때문이다.

그런데 현재 우리는 임기가 1년도 되지 않는 장관들이 감독하는 방대한 제도 기반 위에 놓여 있다. 그렇기에 장관들이 누구를 임명하느냐가 국가 운영의 성패를 가를 만큼 중요해졌다. 자격이 없거나 무능한 인사가 이런 기관의 책임자가 되면 그 피해가 막대하다. 1995년 공직 윤리 기준을 정립한 '놀런 원칙'은 공공기관 인사 전문화에도 영향을 미쳤다. 이 원칙에 따라 공공기관 임명 전반을 감독하는 공공임명감독관이 신설되었고, 이 감독관이 후보자 자격 여부를 심사하는 위원회를 구성하도록 했다. 장관은 여기서 임명 적격 판단을 받은 후보자 중에서 최종 선택을 하도록 되어 있었다.

이 체계는 꽤 잘 작동했지만, 보수당은 해당 체계가 노동당과 친노동당 인사들에게 편향되어 있다고 여겼다. 2012년, 보수 논객 프레이저 넬슨(Fraser Nelson)은 이렇게 불만을 토로했다.

"공공기관은 이제 노동당 사람들로 가득하죠. 데이비드 캐머런은 신사적으로 처신하느라 노동당처럼 굴지 못해서, 공공기관에 보수당 사람들을 앉히지 못했어요. 어제 발표된 수치에 따르면 작년 한 해 동안 임명된 공공기관 인사 중에서, 정치 성향을 밝힌 사람들의 77퍼센트가 노동당 지지자였다고 합니다. 캐머런이 정치적으로 너무 자주 밀린다면, 그 이유가 여기 있을지 몰라요. 싸우려면 병력과 탄약이 있어야 하는데, 그걸 잊어버린 겁니다."[65]

실제로 정치적 성향이 밝혀진 후보자 중 노동당 지지자가 훨씬 많았던 것은 사실이다(물론 다수는 정치 성향을 밝히지 않았다). 하지만 중도 우파 성향 정책연구소인 정책전환조차도 넬슨의 분석이 잘못되었다고 인정한다. 이는 노동당이 특별히 편향된 인사를 내세웠기 때문이라기보다는, 단지 정권이 바뀐 뒤에도 노동당 지지자들이 보수당 지지자들보다 훨씬 더 많이 공공기관 임명에 지원했기 때문이다. 보수 성향 후보자들이 임명된 비율은 실제 우파 성향 지원자 비율과 정확히 일치했다.[66]

놀런 원칙에 따라 손볼 수 있었음에도, 노동당은 이 과정을 손볼 필요가 없었다. 실제로 이들 기관이 다루는 분야, 곧 보건, 법률, 자선, 고등교육 등에서 전문성을 갖고 일하는 사람들은 대부분 중도 좌파 성향이거나 자유주의적 정치관을 지닌 경우가 많다. 브렉시트 이후 이 경향은 더 두드러졌는데, 노동당과 보수당 사이 세대별, 학력별 격차가 크게 벌어졌기 때문이다. 요즘 대학을 나온 전문직 중 보수당을 지지하는 사람은 그리 많지 않다. 보수당으로서는 실망스러울 수 있다. 그렇지만 그 이유를 생각해 보거나, 아니면 자신들의 정책에 제동을 걸 수 있는 중앙정부 규모를 줄여야 하는지 성찰하기보다는, 인사 과정을 손보기 쉽게 고치는 쪽으로 방향을 잡았다.

2015년 연정이 끝나자마자 보수당은 지금은 상원의원인 게리 그림스턴(Gerry Grimstone)에게 인사 제도에 대한 검토를 맡겼다. 그림스턴은 예상대로 장관들의 재량권 확대를 권고했고, 그 결과 공공기관 인사위원회 위원장의 권한이 크게 축소됐다. 정부가 인사심사위원단을 구성할 권한을 갖게 되었고, 장관들이 심사 과정 전반에 관여할 수 있게 되었다. 심사위원회가 부적합 판정을 내린 인물도 임명할 수 있게 되었으며, 심지어 아예 인사 절차 없이도 임명할 수 있게 되었다.[67]

당시의 인사 체계는 방대한 규제 국가라는 구조적 한계에도 불구하고, 현실에서 기대할 수 있을 만큼은 작동하고 있었다. 그래서 인사 체계를 개정할 정당한 근거는 없었다. 이 문제를 지적한 사람도 있었다. 공공행정을 감독하는 하원 위원회는 이렇게 말했다.

"그림스턴의 인사 제도 관련 제안을 여러 저명한 전문가들이 심각하게 우려하고 있습니다. 이 우려는 결코 무시되어서는 안 됩니다. 공공기관 인사는 자격과 역량에 기반해 이뤄진다는 신뢰를 얻어야 합니다. 지금 제기된 여러 비판을 보면, 대중의 신뢰를 유지하려면 이 제안에 광범위한 수정을 가해야 합니다."[68]

이 경고는 옳았다. 장관들은 새롭게 부여된 권한을 당연하다는 듯이 활용했고, 그 과정에서 점점 더 무책임하게 행동했다. 그 과정에서 나타난 두 가지 중대한 폐해는 다음과 같다. 첫째, 특정 정당 성향이 뚜렷한 인물이 전체 분야에 준사법적 권한을 행사하는 자리에 임명되면서, 해당 기관 실무자들이 본연의 일을 제대로 수행하기 어려운 환경이 만들어졌다. 둘째, 명백히 관련 역량이 부족한 이들이 중책을 맡게 되었다. 반면 그림스턴이 처음에 문제라고 지적했던 인사 소요 시간은 오히려 길어졌고, 각 기관의 운영은 더 방해를 받게 되었다.

최근의 사례로는 자선위원회(Charity Commission) 위원장 인사가 있다. 이 기관은 전체 자선단체 대부분을 규제하는데, 연간 총수입은 약 880억 파운드에 달하고 고용된 인원도 거의 백만 명에 이른다. 2018년, 정부는 3년 전까지 보수당 내각에 몸담았던 스토웰 남작(Baroness Stowell)을 위원장으로 임명하려 했다. 이에 문화 · 미디어 · 스포츠 상임위원회(Culture, Media and Sport Select Committee)는 '자선 분야 경험이 6개월도 되지 않고, 규제 기관에서 일한 경험은 아예 없으며, 자선 부문에 대한 통찰과 이해, 비전 또한 부족하다'는 이유를 들어 만장일치로 반대했다.[69] 그럼에도 장관들은 임명을 강행했다.

스토웰은 위원장 재직 시절, 전반적으로 형편없다고 여겨진 자선위원회의 서비스 질을 개선하기보다는 신문 인터뷰에서 문화전쟁 의제를 확산하는 데 주력했다.[70] 재임 중에는 정치적 동기에서 비롯된 것 같은 조사들이 진행되기도 했는데, 예를 들면 내셔널 러스트(National Trust)가 일부 부동산이 과거 노예 소유자들의 재산이었다는 보고서를 낸 일*이나, 바나도스(Barnardo's)가 인종 불평등과 백인 특권에 관한 블로그 글을 게시한 일**이 있다.[71] 두 단체 모두 결국 법적 위반은 없었다는 결론이 났지만 애초에 정부가 탐탁지 않게 여기는 사회적 의제를 다루지 못하게 압박하려는 의도였다.

2021년에 스토웰이 사임하자 정부는 1년간 후임자를 임명하지 못했고, 결국 보리스 존슨의 친구인 마틴 토머스(Martin Thomas)를 지명했는데, 그가 여성 보호 관련 자선단체 위원장이었을 때 복수의 여성으로부터 고소를 당했다는 사실이 알려지면서 지명 나흘 만에 사퇴했다.[72] 이후 열린 청문회에서 이 위원회를 관장하는 상임위 위원장(보수당 소속)은 격앙된 심경을 토로했다.

"우리가 보기에는 지금 위원회 소관 인사 전반이 완전히 엉망

---

* 내셔널트러스트는 영국의 대표적인 문화재 보호 비영리단체로 수천 개의 역사적 건물이나 정원을 관리한다. 2020년 흑인 인권 운동인 'Black Lives Matter' 운동 이후 내셔널트러스트는 자사 소유 유산 중 일부가 노예무역 또는 식민지 수탈과 관련되어 있다는 보고서를 발간했다. 이에 우파 언론과 보수당 일부 의원들은 '영국의 위대한 전통을 깎아내리는 행위'라고 비판했으며 문화부 장관은 '정치적 편향'에 대한 우려를 표명했다.

** 바나도스는 영국 최대의 아동 복지 자선기관으로 학대, 빈곤, 차별 등과 관련된 아동 보호 활동을 해왔다. 2020년 바나도스 공식 블로그에 백인 특권과 인종 불평등 문제를 다룬 글이 게시되었는데, 아동 보호를 다루는 기관이 사회정치적 의제를 언급했다는 것을 비판하며, 일부 보수 언론은 '좌파 이념 주입', '깨시민 편향' 등의 표현을 쓰며 강하게 반발했다.

으로 운영되고 있습니다. 국가적으로도 매우 중요한 인사인데 지금의 인사 참사는 어처구니가 없을 지경입니다."[73]

장관들은 결국 올랜도 프레이저(Orlando Fraser)를 위원장으로 임명했다. 프레이저는 이전에 보수당 의원 후보였고, 한 중도 우파 정책연구소의 창립 멤버였다. 다른 기관들에서도 유사한 사례가 반복되었다. 2021년까지 공공기관 인사위원장을 지낸 피터 리델(Peter Riddell)은 대학규제위원회 위원장 인선 과정을 문제 사례로 언급했다. "저는 그 위원회 구성이 편향되었다고 생각했습니다. 당시 교육부 장관은 개빈 윌리엄슨(Gavin Williamson)이었고, 당시 저는 강하게 항의했지요. 위원들 다수가 명백히 보수당과 연관되어 있었거든요."[74]

결국 그 자리에는 보수당 상원의원인 제임스 워튼(James Wharton)이 임명되었다. 워튼은 해당 직책에 뚜렷한 자격이 없었을 뿐더러, 극우 성향 회의에 참석했다가 곧바로 논란에 휩싸였다. 해당 회의에는 인종차별주의자나 반유대주의자로 분류되는 이들도 연단에 나섰다.[75] 아마도 가장 터무니없는 사례는 2020년에 공직이 된 통신규제청장 인사일 것이다. 보리스 존슨은 이 자리에 《데일리 메일》의 장기 편집장이자 BBC의 비평가이며 자신의 후원자이기도 한 폴 데이커(Paul Dacre)를 앉히고자 했다. 언론 보도에 따르면 정부가 그를 내정하고 있다는 소식이 퍼지며 다른 유력 후보자들은 아예 지원조차 하지 않았다. 리델은 이렇게 말했다.

"그 분위기 때문에 좋은 후보들이 지원을 포기했습니다. 이게 바로 제가 정말 우려하는 '위축' 효과입니다. 지원자가 아홉 명에 불과했는데, 정말 이례적인 일입니다."[76]

그 후 장관들은 보수당 상원의원을 포함해 면접 위원들을 선정했다. 놀랍게도, 이 위원회는 데이커가 부적합 후보라고 결론 내렸다. 그러자 정부는 당시 적합 판정을 받은 후보 전원을 거부하고는 데이커에게 다시 한번 지원하라고 공개적으로 권유했다. 데이커는 《타임스》에 공개서한을 보내 지원 철회를 선언하며, "독립적으로 사고하고 진보 좌파와 거리가 있는 사람이라면 로또에 당첨될 가능성이 이 일자리를 얻을 가능성보다 높습니다."라며 불만을 터뜨렸다.[77] 그러나 이 장에서 다룬 많은 사례들만 봐도 그의 주장이 사실이 아니라는 것을 알 수 있다.

결국 정부는 또 다른 보수당 상원의원 마이클 그레이드(Michael Grade)를 임명했다. 그로부터 몇 달 뒤, BBC 이사장이 사임하게 되었는데, 임명 심사 과정에서 그가 보리스 존슨에게 거액의 개인 대출을 알선했던 사실이 드러났기 때문이었다.[78] 한편 BBC 이사회 이사면서 테레사 메이 전 총리의 언론대응실 실장이었던 로비 기브(Robbie Gibb)는 통신규제청 인사 과정에 부당 개입하려 했다는 의혹을 받기도 했다.[79] 총체적 난국이다.

이런 기관들의 공통점은 바로 '문화전쟁(culture wars)'에서 중요하게 여겨지는 자리라는 점이다. 보수당은 자선단체, 대학, 방송사 등에서 진보 좌파 가치가 아무런 견제 없이 퍼지고 있다고 느꼈기 때문에 그 자리에 집착했다. 물론 선출된 정부가 기존 제도나 기관에 도전하는 것은 잘못된 일이 아니다. 그러나 그것은 어디까지나 투명하게, 감시를 받을 수 있는 방식으로 이루어져야 한다. 정부는 원한다면 BBC를 해체하거나 자선단체들이 노예제와의 역사적 연관성을 조사하지 못하게끔 법을 바꾸는 식으로, 공개적으로 접근할 수 있었지만 그러지 않았다. 대신 인사 절차를 조작함으로써 그 감시 자체를 피하려 한 것이다.

그 결과, 국가는 핵심 분야에서 리더십이 부재하거나 무력한 상태로 남겨져 제 기능을 하지 못하게 되었다. 이 장에서 '문화전쟁' 관련 인사에 주목했지만, 사실 경제 전반 주요 역할에도 광범위한 피해가 발생했다. 예를 들어, 영국의 2,500억 파운드 규모의 투자 예산을 관리하는 영국연구혁신기구(UK Research and Innovation)의 장이었던 존 킹먼은 퇴임사에서 다음과 같이 말했다.

영국연구혁신기구 의장은 1년에 10억 파운드가 넘는 예산을 다루는 자리인데도, 정부의 인사 절차가 끝없이 맴돌기만 하면서 무려 3년 넘도록 공석이었습니다. 이처럼 중요한 기관을 장기간 리더 없이 방치하는 것이 과연 합리적인가요? 최근 사례를 들겠습니다. 영국사회과학연구위원회(ESRC) 위원장 자리가 수개월째 공석입니다. 장관들은 이제야 후임자 찾기 절차를 시작하겠다고 합니다. 당연히 한참 걸릴 테지요. 이게 가능한 일입니까?

문제의 원인 중 하나는 현재 정부가 인사 제도 내에서 올라오는 인사 추천을 극도로 불신한다는 점이고, 또 정부 곳곳에 배치된 수많은 정치 보좌관들이 소소한 인사까지도 매 단계마다 일일이 의견을 내야 하기 때문입니다. 이런 절차는 설명할 수 없는 이상한 결정으로 이어집니다. 세계적 수준의 인재가 낙마하는 경우가 의외로 많죠. 물론 장관들이 최종적으로 누구를 임명할지는 그들 권한입니다. 그렇지만 이렇게 뛰어난 사람들을 탈락시키는 데에는 분명 국가적인 비용이 듭니다. 해당 분야에도 손해이지요. 영국이 지금 그런 사치를 부릴 처지인지 의문입니다.[80]

이 사례 역시 이 책에서 내내 다룬 악순환을 그대로 보여준다. 정부는 업무에 짓눌리고, 그 반작용으로 통제를 강화하면서 감시를 줄이려 하고, 상황은 더 악화해 정부는 다시 업무에 짓눌리는 것이다. 이런 실패의 고리는 비교적 쉽게 끊을 수 있다. 인사 과정에 대한 감시를 강화하면 된다. 그림스턴 개편 이전의 인사 절차로 돌아가고, 주요 규제 기관 수장같이 중대한 인사는 의회 상임위원회 동의를 받도록 하면 된다. 이미 일부 직책은 그렇게 하고 있다. 예컨대 예산책임청이나 영국통계청(UK Statistics Authority) 청장 임명 시에 이런 절차가 적용되며, 두 기관 모두 당파성을 배제하고 우수한 인재를 선임해 왔다.

단순한 제도 보완일 뿐이지만 그 효과는 크다. 단, 이것이 실현되려면 정부가 지나친 행정부 권한 집중이 국가에 해를 끼친다는 사실을 인정하고, 감시를 강화해야 장기적으로 행정부의 정책 추진이 더 원활하게 이루어진다는 것도 받아들여야 한다.

제6장

공공 내전

정부는 왜 항상
공무원 조직 개편에 실패하는가

짐 해커: 야당은 야당이 아냐.

애니 해커: 그러네, 내가 바보였어. 걔넨 그냥 야당이라 불릴 뿐인데.

짐 해커: 걔네는 그냥 쫓겨난 야당이야. 안방에서 뻗대는 야당은 따로 있지, 공무원들 말야.

|〈예스 미니스터(YES MINISTER)〉, '빅브라더' 에피소드(1980년 첫 방영) |[1]

● 공무원이 장관의 의지를 제어하는 준헌법적 장치라는 생각은 새로운 것이 아니다. 소설 등에서 교묘하게 제도를 비틀어 자신들의 이익을 챙기는 관료들 묘사는 수 세기 전에도 있었다. 찰스 디킨스의 『Little Dorrit(꼬마 도릿)』에 등장하는 우회행정처(Circumlocution Department)의 타이트 버너클 씨(Mr Tite Barnacle)는 그중 특히 인상적인 사례다.* 하지만 오늘날 고위 공무원 하면 연상되는 전형적인 이미지는 단연 시트콤 〈예스 미니스터〉에 등장하는 험프리 애플비 경(Sir Humphrey Appleby)의 모습이다.

이 인물이 특정 인물을 모델로 한 것은 아니지만, 작가인 앤서니 제이(Antony Jay)와 조너선 린(Jonathan Lynn)은 해럴드 윌슨 내각에서 장관직을 수행했던 노동당 인사들의 경험담에서 큰 영감을 받았다. 특히 리처드 크로스먼(Richard Crossman) 장관의 일기와, 그가 영국 최초의 여성 수석 공무원이자 '거물'로 불리던 이블린 샤프 경(Dame Evelyn Sharp)과 벌인 치열한 기싸움은 중요한 참고자료였다. 제이와 린이 제작 자문을 구한 두 사람도 윌슨 내각의 핵심 인물이었는데, 정무 비서였던 마샤 윌리엄스(Marcia Williams)와 정책실장 버나드 도너휴(Bernard Donoughue)였다. 마샤 윌리엄스는 이후 폴켄더 경(Lady Falkender)이 된다.

즉, 이 시리즈는 낡고 고루한 기득권층에 발목 잡혔다고 느낀

---

* 『꼬마 도릿』은 찰스 디킨스의 후기 작품으로, 영국 빅토리아 시대의 관료제 비판, 감옥 제도, 계층 이동 등을 심도 있게 다룬 작품이다. 여기서 언급된 '타이트 버너클 씨'의 이름은 '완고한, 고집 센(Tite)' '따개비(Barnacle)'를 뜻하며 경직된 관료제를 풍자하는 이름이다. 『꼬마 도릿』은 이 장에서 언급되는 〈예스 미니스터〉에 영향을 주었으며, 2008년 BBC 드라마로도 제작되었다.

정치인들의 시각에서 탄생한 이야기였다. 당시로서는 일정 부분 사실이기도 했다. 물론 폴켄더는 윌슨처럼 웨스트민스터에서도 유난히 피해의식이 큰 편이었다는 점도 고려해야 한다. 당시 고위 공무원 대부분은 남성이었고, 거의 전원이 옥스브리지 출신에 고전 전공자도 많았으며, 빅토리아 시대의 사고방식을 고스란히 유지하고 있었다. 이들은 제도적 지속성과 자기보존 본능이 매우 강했고, 1947년부터 1979년까지 공무원 조직의 수장인 내각 사무처장 자리를 세 명만 역임할 정도로 안정된 체계를 유지했다.

이 책에서 다루는 다른 주제 대부분과 마찬가지로, 마거릿 대처 시기에 변화가 시작되었다. 〈예스 미니스터〉도 그 흐름에 일조했다. 제이는 대처 지지자였고 사실 보수당의 자문역으로도 활동했다. 그는 이 시리즈를 통해 공공연하게, 대처가 고위 공무원을 극복해야 할 문제로 규정하는 데 필요한 논리를 제공했다. 시즌3의 첫 에피소드 '기회 평등(Equal Opportunities)'만 봐도 그렇다. 장관인 짐 해커가 유능한 여성 공무원 사라 해리슨의 승진을 밀어붙이려 하지만, 수석 공무원인 험프리 경이 반대하고, 해커 장관이 마침내 자신의 뜻을 관철했을 때 해리슨은 퇴직을 결심한 참이다.

> **해커:** [충격받은 목소리로] 그쪽이, 말하자면, 내 트로이 목마가 되어줄 줄 알았소.
>
> **해리슨:** 음, 솔직히 말씀드리자면요, 장관님. 저는 이제 의미 없는 정보를, 중요하지도 않은 주제에 대해 관심도 없는 사람들에게 끝도 없이 돌리는 그런 일을 하고 싶지 않아요. 그냥

'일하는 척' 말고 진짜 무언가를 해내는, 성취가 있는 일을 하고 싶어요. 종잇장만 밀어내는 게 지겹거든요. 뭔가를 손으로 가리키며 '이건 내가 해낸 거야' 하고 말하고 싶다고요.
험프리: 무슨 말인지 잘 모르겠군요.
해리슨: 그러시겠죠. 그래서 그만두는 거예요.[1]

해리슨이 민간 부문으로 떠나고 나면, 거실 소파에 앉아 텔레비전을 보던 대처는 틀림없이 흐뭇하게 웃었을 것이다. 이 프로그램이 그녀가 가장 좋아한 작품이었던 것도 무리가 아니다. 1984년에 대처는 심하게 오글거리는 콩트에 직접 출연하기도 했는데, 대본은 그녀의 언론 비서인 버나드 잉검(Bernard Ingham)이 썼고, 자기 휘하의 공무원들과 함께 무려 23번이나 리허설을 거쳤다. 이 콩트는 마침내 〈예스 미니스터〉가 '건전한 오락물'로서 상을 받게 된 자리에서 공연되었는데, 이 행사를 주최한 사람은 보수 성향 도덕주의자이자 검열 옹호자로 유명한 메리 화이트하우스(Mary Whitehouse)였다.[2]

2005년, 웨스트민스터를 배경으로 한 대표적인 BBC 시트콤 〈더 씩 오브 잇(The Thick of It)〉이 처음 방영될 때쯤에는 상황이 완전히 달라져 있었다. 일단 공무원은 거의 등장하지도 않았다. 주요 출연진 중 유일한 공무원은 가상의 부서인 '사회복지 및 시민부(Department of Social Affairs and Citizenship, DOSAC)'의 홍보국장 테리 커벌리(Terri Coverley)였는데, 그녀는 주로 주변의 광란 속에서 어떻게든 발을 빼려 애쓰는 인물로 묘사된다. 수석 공무원은 아예 등장조차 하지 않는다. 주인공들은 정치적으로 임명된 특별 보좌관들이며, 특히 앨러스테어 캠벨을 거의 그대로 본뜬 듯한 맬컴 터커(Malcon Tucker)가 중심인물이다. 권력 다툼은 이들 보좌관과 장관 사이에서 벌어진다.

〈예스 미니스터〉가 공무원들에게 과도한 권력을 부여하며 국가적 정체의 원인으로 묘사했던 것과 달리, 〈더 씩 오브 잇〉은 정반대 방향으로 과하게 나아갔다. 그러나 이것은 화이트홀의 실제 권력과 영향력이 정치 특별 보좌관들에게 점점 더 집중되는 진짜 변화를 반영한 것이기도 하다. 또한 〈더 씩 오브 잇〉에 종종 나오는 수위 높은 욕설과 신체 폭력 묘사는 메리 화이트하우스를 경악케 했을 법한 정치 문화의 거칠어진 현실을 정확히 그려냈다.

대처는 관료주의적 제약을 불편해했지만, 대체로 공무원들과는 좋은 관계를 유지했다. 실제로 그녀의 최측근은 정치적으로 임명된 사람들이 아니라 그녀의 세계관에 공감한 공무원들이었는데, 언론 비서 잉검과 외교 보좌관 찰스 파월(Charles Powell)이 대표적이다. 심지어 정치적으로는 대처와 거리가 있던 공무원들도 나중에는 의외의 충성심을 보이곤 했다. 대처 집권 후반 몇 년 동안 그녀의 개인 비서로 일했던 캐럴라인 슬로콕(Caroline Slocock)은 자서전에서 이렇게 회고했다.

'그녀에게 우리는 공무원이기 이전에 사람이었다. 그런 인간적인 유대감 덕에, 우리는 온갖 풍파 속에서도 가족처럼 뭉쳐 있을 수 있었다.'

대처는 때로 내각 인사들이나 자당 의원들보다 공무원들과 더 가까웠고, 그것이 그녀의 몰락에 일조하기도 했다. 슬로콕에 따르면, '공무원 편을 들고 동료 의원들과 거리를 두는 방식은, 그녀가 당내 반대와 바깥의 저항을 돌파하는 데에는 꽤 효과적이었다. 그러나 당내 지지를 얻는 문제에 있어서는 완전히 잘못된 선택이었다.'[3]

〈더 씩 오브 잇〉 시대쯤 되면, 그런 '가족 같은' 분위기는 완전히 사라지고 없었다. 블레어의 참모들은 모두 정치적으로 임명된 사람들이었고, 그로 인해 정부 중심부에 커다란 변화가 일어났다. 조직 문화도 달라졌다. 장관과 공무원 사이 신뢰는 심각하게 무너졌고, 특히 이런 변화는 브렉시트 이후 수년간 더 빨라졌다. 물론 모두가 그런 것은 아니다. 여전히 공무원들과 잘 지내고 존경받는 장관들도 있지만, 전반적으로 화이트홀에서 가장 유능한 인재들은 빠져나가고 있고, 승진을 위해서는 장관들이 듣고 싶어 하는 말만 하는 것이 낫다는 분위기가 퍼져 나가고 있다.

최근 들어 이런 문제가 본격적으로 수면 위로 드러났다. 부총리였던 도미닉 랍은 공무원들을 대상으로 너무 극단적인 행태를 일삼아 결국 사임해야 했다. 공무원들이 괴롭힘과 불합리에 대해 정식으로 고발하는 일은 매우 드문데, 랍에 대해서는 무려, 최소 24건의 신고가 접수되었고 리시 수낙 총리는 법조인 애덤 톨리(Adam Tolley)에게 공식 조사를 의뢰할 수밖에 없었다.[4] 톨리는 변호사 특유의 신중한 어법으로, 랍이 사람들을 괴롭혔다고 판단했다.

"건설적이지 않은 비판적 피드백과 반복된 말 끊기는 상대방이 감당하기 어려울 만큼 위협적으로 작용했을 가능성이 크고, 실제

로 그렇게 받아들인 이들도 명백히 존재했습니다."⁵

몇몇 사람들이 랍의 직설 화법이 좋았다고 말하기도 했지만, 대부분은 톨리의 조심스러운 언어 선택에는 아닐지 몰라도 판단에는 동의했다. 웨스트민스터 주변 술집에서 랍의 기행은 이미 수년 전부터 유명했고, 그의 사무실에서 일할 사람을 구하려면 '위험수당' 명목의 추가 급여를 주어야 한다는 우스갯소리도 돌았다.

사실 랍의 태도에서 진짜 문제는 단순히 젊은 공무원 몇몇을 괴롭혔다는 것이 아니다. 그는 주위 사람들을 전혀 신뢰하지 않았고 모든 일을 직접 하려 들었으며, 결과적으로 정책 수립 과정을 더 깊은 수렁에 빠뜨렸다. 그와 함께 법무부에 있었던 한 고위 관료는 이렇게 말했다.

"랍은 기본적으로 공무원들이 자기 비전을 왜곡하고 희석하려 한다고 생각했습니다. 그러니까 늘 이런 식이었죠. '자네들은 항상 이런 식이야', '내 이럴 줄 알았지', '내가 뭔가를 하려 할 때마다 망치는 게 누군데!'… 원래는 장관이 대략적인 방향성을 제시하면 실무진이 그에 맞춰 가능한 방안들을 만들어오는 식입니다. 그런데 어떤 경우에는 장관이 법적으로 불가능하거나 예산이 너무 들어서 불가능한 걸 원하는 경우도 있지요. 그러면 실무진들은 '이러이러한 대안이 있습니다' 하고 보고합니다. 그런데 랍은 자기가 한 말을 그대로 정책에 반영하라고 요구했습니다. 회의에서 한 말을 토씨 하나 틀리지 않게 적으라고요. '지난 회의 때 내가 뭐라 했나?' 하고 물으면 보통 '대략 이러이러한 말씀을 하셨습니다' 하고 답하잖아요? 그러면 '아니, 내가 한 말을 있는 그대로 말해보라고!' 이런 식이었습니다."

이렇게 비판이나 조언을 절대 받아들이지 않는 태도 때문에 관료들은 랍이 잘못된 방향으로 갈 때에도 말릴 수 없었다. "어떤 결정을 내리면 나중에 다시 검토하는 법이 없었습니다. 결과적으로 그 결정이 틀렸거나 상황이 달라져도, 이건 재고해야 한다고 말할 수가 없었습니다."[6]

랍은 자기 방식대로 일을 추진하다가 결국 자신이 그렇게 아끼던 새 「권리장전(Bill of Rights)」 대부분을 직접 써야 했다. 하지만 초안이 공개되자마자 UN부터 시작해 유럽평의회는 물론, 전직 판사들이나 법률적 소양이 있는 거의 모든 이들로부터 혹평을 받았다. 보수당 소속 의회 법무위원장과 랍의 동료이자 전임 로드 챈슬러였던 로버트 버클랜드도 비판에 가담했다.[7] 랍이 정부에서 물러난 뒤 이 법안은 조용히 폐기되었고 다시 입법화되지 않았다. 신뢰가 완전히 무너질 경우 장관 본인의 정책 목표조차 어떻게 좌초하는지를 보여주는 전형적인 사례다.

랍은 극단적인 사례지만 유일한 사례는 아니다. 2020년 2월 내무부 수석 공무원이자 33년 경력의 공무원 필립 럿넘(Philip Rutnam)은 사임을 발표하면서 당시 내무장관이었던 프리티 파텔(Priti Patel)을 강도 높게 비판하고 부당해고에 대한 소송을 예고했다.

"지난 열흘 동안 저는 조직적인 음해 캠페인의 표적이 되었습니다. 제가 내무장관에 대해 언론에 정보를 흘렸다는 주장이 있지만, 다른 주장들처럼 전혀 사실이 아닙니다. 수석 공무원으로서 제 임무 중 하나는 3만 5천 명의 직원들의 안전과 건강, 복지를 보호하는 것이었습니다. 이 때문에 내무장관과 갈등을 빚었고, 저는 장관께 행동 방식을 바꾸라고 여러 차례 조언했습니다. 장관이 고함과 욕설은 물론 인신공격과 부당한 요구를 반복했다는 제보를 받았습니다. 이는 상대방에게 두려움을 불러일으킵니다. 이를 폭로하는 데 큰 용기가 필요했습니다."[8]

보리스 존슨 총리의 외부 윤리 고문이었던 알렉스 앨런 경(Sir Alex Allan)이 조사한 결과 파텔이 실제로 공무원들을 괴롭혔으며, 장관직 윤리규정을 위반했다는 결론이 나왔다.[9] 그러나 존슨은 파텔을 해임하지 않았고, 이에 항의해 앨런 경이 고문직에서 사임했다. 럿넘의 부당해고 소송은 34만 파운드 세금으로 합의 처리되었다.[10] 고위 공무원과 정치인 사이 관계에 또 한 번 큰 타격을 입힌 사건이다. 같은 해 여름, 코로나바이러스 봉쇄로 인해 시험이 취소되자, 성적 산출을 위해 정부가 도입한 알고리즘 프로그램이 대형 사고를 일으켰고 교육부 수석 공무원 조너선 슬레이터(Jonathan Slater)가 해임되었다. 그러나 정작 장관들은 아무 책임도 지지 않았다.

리즈 트러스가 총리에 취임하자마자 가장 먼저 한 일은 재무부 수석 공무원 톰 스콜라를 해임한 것이었다. 많은 이들은 이 조치가 이후 영국 경제 붕괴의 도화선이 되었다고 본다. 이런 혼란 속에서도 내각 사무처장이었던 마크 세드윌(Mark Sedwill)과 후임자 사이먼 케이스(Simon Case)는 내부적으로도 눈에 띄게 침묵을 유지했고, 나머지 공무원들에게 보호막이 사라졌다는 깊은 불안감을 남겼다.

이처럼 점점 강력해지는 행정부의 권한 행사에도 불구하고, 장관과 보좌진은 여전히 공무원을 자신들의 목표를 방해하는 존재로 여긴다. 최근 공무원 조직에 대한 가장 신랄한 비판자는 도미닉 커밍스였다. 그는 공무원 조직이 혁신과 효과적인 국가 운영을 가로막는 주요 원인이라고 지목했다(다만 그는 세상 만물을 그렇게 본다는 점을 유념하라). 그의 불만은 인사 체계가 지나치게 저급하다는 것이다.

"화이트홀에 가장 시급한 변화는 인사 규정이다. 건강한 군대가 무능한 장군을 신속히 경질하듯, 사람을 빠르게 교체하고 부서를 통째로 없앨 수 있어야 한다. 그래야 진짜 개선이 가능하다. 고급 통계나 모델링 역량을 지닌 사람들을 장관 보좌관으로 파견해야 장관과 공무원이 증거에 기반해 행동할지, 증거에 역행해 행동할지, 증거 없이 행동할 것인지를 결정하게 될 것이다. 화이트홀 인사 체계 바깥에서 장관이 직접 특별 인력을 채용할 수 있게 한다면 행정 역량도 크게 향상될 것이다."[11]

이 글은 2013년에 쓰인 것이고, 이후 그가 보리스 존슨의 수석 보좌관이 되었을 때는 더 극단적인 견해를 갖고 있었다. 2019년 총선에서 승리하고 몇 주가 지나 커밍스는 자신의 블로그에 악명 높은 구인 공고를 올렸다. 그는 총리실에서 함께 일할 사람을 직접 모집하겠다며 '괴짜와 부적응자들'의 지원을 받겠다고 했다. '지난 5개월 동안 총리실 정치팀은 환상적인 공무원들과 함께할 수 있어 행운이었다. 하지만 동시에 영국이라는 국가의 중심부에서 결정이 어떻게 내려지는지에 아주 심각한 문제가 있다는 것도 깨달을 수 있었다. 2014년까지만 해도 세간에서는 얼토당토않은 말이라고 생각했지만, 여전히 그러한가?'[12]

사실 세간에서 얼토당토않은 말이라고 생각했던 적은 없다. 공무원 조직에 대한 불만은 19세기 공무원 조직이 처음 창설될 때부터 있어 왔다. 커밍스의 불평은 오래 묵은 것이다. 사실 그런 이유 때문에 지난 수십 년간 특별 보좌관들이 꾸준히 늘어났던 것이다. 1966년, 윌슨 총리와 그의 보좌진은 〈예스 미니스터〉 작가들에게 푸념하기 전부터도 공무원 조직을 점검하겠다고 결심했고, 풀턴 경(Lord Fulton) 주도로 대대적인 검토 작업을 시작했다. 풀턴 위원회가 2년 뒤에 내놓은 보고서는 커밍스가 제기한 문제들과 놀라울 만큼 유사했다. 더 정중한 언사를 쓰기는 했지만 말이다.

> 아직도 공직 문화는 아마추어('비전문가', '두루 알지만 얄팍한 자들')라는 사고 체계에 너무 많이 기대고 있다. 이런 경향은 특히 공직 내 지배적인 지위를 가진 행정직군에서 두드러진다. 과학자, 기술자, 그 밖의 전문직은 마땅히 누려야 할 책임과 기회, 그리고 그에 상응하는 권한은 제대로 부여받지 못하고 있다. 공무원 중에는 유능한 관리자가 너무 적고, 공직이 봉사해야 할 공동체와의 접점도 충분치 않다. 인사관리와 경력 설계 역시 미흡하다.[13]

이런 문제들은 오늘날에도 여전히 장관과 보좌진뿐 아니라, 공무원들에게도 답답함을 안긴다. 결국, '왜 아무도 이 문제를 제대로 해결하지 못했는가?'라는 문제가 떠오른다.

공무원 조직의 허점은 처음부터 있었다

풀턴부터 커밍스까지, 여러 사람이 지적한 공무원 조직의 문제는 사실상 19세기 후반 근대적 공무원 조직이 만들어질 때부터 구조적으로 생긴 것이다. 그전까지는, 장관들이 예산만 맞으면 어떤 직책이든 마음대로 채용했고 그 자리가 필요한지, 심지어 그 사람이 출근하는지 여부는 중요하지 않았다. 그저 수익성 있는 자리를 재임대하는 암묵적인 거래 구조가 성행했다.

1854년 발표된 노스콧-트레벨리언 보고서(Northcote-Trevelyan Report)는 공직을 연줄이 아닌 능력에 따라 채용하자는 제안을 담고 있어서 근대 공무원 제도의 시작점으로 꼽힌다. 하지만 실제로 이 보고서가 현장에 적용되기까지는 오랜 시간이 걸렸고, 1868년부터 1873년까지 재무장관을 지낸 로버트 로(Robert Lowe)가 이 제안을 본격적으로 현실화했다. 문화 자체를 바꾸는 데에는 수십 년이 걸렸다. 개혁 초기에는 각 부처가 후보자를 추천하면 위원회가 그중에서 고르는 방식이었는데, 재무부의 인사 담당자 윌리엄 헤이터(William Hayter)는 지적장애가 있는 두 사람에게 돈을 주고 '경쟁'에 참여시켜, 장관이 지지한 사람을 통과시키려 했다(그들은 웨스트민스터에서 '헤이터의 꼭두각시(Hayter's Idiots)'로 불렸다).[14]

물론 능력 중심으로의 전환은 필요했지만, 당시 개혁자들이 만든 시험 제도는 이후 100년 넘게 비판받을 체제를 구축했다. 시험을 만든 사람은 옥스퍼드 대학교의 베일리얼대학 학장이었던 벤저민 조웨트(Benjamin Jowett)였고, 시험은 사실상 옥스퍼드 졸업생들을 위한 것이었다. 가장 많은 점수를 주는 과목은 고전 문학이었다. 조웨트의 목표는 나라를 잘 다스릴 사람을 뽑는 것이 아니라, 법조인이나 성직자가 되기 싫은 옥스퍼드 학부생들에게 새로운 진로를 마련해주는 것이었다.[15]

게다가 시험 제도는 실무 경험이 있는 경력직이 합격하는 것을 막는 방식으로 고안되었다. 경력 있는 지원자는 비용이 많이 들고 순종적이지도 않다는 이유에서였다. 하위직으로 들어온 공무원들이 상급 공무원(The First Division)으로 승진하는 것도 차단되었다.[16] 심지어 개혁자들은 영국령 인도제국의 관료제처럼 공무원 교육기관도 불필요하다고 생각해 이미 존재하던 (이후 사립학교로 전환된) 헤일리버리(Haileybury)의 교육 모델을 거부했다.*

관료제를 연구한 한 역사학자는 이렇게 평가했다. "노스콧트레벨리언, 조웨트와 함께 로가 만든 공무원 조직은 의도적으로 실무형 인재와 단절되도록 설계되었다. 실제 경험을 통해 유능함을 입증한 사람은 공직에 들어올 수도 없고, 들어와도 승진이 불가능했다. 물론 고전학을 잘하면서 실무에도 능한 사람은 있을 테지만, 기본적인 방향 자체는 현실 감각과 동떨어져 있다. 교양 있고 박식하다는 점은 인정할 만하지만, 20세기에 들어선 나라를 이끌기 위한 인재로는 적합하지 않다. 사실 트레벨리언 자신이 아일랜드 기근

---

* 영국은 인도제국을 식민지로 삼은 뒤, 영국령 인도를 통치할 관료들을 양성하기 위해 1806년 헤일리버리에 동인도대학(East India College)을 설립했다. 인도 파견 전의 공무원을 양성하면서 언어, 법률, 역사, 정치, 경제 등 실무 교육을 가르쳤다. 당시 매우 혁신적이고 전문화된 공무원 사관학교 역할을 했으나, 1858년 인도가 영국 직할령으로 전환되며 폐지되었다. 이후 1862년부터 사립학교로 전환되어 오늘날까지 이어지고 있다.

구제나 크림전쟁에서 보여준 무능함에서 그 체계의 치명적인 한계가 입증된다."[17]

시간이 흐르면서 이런 제약은 점차 완화되었다. 고전 시험은 폐지되었고, 하위직에서 고위직으로 승진할 수 있는 길도 (미약하지만) 생기긴 했다. 그러나 공무원 조직의 뿌리 깊은 구조와 문화는 그대로 유지되었다. 결국 제2차 세계대전이 일어나 압도적인 수요가 생기기 전까지는 이런 선발 방식이 과연 타당한지에 대한 질문조차 진지하게 제기되지 않았다.

전쟁 중 국가 규모가 급격히 커지고, 전후 복지 국가를 건설하려던 노동당 정부는 이전보다 야심찬 관점으로 국가를 운영하고자 했다. 1945년 10월《옵저버》는 이렇게 지적했다. '공무원 조직은 원래 새로운 길을 만드는 창조적 조직이 아니라, 오래된 질서를 지키기 위한 방어적 조직으로 만들어졌다. 사회 개혁의 물결 속에서 이미 그 정체성이 어울리지 않게 되었고, 사회주의의 도래 속에서는 잠재적인 재앙이 될 수 있다. 공영 산업이 화이트홀 관료 습성을 그대로 따르게 된다면 전시에 우리를 미치게 했던 혼란과 지연이 평시 경제에도 고스란히 퍼질 것이다.'[18]

애틀리가 이끄는 노동당 정부는 공무원 조직을 전면 개혁할 여력은 없었지만, 좌파 내에 공무원 조직이 변화의 가장 큰 걸림돌이라는 인식을 점차 퍼뜨리게 되었다. 1959년에 옥스퍼드 대학교 교수이자《뉴스테이츠먼(New Statesman)》칼럼니스트였던 토머스 벌로그(Thomas Balogh)는 '딜레탕트의 신격화(The Apotheosis of the Dilettante)'라는 글을 발표했다. 그 내용은 60년 뒤 도미닉 커밍스가

했던 말 못지않게 신랄했다.

'학생들을 지도하면서 보건대, 공무원 시험은 비약적 마인드와 보여주기식 사고를 가진 이들에게 유리해 보인다. 현대 사회의 문제는 점점 더 전문적인 지식을 요구하는데도 불구하고, 공무원 조직의 주류는 오히려 더 일반화되어 간다. 더 끔찍한 것은 더 폐쇄적인 조직이 되어 간다는 것이다.'

벌로그는 나아가, 한 부처의 수석 공무원과 장관 둘 다 해당 정책 분야에 대한 아무런 사전 지식 없이 업무를 시작하는 경우가 다반사였고, 이런 환경이라면 '효과적인 정책 형성이 불가능하다'고 강조했다.[19]

벌로그는 이후 폴켄더와 함께 월슨 총리를 보좌하게 되었는데, 총리는 공무원 조직이 문제라는 생각에 그다지 동의하지 않았지만 벌로그와 폴켄더의 설득에 따라 풀턴 위원회를 구성하게 되었다. 앞서 살펴보았듯이, 풀턴 위원회는 벌로그의 주장을 대체로 수용했고, '오늘날의 공무원 조직은 본질적으로 노스콧트레벨리언 보고서가 담고 있던 19세기식 사고 관점의 산물'이라는 평가를 내렸다.

하지만 위원회의 권고안은 제한적이었고, 월슨이 곧 경제적, 정치적 위기에 빠지면서 공무원 개혁까지 신경 쓸 수 없어졌다. 결국 실질적인 변화는 곧 대부분 무력화되었다. 재무부에서 인사권을 떼어내 독립 조직으로 만들었던 공무원부는 대처 총리 시기인 1981년에 폐지되었다(시트콤 〈예스 미니스터〉에 등장하는 행정업무부의 모델로 살아남기는 했다). 현장 직무와 정책 직무 사이의 유연한 인사 이동은 일정 부분 제도화되었지만, 1995년에 '고위 공무원단(Senior

Civil Service)'이 새롭게 만들어지면서 과거 고위직이 구분되어 있던 체제가 사실상 되살아났다. 공무원 교육을 위해 만들어졌던 '공무원대학(Civil Service College)'은 2012년 긴축재정의 일환으로 폐쇄되었다.

대처의 관심은 공무원 조직의 규모를 줄이는 데 있었고, 그 수단은 민영화와 외주화였다(3장을 보라). 현재 공무원 숫자는 보수당의 장기 집권이 끝나던 시기와 거의 동일하다. 하지만 대처는 공무원 조직의 구조나 문화 자체에는 큰 손을 대지 않았다. 한편, 고위 공무원들은 현장 업무를 민간에 넘기고 정책 결정권은 자신들이 유지하는 구조를 선호했다. 이후 집권한 정부들 역시 구조적 개혁은 외면한 채, 일정한 간격으로 공무원 정원 대폭 감축 같은 공약만 내세웠다. 하지만 이런 감원은 언제나 같은 방식으로 되풀이됐다. 채용은 중단되고 민간에서 쉽게 일자리를 구할 수 있는 유능한 인력일수록 자발적 퇴직 패키지를 받아들였다. 아무런 전략 없이 무작위로 인력이 빠져나간 자리는 결국 시간이 흐르면서 다시 충원되었고, 심지어 떠나간 인력이 기존 급여의 몇 배에 달하는 고액 수당을 받으며 컨설턴트로 재고용되는 일도 비일비재했다.

가장 본격적인 개혁 시도는 프랜시스 모드(Francis Maude)가 주도했던 2012년 개혁이었다. 그러나 데이비드 캐머런과 다른 고위 관료들의 무관심 속에 흐지부지되었고, 결국에는 감원 작업으로 귀결되었다. 공무원 수는 48만 명에서 38만 5천 명까지 줄어들었다가, 브렉시트로 행정 수요가 폭증하며 50만 명을 넘게 되었다.[20] 외부 인사 채용, 인력 다양성 확대, 통계·경제·경영 전문 인력 증가 등 일부 개선은 있었지만 핵심 구조는 바뀌지 않았다. 오늘날 정부가 다뤄야 할 문제의 기술적 복잡성을 고려하면, 이는 심각한 문제다.

모드 본인도 2023년 다시 의뢰받은 검토 보고서에서 이런 상황을 인정했다. '수십 년간 실패가 반복되어 왔다. 1968년 풀턴 위원회가 지적한 문제들, 예컨대 비전문가, 계획 없이 직무를 옮겨 다니는 전보 문화(churn), 외부와의 단절, 폐쇄적 조직 문화 등은 오늘날 공무원 조직을 평가하는 모든 검토서에 반복 언급되는 점이다.'[21]

공무원 조직이 결코 개혁되지 않는 이유는 표면적으로는 명확하다. 고위 공무원들은 현 체제를 지나치게 흔드는 것을 원하지 않고, 장관들은 보통 더 시급한 정치적 과제들로 인해 조직 개혁을 우선순위에 두거나, 끝까지 추진할 여력이 없다. 사실 그럴 능력도 없다.

보리스 존슨에게 해임된 전 교육부 수석 공무원 조너선 슬레이터(Jonathan Slater)는 이렇게 간결하게 표현했다. "장관들에게만 맡기면 진짜 변화는 절대 일어나지 않습니다. 왜냐하면 그런 일은 그들의 관심사도 아니고, 전문 분야도 아니니까요. 그렇다면 공무원들이 장관에게 급진적인 개혁안을 제시할까요? 아뇨, 그러지 않습니다. 제 생각에는 공직 최상부에 있는 대부분의 사람들이 이 체제가 얼마나 형편없는지를 아예 모르기 때문이에요. 그러니 왜 바꾸려 하겠습니까?"[22]

하지만 관료들의 저항이나 장관들의 무능함만으로는 설명되지 않는다. 실제로 내가 인터뷰한 공무원들은 대부분 커밍스 못지않게 현재 체계에 좌절하고 있었다. 성실하게 일하는 공무원에게, 게으른 동료가 짐만 덜고 다른 부서로 전보되는 것을 지켜보는 것은 허탈하기 짝이 없는 일이다. 또, 승진하거나 눈에 띄기 위해 계속 자리를 옮겨 다녀야 한다는 것도 좌절감을 더하는 요소이다.

문제의 핵심은 현 체계가 자기보존 구조를 가지고 있다는 것이다. 끊임없는 위기 대응에 발 묶인 지금의 체제에서는, 고위직에 오르는 사람들은 결국 이런 혼란을 잘 견디거나, 오히려 혼란 속에서 더 잘 해내는 이들이다. 장관들 역시 장기적인 개혁 프로그램을 설계하고 실행하는 사람보다는, 당장의 위기를 해결해 주는 해결사 유형의 관료들을 선호한다.

또 다른 전직 수석 공무원 필립 라이크로프트(Philip Rycroft)는 다음과 같이 말했다. "개혁이라는 것은 본질적으로 체계 안 깊숙한 곳까지 스며들어야 합니다. 내 생각에 그런 일은 결코 일어나지 않습니다. 장관 뒤를 쫓아다니고 정치적 문제를 해결하는 일이 제일 중요하다고 여겨지다 보니 이런 경향이 더 심해졌습니다. 제러미 헤이우드 전 총리실 비서실장 같은 분들이 그런 일에 능했죠. 하지만 그건 곧 우리가 늘 자기 꼬리를 쫓는 식의 대응만 반복했다는 뜻입니다. 한발 물러나 깊고 진지한 개혁이 필요하다는 판단을 내릴 여유조차 없었던 것입니다."[23]

화이트홀은 점점 더 많은 업무에 짓눌리고, 지방정부는 갈수록 무력해지고 있다. 이런 상황에서 누군가가 한 발짝 물러서서 이 체계를 재정비할 시간은 갈수록 사라지고, 악순환은 더욱 심해진다. 이 악순환이 가장 두드러지게 나타나는 곳이 바로 정부의 중심, 즉 내각 사무처인데, 여기에서는 원래 공무원 조직 전체를 책임지는 내각 사무처장의 역할마저 축소되어, 점점 단기 수습을 위한 조정가 역할에 머무르게 된다.

정책보다는 홍보에 집착하게 된 문화도 문제다. 언론을 달래기 위해 발표거리를 끊임없이 만들어야 하는 환경에서는, 깊이 있는 개혁을 설계하고 추진할 능력보다는, 피상적일지언정 언론 친화적인 구상을 내는 능력이 중시된다. 빠르게 교체되는 장관들은 이 흐름을 더 악화시킨다. 정치인들이 다음 인사 개편 전에 자신의 이름을 알리기 위해 자극적인 아이디어를 쏟아내기 때문이다. 커밍스의 말처럼, 장관들이 왜 '증거에 기반해 행동할지, 증거에 역행해 행동할지, 증거 없이 행동할 것인지를' 고민하겠는가. 증거는 이해관계자들을 만족시키기 위해 무언가를 말해야 할 때 방해만 된다.

개혁이 어려워진 또 다른 이유는, 공무원이 독립되어 정부에 중립적인 조언을 제공하는 존재라는 원칙이 계속 훼손되어 왔기 때문이다. 이로 인해 앞서 열거한 문제들이 더 심각해지고 있다. 모드나 커밍스처럼 체계 개혁에 관심 있는 이들도, 인사 문제를 해결하지 못한 데서 오는 좌절감 때문에 정공법이 아닌 행정부 권한 확대라는 편법을 택하게 된 것이다.

특별 보좌관 전성시대

〈예스 미니스터〉 시대 이후 가장 큰 변화는 특별 보좌관의 역할에 있었다. 극 중 장관인 짐 해커는 보좌관 한 명을 데리고 정부에 입성하지만, 그 보좌관은 곧 외딴 건물로 쫓겨나고 시즌2, 3에서는 등장조차 하지 않는다. 총리가 된 해커에게는 도로시 웨인라이트(Dorothy Wainwright)라는 강단 있는 보좌관이 생기는데, 폴켄더 경을 모델로 한 인물이다. 이 역시 정치적 임명이 본격화되기 시작한 해럴드 윌슨 시대의 흐름을 반영한 것이다.

폴켄더, 당시에는 마샤 윌리엄스였는데, 그녀가 정치적으로 임명된 첫 보좌관은 아니었다. 로이드 조지와 처칠 시대에도 전시에 공식 인사 절차를 거치지 않고 보좌관을 둔 적이 있었고, 해럴드 맥밀런 역시 정치 비서를 거느렸으며, 다른 장관들도 비정규 보좌관을 둔 사례가 때때로 있었다. 하지만 폴켄더는 자신의 역할을 순전히 정치적인 것으로 받아들여 공직자들과의 직접적인 경쟁 구도를 형성한 최초의 보좌관이었다.

현재의 특별 보좌관 제도가 본격적으로 형성된 것은 윌슨의 두 번째 집권기였던 1974년이었다. 그는 정치적으로 중립을 지키는 기존의 공무원 조직만으로는 한계가 있음을 분명히 밝히고 정치 보좌관 집단을 늘리겠다는 뜻을 밝혔다.

"특별 보좌관은 장관에게 정치적으로 더 헌신적이고 현실 감각 있는 사고방식을 제공할 겁니다. 기존의 중립적인 공무원들로부터는 기대할 수 없는 요소이지요."[24]

장관들도 각자 정치 보좌관을 임명할 수 있게 되었다. 예를 들어 바버라 캐슬(Barbara Castle)은 젊은 잭 스트로(Jack Straw)를 보좌관으로 채용했는데, 그는 이후 토니 블레어 정부에서 외무장관이 되었다. 1976년, 윌슨이 총리직에서 물러날 무렵 정부 내 특별 보좌관은 40명에 달했다. 제임스 캘러헌 정부에서 보수당과 언론의 인건비 낭비 공세에 직면해 줄어들었고, 대처도 처음에는 보좌관 수를 적게 유지했다. 대부분 존 호스킨스(John Hoskyns)처럼 나이가 많은 사업계 출신 인사들이었다. 호스킨스는 대처의 첫 정책실장이었다.

대처는 기본적으로 자신을 지지하는 한 공무원들과 함께 일하는 것을 선호했고, 장관이 보좌관을 더 필요로 한다면 그것을 무능함의 증거로 생각했다. 하지만 그녀 역시 결국 입장을 바꿨고, 집권 말기에는 부처마다 보통 두 명씩 보좌관을 두는 것이 표준화되었다. 한 명은 정책에 집중했고 또 한 명은 정무와 언론 대응을 담당했다. 또한 그녀는 특별 보좌관들이 당대회 참석 등과 같이 명백히 정치적인 활동을 할 수 있도록 예외적으로 기존 공무원 윤리강령의 해당 조항들을 무시할 수 있게 조치했다.[25]

하지만 특별 보좌관들이 진정 공무원 조직을 대체하는 정책 결정 세력으로 부상한 것은 블레어 정부에서였다. 특별 보좌관 제도를 도입한 윌슨과 가장 크게 확장한 블레어는 모두 보수당의 장기집권 이후 총리에 오른 인물들로, 기존 공무원 조직이 자신들에게 본질적으로 적대적일 것이라는 인식을 공유하고 있었다.

〈예스 미니스터〉의 자문을 맡았던 윌슨의 전직 보좌관 버나드 도너휴는 블레어 정부에 귀환하여 상원의원 겸 하급 장관으로 잠시 활동했다. 그는 당시를 이렇게 회고했다. "블레어 정부 장관과 보좌관들은 젊은이들이었고, 다들 〈예스 미니스터〉를 보면서 자란 세대였습니다. 그래서인지 지나치게 경계심이 강했고, 자기 공무원 말을 듣지 않는 것을 일종의 남자다움처럼 으스댔지요. 그게 지나쳤어요. 그들은 젊었고 경험이 부족해서 뭘 해야 하는지도 잘 몰랐거든요. 내 생각에는 차라리 공무원들이 그 일을 맡았더라면 나았을 겁니다."[26]

특별 보좌관 수를 늘리는 것은 공무원들의 의견을 듣지 않기 위함이었다. 특별 보좌관 수는 금세 두 배로 늘었다. 그러나 수보다 중요한 것은 지위였다. 언론대응실장 앨러스테어 캠벨과, 비서실장 조너선 파월은 총리실에서 사상 최고 수준의 권한을 가지고 있었다.

다른 부서에서도 마찬가지였는데, 특히 재무부가 그랬다. 에드 볼스는 사실상 부총리 역할을 했고, 이전 정권들과는 달리 공무원 중 소수만이 총리에게 직접 접근할 수 있었다. 이처럼 특별 보좌관들이 직접적인 정책 결정 과정에까지 관여하게 되면서, 공무원의 역할과 존재 이유 자체에 대한 혼란이 생겨났다.

수석 공무원으로서 신노동당으로의 정권 교체를 경험했던 데이비드 오맨드(David Omand)는 이 새로운 문화가 부상하는 것을 직접 겪었다. 그는 많은 사람들을 대변해 이렇게 말했다.

"제가 국방부에 있을 때까지만 해도[즉, 1997년 이전] 우리가 아는 그런 특별 보좌관들은 없었습니다. 내무부 시절 함께 일한 특별 보좌관은 청소년 사법 전문가였던 노먼 워너(Norman Warner)였습니다. 이후 상원의원이 되셨죠. 그는 원래 공무원 출신인데, 야당 시절 노동당을 위한 정책을 설계했기 때문에 특별 보좌관으로 채용되었습니다. 그 뒤를 이은 인물도 형사사법 전문가인 저스틴 러셀(Justin Russell)인데, 이후 보호관찰청장이 되었습니다. 이런 식의 전문가 보좌관 채용은 아주 유용했습니다. 잭 스트로 장관은 홍보 담당 특별 보좌관으로 에드 오웬(Ed Owen)을 임명했는데, 그는 지금 워싱턴 D.C.에 기반한 커뮤니케이션 수석 자문역으로 활동하고 있지요. 오웬은 레드 라이언[웨스트민스터의 유명 술집]에 내려가 저라면 단연코 거절했을 정치적인 일들을 할 수 있었습니다. 그런데 특별 보좌관이 정책 전반에 걸쳐 핵심 역할을 하고, 이후 정치인이 되기 위한 디딤돌로 삼는 오늘날의 방식은 제가 보기에는, 체계 자체를 망가뜨렸습니다. 개인적으로, 그런 체계에서 일하지 않아 다행입니다. 이제는 누가 하위 장관들과 연결되어 있는지, 누구에게 보고해야 하고 누가 어떤 권한을 가지고 있는지 확실하게 아는 사람이 아무도 없거든요. 일부 고위 공무원들은 장관에게 안건을 올리기 전에 특별 보좌관에게 먼저 보고해야 한다고 느낍니다. 영국의 국정 운영 체계가 완전히 무너졌다는 뜻이죠. 특별 보좌관 자체를 반대하는 것은 아닙니다. 다만 그들이 무슨 역할을 맡고 있는지, 그 역할이 공무원의 일과 구분되는 것인지가 명확해야 한다고 말하는 겁니다."[27]

이런 구분은 사라진 지 오래다. 영국 정부 체제 특유의 특징대로, 특별 보좌관 제도가 여러 정부를 거치며 뚜렷한 목적이나 원칙 없이 점진적으로 발전하다 보니, 오늘날에는 그 역할과 책임이 심각하게 혼재되어 있다. 어떤 특별 보좌관들은 예전처럼 특정 분야의 전문가 역할을 하거나 언론 대응만 맡는다. 어떤 보좌관들은 장관과 공무원 사이에 끼어들어, 에드 볼스처럼 장관에 준하는 역할을 맡기도 한다.

가장 극단적인 사례는 도미닉 커밍스로, 그는 보리스 존슨 정부에서 총리 수석 보좌관으로 일했다. 존슨의 전기를 쓴 앤서니 셀던과 레이먼드 뉴웰은 브렉시트 막바지에 의회의 감시를 피하려던 정회 시도 당시 커밍스가 총리에게 보고되어야 할 문서를 막은 사례를 기록했다. '고위 공무원들에 따르면 당시 커밍스는 정회의 위험성을 축소하기 위해 총리에게 보고될 메모를 차단했고, 그 결과 관료들은 패닉 상태에 빠졌다. 커밍스는 총리가 결정을 내리지 않아도 상관없다고 생각했고, 실제로 본인이 직접 결정을 내리려 했다. 마치 자기가 총리인 것처럼 말이다.'[28]

코로나바이러스 초기에는 상황이 더 심각했다. '공무원들은 허울뿐인 정부(Potemkin Government)*라는 표현을 공공연히 사용하기 시작했고, 누가 나라를 통치하고 있는지 아무도 인지하지 못하는 상황에 놓였다. 커밍스는 총리의 승인 없이 총리 명의로 지시를 내렸고, 한 공무원에 따르면 '총리에게는 말하지 마'가 그의 단골 멘트였다.'[29]

여기에는 명백한 문제가 있다. 특별 보좌관들은 선출된 인물도 아닐뿐더러, 의회 상임위에 불려 나오는 일도 거의 없고, 언론과의 공식 인터뷰도 드물다. 도미닉 커밍스나 앨러스테어 캠벨처럼 카

---

* 18세기 러시아 제국의 여제 예카테리나 2세가 크림반도를 시찰할 때, 여제의 총애를 받던 그레고리 포템킨이 겉으로만 그럴듯한 마을처럼 보이도록 임시 건물과 무대 세트를 설치한 일에서 유래한 표현으로, 허울뿐인 전시행정이나 보여주기용 정책을 상징하는 표현으로 쓰인다.

리스마가 있거나 논란을 몰고 다니는 일부 인사들은 대중적 이미지가 있지만, 대부분은 전혀 알려지지 않은 채로 많은 하위 장관들보다, 때로는 내각 장관들보다 더 큰 권한을 행사하는 것이다.

이로 인해 정책 결정 과정에서 누가 책임을 지는지에 대한 심각한 혼란이 생겼고, 공무원 조직은 그 과정에서 배제되었다. 일반행정직 출신 공무원들로부터 참신한 정책 제안을 얻어내기 어렵다는 기존의 문제의식을 떠올리면 이런 변화가 어느 정도 타당하게 보일지도 모른다. 하지만 결과적으로는, 공무원들이 스스로 아이디어를 제안하려는 동기마저 약화하고, 외부 전문가의 조언을 구하려는 시도도 감소시켰다. 이 흐름 속에서 도미닉 랍처럼, 장관 본인의 생각을 그대로 실행에 옮기는 것이 부처의 역할이라고 믿는 정치인도 생겨났다.

하지만 특별 보좌관의 역량은 편차가 심하다. 정당 충성도만 높은 정치권 인사가 특별 보좌관으로 채용되는 경우가 많고, 자신이 담당할 부처에 대한 지식이 거의 없는 경우도 허다하다. 일단 장관이 마음에 들어 하면, 이후 다른 부처로 자리를 옮기더라도 계속 데리고 다니는 일도 흔하다. 웨스트민스터 특유의 비정상적인 근무 환경과, 새벽이든 주말이든 일이 터지면 언제든 대응해야 한다는 기대 때문에, 특별 보좌관들은 대부분 젊고 미혼인 경우가 많다. 이들은 특별 보좌관을 정계 입문을 위한 발판으로 삼거나, 혹은 장관 인맥을 높이 평가하는 정부와 관련된 회사로의 이직을 노린다. 반면, 특정 분야에 실질적인 정책 전문성이 있는 사람들은 정당과 거리를 두는 편이고, 정치색이 뚜렷한 자리에 가는 것에 거부감을 느낀다. 설령 그런 사람이 있다고 해도 정치적 타협을 요구받는 자리에서 신뢰를 얻지 못한다. 그 결과, 실질적인 정책 설계자가 아무도 없는 상황이 되어버렸다. 공무원들은 정책 설계가 자신들의 역할이 아니라고 느끼고 있고, 장관이나 특별 보좌관들은 그럴 능력이, 때로는 그럴 의지조차도 없다.

영국의 전 부총리 데이비드 리딩턴은 시간이 지날수록 공무원의 정책 설계 역량이 약화하는 것을 몸소 느꼈다고 말했다. "1980년대 후반, 더글러스 허드(Douglas Hurd) 장관 밑에서 내무부 특별보좌관으로 일할 때는 통계 및 연구 부서가 있어서 온갖 통계를 취합하고, 해외에서 어떤 정책 실험이 잘 작동하는지, 범죄학 분야에서 대학들이 어떤 연구를 발표했는지 등을 정리해 장관에게 보고했습니다. 그런데 제가 2017년에 법무부로 돌아갔을 때에는 그런 전략 기능 자체가 사라져 있었습니다. 부서 안의 누구도 어떤 범죄학 보고서가 효과적인 내용을 담고 있는지, 노르웨이의 형사 정책이 어떤지, 캘리포니아는 어떻게 하고 있는지 전혀 살펴보고 있지 않았습니다."[30]

이러한 변화는 부분적으로 잦은 인사이동으로 인한 불안정한 조직, 예산 삭감과 신입 공무원 유입 반복에서 비롯되었다. 그러나 본질적인 이유는, 많은 장관들이 이제 더는 공무원들에게 그런 역할을 기대하지 않으며, 동시에 그들이 그 역할을 수행할 수 있으리라고 신뢰하지도 않기 때문이다. 그리고 이 말인즉슨 실질적인 정책 설계를 아무도 하지 않는다는 뜻이다. 공무원들은 별도 지시가 없다면 자신의 업무가 아니라고 느끼고, 장관이나 특별 보좌관들은 소속 부처의 배경에 대해 이해하지도 못한 채 전문 지식 없이 일하는 경우가 많다. 정책 아이디어를 자신들과 정치적으로 가까운 정책연구소나 학자들에게서 얻기도 하지만, 그 아이디어가 실제로 쓸 만한지 판단할 수 있는 능력이나 체계가 없다. 그 결과는 정책 공백이다. 현실과 동떨어진 언론 발표에만 집중하게 된다.

이런 흐름은 수년에 걸쳐 서서히 진행되어 왔지만, 지난 10년간 장관과 공무원 사이의 관계는 확실히 더 나빠졌다. 브렉시트는 그 관계를 결정적으로 무너뜨린 계기가 되었다. 내각 사무처 부처장으로 일했던 헬렌 맥나마라는 내게, 전통적으로 공무원들이 정치적 중립을 거의 종교적인 수준으로 지켜 왔다고 말했다.

"누군가의 투표 성향이나 개인적인 정치 견해에 대해 이야기하는 것은 그야말로 절대 금기였습니다. 정치인이나 일반인은 이런 문화가 얼마나 깊은지 상상도 못할 겁니다. 동료들과 친밀하게 지내며, 개인사에 대해 터놓고 지내더라도 그 사람이 누구를 찍었는지는 절대 묻지 않았습니다."

그러나 브렉시트 국민투표에 관해서는 상황이 달랐다. 한 고위 공무원은 이렇게 말했다. "고위 공무원 대부분이 큰 충격에 빠졌습니다. 그건 진짜 단절이었습니다."[31]

전 외무부 수석 공무원 사이먼 맥도널드(Simon McDonald)는 브렉시트를 다룬 BBC 다큐멘터리에서, 당시 분위기가 다른 선거나 국민투표 결과와는 완전히 달랐다고 회상했다.

"사람들은 눈물을 흘렸습니다. 모두 충격에 빠져 있었습니다. 그날, 그 한 가지 사안에 대해서만큼은, 나는 내 동료들에게 내가 유럽연합 잔류에 투표했음을 밝혔습니다. 그러니 장관들도 내 투표를 알 수 있었죠. 그건 순전히 신뢰를 지키기 위한 행동이었습니다. 이런 메시지를 전하려고 한 거지요. 우리가 느끼는 개인적 감정은 직업 역할과는 별개라는 것을요. 그들 대부분이 EU 잔류에 투표했으리라 생각했거든요."[32]

맥도널드가 대다수보다 한발 더 나아가긴 했지만, 이런 감정적인 반응은 화이트홀 전체에서 관찰되었다. 이는 양측 모두에 깊은 균열을 남겼다. 특히 브렉시트를 이끌 책임이 생긴 장관들은, 특히 브렉시트를 앞장서 주장했던 장관들은 이제 공무원들이 반대편과 한편이라고 생각하며 더 신뢰할 수 없다고 느꼈다. 예전에도 그런 의심은 있었지만 이제 확신하게 된 것이다. 실제로는, 브렉시트 업무를 맡은 공무원들 대부분은 직업 본분에 충실했으며, 자신들의 직관에 반하더라도 정부의 목표를 달성해냈다. 그러나 이렇게 신뢰가 상실되자, 도미닉 랍이나 프리티 파텔 같은 인사들은 비효율적이고 공격적인 태도를 보였다.

브렉시트는 고위 공무원 사회에 깊은 불만을 낳았고, 2019년 이후 특히 정부가 목표 달성을 위해 법 위반도 감수할 기세라는 사실이 명확해지면서 많은 이탈을 불러왔다. 재무부에서 제2수석 공무원을 지낸 존 킹먼은 2016년에 민간 부문으로 자리를 옮겼다. 그는 내게 이렇게 말했다.

"제가 떠난 후로, 정말 유능한 사람들이 수시로 제게 와서 '어떻게 탈출해야 할까요?' 묻곤 했어요. 아주 고위직부터 중간 관리자, 젊고 똑똑한 친구들까지요. 예전에는 캐머런이나 오스본 시절의 긴축 정책이 마음에 들지 않았더라도 그것이 굳이 공직을 떠날 이유는 아니었습니다. 하지만 2016년 이후 상황이 달라졌어요. 정부가 법을 어기는 데 아주 무감해졌고 대규모 부패도 드러났지요."[33]

특정 사건이나 위법 행위를 넘어선 문제가 있다. 바로 솔직한 조언이 설 자리가 급속히 줄어들었다는 점이다. 브렉시트 이후 장관들의 태도가 한층 더 경직된 것과, 공무원 인사 제도의 변화가 겹친 결과이다. 이제 가장 고위직에 있는 공무원조차 장관의 심기를 건드리면 쉽게 해임될 수 있게 되었기 때문이다.

연립정부 시절, 프랜시스 모드 내각 사무처장은 고위 공무원 인사권을 장관에게 부여하려고 시도하면서 관료 사회와 끊임없이 충돌했다. 도미닉 커밍스처럼 그는 제도 개혁에 번번이 실패하자 더 많은 행정 권한을 가져야 한다고 생각했다. 그는 끝내 두 가지를 관철했는데, 첫째는 수석 공무원직을 5년 단위로 계약하게 해 성과에 불만이 있으면 계약을 연장하지 않아도 되게 한 것이다. 두 번째는 공무원 인사에 대한 것으로, 공무원 위원회가 적합하다고 판단한 후보 명단 중에서 장관의 조언을 받아 총리가 최종 선발권을 가지게 되었다.

겉보기에는 작은 변화처럼 보이지만, 이 변화는 고위 공무원들이 장관에게 정직하게 조언하려는 의지에 큰 영향을 주었다. 물론 법을 어기는 일이 아닌 이상, 공무원은 언제나 정부의 지시에 따라야 했다. 그런 점에서 공무원 조직은 완전히 '독립적'이지는 않다. 하지만 동시에 그들은 편파적이지 않아야 하며, 정책 제안에 대해 솔직한 조언을 제공해야 한다. 이제 수석 공무원 자리를 노리는 공무원은 동료들 사이에서 가장 유능하다는 평가를 받더라도 장관의 마음에 들지 않으면 임용되지 않을 수 있다는 사실을 알고 있다. 이미 임용되었더라도 장관에게 찍히면 5년 내 쫓겨날 수도 있다는 사실을 알고 있다.

장관들이 간접적으로 불만을 표현해 오기는 했지만, 그 권한이 공식화되면서 실제로 행사하는 빈도도 늘었다. 내각 사무처장이었다가 강제로 쫓겨난 마크 세드윌(Mark Sedwill)은 상원 위원회에서 이렇게 증언했다. "객관적으로 가장 뛰어난 사람이 아니라, 장관이 편하게 여기는 사람이 수석 공무원에 선발된 사례가 종종 있었습니다."[34] 전 재무부 수석 공무원 닉 맥퍼슨(Nick MacPherson)도 같은 위원회에서 다음과 같이 증언했다. "장관들이 인사 과정에 상당한 압력을 넣어 자신이 원하는 인물이 적합 평가를 받도록 만듭니다." 당시 내각 사무처장이었던 사이먼 케이스 역시 지금은 국장급 인사조차 총리가 일일이 결재하는 것이 관행이 되었다고 밝혔다.[35]

더 우려되는 것은 고위 공무원을 즉각 해임하는 사례가 점점 더 늘고 있다는 것이다. 과거에도 장관과 수석 공무원 사이가 좋지 않으면 내각 사무처장이 중재해 보직을 바꾸는 경우가 있기는 했다. 그러나 지금은 총리 취임 첫날 트러스가 재무부의 톰 스칼라를 해임하고, 동시에 국가안보보좌관 스티븐 러브그로브(Stephen Lovegrove)를 교체한 것처럼 곧장 해임하는 일들이 벌어지고 있다. 세드윌은 이 사건을 두고, "화이트홀 전체에, 새 정부에서 가장 중요한 기준은 정치적인 견해 일치이며, 능력이나 성과는 중요하지

않다는 명백한 신호를 보낸 것"이라고 평했다.[36]

트러스가 가장 극단적인 사례겠지만, 그 이전에도 존슨 총리는 2020년에만 수석 공무원 12명을 '교체'했다. 도미닉 커밍스가 이러한 인사 교체를 주도했으며, 특별 보좌관이 공무원 인사에 관여해서는 안 된다는 규정을 무시했다. 2019년부터 2023년 사이, 수석 공무원이 한 직위에 머무른 평균 기간은 6.8년에서 2.4년으로 급감했다.[37] 궁극적으로, 이런 인사 권한은 총리의 법적 권한 안에 있다. 2010년의 헌정개혁 및 행정법은 총리가 공무원 조직을 관리하며, 필요하다면 자유롭게 인사를 단행할 수 있다고 처음으로 명시한 법이다.

대부분의 고위 공무원직은 여전히 독립된 심사를 거쳐 총리가 적합 판정을 받은 후보들 중에 국장과 수석 공무원을 임명하지만, 가장 중요한 자리는 예외다. 내각 사무처장은 별도 규정 없이 총리가 자유롭게 정할 수 있다. 전통적으로는 퇴임하는 사무처장이 후임 인선에 큰 영향을 주었지만, 최근에는 이 관행조차 무너졌다.

2020년에 보리스 존슨은 내각 사무처장이었던 세드윌을 사퇴시키고 뒤이어 혼란스러운 과정을 거쳐 사이먼 케이스를 임명했다. 그는 부처를 이끈 경험도 없었고, 해당 직책을 맡기에 부적합하다는 평가가 많았다. 한 전직 수석 공무원은 이렇게 말했다.

"정상적인 상황이라면 사이먼 케이스가 내각 사무처장이 되는 일은 없었을 겁니다. 그는 정부의 뜻에 따르겠다는 조건으로 그 자리를 얻은 거예요. 케이스가 착한 사람일지는 몰라도, 정치적인 임명이라는 것은 명백하죠."[38]

이 문제는 매우 중요하다. 역사적으로 내각 사무처장은 공무원의 정치적 중립성을 지키는 수호자 역할을 해 왔다. 헌법상의 근거는 언제나 모호했지만, 과거 같았으면 스칼라와 러브그로브 해임 같은 일을 막기 위해 개입했을 것이고, 실제로 그럴 권한도 있었다. 하지만 사이먼 케이스는 그렇게 하지 못했고, 이로 인해 공무원 사회 전반에서 그의 리더십에 대한 신뢰가 크게 흔들렸다.

어느 문제 많은 장관을 보좌했던 한 고위 공무원은 이런 상황이 왜 해로운지를 이렇게 설명했다. "확실히 변화가 있었습니다. 제러미 헤이우드가 작고하기 전에는 누군가가 우리 편이 되어줄 거라는 믿음이 있었습니다. 결국 중요한 순간에는 누군가 나서서 '아뇨, 이렇게 할 수 없습니다.'라고 말해줄 거라는 믿음이죠. 예전에 제가 같이 일했던 장관은 공무원 행동강령을 무기로 삼으려 했습니다. '그 조언을 해주지 않는다면 공무원 행동강령 위반이 될 거요' 하는 식이었죠. 헤이우드나 거스 오도널이 있었더라면 내각 사무처에서 개입해서 '바보같이 굴지 마십시오. 행동강령은 무기가 아닙니다. 그런 식으로 쓰라고 만들어진 게 아니라고요.' 하는 식으로 장관에게 말해줬겠지요. 그런 버팀목이 사라졌습니다. 곧, 중립적인 조언을 하는 데 더 큰 용기가 필요하다는 뜻이죠. 이제는 부처 안에서 혼자 떠밀리는 느낌이 듭니다."[39]

오늘날 공무원이 중립적인 조언을 하기 어려워졌다는 흐름은 흔히 '정치화'됐다는 식으로 표현된다. 하지만 그것은 정확한 표현이 아니다. 사이먼 케이스 같은 사람들이 핵심 직위를 차지한다고 해도, 그들이 당의 충복이거나 정부 정책에 열광하는 인물은 아니다. 고위직을 완전히 정권 측 인사로 채우는 미국처럼 진짜 정치화된 것과는 다르다.

사이먼 케이스는 보리스 존슨과 도미닉 커밍스 체제에 대해 내심 불만이 컸던 것으로 보인다. 코로나바이러스 조사위원회 과정에서 공개된 그의 왓츠앱 메시지에는 그런 심경이 고스란히 담겨 있다. 세드윌이 사퇴하기 직전 그와 나눈 긴 대화에서, 케이스는 이렇게 말한다. '그렇게까지 나라를 운영할 능력이 없는 사람들은 처음이에요. 존슨에게 터놓고 말해버렸어요. 내가 총리실에서 같이 일해보자고 제안한 그 수많은 인재들이, 이 조직이 너무나 해롭게 운영되고 있어서 거절했다고요.'[40] 하지만 그럼에도 그는 그 자리를 받아들였고, 다른 메시지에서는 커밍스와 존슨에게 굽신대는 모습을 보였다. 그래서 그들은 케이스를 통제하기 쉬우리라고 여겼고, 더 유능한 후보들을 제치고 그를 선택한 것이다. 재무부의 톰 스콜나, 교육부의 조너선 슬레이터를 대신해 임명된 이들도 당원이 아니라 정치적으로 편향되지 않은 고위 공무원들이었다.

정부정책연구소의 알렉스 토머스(Alex Thomas)가 말한 표현을 빌리자면, 지금 고위 공무원 쪽에서 나타나는 현상은 '정치화'가 아니라 '개인화'다. 정부가 자기편인 사람을 요직에 앉히고, 충성심과 통제력을 극대화하기 위해 인사권을 강하게 행사하는 것이다. 최악의 상황이다. 트럼프 행정부 시기 미국의 관료 세 명의 사례를 다룬 마이클 루이스(Michael Lewis)의 책 『The Fifth Risk(다섯 번째 위기)』에서 확실히 알 수 있듯 미국식의 노골적인 정치화도 물론 심각한 문제를 일으키지만,[41] 적어도 선한 리더십 아래에서는 정부

비전을 공유하고 그것을 실현하기 위해 일하는 조직이 만들어지기는 한다.

반면 지금 영국의 공무원 조직은 너무 위축되어서, 진정한 중립성을 지키거나 독자적인 정책 해법을 제안하는 것을 두려워하고 동시에 아무런 정치적 비전도 공유하지 않는다. 공백이 생길 수밖에 없는 상황이다.

진짜 개혁에 나설 때

이제는 과감하게 더 정치화된 체제를 택해야 하나? 과거의 중립성은 과거로 묻어두고 말이다. 어쩌면 그런 방식이 기존 공무원 조직이 급진적인 구상을 가진 정부를 밀어내면서 계속 쌓아 올리는 단단한 장벽을 무너뜨릴 수 있을지 모른다. 사실 이렇게 하고 있는 나라들이 꽤 많다. 미국은 극단적인 사례로, 대통령이 바뀌면 고위 공직자도 전면 교체된다. 다르게 적용하는 나라들도 있다. 예를 들어 독일은 최고위 공무원들은 아예 '정무직'으로 분류되며 정당 소속인 경우도 많다. 장관은 원하는 대로 그들을 해임하거나 기용할 수 있다.[42]

이런 체계와 영국의 중요한 차이점은, 행정권 견제 방식이다. 미국과 독일은 모두 의회가 제약할 수 없는 헌법재판소를 가지고 있고, 상당한 권한이 주나 지역 정부로 분산되어 있다. 반면 영국의 행정부는 이미 지나치게 강력하며, 매우 중앙집중화되어 있으며,

과반 의석을 확보한 경우 의회를 무시하는 경향이 있다. 그렇기 때문에 영국에서는 공무원의 엄정중립과 수준 높은 조언이 더욱 중요하다. 이런 견제가 없다면, 장관들은 형편없는 정책 설계와 엉성한 집행으로 스스로 발목을 잡을 가능성이 커진다.

모드나 커밍스 같은 개혁자들의 좌절은 충분히 이해할 수 있고, 실제로 많은 공무원들도 그들에 공감한다. 풀턴 보고서 이후 50년이 지났지만, 여전히 전문성은 부족하고 성과 관리도 미비하며, 실행 가능성에 대해서는 거의 고민하지도 않는다.

그러나 이 문제에 대한 해법으로 행정부 권한을 더 늘리자는 주장은 전혀 잘못된 방향이다. 모드는 2023년 정부에 제출한 보고서에서, 장관에게 임면권을 더 주고, 고위 공무원 전원을 4년 단위 계약직으로 바꾸자고 제안했다.[43] 이에 대한 반응은 다음과 같다. '이런 방식은 고위 공무원이 자신 있게 정직한 조언을 하기 어렵게 만들며, 결국 윗선 눈치만 보는 사람을 양산하게 된다.'[44] 실제로 수석 공무원을 대상으로 한 인사 방식 변경이 이런 상황을 낳았다.

지나친 행정권 남용은 상황을 악화시켜 왔다. 특별 보좌관 증가는 정책 결정 과정에서 혼란을 불러왔는데, 이들의 역할은 명확히 규정된 바도 없고, 기존의 규칙을 적용할 장치도 없기 때문이다. 때때로 정책 설계를 보좌하는 두 집단, 보좌진과 공무원 조직이 조화할 수도 있지만, 그보다는 공무원들이 정직한 조언을 더 회피하게 되었다. 공무원 수를 기준 없이 감원하는 '개혁'은 인재가 떠나게 만들고, 시간만 낭비했다. 장관들이 부처 운영과 관련된 기본적인 운영 방식을 결정하기 위해 필요하다며 고위 공무원들에게 부과하는 지나치게 엄격한 규칙은 더더욱 시스템을 방해한다. 통제 시도가 반복될수록 불만은 커지고, 시스템은 점점 효율을 잃는다. 또 다른 악순환이다.

대안은 물론 더 어렵기는 하지만 제대로 된 개혁을 추진하는 것이다. 그러려면 그간의 모든 개혁 시도가 왜 실패했는지를 정확하게 이해해야 한다. 분명 험프리 경 같이 기존 체제를 고수하려는 사람들도 있었지만, 근본적인 책임은 후속 정부들에 있다. 왜냐하면 이 문제는 이 책에서 다룬 다른 주제들처럼 분명히 중요한데도 우선순위에서 밀려났기 때문이다. 부분적으로는, 좋은 국정 운영과는 전적으로 무관하게 개인적인 보상 체계가 맞춰져 있어서, 이 문제를 해결할 이유가 없기 때문이다.

정치인들이 자신의 실패를 게으른, 무능한, '뚱보', '깨시민' 공무원 때문이라는 식으로 공격하는 것은 아주 쉬운 일이다. 인위적인 감원이라거나 봉급 동결, 재택근무 금지 같은 '강경' 조치 선언 등은 언제나 우호적인 언론 보도를 보장해 준다. 하지만 진짜 개혁을 하려면, 공무원에게 주어진 동기와 보상 구조 자체를 근본적으로 재설계해야 한다. 현재로서는, 블레어 시절의 비서실장이었던 조너선 파월의 말처럼 "문제를 잘 해결했다고 해서 얻는 보상은 거의 없고, 무언가 잘못되기만 하면 책임을 뒤집어쓰는 상황"이다.[45] 행정부 통제를 늘리는 방식은 이런 '책임 전가 문화'만 더 심화시켜 왔다.

대대적인 개혁을 시도하기에 앞서, 먼저 공무원 조직에 대한 신뢰와 권한을 회복해야 한다. 그래야 지금까지 빠져나간 인재들이

다시 돌아올 수 있다. 예를 들어 수석 공무원들에게는 예산 한도 내에 유능한 사람을 채용할 수 있는 권한을 주어야 하고, 프로젝트 간 예산 재배치 역시 단계 단계마다 재무부의 간섭을 받지 않고 자율적으로 결정할 수 있게 해야 한다.

또한 단순히 총리나 장관이 그들을 싫어한다는 이유만으로 해고되지 않으리라는 확신을 주어야 한다. 그렇다고 해서 장관의 인사 감시 기능을 전면 폐지하자는 뜻이 아니다. 투명성을 높여야 한다는 것이다. 만약 총리가 어떤 인물을 해임하고자 한다면, 그 이유를 명확히 밝히고, 당사자의 반론권을 보장하며, 의회의 감시를 받아야 한다. 이런 권한은 아주 드물게, 예외적인 상황에서만 행사되어야 하며, 이념적 순응을 강제하는 수단으로 전락해서는 안 된다. 마찬가지로, 총리가 공직사회의 수장을 임명할 최종 결정권을 가지되 그 절차는 공개되어 투명하게 이루어져야 한다.

일단 이런 신뢰가 회복되면, 보다 실질적인 구조 개편도 가능해진다. 그것이 가능하려면 총리가 그 개혁을 국정 최우선 과제로 삼고, 해당 개혁을 실질적으로 추진할 수 있는 강단 있는 내각 사무처장을 임명해야 한다. 조너선 파월은 이에 대해 이렇게 제안한 바 있다.

"신중한 지도자라면 공무원 수는 대폭 줄이되 유능한 인물만 남겨서 적절한 역량과 보수를 보장하는 새로운 협약을 도입할 것이다. 이런 정책은 관료제의 실패한 영역에 고액 연봉을 받는 전문가를 임명할 때마다 세금 낭비라며 비판하는 《데일리 메일》같은 언론으로부터 엄청난 공격을 받겠지만, 사실 가령 내무부의 이민

국적 부서 등에 연간 100만 파운드를 받는 외부 전문가를 영입하더라도 결과적으로 세금 낭비가 아니라 절감 효과를 가져온다."[46]

내가 만난 사람들 대부분도 이런 접근이 타당하다고 여겼다. 예컨대 정부가 공공서비스를 세계 최고 수준으로 디지털화하겠다고 하면서 개발자들에게 시세보다 몇 배나 적은 보수를 주겠다는 것은 말도 안 된다. 여기에 덧붙여야 할 것은, 단순히 실패하지 않는 것이 아니라, 구체적인 성과 달성을 기준으로 하는 성과 관리 체계다. 기존처럼 형식적이고 수준 낮은 프로그램이 아니라, 내용 중심의 맞춤형 전문 훈련 프로그램도 필수적이다.

이 모든 제안은 개념적으로 복잡하거나 새로운 것이 아니다. 단지 지금의 정치 체계가 유도하는 모든 보상 구조와는 정반대 방향이라는 것이 문제다. 그래서 이 문제를 단순히 공무원 조직 문제로 다뤄서는 안 되고, 정부 운영 전반에 걸쳐 체계적으로 접근해야 한다. 결국 장관들의 유인 체계를 개선하지 않는 한, 그 누구에게도 올바른 유인 체계가 설계될 수 없다. 이제 정치 보도 방식의 변화가 이러한 정치적 유인 체계를 어떻게 악화시켰는지 살펴보자.

3부
과속 상태
OVERDRIVE

제7장

아무 말 제조기

언론 홍보가
어떻게 정책보다 더 중요해졌는가

"헛소리를 믿지 않는 수준을 넘어서서,
이제는 귀담아듣지도 않는다.
광고판이나 백화점 배경음악처럼, 의식 너머 어딘가에서
자동으로 차단해 버리는 것이다."
|데이비드 포스터 월러스(David Foster Wallace), 「심바 만세(Up, Simba)」|[*1]

"무얼 하는지가 곧 그 존재 목적이다."
|스태퍼드 비어(Stafford Beer)|

---

* 미국 작가 데이비드 포스터 월러스가 2000년 미국 공화당 경선 후보 존 매케인의 유세 현장에 동행하며 경험한 바를 적은 르포 에세이. 유세 현장에서 매케인 유세팀이 붐 마이크를 들어 올리며 한 농담에서 따온 이 제목은 〈라이온킹〉에서 장차 밀림의 왕이 될 아기 사자 심바를 들어 올리는 장면을 빗댄 것으로, 정치인이 언론에 의해 치켜세워지는 존재임을 암시한다.

● 2010년 9월 첫째 주, 여름방학이 끝나고 새 학기가 시작된 참이었다. 즉, 학교 주간이 총리실 그리드에 올라왔다는 뜻이다. 그리드(Grid)란 앨러스테어 캠벨이 1997년에 처음 도입한 것으로, 부처 간 정부 소통을 조율하기 위한 일일 계획표였다. 하지만 곧 중심에서 정책을 통제하는 수단으로 변질됐다. 원래는 정기적으로 뉴스거리를 제공하기 위한 발표 일정을 조율하자는 취지였지만, 어느새 끊임없이 정책을 요구하는 괴물이 되었고, 장관들과 보좌관들은 이 괴물을 계속 먹여 살려야 했다.

교육부에서 보좌관으로 일했을 때, 나 역시 이 괴물을 먹여야 했다. 매년 9월이면 그리드에 '신학기 주간'이 등장했고, 이에 따라 서너 건의 큰 정책 발표를 해야 했다. 2010년에는 정책 준비가 마무리되지 않았던 터라, 급하게 아이디어를 짜내야 했다. 몇 달 전부터 중등 졸업시험(General Certificate of Secondary Education, GCSE)에서 조금 더 전통적인 과목을 일정 조합으로 수강한 학생들에게 인센티브를 주는 방안을 검토했었지만, 교육부 내에서 본격적인 작업은 이뤄지지 않은 상태였고 교육 현장의 교장들과 논의한 적도 없었다. 그런데 마이클 고브 장관은 일요일에 BBC의 정치시사 프로그램인 〈앤드루 마 쇼(The Andrew Marr Show)〉에 출연할 예정이었고, 뭔가 발표할 만한 것이 필요했다. 결국 그 아이디어가 그나마 나은 것이라고 의견이 모아졌다.

당시 교육부는 정보 유출이 심했던 터라, 발표는 장관과 보좌진, 신뢰받는 몇몇 공무원들만 소속된 소수 인원으로 비밀리에 준비됐다. 논의나 협의는 전혀 없었고, 이틀 만에 발표안이 만들어졌다. 일요일 아침에 장관은 〈앤드루 마 쇼〉에 출연해 '영국식 바칼로레아(English Baccalaureate)'라는 새로운 제도를 발표했다.[2] (그는 일부러 《가디언》 독자들이 선호할 만한 유럽풍 이름을 붙였다.)

이 발표 이후 이 정책은 학교에 엄청난 영향을 끼쳤다. 긍정적인 측면도 있는데, 가령 GCSE에서 외국어 과목이 완전히 사라지는 것을 어느 정도 방지했다는 것이다. 하지만 반대로, 제도에 포함되지 않은 음악 같은 과목들은 크게 위축했다. 정책의 핵심 취지는 타당하다고도 볼 수 있지만, 더 나은 방식으로 추진할 수도 있었고 현장의 교장, 교사들과 협의해 더 큰 지지를 이끌어낼 수도 있었을 것이다. 하지만 신속하게, 비밀스럽게 발표를 준비해야 했기 때문에 정책 완성도는 훨씬 떨어졌다.

시간이 지나면서 나는 언론 발표를 통해 어떻게 총리실을 만족시킬 수 있는지 알게 되었다. 마치 '새롭고' '강력한' 정책처럼 보이지만 실제로는 선하든 악하든 아무 영향도 없는 발표만을 내놓는 것이다. 우리는 교장이 지시를 따르지 않는 학생들에게 '당일 구금 조치(same-day detentions)'*를 취할 수 있도록 허용한다는 발표를 여러 차례 반복했는데, 사실 교장들은 이미 그 권한을 갖고 있었다. 도미닉 커밍스가 즐겨 발표했던 정책은 학교 평가를 조작하는 사례를 적발하기 위해 교육기준청에 '새벽 급습' 권한을 부여하겠다는 것이었다. 하지만 애초에 학교는 보통 새벽에 문을 열지 않는다.

---

* 며칠 전에 미리 통보하지 않고 당일에 방과후 학교에 남아 있도록 지시하는 것. 예고 없이 귀가가 늦어지게 되므로, 학부모의 걱정을 유발하고 학생들의 안전 문제가 발생한다. 일부 비판자들은 당일 처벌을 받는 것은 학생들에게 과도한 정신적 압박을 줄 수 있다고 주장한다.

도미닉 역시 이 체계가 전략 없는 전술이라고 생각했다. 그는 데이비드 캐머런 정부의 그리드를 '아무 말 제조기(Random Announcement Generator)'라고 불렀다. 이후 보리스 존슨의 수석 보좌관이 된 후에는 그리드를 무시해 버렸다. 그러나 그리드는 엄연히 존재했고, 각 부처의 생기를 빨아들이며 무의미한 정책을 계속 신문과 텔레비전 뉴스에 뿌려대고 있었다.

이런 좌절감은 정부 전반에서 공유되는 것이다. 이 책을 위해 인터뷰하면서 매우 빈번하게 언급된 주제 중에는 언론 대응이 최우선 과제가 되면서 제대로 된 정책을 만들 수 없다는 것이었다.

데이비드 캐머런의 정책실장이었던 커밀라 캐번디시는 많은 공감을 받는 말을 들려주었다. "난 그리드가 정말 싫었습니다. 또 다른 압박 요소니까요. 총리실이 발표 일정을 조율하고 각 부처가 언제 뭘 발표할지 관리하는 데 시간을 써야 하죠. 말도 안 되는 일입니다. 그러다 보면 여섯 시 뉴스, 열 시 뉴스에 집착하게 됩니다. 그리고 이제는 24시간 뉴스 채널까지 생겼죠."[3]

이 글을 쓰는 현재, 총리실에는 정치 및 언론 대응 특별 보좌관이 25명인데, 정책 담당 보좌관은 12명뿐이다. 그리드만 전담하는 보좌관도 한 명 있다. 리즈 트러스는 홍보팀에만 보좌관 15명을 배치했고 공무원 수십 명도 홍보팀 소속이었다. 그런데 보건, 교육, 복지를 포함하는 공공서비스 전반은 보좌관 한 명이 담당해야 했다.[4]

이게 심각한 문제라는 데 정부의 모두가 동의한다. 하지만 아무도 이 함정에서 빠져나갈 방법을 모르고, 더 악화되리라고만 예상한다. 전직 보수당 수석 보좌관 한 명은 내게 이렇게 말했다.

"전 정치에 대해 매우 비관합니다. SNS와 언론 환경이 장기적이고 일관된 결정을 내리는 능력을 얼마나 훼손하는지 보세요. 전 세계적으로 악화되고 있어요. 어떻게 해결해야 할지 짐작도 할 수 없습니다."[5]

어쩌다, 왜 언론 관리가 정책을 압도하게 된 걸까?

언론 대응 상위시대

정치와 언론 사이의 공생 관계는 새로운 것이 아니다. 근대 정치 체제가 처음 형성되던 18세기, 그 곁에는 이미 공격적인 팸플릿 문화가 자라나고 있었다. 오늘날의 신문조차 점잖아 보일 정도로 편파적이고 지저분한 경우도 많았다.

유권자가 늘어나면서 신문 발행 부수도 증가했고, 정치인에게 신문은 성공적인 정치 경력을 위해 놓칠 수 없는 수단이 되었다. 오늘날까지 이어지는 주요 신문들은 대개 19세기에 창간됐다. 특히 1896년에 창간된 《데일리 메일》은 새롭게 글을 익힌 중산층을 겨냥한 최초의 신문이었다. 귀족 사회 소식란 중심의 딱딱한 신문에서 벗어나 경품 퀴즈, 연예 가십과 자극적인 기사들을 다루기 시작했다.

20세기 초에 정치인들은 신문사 소유주들과 친밀한 관계를 유지하는 것이 좋다는 사실을 깨달았다. 보어전쟁 종군 기자 출신으로 유명세를 얻은 윈스턴 처칠은 1901년, 첫 하원 연설을《타임스》 1면에 실리게 했다. 훗날 자유당으로 당적을 옮긴 처칠은 더욱 긴밀한 언론 활용 전략을 쓴 데이비드 로이드 조지라는 동료를 얻게 되었다. 로이드 조지는 신문 편집자들과 좋은 관계를 유지해 허버트 애스퀴스를 밀어내고 제1차 세계대전 중에 총리가 되는 데 성공했다. 역사학자 A.J.P. 테일러(A.J.P. Taylor)는 '《타임스》편집자는 종종 총리보다 자신이 더 중요한 인물이라고 생각했고, 로이드 조지는 그 생각에 동의한 유일한 총리였다.'라고 적었다.[6]

총리가 된 후 로이드 조지는 불법적으로 훈장을 팔아 얻은 수익으로《데일리 크로니클》을 사들이고는 스스로를 치켜세우는 등의 자신에게 긍정적인 기사를 실었다. 그는 8년 후 신문을 되팔아 큰 차익까지 남겼다.[7] 언론의 중요성은 애스퀴스가 이끄는 자유당을 쪼갠 뒤 보수당과 불안정한 동맹을 맺고 있던 로이드 조지에게 더욱 중요했다. 그는 종종 동료 의원들을 뛰어넘어 자신의 의견을 관철시켜야 했던 것이다. 비슷하게 처칠도 평생 어느 당에도 완전히 안착하지 못했으며, 끝내 제2차 세계대전이라는 비상 상황 속에서 1940년, 총리직에 오르게 되었다. 1장에서 다뤘듯이, 대처 이전에 총리 중심의 정부 운영 방식을 가장 강하게 구축한 인물이 데이비드 로이드 조지와 윈스턴 처칠이었다는 점은 이들이 언론을 적극 활용했다는 사실과도 관련되어 있다.

이 시기의 보다 전통적인 총리들에게는 언론의 영향력 증대가 달갑지 않았다. 1931년 보궐 선거에서 악의적인 언론 보도를 경험한 스탠리 볼드윈(Stanley Baldwin)은《데일리 메일》과《데일리 익스

프레스》를 이끄는 로더미어 경(Lord Rothermere)과 비버브룩 경(Lord Beaverbrook)을 다음과 같이 비난했는데, 오늘날의 정치인이라면 감히 상상조차 할 수 없는 일이다.

"이들이 운영하는 신문은 통상적인 의미의 언론이 아니다. 두 사람의 변덕스러운 정책과 욕망, 개인적인 바람, 개인적 호오를 선전하는 도구일 뿐이다. 이 신문을 소유한 자들이 노리는 것은 권력, 책임 없는 권력이다. 예로부터 그것은 창녀들이나 누려온 특권이었다."

이 마지막 두 문장은 러디어드 키플링(Rudyard Kipling)[*]이 써준 것으로 볼드윈의 발언 중 가장 널리 인용되는 것이기도 하다. 그럼에도 볼드윈 치하에서 정치와 언론의 향후 관계를 규정하게 되는 요소가 등장했다. 1926년 총파업 당시 노동조합이 영국의 산업을 정지시키자 정부는 통제력을 되찾기 위해 처음으로 로비 브리핑(Lobby briefings)을 도입했다. 19세기 말부터도 소수 정치 전문 기자들이 의회 내 의원 대기실에서 정치인을 만날 수 있었지만, 이때 정부는 기자단만 따로 불러 모아 비공식 브리핑을 제공한 것이다. 이것이 최초의 총리실 브리핑이었고, 이로부터 5년 뒤 조지 F. 스튜어드(George F. Steward)가 첫 번째 총리실 대변인으로 임명되며 정례화되었다.[8]

이 파업이 끼친 두 번째 영향은, 바로 정부의 BBC 조종이었다.

---

[*] 영국의 소설가로 『정글북』의 작가이다. 제국주의와 백인우월주의를 지지하는 극우 보수 성향이었으며, 1907년 영미권 최초로 노벨문학상을 수상했다. 1936년 사망했다. 스탠리 볼드윈과 러디어드 키플링은 외사촌지간으로 평생에 걸쳐 친밀한 사이를 유지했다.

1922년 설립된 BBC는 당시 막 생겨난 라디오 기술을 활용하고자 만들어졌다. 엄중한 파업 와중에 인쇄공들의 파업 참여로 신문 발행마저 중단되자 정부는 처음으로 라디오를 정보 통로로 활용하게 됐다. 정부는 자신들의 입장만 방송되도록 강한 압박을 넣었고, 노동당 당수 램지 맥도널드(Ramsay MacDonald)나 캔터베리 대주교의 반대 입장은 아예 방송될 수 없게끔 막았다. 마침 BBC는 향후 운영 방식과 예산을 재검토받는 중이었다. 공영 방송이 곤란한 상황에 놓인 것은 그때가 마지막이 아니었다.[9]

제2차 세계대전 동안 언론은 사상 유례없는 수준의 검열과 통제를 받았다. 하지만 1945년 이후 다시 정상적인 관계로 돌아갔고, 이후로는 총리실에 항상 언론 담당 대변인이 존재하게 된다. 로비 브리핑도 계속되었고, 텔레비전 보급률이 늘면서 뉴스 방송이 점차 중요해졌다. 어느 순간부터 정치인의 외모나 말솜씨도 점점 중요한 요소로 여겨졌다.

전후 20년간 총리를 지낸 인물들 중 가장 언론에 집착했던 이는 앤서니 이든이었다. 그는 비판적인 보도에 몹시 예민하고 쉽게 화내는 것으로 악명이 높았다. 그는 편집국이나 BBC 간부들에게 전화를 걸어 그들의 불쾌한 용기에 고함치곤 했다. 그러나 현대 언론의 가능성을 제대로 꿰뚫은 사람은 해럴드 윌슨이었다. 그는 처음으로 조 헤인스(Joe Haines)라는, 공무원 출신이 아니라 정치 보좌관 출신을 대변인으로 기용하고 텔레비전 출연을 통해 스스로를 파이프 문 온화한 이미지로 설계했다. 윌슨의 꼼꼼함은 1964년 총선 날, 투표 마감 전까지 BBC가 인기 시트콤 〈스텝토와 선(Steptoe and Son)〉의 방영을 연기하도록 직접 요청한 데서 잘 드러난다. 노동당을 지지하는 노동자 유권자들이 텔레비전을 보느라 투표하지 않을까 우려했던 것이다.[10]

그럼에도, 윌슨 시대까지만 해도 언론은 정부 운영의 핵심 축은 아니었다. 당시의 정치인들도 대중적 인기를 얻고 여론을 움직이고 싶어 했지만, 정부의 기본 운영 체계는 정책 중심이었다. 대부분의 정책 발표는 의회에서 이뤄졌고, 별도의 조율 없이 발표되는 경우도 많았다. 특별 보좌관 수는 적었고 대개 특정 분야의 전문가였다. 언론 홍보에는 관심도 없었다. 당시의 언론 환경도 단순했다. 신문과 BBC, ITV 정도만 신경 쓰면 됐다. BBC와 ITV는 대체로 순응적인 편이기도 했다.

에드워드 히스부터 토니 블레어에 이르기까지 캘러헌을 제외한 모든 총리를 모신 고위 공무원 로빈 버틀러는 이렇게 회고했다. "제가 총리실에서 일하던 초창기에는 언론이 그다지 중요하지 않았어요. 그러니까, 삶을 지배하는 요소가 아니었습니다. 언론실은 자기 일만 했죠. 히스의 대변인이었던 도널드 메이틀랜드(Donald Maitland)가 언론을 상대했어요. 그러나 시간이 흐르면서 정치는 변했고, 존중의 시대는 끝나버렸습니다. 언론은 더 공격적이고 정부 운영에 더 깊숙이 파고들지요. 그 결과 총리실 대변인의 위상도 점차 높아졌습니다."[11]

1970년대 히스 정부 시절, 《타임스》는 의회에서 벌어지는 일만 전문적으로 보도하는 기자를 12명이나 고용하고 있었다. 총리실 로비 기자는 고작 4명이었다.[12] 그러나 총리와 재무장관을 중심으로 권력이 집중되면서 의회는 덜 중요해졌고, 언론의 관심은 로비 취재와 정치인 간의 인간관계로 옮겨갔다. 버틀러가 말했듯이, 한때 부드럽고 공손했던 텔레비전 인터뷰는 로빈 데이(Robin Day)와 브라이언 월든(Brian Walden) 같은 진행자들을 거치며 점진적으로 변했고, 1989년 BBC 〈뉴스나이트(Newsnight)〉에 합류한 제러미 팍스먼(Jeremy Paxman) 이후로는 훨씬 공격적인 세대가 등장했다.

정부 측에서는 대처의 대변인이었던 버나드 잉검이 이런 흐름의 변화를 이해하고 총리에게 도움이 되도록 다스린 첫 번째 인물이었다. 그는 근본적으로는 공무원이었지만 정기적으로 공무원 윤리강령을 어기고 정치적 언행을 했으며 대처를 숭배하다시피 했다. 잉검은 훗날 그리드라 불리는 방식의 전신을 도입한 인물이기도 하다. 모든 언론 발표와 장관의 방송 출연 일정은 그의 승인을 받아야 했다.[13]

대처는 정치인치고는 드물게 신문 기사에 별 관심이 없었다. 잉검이 작성한 일일 동향만 훑어보아도 충분하다고 여겼지만, 최초의 여성 총리였던 만큼 이미지 관리의 중요성은 잘 이해하고 있었다. 그녀는 편집자들과 친분을 쌓았고, 브라이언 월든이나 우드로 와이어트(Woodrow Wyatt) 같은 방송 진행자 및 평론가들과도 가까웠는데, 이들은 모두 한때 노동당 소속이었다가 실망해 보수당으로 돌아선 자들이었다. 월든은 당시 ITV에서 정치 프로그램을 진행하고 있었다. 그러니 그가 대처의 선거 방송 원고를 써준 것은 윤리적으로 부적절한 일이었다. 대처는 언론 재벌과의 관계에서도 거리낌이 없었다. 루퍼트 머독(Rupert Murdoch)이 《타임스》와 《선데이 타임스》를 인수하려 할 때, 대처는 그와 비밀리에 회동하였고, 정부는 인수 건을 독점합병 심의위원회에 회부하지 않기로 결정했다.[14]

잉검은 로비 기자단을 최대한 활용하는 방법을 터득했는데, 이 시점까지 로비는 비공개였고 전적으로 비공식적이었다. 잉검은 이를 활용해 대처의 이미지를 띄우는 기삿거리들을 기자들에게 제공했고, 협조적인 기자들에게는 보상으로 취재의 편의를 봐주었다. 한편으로는 대처의 잠재적인 경쟁자를 깎아내리는 전략도 구사했다. 일부 기자들은 그가 지나치다고 느꼈지만, 대부분은 그 덕에 취재하기가 편해졌다고 느끼고 고마워했다.

반면에 존 메이저는 언론에 집착하면서 정통 관료 출신들로만 대변인을 임명했다. 이후 내각 사무처장이 된 거스 오도널도 그런 인물이었다. 모든 것이 절차상 흠잡을 데 없었지만, 이미지 관리에는 도움이 되지 않았고 정부가 언론의 흐름을 장악하는 데도 실패했다. 보수 성향의 《더선》이나 《텔레그래프》 같은 신문들조차 메이저 정부에 비우호적이었고, 그는 끊임없는 위기 속에서 휘청거렸다. 1989년 스카이 뉴스가 시작되고 의회 TV 중계가 처음 시작되면서 뉴스 보도 주기는 한층 빨라졌다. 1997년에는 BBC도 24시간 뉴스 채널과 온라인 뉴스 서비스를 시작했다.

메이저의 선례를 따르지 않기로 결심한 토니 블레어는 내각보다는 총리실에 권력을 집중시키고, 새 언론 비서 앨러스테어 캠벨에게 전례 없는 막강한 권한을 부여했다. 언론 비서직은 이후 언론국장직으로 격상되었다.

캠벨은 그 배경을 이렇게 설명했다. "존 메이저 정부에서 장관과 공무원을 만나며 느꼈던 것은 체계가 제대로 작동하지 않는다는 것이었습니다. 언론과 정치의 관계가 아주 빠르게 변했는데, 정부는 그에 적응하지 못하고 있었죠. 야당 시절부터 제 전략은 전략적 소통이었습니다. 어떤 구상이든 수립, 실행, 홍보 모두 유기적으로 연결되어야 했습니다. 메이저 정부는 이걸 하지 못했고, 우리는 그 약점을 파고들 수 있었습니다. 우리가 집권하면 체계 자체를 바꿔야 한다고 생각했습니다. 그러지 않았다간 우리가 당할 테니까요."[15]

이러한 인식 아래 캠벨은 오늘날까지 이어지는 현대형 그리드를 도입했다. 각 주마다 특정 주제를 정하고, 부처들은 해당 주제에 맞춰 메시지를 조율해야 했다. 총리 메시지에서 벗어나는 장관은 인터뷰에서 배제되었고, 모든 정책은 설계한 후에 언론 발표를 고려하는 것이 아니라, 언론 발표를 염두에 두고 설계되어야 했다. 그 변화는 명백했다.

1997년 10월, 매슈 단코나(Matthew d'Ancona) 기자는 이렇게 평가했다. '이 정부가 이전 정부와 뚜렷이 구별되는 점은, 모든 장관이 정책 발표를 보조적인 작업이 아닌 첫 번째 과업으로 여긴다는 점이다. 신노동당은 뉴스 관리를 정부의 부차적 기능이 아닌 본질 그 자체로 여긴다.'[16]

정부 전반에서 언론 홍보를 맡고 있던 공무원들에게는 이런 변화가 충격으로 다가왔다. 신노동당 집권 당시 재무부의 언론 담당자였던 질 러터(Jill Rutter)는 이렇게 회상했다. "그들은 우리가 너무나 조잡하고 순진하다고 생각했어요. 앨러스테어 캠벨과 고든 브라운의 언론 보좌관인 찰리 휠런(Charlie Whelan)의 비판이었습니다. 사실, [퇴임한 보수당 재무장관] 켄 클라크는 언론에 별다른 관심이 없었고, 재무부에서 신경 쓴 신문이라고는 《파이낸셜 타임스》뿐이었죠. 그렇지만 우리는 언론 대응에 있어서 훨씬 높은 기준을 적용했었죠. 특정 기자에게 정보를 흘리거나, 마음에 안 드는 기사를 썼다고 기자를 윽박지르거나, 지어낸 이야기를 확인해 주는 일은 절대 없었습니다. 그런데 고든 브라운의 공식 언론 비서를 맡게 되자, 그런 걸 전혀 예측할 수 없었습니다. 찰리 휠런이 언론에 무슨 헛소리를 흘리고 다니는지 알 수가 없었으니까요."

러터는 몇 달 만에 자리를 옮겼지만, 나중에 다시 공무원 사회에 복귀해 정책 업무를 맡았다. 이런 경험은 그녀만 한 것이 아니다. 남은 이들은 신노동당 목표에 정치적으로 공감했거나, 보다 공격적인 언론 대응 방식을 흡족하게 여긴 이들이었다. 정부 출범 몇 달 만에 정부 언론 발표가 정치화되었다는 문제 제기로 의회 청문회가 열렸고, 청문회에 출석한 로빈 버틀러는 언론 담당자들이 왜 그렇게나 많이 사임했는지에 대한 질문을 받았다. 버틀러는 이것이 '심각하고 혼란스러운 현상'이라는 데 동의했다.[17]

'언론 조작'과 '암투' 같은 이야기들이 빠르게 자리 잡았고, 블레어와 브라운 진영 간 갈등이 깊어지면서 악의적 브리핑이 난무했다. 캠벨과 휠런은 지나치게 눈에 띄는 인물이 되었다. 언론인들은 여전히 그와 그의 후임들을 '총리 대변인'이라고 불렀지만, 캠벨은 로비 브리핑을 공식화했다. 그러나 그건 곧, 진짜 중요한 정보는 더

좁은 인맥의 우호적인 기자들에게만 건네졌다는 뜻일 뿐이다.

2000년대 초에 캠벨은 총리와 재무장관을 제외하면 정부 내에서 가장 유명한 인물이었다. 특히, 이라크 전쟁 내부고발자인 데이비드 켈리(David Kelly)의 사망과 관련된 BBC와의 공개적인 격돌에 휘말리면서 더 유명해졌다. 캠벨은 결국 2003년 북아일랜드의 전직 대법원장 휴턴 경(Lord Hutton)이 주재한 조사에서 대체로 유리한 판정을 받은 후 정부를 떠났다.

그러나 캠벨과 그의 동료들이 만들어낸 모델은 내재화되었고, 초반에는 논란이 조금 있었지만 곧 일반화되었다. 정부 언론 발표의 현대 시대가 열린 것이다. 이후 장관들은 점점 더 메시지를 일관되게 유지하고, 불필요한 뉴스가 나오지 않도록 조심스럽게 움직이는 능력으로 평가받고 승진할 기회를 얻었다. 언론을 위한 끊임없는 발표거리를 만들어내는 능력은 더 크게 평가받았다. 실질적인 정책 지식은 갈수록 중앙집중화되면서 장관에게는 덜 중요해졌다.

2005년 총선 이후, 새로운 보수당 지도부는 겉으로는 신노동당의 암투 문화에 비판적인 태도를 취했지만 실질적으로는 그 모델을 전면 채택했다. 캐머런과 오스본은 메이저 정부 시절부터 보좌관으로 활동하며 캠벨의 '시대에 뒤처진 조잡함'에 대한 진단에 공감하고 있었다. 오스본은 정계 입문 초기, 메이저 총리의 언론 브리핑 요약서를 준비하는 일을 맡았던 만큼, 언론 관리에 실패했을 때의 위험성을 누구보다 잘 알고 있었다. 이들은 언론 및 정치 운영을 더욱 전문화했고, 2007년에는《뉴스오브더월드(News of the

World)》편집장이었던 앤디 콜슨(Andy Coulson)을 영입해 언론 홍보 전반을 정비했다. 내가 2009년 보수당에서 일하던 당시, 그곳은 이미 친화적인 언론사를 위한 기사 생산 공장이 되어 있었다.

《데일리 메일》이나 《데일리 텔레그래프》 같은 신문들은 전통적으로 보수당에 우호적이었지만(메이저는 예외였다), 이 시점에 이르러서는 거의 당에서 넘겨주는 대로 싣곤 했다. 잉검이 처음 일관되게 사용했던 고객 저널리즘 모델은 캠벨이 제도화한 이래 완전한 표준으로 자리 잡았다. 한편 언론 환경은 구조적으로 보수당에게 유리했는데, 신문사 소유주가 보수적인 성향이었기 때문이다.

2010년 총선 무렵에는 독립성에 대한 최소한의 가식조차 사라졌다. 자유민주당 대표 닉 클레그가 첫 총리 후보 텔레비전 토론에서 강한 인상을 남기자, 보수당은 공황 상태에 빠졌고, 클레그에 대한 흠집을 찾아내라는 지시가 하달됐다. 이후 《데일리 메일》 등 보수당에 우호적인 언론사에는 기삿거리가 줄줄이 전달됐고, 그중에는 클레그가 영국 국민을 나치에 비유했다는 식의 비방도 있었다.*18

이러한 캠벨식 언론 접근은 점차 목적을 잃고 일상화됐다. 신노동당은 선거에서 승리하고 언론의 압박을 관리하는 수단으로 언론 홍보를 중시했지만, 그럼에도 여전히 더 큰 전략과 실질적인 정

---

* 클레그는 2002년 《가디언》에 기고한 칼럼에서, 영국이 2차 세계대전의 구도와 승리한 역사에 과도하게 집착하여 반유럽 정서를 품고 현대 국가로 발전하는 데 어려움을 겪고 있다고 지적한 바 있다. 2010년 총선 때 《데일리 메일》에서 이 칼럼을 재발굴해 영국인들이 전쟁을 미화하며 유럽 통합을 방해한다는 식으로 왜곡하여 보도하였고, 그 과정에서 과도한 민족주의, 국가주의 및 배타주의로 집약되는 나치에 영국 국민을 빗댄 것 아니냐는 부풀린 해석까지 나왔다.

책이라는 목표를 위한 것이었다.

하지만 점점 이 전술만 남고 전략은 사라졌다. 자기 강화적인 악순환인데, 정부가 단기적 발표에 공을 들이고, 메시지 관리가 잘 되는 장관을 선호할수록 정책 구상과 장기 전략은 뒷전으로 밀리게 된다. 이런 상황은 정부로 하여금 더욱더 단기 발표에 집착하게 한다. 과거에는 이런 발표가 대중에게 영향을 미쳤는지 모르지만, 지금은 그렇지 않다.

배고플 때 제대로 끼니를 때우지 않고 군것질거리로 요기만 채우는 것과 비슷하다. 당장은 만족감을 주지만, 장기적으로는 건강을 해친다. 예를 들면 어떤 범죄든 뉴스에 자주 오를 때마다 정부는 해당 범죄의 형량 상향을 발표해 왔다. 그 결과 감옥은 이제 포화상태가 되었고, 일부 범죄자들은 조기 석방되고 있다. 이는 다시 비판적인 보도로 이어지고 실생활에서의 문제도 발생했다. 정부는 여기에 어떻게 대응했는가? 또 다시 형량 상향이다.

테레사 메이의 비서실장이었던 닉 티모시는 내게 이렇게 말했다. "그리드를 전략적 기능으로 보느냐, 단기 전술용 도구로 보느냐는 정부 운영 방식에 큰 차이를 만듭니다. 이 점이 현대 총리실이 개선될 수 있는 또 다른 방법이지요."[19]

이러한 발표 강박은 점점 더 사소한 정책들까지 그리드에 빨려가게 만들었다. 정부가 실제로 발표할 의미 있는 정보가 없을수록, 별것 아닌 것들까지 뉴스거리로 만들어야 하기 때문이다.

교육부에서 일했던 한 고위 공무원은 이로 인해 발생하는 문제를 이렇게 설명했다. "그리드에서 가장 성가신 것은 너무 세세하다는 점입니다. 그렇죠? 모든 것이 그리드를 거쳐야 하잖아요. 대부분은 단순 운영에 해당하는 정보일 뿐인데요. 예컨대 다음 주에 학교들이 뭘 해야 하는지 공지해야 하는데, 그걸 못 하는 거죠. 찰스 국왕 대관식 교육 자료도 그리드 때문에 늦게 나갔어요. 그냥 초등교사용 수업 지도안일 뿐이에요. 선생님들은 미리 받아야 준비해서 수업에 활용하죠. 그런데 대관식 이틀 전에야 받을 수 있었어요. 그리드에 넣을 필요도 없는 사안인데요. 초등학교 2단계 수업 지도안, 대관식에 대해 가르치는 것이 왜 그리드 심사를 받아야 하느냐는 겁니다."[20]

예산안 발표와 난장판

영국 정치의 연례 주요 행사들도 이제 그리드의 전면적인 요구와 발표할 거리에 대한 갈증으로 왜곡되고 있다. 예산안 발표는 대표적인 예다. 글래드스턴 이래로 예산안 발표는 재무장관이 그해 경제 상황을 정리하고 필요하다고 판단한 정책 변화를 발표하는 공식 행사였다. 재무장관들은 항상 이 기회를 자기 과시용 무대로 삼았고, 과도하게 공격적인 정책 수정과 그에 대한 반작용이 이어져 경제 불안을 자초한 사례도 많다.

하지만 고든 브라운 시절부터 예산안 발표는 더욱 정치적인 행사로 변모했다. 재무장관이 통상적인 역할을 넘어서는 광범위한 정책 의제를 선포하고, 무대 중심에 선 정치인으로 부각되는 기회가 된 것이다. 그의 언론 담당 보좌관인 휠런과 그의 후임 데미언 맥브라이드(Damian McBride) 역시 이 기회를 활용해 브라운의 이미지를 띄우고 기자들에게 미리 흘려주는 정보로 언론을 관리했다. 맥브라이드는 회고록에서 이 과정을 꽤 솔직하게 서술했다.

> 연설 2주 전쯤에는 예산안 관련 추측이 최대한 나오지 않게 해야 한다. 탄약을 미리 재어놓는 것이다. 그래서 다른 부처에서 확실히 기자들의 주목을 끌 만한 이야기나 예정된 발표 내용을 몇 개 일부러 흘린다. 기자들은 며칠간 그 내용을 다루느라 바빠진다. 그 작업이 성공적으로 진행되면 예산안 발표 주말까지 예산안과 관련된 알짜배기 뉴스는 하나도 새지 않는다.
> 이때부터가 핵심이다. 예산안 발표에 들어 있는 40~50개가량의 기삿거리 중에서, 발표 하루 전까지도 절대 새면 안 되는 기삿거리 두세 개 정도를 추린다. 너무 복잡하거나 지루해서 인기가 없을 만한 것들은 아예 사전에 공개하지 않는다. 그러면 대략 열다섯 개 정도 정보가 남는데, 발표 전에 공개해도 좋을 만한 것들이다. 주요 신문사에 하나씩 돌리면 얼추 맞는다.[21]

발표 당일까지 철저히 숨겨두는 두세 가지 정보는 '토끼'라고 불린다. 마술사가 모자에서 꺼내 들어 모두를 놀래키는 것처럼 주목을 끌 만한 깜짝 발표로, 재무장관에게 긍정적인 반응을 모으고,

경제 악재같이 관심이 쏠리지 않기를 바라는 악재들을 덮어버리는 효과를 노리는 것이다.

이 방식이 아주 효과적이었기에, 브라운은 '추계 성명 발표'도 두 번째 예산안 발표인 것처럼 격상시켰다. 추계 성명은 1975년에 도입되어 원래는 매년 두 번째 경제 전망치를 제출하는 단순한 법적 의무일 뿐이었다. 브라운은 이 기회를 살려 새로운 기삿거리와 다양한 발표를 쏟아냈다.

이미지를 띄우는 데는 좋았지만 정책적 관점으로는 끔찍했다. 사전 발표와 '토끼'의 압박은 조세 정책을 끊임없이 변화시키고 극도로 불안정하게 만들었다. 이로 인해 세법 조항이 최근 몇 년간 급증했고 전체적으로 보아 세제 체계는 뒤엉켜버렸다. 엉뚱한 구간에서 급격히 세율이 뛰거나, 비정상적으로 높은 한계세율이 여기저기 흩어져 있는 것이 그 때문이다. 실제로 2004년 연간 세제 변경 건수는 30건이었는데, 2015년에는 80건으로 증가했다.[22]

사전 협의 없이 비밀리에 짠 세제 계획이 발표 후 곧장 뒤집히거나 망신으로 이어지는 일도 비일비재했다. 브라운은 1999년 10페니 소득세 구간을 신설했지만, 2007년에는 이를 폐지하고 표준 세율을 인하하는 데 그 재원을 썼다. 그 결과 당내 반발이 거세졌고, 언론의 비판이 쏟아졌으며, 이듬해 손실을 만회하려는 값비싼 수습책이 뒤따랐다.

조지 오스본의 2012년 예산안 발표는 너무 엉망으로 끝나서, '총체적 난국 예산안(omnishambles Budget)'이라는 비판을 받았다. 제과점이나 슈퍼마켓에서 파는 따뜻한 음식, 고정형 캠프카 등에 부과되는 부가가치세 조정과 같은 자질구레한 세금 변경이 비정상적으로 큰 역풍을 불렀고, 정책 철회가 잇따랐다.* 문제는 연정 동지인 자유민주당이 세금 인상의 재원으로 마련한 '토끼'들을 사전에 언론에 흘려서, 정작 예산 발표 당일에는 좋은 발표거리가 하나도 없었다는 것이다. 이는 언론 전략 실패이자, 정책 수립 과정 자체에 대한 고발이었다.

필립 해먼드는 재무장관으로서 이를 바로잡고자 연 1회의 세제 변경만 추진하겠다고 약속했지만, 2019년 그가 떠난 뒤 혼란이 이어지면서 발표는 다시 여러 차례로 나뉘었고, 그 결과 다시 극도로 비효율적인 체계로 돌아갔다. 대표적인 사례가 바로 콰시 콰텡의 '미니 예산(mini-budget)'으로, 그 예산안은 너무 엉망이라 결국 콰텡과 총리 모두의 정치생명을 끝장내고 말았다.**

한 전직 보수당 고문은 이렇게 말했다. "지금 세제 정책 수립 과정은 완전히 엉망진창입니다. 재무장관들은 한 해에 두 번 있는 예산안 발표 행사를 자기 자리로 만들고 싶어 하죠. 예산 비공개 원칙은 필요하지만, 실제로는 제대로 검토되지 않은 구상을 던지는 데 악용됩니다. 2010년에 보수당은 좋은 의도를 가지고 시작했습

---

* 따뜻한 제과점 음식 등에 부가가치세를 부과한다는 정책이 도입되면서, 서민 음식에 과세한다는 역풍을 맞았고 특히 '따뜻하면 과세, 식으면 면세' 같은 불분명한 기준으로 조롱받았다. 그 밖에 노인 세금, 교회 세금 등으로 논란이 많았다. 장관마다 해명 방식이 다르고 상충되는 입장이 반복되면서, 야당 대표가 쓴 '총체적 난국(omnishambles)'이라는 표현이 국민 유행어가 되었다.

** 콰시 콰텡이 2022년 9월 23일 발표한 예산안으로, 공식 예산안 발표가 아니었기 때문에 '미니 예산'이라 불렸다. 그러나 이름과 다르게, 450억 파운드라는 거대한 규모의 감세가 별다른 재원 대책 없이 발표되며 국가의 신용도가 급락하는 사태가 벌어졌다. 결국 발표 3주 만인 10월 14일 콰텡은 경질되었고, 10월 20일에는 트러스 총리도 취임 45일 만에 사임을 발표하면서 영국 역사상 최단명 총리라는 오명을 쓰게 되었다.

니다. 하지만 3년 차, 4년 차, 5년 차, 선거가 다가오면 예산안 발표는 정치적인 기회가 되어버려요. 그리고 그게 모든 것을 지배합니다. 왜 자꾸 이상한 정책이 나오는지 궁금합니까? 궁금할 것도 없습니다. 안 나오면 이상한 거죠."[23]

문제는 세제 정책뿐만이 아니다. 내가 교육부에 있던 2011년, 예산안 발표 전날 밤에 재무부에서 교육부로 전화를 걸었다. 재무장관이 수천만 파운드를 들여 '대학교 기술대학(University Technical Colleges, UTC)'을 추가 설립하겠다는 발표를 준비 중이라는 내용이었다. UTC는 대처 시절 교육부 장관이었던 케네스 베이커(Kenneth Baker)의 애착 사업이었지만, 마이클 고브와 교육부 관료들은 이 사업을 더 추진하고 싶지 않았고 실행 방안도 전혀 검토하지 않았던 터였다. 당연히 이후 UTC 다수는 값비싼 실패작으로 막을 내렸다.

재무부에서 걸려 오는 이러한 '전날 밤의 전화'는 화이트홀 전역에서 공포의 대상이다. 빈스 케이블(Vince Cable)의 전직 고문인 자일스 윌크스는 케이블이 산업부 장관으로 일할 때 겪었던 유사한 경험을 들려주었다. "2011년 예산은 2012년의 총체적 난국 예산안 덕에 잘 기억되지 않지만, 당시에도 북해 유전 과세, 환경세, 탄소 가격제 도입 등의 엄청난 변화가 담겨 있었습니다. 영국기업연합회(Confederation of British Industry, CBI)에서 저한테 전화를 해서 도대체 지금 무슨 일이 벌어지는 거냐고 따졌는데, 저로서는 아무 대응도 할 수 없었습니다. 왜냐하면 재무부가 우리와 상의도 없이 자기들끼리 결정했거든요. 예산안이 나오는 걸 보고서야 그 내용을 알게 되거나, 운이 좋으면 발표 12시간 전쯤 전화를 받는 거죠."[24]

이처럼 발표를 마지막 순간까지 늦추는 것은 예산안 발표나 추계 성명에서 조악한 정책이 자주 나오는 핵심 이유이다. 마지막까지 수정하는 것과 꼼수는 예상치 못한 부작용을 낳기 마련이다. 내각 사무처에서 일했던 한 고위 관료는 이렇게 말했다.

"켄 클라크 같은 재무장관은 예산안을 몇 주 전에 마무리해서 인쇄소에 넘겨야 했습니다. 그다음에는 크리켓 경기나 보러 갔지요. 하지만 지금은 예산안이 발표 전날 밤까지도 조정을 계속 거치면서 계속 끝나지 않습니다. 예산표조차 마무리되지 않죠. 정말 끔찍한 방식입니다. 그런데 왜 그렇게 할까요? 그렇게 해도 되니까 그냥 그렇게 하는 거예요."[25]

무의미한 전당대회, 보여주기식 입법

같은 문제가 전당대회에도 똑같이 적용된다. 인터넷이 없던 시절에는 전당대회란 각 정당 당원들이 모여 실제로 중요한 논의를 하는 자리였다. 1985년 닐 키녹이 당내 극좌 세력을 정면 비판하며 고성이 오간 사례처럼 정책을 둘러싼 극적인 충돌도 벌어졌다. 그러나 오늘날 정당들이 대중 조직으로서의 실체를 잃고 껍데기만 남게 되면서, 전당대회의 목적도 점점 불분명해졌다.

이는 보수당에서 가장 뚜렷하게 드러난다. 1950년대 초만 해도 보수당 당원 수는 280만 명에 달했지만, 지금은 15만 명 수준이다. 노동당 역시 전성기에는 100만 명을 넘겼으나 현재는 약 40만 명 수준으로 감소했다.[26] 오늘날 전당대회는 훨씬 더 통제되고 연출된 행사로 변했다. 연설은 짧고 간결해졌고, 장관이나 그림자 내각(shadow cabinet)의 연설은 사전에 꼼꼼히 검열된다. 회의 참가 비용도 훨씬 비싸졌는데, 오늘날 전당대회의 주요 목적이 기부금 모금이기 때문이다. 정치인들과의 접촉을 원하는 수많은 로비스트들이 거액을 내고 참가하는 경우도 있다. 실제 회의장에는 당원보다 로비스트, 정책연구소 관계자, 업계 전문가가 더 많은 경우도 흔하다.

이런 무대 연출의 핵심 요소는 기자들의 관심을 붙잡아둘 발표거리를 충분히 준비하는 것이다. 아무 뉴스거리가 없으면 기자들은 변두리 행사에서 인종차별 발언을 하거나 괴상한 주장을 펼치는 사람을 찾아 기사를 쓸 수도 있고, 당내 파벌 갈등을 부풀리기도 한다. 이 언론 관리는 맥브라이드가 예산안 발표에 관해 설명한 방식과 비슷하지만, 조율 주체가 재무부가 아닌 총리실이라는 점이 다르다.

예산안 발표와 마찬가지로, 여기에서도 발표 내용은 졸속으로 비공개 상태에서 급조되는 경우가 많다. 하지만 예산안은 그래도 정책 자체에 언론의 관심이 집중되는 반면, 전당대회는 언제든 더 자극적인 인물 중심 스캔들이 모든 이슈를 덮어버릴 위험이 있다. 즉, 고생해서 발표를 준비해도, 제대로 주목조차 받지 못할 수 있는 것이다. 2006년 고든 브라운 당시 재무장관의 길고 자세한 연설은 완전히 무시되었는데, 그가 토니 블레어와 일하는 것이 영광이었다고 발언할 때, 블레어의 아내인 셰리 블레어(Cherie Blair)가 '거짓말하네'라고 속삭였다는 소문이 이목을 끌었던 탓이다. 그 소문은 부인되었지만 이미 관심은 옮겨간 뒤였다.

이런 발표는 드는 비용이 크다. 2012년, 닉 클레그는 자유민주당 전당대회에서 교육 관련 발표를 꼭 하고 싶어 했다. 그래서 데이비드 캐머런에게 정치적 협상 카드를 하나 썼고, 중학교 입학 시 학업이 뒤처진 11세 학생들을 위한 5천만 파운드 규모의 '보충학습 프리미엄(catch-up premium)' 제도를 신설했다고 발표할 수 있게 되었다. 나를 포함한 담당 공무원들이 며칠 만에 졸속으로 이 제도를 만들어냈는데, 발표한 후 언론의 관심은 거의 없었다. 이 정책은 몇 년간 시행되다 2015년 총선 이후 집권한 보수당이 없애버렸다. 평가조차 이뤄지지 않았고, 사람들은 그런 정책이 있었다는 것조차 기억하지 못한다.[27]

이듬해에는 더 큰 거래가 이뤄졌다. 캐머런 총리는 전당대회에서 연간 6억 파운드 규모의 혼인세 공제를 발표할 수 있었고, 그 대가로 클레그는 만 4~7세 아동 전체 무상급식 정책을 추진할 수 있게 되었다.[28] 혼인세 공제는 완전히 예산 낭비였다. 설령 누군가 결혼 장려를 세로로 해야 한다고 믿더라도, 연간 최대 200파운드밖에 안 되는 공제 금액으로 결혼을 결심할 부부는 없다. 아무리 절약하는 커플이라도 웨딩 비용은 이보다 몇 배 더 들기 때문이다.

무상급식 확대는 어느 정도 근거가 있는 정책이기는 했다. 하지만 문제는 이를 담당할 교육부가 아무런 사전 정보를 받지 못했다는 점이다. 발표를 전당대회까지 비밀로 유지해야 했기 때문에, 클레그에게는 많은 초등학교에 급식을 조리할 주방이 충분하지 않다는 사실조차 전달되지 않았다. 그래서 정책을 밀어붙이느라 온 부처가 우왕좌왕했고, 다른 정책들은 뒷전으로 밀려났다. 이런 식으로 국정을 운영해서는 아무런 희망이 없다. 게다가 대중은 어느 정책이든 그다지 관심 두지 않았다.

2023년 전당대회에서 리시 수낙 총리가 고속철도 HS2의 맨체스터 구간을 다른 교통수단으로 대체하겠다고 발표한 것도 유사한 맥락이다. 대체 사업으로 언급된 여러 교통사업 중 일부는 이미 존재하고 있었다. 이는 전형적인 졸속 발표, 협의 부족, 준비 미비 사례로 꼽힌다.[29]

예산안 발표와 전당대회로도 모자라면, (대체로) 매년 열리는 국왕 시정 연설(King's Speech)이 또 다른 기회가 된다.* 정부가 다음 회기 동안 의회에 상정할 입법계획을 제시하는 공식 절차다. 물론 정부는 언제나 유권자들이 지지할 만한 법안을 추진하려는 경향이 있다. 하지만 신노동당 시절의 '언론 대응 혁명' 이전까지만 해도 이런 법안들은 실제 세상에 실질적인 영향을 미치려는 목적을 가지고 있었다.

앞서 4장에서 살펴본 바처럼, 법안 심사 일정을 강제 도입하면서부터는 집권당이 내부 반발만 없으면 입법을 빠르게 밀어붙일 수 있는 환경이 조성됐다. 그 결과로 등장한 것이 바로 '보여주기식' 입법이다. 실질적인 기능은 없지만, 정부가 어떤 사안에 관심을

---

* 국왕 시정 연설은 매년 새 회기의 시작을 알리고, 정부가 어떤 법을 추진할지 공식화하는 절차로 연설은 국왕이 하지만 연설문 작성과 정책 실무 준비는 총리실에서 주관한다.

기울이고 있다는 인상을 주기 위한 법안이다. 국왕 연설은 이런 입법을 며칠간 뉴스 헤드라인에 올릴 수 있는 좋은 기회다. 물론 의회가 열려 있는 한, 이런 법안은 아무 때나 상정할 수 있다.

이런 입법이 얼마나 증가했는지 정확하게 측정하기는 어렵다. 왜냐하면 어떤 법안도 공식적으로 '보여주기용'이라고 분류되지는 않기 때문이다. 하지만 실제 예시들은 많다. 대표적인 것이 법률로 명시된 목표가 급증한 것이다. 정부가 어떤 정책 목표를 '법으로 못 박았다'고 선언하는 방식이다. 물론 이런 법이 실질적인 제재 수단이나 시민단체가 사법 심판을 통해 책임을 묻는 수단이 된다면 일정한 효과가 있을 수 있다. 그러나 대체로는 '단기적으로 아무 조치도 하지 않고도 활발히 행동하는 듯한 인상을 주는 값싼 수단'이며, 어떤 보고서에서는 '정책적 실현 방안을 진지하게 논의하지 않고도 정치적 점수를 딸 수 있는 방식'이라고 비꼬았다.[30]

실제로 이런 법적 목표가 효과를 발휘한 사례는 거의 없다. 노동당이 제정한 연료빈곤법(2000)이나 아동빈곤법(2010)은 어느 쪽도 목표에 근접하지 못했고, 보수당은 처음에는 법안 입법을 지지했었다는 것도 잊어버린 듯 2016년에 아무런 논란 없이 아동빈곤법을 폐지했다. 연료빈곤법은 아직도 남아 있지만, 아무도 그 존재를 알지 못한다는 점에서 무용함이 드러난다. 캐머런 정부는 해외원조 예산을 GDP의 0.7퍼센트로 유지한다는 약속을 법제화했지만, 보리스 존슨은 2021년 사실상 이 법을 폐기했다. 그는 원래 법안에 포함된 큰 허점을 이용했다. 2010년 앨리스테어 달링 당시 재무장관은 2014년까지 재정적자를 절반으로 줄이겠다는 내용을 법

제화했지만, 법 만드는 것은 쉬웠어도 실제로는 지출을 줄이는 것은 어려웠다(보수당은 2011년에 이 법도 폐지했다).[31]

보여주기식 입법의 또 다른 유형은 더 주관적인데, 법안 대부분은 겉으로는 의미 있어 보이도록 포장되기 때문이다. 토니 블레어에게 그렇게 많은 반테러법이 필요했을까? 2000년 이후 거의 매 회기마다 새로운 형사사법 또는 경찰 관련 법안이 정말 필요했을까? 정부가 뭔가를 하고 있다는 증거로 보여줄 법안이 필요했기 때문에 그 많은 불필요한 법 제정이 이뤄졌다.

2022년과 2023년에 각각 난민 신청자를 다룬 법이 통과됐다. 이 두 법의 목적은 문제 해결이 아니라, 정부가 이 문제를 중시하고 있다는 신호를 보내기 위한 것이었다. 2023년 제정된 불법이민법은 심지어 법안 서두에서 이 법이 합법적일 가능성이 낮다고 기술했음에도 그대로 통과됐다. 어째서일까? 리시 수낙 총리가 취임하면서 내건 다섯 가지 약속 중 하나가 영국 해협을 건너는 소형 보트를 막기 위한 법을 제정하겠다는 것이었기 때문이다. 그러니까, 소형 보트를 막겠다고 약속한 것이 아니라, 법을 만들겠다고 약속한 것이었다.

더 노골적인 사례는 2023년 1월에 도입된 파업법(파업 시 최소 수준의 서비스를 유지하게 하는 법)이다. 이 법은 2022년 말 공공 부문과 교통 노조가 파업을 예고하자, 이를 빌미로 노동당과의 차별성을 부각하기 위해 급히 발의됐다. 보수당은 노동당이 지지할 수 없는 법안을 통과하여, 노동당이 노조의 꼭두각시라는 프레임을 만들고 싶어 했다. 목적은 달성됐지만, 법 자체는 형편없었고 굳이 도입할 까닭도 없었다. 초당적 성격의 규제정책위원회는 이 법에 대해 '부적절'하다고 평가했고, 관련 부처가 '근거 없는 가정을 바탕으로 분석했다'는 직설적인 비판을 남겼다.[32] 인권 문제를 검토하는 또 다른 초당적 상하원 조직인 인권합동위원회도 이 법이 인권 기준을 충족하지 못했다고 결론 내렸다.[33] 법은 그럼에도 통과됐다.

현실보다는 언론 보도 주기에 맞춘 입법이 주가 되는 추세는 아마도 예산안 발표 및 전당대회 오용보다 더 큰 피해를 끼친다. 부처, 장관, 의원, 해당 법안에 대응해야 하는 숱한 조직들의 인력과 자원을 엄청나게 낭비하게 만든다. 기회비용도 있다. 이 모든 일들이, 진짜 신경 써야 할 시급한 문제들이 '해결하기에 너무 어려움' 상자에 처박혀 있는 동안 일어난다.

예산안 발표와 전당대회에서 요구되는 수십 건의 발표, 국왕 시정 연설을 위한 눈길 끄는 법안, 각종 공약, 매일매일 그리드를 채우고 기자들을 바쁘게 하기 위한 발표… 정부는 끊임없이 정책을 만들어 쏟아내야 하는 부담을 떠안고 있다. 어떤 경우에는 같은 발표를 방식만 조금씩 달리해 여러 번 반복하기도 한다. 문제 해결은 뒷전이고 발표가 목적이 되어버렸다. 이런 구조에서는 장기적 개혁이나 실질적 집행에 능한 공무원보다 그리드용 눈속임 아이디어에 탁월한 공무원이 더 빨리 승진한다.

이는 한편 1부에서 설명했던 총리실과 재무부 중심으로 권력이 집중되는 주된 원인이기도 하다. 모든 발표를 통제해야 한다는 강박이 결국 각 부처 및 지방정부의 자율성을 짓누른다. 권한을 넘긴다는 것은 그만큼 언론에 발표할 거리를 잃는다는 뜻이기 때문이다. 이 흐름은 2부에서 다룬, 점차 증가하는 감시 및 견제 회피 시도와 연결된다. 언론용 발표 및 보여주기식 법안을 검토받고 싶어 하는 정부는 없다. 졸속 발표나 제대로 준비되지 않은 법안은 더 많은 사법 심사를 불러일으킬 테니 말이다. 결국 이런 보여주기식 중심 정치는 정부 전체를 말 그대로 쉴 틈 없이 돌아가게 만들지만, 실질적인 국정 운영은 불가능하게 한다. 사람들이 정치에 무관심해진 것이 전혀 이상하지 않다.

정책 우선순위 재천명

언론 전술과 메시지 규율이 정책을 몰아대는 원동력이 되어버리지 않았더라면, 리즈 트러스가 총리가 되는 일은 없었을 것이다. 그녀는 총리가 되기 전 무려 10년 동안이나 장관직을 지냈지만, 뚜렷한 정책 성과도, 실질적인 정책 비전도 하나 없었다.

트러스가 환경식품농무부 장관일 때 그 밑에서 일했던 로리 스튜어트(Rory Stewart)는 자신의 회고록에 이렇게 적었다. '그녀가 언론에 강하다는 이유로 누구보다 빠르게 승진했다고 들었다. 그래서 인터뷰 영상을 여러 개 찾아보았다. 그 어떤 영상에서도, 그녀는 성찰하거나 사과하거나 설명하거나 강조하거나 설득하려 하지 않았다. 질문에 답하는 일조차 아주 드물었다. 대신 인터뷰를 방송 기회로 받아들여 당의 공세 전략을 반복하고, 한 치도 물러서지 않으

며 목소리 톤 하나 바꾸지 않았다. 도대체 무얼 보고 캐머런이 그녀를 장관직에 앉혔는지 궁금했다.'[34]

리즈 트러스에게 정책 설계란 실질적 변화를 위한 수단이 아니라, 보도자료를 내기 위한 재료에 불과했다. 트러스가 스튜어트에게 국립공원 계획안을 지시했을 때, 스튜어트는 한 달간 준비 기간이 필요하다고 말했다. 그때 트러스는 이렇게 답했다. "사흘이 최대예요. 금요일에는 《텔레그래프》에 내보내야 하거든요." 스튜어트는 이렇게 정리했다. '세부 내용은 중요하지 않았다. 실행 가능성도 중요하지 않았다. 이건 그저 계획인 척하는 보도자료였을 뿐이다. 그녀는 도발적인 정책을 언급해 결단력 있는 사람으로 보이고 싶어 했다.'[35]

이런 방식은 그녀가 연달아 승진하는 데 큰 도움이 되었고, 보수당 당원들에게도 그녀의 존재감을 각인시켰다. 그 당원들은 보도자료와 정책 설명을 비판 없이 실어주는 언론을 꾸준히 읽는 사람들이었다. 그렇게 해서 트러스는 당대표 경선에서 유리한 위치에 섰고, 선거 유세 자체도 오로지 이미지 장사에 집중됐다.

결국, 조직이 표방하는 목적이 무엇이든 간에, 그 안의 야망가들은 실제로 보상받는 방향으로 움직이게 되어 있다. 언론 노출과 이미지 관리가 승진을 위한 지름길이라면 정치인들은 다소 품위 없더라도(트러스에게는 눈곱만큼도 찾아볼 수 없는 것이다) 기꺼이 그 길을 따른다. 그들은 정부 전체의 성공보다도 정치부 기자들과의 관계를 더 중시하게 된다. 트러스는 장관 시절 내각 안에서도 손꼽히는 정보 유출자로 악명 높았다.

물론 조용히 실질적인 정책 변화를 위해 애쓰는 장관들도 있다. 스튜어트는 법무부 장관으로 일했던 예전 상관 데이비드 고크(David Gauke)를 그 예로 들었다. 형사 정책에서 가장 쉬운 길은 강경한 발언을 하거나 엄벌주의를 외치는 것이다. 범죄자는 인기 없기 마련이고 언론도 '엄벌' 운운을 좋아한다. 하지만 고크는 단기 수감형이 재범률을 낮추는 데 효과가 없다는 사실을 잘 알고 있었다. 비용은 많이 들고, 넉넉하지 않은 교도소 자리를 차지하고, 지역사회 내 대체 형벌에 비해 성과도 낮다. 그래서 그는 6개월 이하의 징역형을 폐지하는 정책을 설계했다.

하지만 그렇게 시도하고 운영하려는 장관들은 개인적 신망을 바쳐야 하고(고크는 보수 언론으로부터 많은 공격을 받았다), 개혁을 끝까지 밀어붙일 만큼 오랫동안 자리를 지키는 경우도 드물다. 고크 역시, 보리스 존슨이 총리가 되자마자 경질되었고 그의 개혁은 바로 뒤집혔다. 다시 강경한 언사를 담은 보도자료와 입법이 난무했고, 감당할 수 없을 만큼 교도소 수감자가 늘어났다. 이런 상황에서 누가 장기적 안목을 가지고 움직이겠는가? 경력에 부정적인 영향만 주고, 결과적으로는 아무것도 달라지지 않을 텐데.

이 흐름을 바꾸려면 당 지도부와 핵심 참모들이 언론 대응이 아닌 정책을 다시 최우선 과제로 삼아야 한다. 현재 그들은 이 흐름에서 벗어날 수 없으며, 정치란 지금처럼 할 수밖에 없다고 믿고 있다. 당연히, 고위 언론 대응 담당자들 중 다수는 이 믿음을 깨뜨리는 데 아무런 관심이 없다. 그러나 이 방식은 그들 스스로의 기준으로 보더라도 분명 효과가 없다. 대중은 이제 언론에 관심을 꺼

버렸다. 뉴스 헤드라인 이면의 혼란을 바라보고 있기 때문이다.

오늘날 정치인들은 앨러스테어 캠벨 시절처럼 언론 보도 주기를 '관리'할 수 없다. 그리고 억지로 시도하면 역효과만 낳는다. 언론을 통제하려고 노력하면 할수록 유권자들은 점점 더 정당들이 무슨 말을 하는지 관심을 두지 않는다. 언론 대응에 들이는 시간과 자원이 아무리 늘어도 정치인들에 대한 신뢰도는 역사상 가장 낮은 수준이다.[36] 정책 대신 전술적 발표를 우선시하는 정치로는 하루하루 연명할 수 있을지 몰라도, 몇 년 지나면 내세울 성과가 아무것도 없을 것이다.

정치인들이 이 체계의 방향을 재설정할 수 있다고 말하는 것은 허황된 낙관주의처럼 들릴지도 모른다. 인터뷰에 응한 많은 사람들이 통제할 수 없는 이 체계에 갇혀 있다고 느끼는 것은 당연하다. 하지만 희망은 있다. 이미 선택할 수 있는 나은 전략이 있고, 일부 유능한 장관들이 이미 그 방식을 실천하고 있기 때문이다.

여러 정부 부처에서 언론 담당자로 일했던 가브리엘 밀랜드(Gabriel Milland)는 이렇게 말했다. "저는 좋은 정책이 곧 좋은 홍보다, 그렇게 말하고 다닙니다. 올바른 정책이 있다면 언론 반응은 좋을 겁니다. 망쳐버리지만 않는다면요. 제 말은, 언론 대응은 언론 담당자들에게 맡기면 된다는 겁니다. 정책 담당자나 장관이 언론 대응에 집중하기로 했다, 그러면 그 정책은 나쁜 정책일 가능성이 높습니다."[37]

이는 앨러스테어 캠벨이 늘 강조했던 원칙과도 맞닿아 있다. 즉, 언론 대응은 정부 전체 전략을 뒷받침해야 한다는 것이다. 물론 신노동당마저 항상 그 원칙을 지키지는 않았다. 이 방식을 취하려면 꽤 큰 확신이 필요하다. 정책 자체에 대한 관심과 그것을 설계하고 실행할 수 있는 능력도 요구된다. 그런 점에서 이 문제는 1, 2부에서 다룬 문제들을 먼저 풀어야만 해결할 수 있는 종속적인 과제다. 국가 전반을 더 잘 활용하는 보다 효율적인 정부 체계를 만들 때 비로소 전술적 언론 대응에 덜 의존하게 될 것이다.

물론, 그 전이라도 정치인들은 너무 많은 발표를 필요로 하는 정기적인 대형 행사를 폐지하여 숨 돌릴 틈을 얻을 수 있다. 여러 정책연구소와 조언가들이 오래전부터 제안해 온 방식으로, 예산안 발표와 추계 성명 발표를 하나로 합쳐 재정 관련 행사를 일원화하자는 것이 있다. 세제에 대한 끊임없는 발표가 혼란만 키우고 있기 때문이기도 하다.

하지만 더 나아가 이렇게 물을 수도 있다. 지금처럼 한 번에 예산안을 발표할 필요가 있는가? 재정 정책안 역시 다른 정책안들처럼, 필요할 때마다 초안을 내고 그때그때 충분한 토론과 검토를 거치면 되지 않는가? 굳이 매년 세제를 바꿔야 할 이유는 없다. 온갖 부처 정책을 한데 욱여넣은 단일 문서로 언론을 즐겁게 해줄 필요도 없다.

그렇다면 장관들이 자진해서 의제를 띄우고 지지율을 올릴 기회를 포기할 리 있을까? 하지만 실제로는 그런 효과가 전혀 없다. 2010년 이래, 예산안 발표로 인한 평균 지지율 변동은 0.1퍼센트에 불과했다. 거기에 들인 엄청난 준비와 뒤따른 무리한 정책 추진을 생각해 보라.[38] 기회비용은 막대하다.

전당대회도 마찬가지이다. 행사를 위해서는 준비해야 할 것이 어마어마하다. 발표해야 할 것도 엄청나고, 그에 따른 후속 작업도 산더미처럼 쌓인다. 그렇게 해서 얻는 것이 뭔가? 잘해야 한 주 동안 공개적으로 내분을 일으키지 않으면서 별 탈 없이 넘어가는 것뿐이다. 후원금이 조금 모이기는 하겠지만 그에 비해 들어가는 돈이 너무 크다. 더 작은 규모의 지방 행사들로도 충분히 대체할 수 있다.

그리드는 어떤 식으로든 존재해야 한다. 부처 간 중복되는 발표나 일정 충돌을 막기 위해, 큰 정책 발표에 관련해서 어느 정도 조율이 필요하니까. 하지만 각 부처는, 특정 부문 관심사에 해당하는 정보라면 해당 부문에 자유롭게 공개할 수 있도록 더 많은 자율성이 보장되어야 한다. 언론 홍보는 중요하다. 정책을 사람들에게 설득력 있게 설명하고 이해를 구하는 것은 정부의 중요한 역할이다. 하지만 어디까지나 정책을 위한 수단이어야 함은 분명하다.

제8장

광란의 질주

인터넷은 어떻게
정치를 난장판으로 만들었는가

"기본적으로 소셜미디어는
정치를 휩쓴 전염병이다."
|토니 블레어(Tony Blair)|[1]

"뉴스가 뭐야? 빌어먹을 진짜 뉴스가 뭔지만 말하라고.
1면에 실을게. 우리가 《인디펜던트》도 아니고
'참혹!' 헤드라인에 피 흘리는 돌고래 사진 따위를 실을 수는 없잖아?"
|애덤 케년(Adam Kenyon), 〈더 씩 오브 잇〉에 등장하는 가상의 《데일리 메일》 석간 편집장|[*]

---

[*] 정치풍자극 〈더 씩 오브 잇〉에 등장하는 애덤 케년은 언론의 상업성과 자극성을 대표하는 인물이다. 이 대사는 애덤 케년의 성격을 나타내는 한편 영국의 대표적인 언론인 《데일리 메일》과 《인디펜던트》를 모두 풍자하고 있다. 보수적인 《데일리 메일》은 독자들의 감정을 자극하는 선정적인 뉴스를 생산하며, 진보 언론으로 손꼽히는 《인디펜던트》는 동물 보호, 환경 보호 등의 가치를 중시한다.

● 　　　　　많은 독자들은 트위터(일론 머스크가 뭐라 부르든 'X'라는 표현은 쓰지 않겠다) 같은 일회성 플랫폼이 정부 운영 방식에 실질적인 영향을 끼쳤다는 주장을 황당하다고 여길 것이다. 영국 성인 중 트위터를 써본 사람은 절반도 채 안 되고, 그나마도 대부분 가끔 들여다보는 수준이며 글을 올리는 일은 거의 없다. 하지만 웨스트민스터에서는 상황이 다르다. 모두가 트위터에 접속해 있고, 대다수가 집착에 가까울 정도로 끊임없이 확인한다. 이 플랫폼은 정치인과 공무원이 정보를 소비하는 방식 자체를 바꿔버렸고, 정치부 기자의 직업도 완전히 바꿔놓았다.

소셜미디어가 없던 시대에서 있는 시대로의 전환을 경험한 정치인들에게 이 변화는 엄청난 충격이었다. 에드 볼스는 이렇게 말했다. "언론 보도 주기가 완전히 달라졌습니다. 마거릿 대처가 총리였을 때는 지금 같은 압박은 전혀 없었습니다. 우리가 야당에 있을 때만 해도, 언론 보도는 존 서전트(John Sergeant)와 로빈 오클리(Robin Oakley)가 하는 BBC 6시 뉴스와 9시 뉴스가 전부였어요. 잠시 한발 물러서 있을 시간이 있었죠. 무엇이 일어나는지, 무슨 말을 할지 충분히 고민한 다음 움직이면 됐죠. 그런데 블레어 말기와 브라운 시절로 오면, 이제는 언제든 뉴스가 시작될 수 있고 방송과 소셜미디어에서 그 뉴스가 살아있는 것처럼 굴러가기 시작합니다. 그러면 압박이 쌓이고, 즉각적인 반응 없이 넘어가기가 훨씬 어려워집니다. 제 생각에, 이건 실제 구조적 변화예요."[2]

2000년대에 이언 데일(Iain Dale), 폴 스테인스(Paul Staines) 같은 정치 블로거들이 등장했다. 이들은 웨스트민스터 전역에서 반드시 읽어야 할 인물이 되었다. 결정적인 분기점은 2009년 4월이었다. 스테인스는 고든 브라운의 보좌관이었던 데미언 맥브라이드가 친구에게 보낸 이메일을 입수했는데, 그 친구는 친노동당 성향 웹사이트를 운영하고 있었고, 이메일에는 보수당 고위 인사에 대한 근거 없는 루머를 퍼뜨리자는 내용이 담겨 있었다. 스테인스가 이를 폭로하자, 그는 블로거 중 처음으로 뉴스 헤드라인을 장식하게 되었다. 에드 볼스가 말한 구조적 변화는 이러한 흐름을 가리킨다.

트위터는 2006년에 등장했지만 처음에는 그다지 주목받지 못했다. 점심에 무얼 먹었는지 이야기하는 별 볼 일 없는 사람들이나 하는 가벼운 놀 거리로 여겨졌기 때문이다. 하지만 얼마 지나지 않아 스티븐 프라이(Stephen Fry) 같은 유명인이 가입하면서 수천 명의 팔로워를 모으기 시작했고, 2009년쯤이면 정치부 기자들이 플랫폼의 잠재력을 인식하기 시작하기 시작했다.

1990년대 후반부터 로비 기자단에 합류한 폴 워프(Paul Waugh)는 선도자 중 한 명이었다. "엄청나다고 생각했어요. 하지만 동료들은 대부분 부정적이었죠. 하지만 금방 감이 왔어요. '이건 기자들에게 딱 맞는 도구구나.' 원래 기자들이 일하는 방식과 똑같거든요. 잡담도 하고, 엉뚱하지만 파고들기도 하고, 아시겠지만 좋은 것도 나쁜 것도 다 있죠. 점점 더 많은 정치인들이 쓰기 시작하면서 기자들도 점점 더 그 가치를 알아보기 시작했지요. 다른 데서는 안 할 말을 여기서는 하기도 하니까요."[3]

한 번 시작된 변화는 순식간에 퍼졌다. 2009년 7월 데이비드 캐머런은 한 인터뷰에서, "트윗을 너무 많이 하면 멍청이가 된다"고 말했지만, 집권한 지 몇 년도 안 되어 보수당 의원들은 대부분 트위터를 사용하게 됐고, 이는 미디어 생태계 전체를 바꿔놓기 시작했다.

가브리엘 밀랜드는 양쪽 모두를 경험한 사람이다. 2006년부터 2010년까지는 《익스프레스》지의 정치부 기자로 로비에서 활동했고, 2011년부터 2017년까지는 정부 여러 부처에서 언론 및 홍보 업무를 맡은 공무원으로 일했다. 그는 소셜미디어와 온라인 뉴스가 정부와 언론의 관계를 어떻게 바꿨는지를 설명했다.

"우리는 더 이상 매일 아침 뉴스 편집장이 편집국에 들어와서, 정치부장과 '오늘 뉴스는 뭔가요? 어제 뉴스 중 이어갈 만한 것은 뭐죠? 오늘 무슨 일이 일어날까요?' 같은 대화를 나누며 하루를 시작하지 않아요. 물론 그런 대화가 여전히 있기는 합니다만 예전만큼 중요하지 않아요. 지금은 '뉴스스트림(news stream)'이라는 게 있어서 언제든 켜고 끌 수 있습니다. 5분 동안만 갈 수도 있고, 5주 동안 가기도 하죠. 어떤 뉴스는 5분 동안 엄청 중요하고, 어떤 뉴스는 5주 동안 엄청 중요할 테니까요. 소셜미디어가 그 대부분을 밀어붙입니다."

이처럼 이야기가 솟아나는 속도가 매우 빠르고 예측 불가능하기 때문에, 장관들과 부처는 그 끊임없는 뉴스스트림을 실시간으로 감지하고, 대응하고, 관리하는 데 점점 더 많은 시간과 자원을 쓰게 된다. 밀랜드는 이렇게 말했다.

"결국 더 빠르게 움직여야 한다는 뜻입니다. 정부의 언론 대응, 공공기관의 대언론 소통 구조는 이런 환경에 맞춰 설계되어 있지 않습니다. 물론 정부 홍보 담당자들 중 최고는 업계를 통틀어 최고 수준이긴 합니다. 이와 관련해 두 가지 관점이 있는 것 같고, 두 접근법 사이에는 모종의 긴장이 있습니다. 첫 번째 관점은, 화이트홀 내부에서 여러 차례 커졌다 줄어들었다 하는 관점인데 '이제 뉴스는 예전만큼 중요하지 않다'는 거죠. 곧 종이 신문을 읽는 사람은 계속 줄어들고 있고, 따라서 그 영향력도 줄어들고 있다는 겁니다. 앞부분은 맞는 말이고 뒷부분도 틀린 말은 아닌데 아주 맞는 말도 아닙니다. 공공기관 언론 담당자들과 공무원 조직, 일부 장관들이 이렇게 생각해요. 대부분의 장관들은 '맙소사,《데일리 메일》이 나에 대해 이런 기사를 냈어, 이걸 막아야 해.'라거나《데일리 메일》이 나와 내 정책에 대해 이런 점을 짚어주면 좋겠네. 반드시 그 신문에 나야 해.' 하는 식으로 생각합니다."[4]

실제로 승진이나 정당 내 입지를 생각하면, 뉴스스트림에 민감하게 반응하고 신경을 곤두세우는 쪽이 보상이 크다. 이걸 무시하면 좋은 정책을 개발할 기회는 생기지만, 정치 경력에 타격이 간다. 특히 브렉시트 이후처럼 극심한 정치 불안정기에는, 누구도 자기 자리를 지킬 수 있다는 확신이 없기 때문에, 이런 경향은 더욱 강해진다.

하지만 밀랜드는 이 문제를 해결할 수 있는 방법이 있다고 여긴다. 그가 법무부에 있을 때 장관은 마이클 고브였고, 고브는 드물게도 실제 정책 개혁에 관심 있는 장관이었다. 고브는 데이비드 코크가 훗날 시도했던 것과 꽤 유사한 방향의 개혁을 원했다.

"우리는 굉장히 자유주의적인 교정 정책을 추진하려 했습니다.

감옥을 끔찍한 창고 같은 공간으로 두는 게 아니라 실제로 사람을 변화시키는 곳으로 만들고 싶었고, 수감자 수도 줄이려 했습니다. 제 역할은 이것을 보수당 쪽 언론에 잘 전달해서 가능한 한 그들과 좋은 관계를 유지하는 것이었어요. 이 정책을 실현할 수 있을 만한 정치적 지지가 필요했거든요. 우리는 항상 피해자 중심 서사를 앞세웠습니다. '우리가 이 정책을 펴는 것은, 사람들이 불의의 공격을 당하는 일을 줄이기 위해서다.' 이런 식으로요. 그런 식으로 보수 언론들, 반진보 성향 언론들이 받아들일 만한 메시지를 만들어 냈죠. 이전 법무부 체제는 기자들의 교도소 출입 자체를 금지했습니다. 우리는 개방했습니다. 교도소가 얼마나 엉망인지 사람들에게 보여줘야 했으니까요. 물론 지금은 그때보다도 더 엉망이겠지만요. 개혁이 이뤄지려면, 이것이 급한 일이라는 인식이 필요했습니다. 언젠가는 고쳐야 할 만성적인 문제가 아니라, 지금 당장 해결해야 할 위기라는 점을 알려야 했죠. 그래서 BBC가 처음으로 교도소 내부를 생중계하도록 허용했습니다. 이렇게 언론을 활용해 정책 목적을 이룰 수도 있어요. 물론 위험 부담이 크고, 몇 날 며칠 잠 못 이루며 고생하기는 했지만요."[5]

그는 이 전략이 결코 쉽지 않다는 것을 인정한다. 이건 어디까지나 마이클 고브가 교육부 장관 시절 좌파 교육 관료 집단을 '블롭(Blob)'*이라 비판하며 언론과 친분을 쌓아왔고, 브렉시트를 지

---

* '덩어리'라는 의미로, 하나의 느리고 방대한 조직체를 이루고 있는 좌파 성향 교육 집단을 비판하는 용어이다. 마이클 고브는 2013년 교육개혁 당시 교사노조, 교육학자, 지방교육청 등을 아울러 '변화를 거부하는 진보적 교육 기득권'이라는 의미로 'Blob'이라 지칭했다. 이러한 의미로 이 단어를 쓴 것

지해서 우익 언론의 지지를 얻었던 적이 있었기 때문에 가능했다. 장관들 대부분은 언론을 설득하려 들기보다는, 그들의 요구를 맞춰주며 적당히 달래려는 입장을 취한다. 더욱이 이 모든 정책 작업은 결국 무의미한 것으로 드러났다. 마이클 고브는 훗날의 고크처럼 개혁을 마무리하기 전에 해임되었기 때문이다.

로비 기자단의 역습

점점 강해지는 '뉴스스트림'은 정치인의 행동만 바꾼 것이 아니라 정치 뉴스 산업의 구조 자체를 바꿔놓았다. 그 결과 보도의 질은 떨어졌고, 정치인들이 엉터리 정책을 밀어붙이고도 제대로 된 감시를 피하기 쉬운 환경이 만들어졌다.

무엇보다 온라인 뉴스의 지배력이 커지면서 언론 산업의 경제 구조가 바뀌었다. 지난 15년간 종이 신문은 판매량을 기준으로 본다면 사실상 몰락했다. 2023년 9월 기준으로 《데일리 메일》의 발행 부수는 72만 9천 부로, 2010년 9월의 214만 4천 부와 비교하면 66퍼센트 감소한 수치다. 지금도 매달 1~2퍼센트씩 계속 떨어지고 있다. 업계 관계자들에 따르면 그래도 여전히 《더선》보다는 많이 팔린다고 한다. 《더선》은 더 이상 발행 부수를 공개하지 않지만, 2010년 9월에는 하루에 300만 부 가까이 팔렸었다.[6]

은 마이클 고브가 최초이다. 이후 도미닉 커밍스와 《데일리 메일》 등에서 이 표현을 사용하면서 더 퍼져나갔고, '좌파 엘리트 집단'에 대한 조롱 표현으로 자리 잡았다.

대형 신문사 대부분은 이런 거센 역풍에도 수익을 확보할 방법을 찾아냈지만, 그 대가로 전문 분야 기자 수를 대폭 줄여야 했다. 내가 처음 교육 정책 분야에서 일할 때만 해도, 주요 신문사마다 적어도 한 명씩 교육 전문 기자가 있었다. 지금도 몇 명 있기는 한데 그 수가 확 줄었다. 다른 분야도 모두 마찬가지이다.

정책 개발과 언론 대응이 웨스트민스터에 집중되었듯, 언론사의 정책 보도 역시 중앙집중화되었다. 요즘은 주요 정책 기사도 로비 기자단 기자들이 쓰는데, 이들은 정치인 간의 관계, 권력의 부침 같은 정치 소식도 함께 다룬다. 이로 인한 결과는 여러 가지다. 우선, 전체 기자 수는 줄었지만 로비 기자 수는 그대로거나 어떤 신문사에서는 오히려 늘었다. 둘째, 이들이 자신의 전문 분야가 아닌 다양한 주제의 기사들도 더 많이 써야 한다. 즉, 정부 입장에서는 언론의 감시를 빠져나가기 더 쉬워진 것이다.

언론 보도 주기에 따른 기삿거리 수요는 정치인이나 보좌진 못지않게 기자들에게도 분주하고, 때로는 무의미한 활동을 요구한다. 로비에서 경력 대부분을 쌓아 온 《타임스》의 전 정치부장 프랜시스 엘리엇(Francis Elliott)은 이렇게 말했다.

"가장 달라진 점은 이제 정치 보도가 '경기 리뷰'가 아니라 '공의 이동 하나하나 중계하는 해설'처럼 느껴진다는 것이지요. 이는 곧 본질적으로 두 가지 일을 동시에 해야 한다는 뜻입니다. 일단 소셜 미디어에 지금 안 쓰면 안 될 것 같은 정보를 바로바로 올려야 하고, 동시에 좋은 기자라면, 혹은 좋은 기자가 되기를 바라는 사람이라면 핵심 특종은 따로 아껴두어야 하죠. 정말 진 빠지는 일입니다."[7]

폴 워프는 자신이 처음 기자가 되었을 때와 비교하며 이렇게 설명했다. "출근은 보통 아홉 시 반쯤 했습니다. 신문을 전부 훑고, 뉴스 데스크와 이야기를 나누고, 의회의 하루 단위 의사일정을 보고 대략적인 기사 아이디어를 짭니다. 오전 11시에는 다우닝가에서 로비 브리핑이 있어요. 동료들과 얘기 좀 나누고 나면 점심시간이죠. 보통은 오랫동안 술이 곁들여진 식사를 하는데, 그러고 나면 대개 오후 4시에 오후 브리핑이 있습니다. 이 모든 과정을 거친 다음에야 기사를 씁니다. 한 편 아니면 두 편 정도요. 그땐 일이 지금보다 훨씬 느긋했어요. 살짝 물러서서 생각할 여유가 있었고, 관계도 천천히 쌓을 수 있었지요. 물론 지금도 점심을 같이 먹고 차를 마십니다. 아주 중요하죠, 여기서는 그게 생명줄입니다. 하지만 이제는 한낮 시간대에도 트윗을 올려야 하고 팟캐스트에도 참여해야 하고, 자기 매체가 아닌 다른 데에도 얼굴을 비춰야 합니다. 방송 시간 채우는 데도 도움을 줘야 하고요. 이런 게 자기 홍보나 신문사 홍보에도 도움이 되고, 회사가 좋아하니까요. 하지만 그런 일을 하다 보면 정작 다른 일을 할 시간은 줄어듭니다."[8]

생각할 시간이 부족한 것만으로도 이미 충분히 문제지만, 로비 기자단이 지금까지 정치 기사만 썼다면 나았을 것이다. 하지만 갈수록 그들은 정책 기사도 함께 다뤄야 한다. 밀랜드는 이렇게 설명한다.

"제가《익스프레스》에서 일할 때는, 하루에 100만 부 이상 팔릴 정도로 잘 나갔고 많은 돈을 벌어들였습니다. 기자도 100명이 넘었죠. 지금은 고작 서른 명 남짓입니다. 정말 말도 안 되는 숫자예요. 그런데도 《익스프레스》 소속 로비 기자는 여전히 세 명입니다. 이건 극단적인 경우지만 다른 신문사에도 어느 정도씩은 비슷한 변화가 있었습니다. 결국 뉴스룸 예산 구조 때문에 예전에는 전문 기자가 맡았을 기사들을 이제는 로비 기자들이 맡게 된 것입니다. 그런데 로비 기자들은 다른 기자들과 기사 쓰는 방식이 다릅니다. 로비 기자들은 본능적으로 거의 모든 정책 기사를 '내분'이나 '스캔들'로 다룹니다. 정말 뛰어난 기자들도 그렇게 하지요. 전국 일간지 시장에서 상위권에 있는 매체 하나는 웨스트민스터를 끊임없는 스캔들 연속극으로 보도하는 쪽으로 방침을 잡은 것 같습니다."[9]

BBC, ITV, 스카이 등의 방송사들 역시 이제 거의 모든 뉴스를 로비 취재 방식으로 다룬다. 이는 방송사 스스로도 예산 삭감을 거친 결과이기도 하지만, 무엇보다도 다른 무리를 따르기 때문이다. 정책 보도는 점점 더 실현 가능한지, 긍정적인 효과를 낳을지, 역사적 전례가 있는지 따지지 않고, 해당 정책이 정치인들의 운명에 어떤 영향을 미칠지를 중심으로 다뤄진다. 로비 기자들이 잘 아는 분야이기 때문이다. 반면, 정책적 타당성이나 효과, 역사적 맥락은 전문 지식을 요구하는 영역이다.

정책이 복잡하고 기술적일수록 이런 현상은 더욱 심해진다. 온라인 보호, 인공지능 규제, 국제 무역 협정 같은 분야의 전문가들과 대화해보면, 자신들의 전문 분야가 언론에서 어떻게 다뤄지는지 설명하다가 금세 머리를 감싸 쥐는 것을 볼 수 있다. 많은 시청자들도 코로나바이러스 팬데믹 당시 브리핑에서 의료진과 과학자들이 동석했음에도 정치부 기자들이 정부 내 갈등을 캐내는 데 몰두하고, 각 정책의 건강 및 보건상의 영향을 묻는 데 소홀했던 점에 실망감을 느꼈다. 당시 의료 전문 기자들이 더 많은 질문을 던졌다면, 정부가 더 나은 결정을 내리도록 압박했을지도 모른다.

경제 보도 역시 마찬가지다. 2022년 BBC는 자사의 경제 보도 방식에 대한 검토를 의뢰했고, 여기서도 정치 중심 보도의 문제점이 주요 쟁점으로 떠올랐다.

"많은 인터뷰 참가자들이 말했듯이, 정치가 문제라는 걸 모두가 알지만 쉬쉬하고 있지요. 정치에 세밀한 관심을 기울이는 것이 공정성을 키울 수 있을 것처럼 보이지요. 그런데 경제에 같은 수준의 주의를 기울이지 않으면 오히려 공정성을 해칠 수 있습니다. 정치를 중심에 둔 뉴스는 집단사고에 빠지기 쉽습니다. 정치 그 자체가 유행을 좇는 밴드왜건처럼 작동할 수 있기 때문이지요. 다른 집단의 이해를 대변하는 전문가들의 관점은 쉽게 묻히거나 배제됩니다."[10]

인터뷰 참가자 중 한 명은 이렇게 말했다. "정치부장은 경제, 거시경제, 헌법, 무역, 법률, 정치 협상, 그리고 네 개 지역 정부의 근황을 다 알아야 한다는 요구를 받고 있습니다. 그걸 다 해낼 수 있는 사람은 없어요. 정치부장에게 그런 역할을 다 맡긴다면, 그 사람이 우스꽝스러워진다는 것 말고는 아무 결과가 없을 겁니다."[11]

이처럼 정치 중심 시각에 집착하다 보면, 중요한 정책의 세부 내용은 다뤄지지 않고, 국민들은 제대로 된 정보를 얻지 못한다. 더욱이 정치인들도 이런 상황을 이용해 비판과 검증을 피하려 한다. 로비 기자들은 정말 어려운 질문이 무엇인지조차 잘 모르기 때문이다.

게다가 로비 기자들은 새로움에 집착하고, 자기들끼리 특종을 기준으로 성과를 비교한다. 프랜시스 엘리엇은 이것을 '기자들이 점수를 매기고', 자신의 개인 브랜드를 쌓는 방식이라고 설명한다. 심지어 어떤 소식을 트위터에 30초 더 먼저 올리기만 해도, 경쟁자보다 팔로워를 더 확보할 수 있다. 결국 모든 정치 담당 기자들은 1인 사업자인데, 이들이 전문가라거나 특정 분야 전문 기자가 아니기 때문에 정보 접근성은 유일한 자산이 된다.

이런 탐구성, 뭔가 새로운 것을 캐내려는 집착은 분명 가치가 있다. 《가디언》의 피파 크레러(Pippa Crerar)나 ITV의 폴 브랜드(Paul Brand) 같은 기자들이 파티게이트 스캔들을 몇 달에 걸쳐 추적했고, 이는 끝내 일련의 폭로로 이어져, 보리스 존슨을 몰락시킨 원동력이 되었다.

워프는 이렇게 말한다. "단독 보도 경쟁은 우리 일의 생명입니다. 단지 '제일 먼저'가 아니라 '진짜 괜찮은 정보'를 먼저 내놓는 거요. 뭔가 새로운 것을 찾아내고 그걸 세상에 알리고 싶어서 아침에 눈을 뜨는 거죠. 그게 이 일의 존재 이유이자 내가 이 미친 직업을 좋아하는 이유입니다. 물론 단독 보도 경쟁이 외부 사람들 눈에는 허무하게 보일 수 있습니다. 인정해요. 그렇지만 경쟁을 유도하기 때문에 유용하다고 생각합니다."[12]

이러한 인식 자체는 블레어-브라운 간의 갈등이나 보리스 존슨 스캔들처럼 전형적으로 정치적인 이야기를 다루는 데 중요한 태도다. 그런 사안들은 분명 의미가 있다. 하지만 정치부 기자들이 복잡하고 장기적인 정책 이슈를 다룰 때는 정말이지 유용하지 않다. 우선, '새로운 것'에 집착하는 태도가 정부로 하여금 끊임없이 새로운 발표거리를 만들어내도록 유도한다. 마치 신문사마다 사탕을 돌리듯, '단독 보도용' 발표거리를 뿌리는 것이다.

이 방식은 또한 정책의 결과보다는 발표 시점에 언론의 주목이 쏠리게 한다. 언론 보도를 중시하는 장관은 대개 정책의 실현 가능성보다는 발표 자체의 매력, 또 논란을 일으켜 자신의 정치적 입지를 부각할 수 있는지 여부에 집중한다. 결과적으로 정책이 실패하더라도, 그 시점에는 장관이 이미 다른 직책으로 옮겨간 뒤일 가능성이 높다.

이민 정책은 이런 흐름을 보여주는 완벽한 예시다. 보수당 정부는 망명 제도의 기본적인 틀을 관리하는 데 완전히 실패했다. 이 제도가 어떤 방향이어야 하는지에 대한 보수와 진보 간 견해 차이와는 무관하게 수치상으로 드러난다. 내무부의 망명 신청 처리 속도는 심각하게 느려졌고, 그 결과 일할 수 없는 상태로 호텔에 수용된 수천 명의 이주민이 대기 상태로 남아 있다. 신청이 기각된 사람들에 대한 추방 조치도 최근 몇 년 사이 거의 사라졌다.

그럼에도 이런 중대한 실패는 거의 다뤄지지 않는다. 대신, 내무부는 이민자들을 상대로 '강경' 조치를 취한다는 발표를 거의 매일 언론에 흘리며 여론을 주도하려 한다. 현실에서는 이런 발표가 실행되지 않거나 공무원들의 업무 시간을 잡아먹어 상황을 악화시킨다. 2023년 기준, 망명자 수용을 위해 마련된 바지선 '비비 스톡홀름(Bibby Stockholm)'*에 대한 보도량은 망명 대기자 수가 왜 이렇게 폭증했는지를 분석한 기사보다 훨씬 많았다. 르완다 추방 제안은 2022년 봄부터 신문 1면을 장식해 왔지만, 이 글을 쓰는 시점까지 단 한 명도 이 방식으로 실제 추방되지는 않았다.

이런 전술이 단기적으로라도 효과가 있는 이유는 우호적인 언론들이 이를 정치적으로 보수당에 유리하다고 간주하기 때문이다 (물론 실질적인 근거는 없다. 2023년 9월 여론조사에 따르면 전체 인구의 83퍼센트가 정부의 이민 정책이 실패했다고 보고 있었다).[13] 하지만 논쟁적인 정책의 '신선함'은 모든 정치부 기자들에게 매력적이다. BBC조차 르완다 추방이나 바지선 이슈를 집중 조명하면서, 망명 제도의 진짜 문제에 대해서는 거의 언급하지 않았다. 좋지 않은 여론에도 불구하고, 전직 내무장관 수엘라 브레이버먼에게는 오히려 정치적으로 도움이 됐다. 그녀는 보수당 내 극우 진영의 총아로 떠올랐고, 차기 당대표로 거론되기까지 한다. 재직 기간 실질적으로 이룬 성과는 없는 것만도 못한데 말이다.

대형 신문사의 수익 모델 변화는 이보다 더 미묘한 부작용도 낳았다. 종이 신문이 더 이상 수익의 중심이 아니게 되면서, 현재 대부분의 대형 신문사는 온라인의 광고 수입이나 구독제를 통한 수입으로 수익을 낸다. 전자에는 《데일리 메일》이나 《더선》이 해당하

---

* 2023년 당시 내무부 장관이었던 수엘라 브레이버먼이 추진한 정책으로, 항구에 정박한 채 망명 신청자를 수용할 목적으로 임대한 바지선 이름이다. 원래 해상 숙소 내지는 감옥 선박으로 사용되던 선박으로, 영국 정부는 최대 500명의 남성 망명 신청자를 수용할 계획이라고 발표했으나, 소방점검에서 화재 시 대피경로가 부족하다는 이유로 '부적격' 판정을 받았고 국내외적으로 인권 침해라는 비판이 크게 일었다. 한편 실제로 수용된 인원은 소수였고 수용 하루 만에 퇴거 조치되었지만, 언론에서 강경한 이민 대책인 것처럼 과장해 보도한 것도 논란을 일으켰다.

고, 후자에는《타임스》등이 해당한다.

이상하게도, 종이 신문의 수익성이 떨어질수록, 그것은 소유주와 편집장의 장난감이 되기 쉽다.《데일리 메일》온라인판과 인쇄판을 비교해 보면 그 차이를 극명하게 살펴볼 수 있다.《데일리 메일》온라인판은 무엇이든 다 다루며, 기존 입장과 모순되더라도 클릭 수가 보장되면 정부 비판도 서슴지 않는다. 핵심 목표는 페이지 뷰 및 페이지 체류 시간을 극대화하여 광고 수익을 늘리는 것이다.

반면에《데일리 메일》인쇄판은 갈수록 정부의 선전 매체로 기능하게 된다. 특히 보수당 내 특정 계파의 메시지를 전달하는 역할이 강해졌다. 그 주요 독자는 일반 대중이 아니라 보수당 하원의원들과 방송사 관계자들이다. 그들이 해당 기사를 따라가야 한다는 압박을 느끼도록 만들기 위함이다. 비슷하게, 정부는 일반 대중을 설득하기보다는 자기편 의원들과 관계 유지를 위해 언론을 활용하려는 경향이 강해지고 있다. 점점 더 현실의 유권자와는 동떨어진 자기들만의 리그가 되어 가는 것이다.

코로나바이러스가 좋은 예시다.《데일리 메일》과《데일리 텔레그래프》의 남아 있는 독자들은 대개 고령층으로 대개 은퇴했고 바이러스 감염 위험이 높으며, 사회적 활동에 대한 욕구도 크지 않았기 때문에 봉쇄 조치를 적극 지지했다. 하지만 이들 신문은 봉쇄 정책에 강하게 반대하는 논조를 유지했다. 독자를 겨냥한 것이 아니라 보수당 의원들과 총리실을 겨냥한 것이었다.

팬데믹 당시 정부의 언론 대응을 지원하기 위해 복귀했던 밀랜드는 이렇게 회고했다. "《데일리 텔레그래프》가 대중들에게 미친 영향은 사실상 없었습니다. 그들이 펼친 논조는 정말 터무니없고 현실 감각도 없었죠. 그렇지만 정책 결정에는 굉장한 영향력을 행사했어요. 총리가《데일리 텔레그래프》에 거의 오이디푸스 콤플렉스에 가까운 집착을 갖고 있었거든요."[14]

보리스 존슨은《데일리 텔레그래프》기자로 활동하면서 EU에 관련된 기사를 부정확하게 썼고 그로 인해 이름을 알렸다. 이후에는 같은 신문에서 고액을 받는 칼럼니스트로 활동했다. 그러니 그 신문의 입장이 그에게는 아주 중요했다. 심지어 존슨은 이 신문을 두고 "내 진짜 상사"라고 부르기까지 했다는 말도 있다. 총리에게 '진짜 상사'라면 국민뿐일 텐데 말이다.[15]

존슨은 유난히, 언론에 잘 휘둘리는 인물이었다. 그러나 언론에 휘둘리지 않으려 했던 테레사 메이와 리시 수낙 같은 총리들도 언론이 당내 분위기에 미치는 영향을 완전히 무시할 수는 없었다. 2023년에는 교육부가 성교육을 전면 재검토하고, 학부모에게 교육 관련 정보를 제공할 방안을 마련하느라 막대한 시간을 들여야 했다. 평의원 미리엄 케이츠(Miriam Cates)의 주도로 시작된 보도 캠페인 때문이었다. 그녀의 문제 제기는 동료 의원들 다수로부터 호응을 얻었다. 사실 전국적인 공감대를 얻거나 대대적인 공분을 산 것도 아니지만 이 사안은 결국 정책 의제로 부상했다.

최근까지도 방송 뉴스는 이런 흐름으로부터 비교적 잘 보호받아 왔다. 특히 BBC는 모든 진영에서 비판을 받기는 하지만 그런 비판이 예상될 때에는 과도하게 방어적인 태도를 취하기도 한다. 그럼에도 불구하고, 스카이 뉴스나 ITN과 마찬가지로 편향되지 않은 보도를 지향하며, 대중의 신뢰도는 신문보다 훨씬 높다. BBC 온라인 뉴스는 단연코 영국에서 가장 많이 이용되는 뉴스 출처다. 그러나 2021년, 노골적으로 편향된 케이블 뉴스 채널 GB뉴스가 등장했고, 2022년에는 토크TV가 뒤를 이었다(이후 온라인 전용으로 전환되었다). 방송은 이론적으로 통신규제청의 규제를 받기 때문에 인쇄 매체보다 기준이 더 엄격하지만, 통신규제청은 사실상 무기력하다는 사실이 드러났고 유튜브나 틱톡처럼 뉴스 소비 채널이 다양해지면서, 통신규제청의 역할도 갈수록 무의미해지고 있다.

편향된 텔레비전 채널들은 시청률이 낮지만, 수익보다는 정치적 영향력을 목적으로 한다. 2023년 말 기준, GB뉴스는 당시 보수당 부대표 리 앤더슨(Lee Anderson)을 포함한 보수당 의원 4명을 진행자로 고용한 상태였고, 당내 특정 계파에 발언 기회를 제공하고 있었다. BBC나 ITV보다 훨씬 시청자 수가 적음에도, 이런 이유로 보수당 지도부는 이 채널들을 무시할 수 없다. 소유 구조도 얽혀 있다. 토크TV는 머독 일가가 소유하고, GB뉴스의 주요 주주 중 한 명은 헤지펀드 억만장자인 폴 마셜이다.* 그는 《데일리 텔레그래프》 인수를 추진 중이기도 하다.

폴 마셜이 자금을 대는 정치 전문 매체 언허드(Unherd)를 설립한 팀 몽고메리(Tim Montgomerie)는 이렇게 인정한다. "폴은 진심으로 표현의 자유와 자유주의를 믿고 있고, 영국 경제가 잘못된 길로

---

* 토크TV는 2022년 루퍼트 머독이 소유한 뉴스UK 산하 채널로 출범했다. 보수우파 논객 중심으로 방송이 진행되며, 대중영합적인 방송을 지향한다. 루퍼트 머독은 언론 재벌로, 이 외에도 《타임스》, 《더 선》, 《월스트리트 저널》 등을 소유하고 있다. GB뉴스는 2021년 영국의 폭스뉴스를 표방하며 출범했으며, 극우에 가까운 강경 보수 노선이다.

가고 있다고 우려합니다. 그래서 그는 문화적 저변을 넓히고자 해요. 그러니 정치적 목적에서 투자를 하는 거죠."[16]

1930년대에도 스탠리 볼드윈은 언론사 소유주들의 편협한 사적 관심사를 한탄한 바 있지만, 지금은 사업 모델 자체가 달라졌다. 마셜이 《데일리 텔레그래프》를 인수한다면, 온라인 광고와 구독으로 돈을 벌면서, 종이 신문과 적자를 내는 방송 채널을 통해 보수당 내부에 강한 영향력을 행사할 수 있을 것이다. 토니 블레어 정부에서 정치 운영국장 등 요직을 두루 맡았던 존 맥터넌(John McTernan)은 이 현상을 흥미로운 비유로 설명했다.

"내가 보기에, 지금 보수당과 언론의 관계는 예전 노동당이 노동조합과 맺었던 관계와 비슷합니다. 빠져 죽을 것 같은 사람에게 매달리는 꼴이죠. 물에 빠진 사람 옆에 가지 마십시오, 그 사람이 당신을 붙잡아 균형을 잡으려고 할 테니까요."[17]

차이점이라면, 노동조합은 대처 정부 시기 법 개정을 통해 상당 부분 영향력을 잃었고, 탈산업화 흐름 속에서 블레어 정부는 그들과 거리를 둘 수 있었다. 반면 언론 산업은 구조적으로 불안정해졌을 뿐, 보수당이 의존하고 있는 신문사와 방송사는 아직 침몰하지 않았다는 것이다. 이들은 대부분 온라인을 통한 수입으로 여전히 수익을 내고 있다. 이 때문에 보수당은 이런 '새로운 균형 상태'에서 벗어나기 어려울 것이다. 이 상태는 상당 기간 지속될 수 있기 때문이다.

이 문제는 우익에서 더 심각하게 나타나지만, 노동당에도 골칫거리이다. 극우 성향의 언론 생태계를 무시할 수는 없기 때문이다.

이런 언론들이 여전히 다수 유권자들이 소비하는 편향되지 않은 언론에 과도한 영향을 끼치는 것이다. BBC는 '라떼 홀짝대는 자유주의자(latte-sipping liberals)' 프레임에 맞서려는 헛된 노력을 많이 기울이는데, 이 때문에 오히려 다른 매체에서 다루는 뉴스 의제를 반영하려는 경향을 보인다.* 예컨대 2023년 봄, 키어 스타머가 반사회적 범죄를 단속하겠다는 연설을 했는데 그다음 주에 리시 수낙이 한 아주 비슷한 연설이 훨씬 더 크게 다뤄졌다. 노동당 보좌관들은 큰 실망감을 느꼈는데, 부분적으로 이는 다른 보수 언론들에서 수낙의 연설이 훨씬 많이 보도됐기 때문이기도 하다.

신노동당은 이른 시기부터 보수 언론과의 관계를 관리하려 많은 노력을 기울였다. 이들이 전폭적인 지지를 보내주리라고 기대한 것은 아니었지만 말이다(때때로 입장을 때때로 바꾸는 드문 사례인 《더선》은 예외다). 블레어 정부 초기에 앨러스테어 캠벨 밑에서 일했던 랜스 프라이스(Lance Price)는 이렇게 회고했다.

'장관들과 함께 마약, 불법 체류, 복지 부정수급 등에 대한 새로운 단속 방안을 논의하는 데 몇 시간씩 보냈다.' 이는 모두 신문사에 발표할 거리를 만들기 위해 얼마나 집착했는지를 보여준다. 이렇게 많은 시간과 노력을 들일 가치가 있는지 여부와 무관하게, 적어도 이 과정이 정책을 위해 불가피하다고 생각하더라도, 이제는 더 이상 노동당 정부가 할 수 있는 일이 아니다.

---

* 상대적으로 편향되지 않은 BBC가 보수 언론으로부터 좌편향되었다는 공격을 받고, BBC가 이를 의식해 오히려 우편향되는 경우가 있음을 지적하는 내용이다. '라떼 홀짝대는 자유주의자'는 도덕주의적이지만 현실과 동떨어져 있는, 이상주의적인 기득권 진보 엘리트를 비꼬는 표현으로 쓰인다.

맥터넌은 이렇게 말한다. "신노동당 시절 우리는 언론을 관리하기 위해 엄청난 노력을 들였고, 그게 필요하기도 했지요. 하지만 지금은 그렇게 되지 않아요. 총리실은 당장이라도 루퍼트 머독을 만나러 오세아니아 외딴섬이라도 찾아가 토니가 그랬듯 모든 문제를 해결해 버리고 싶겠지만요. [1997년 총선에서 《더선》의 지원을 얻어낸 1995년 회담을 가리킴.]"*18

현재 정치와 언론의 관계는 좋은 정책을 만들어내는 데 있어 그 어느 때보다도 큰 해악을 끼치고 있다. 어떤 정당도 아직 이 새로운 균형 상태에 어떻게 대응해야 할지 해답을 찾지 못했다. 소셜미디어의 부상도 여기에 일조하고 있을 가능성이 크다.

노스탤지어 정치와 새로운 생각 부재

2011년, 사이먼 레이놀즈(Simon Reynolds)라는 작가가 『레트로매니아(Retromania)』라는 책을 펴내며 팝 음악의 혁신이 사라지고 있음을 주장했다. 그의 논지는 이런 것이었다. 언제 만들어졌는지와 무관하게 모든 노래를 언제든 들을 수 있게 되면서 미래를 향한 시선이 가로막혔다. '2000년대에는 팝 음악이 과거까지 아우르며

---

* 토니 블레어는 야당 대표였던 1995년, 호주 해밀턴섬에 머무르던 언론 재벌 루퍼트 머독과 비밀리에 회동했다. 토니 블레어는 이때 중도화된 신노동당 전략을 내세워 머독을 설득했고, 이후 전통적으로 보수당을 지지했던 《더선》은 1997년 총선에서 노동당 지지로 돌아섰다. 당시 《더선》은 영국에서 최대 영향력을 자랑했다. 결과적으로 1997년 총선에서 노동당은 18년 만에 총선에서 압승했다.

어느 때보다 북적이게 되었는데, 지나간 나날들의 보관된 기억 또는 옛 형식을 흡혈한 듯한 '복고풍 록(retro-rock)'의 형태를 띠었다. 그 자체로 존재하는 것이 아니라, 2000년대는 앞선 모든 시대가 한꺼번에 재현되는, 자신만의 독특한 시대 정체성과 분위기를 갉아먹는 동시다발적 팝 음악의 시대가 되어버렸다.'¹⁹

글라스턴베리의 페스티벌 무대를 장악한 고령화된 록스타들을 보면 그의 주장이 과장이 아님을 알 수 있다. 오디오 스트리밍 사이트 스포티파이에서 팔로워 수가 상위권인 록밴드 목록을 보면 퀸(Queen), 건즈앤로지스(Guns N' Roses), AC/DC가 포함되어 있다. 그나마 1위를 차지한 콜드플레이(Coldplay)가 비교적 젊은 축에 속한다. 보컬 크리스 마틴(Chris Martin)이 이제 고작 40대 후반이니 말이다.* 물론 새로운 음악이 전혀 없는 것은 아니다. 다양한 장르가 특정 소수 팬덤에서 인기를 얻고 있지만, 공연장을 가득 메울 만한 인기 가수가 나타나지는 않고 있다.

이런 현상이 음악에만 국한되는 것은 아니다. 2013년에서 2023년 사이 전 세계에서 가장 많은 수익을 올린 영화 10편을 보면, 유명한 작품의 속편(⟨아바타: 물의 길⟩)이거나 리메이크작(⟨라이언킹⟩)이고, 오래된 작품을 오마주한 것(⟨탑건: 매버릭⟩, ⟨쥬라기월드⟩)이거나 장수하는 시리즈물(마블, 스타워즈)이었다.²⁰ 2022년 기준, 스트리밍 플랫폼에서 가장 많이 시청된 TV시리즈 15편 중 일부는 수년 전에 제작되었고(⟨⟨사인펠드(Seinfeld)⟩⟩, ⟨길모어 걸스(Gilmore Girls)⟩⟩),

---

* 퀸은 1970년대와 1980년대, 건즈앤로지스는 1980년대 후반과 1990년대 초반, AC/DC는 1970년대 후반과 1980년대 활동한 록밴드다. 콜드플레이는 1990년대 후반에 활동을 시작했다.

일부는 수십 년간 방영되는 장수 프로그램이며(〈NCIS〉, 〈심슨 가족〉, 〈그레이 아나토미〉), 또는 옛 시리즈에 기반하고 있다(〈코브라 카이(Cobra Kai)〉, 〈웬즈데이(Wednesday)〉). 가장 많이 스트리밍된 시리즈인 〈기묘한 이야기(Stranger Things)〉는 1980년대 팝 문화를 향한 향수 그 자체다.[21]

버튼 한 번만 누르면 모든 시대의 콘텐츠에 접근할 수 있게 된 지금, 참신하거나 독창적인 콘텐츠가 대중적으로 돌파구를 뚫고 나오기란 훨씬 어려워졌다. 정치 문화에서도 같은 일이 벌어지고 있다. 정치인들은 점점 더 과거를 참조하고 있고, 그 결과 새로운 전진은 설 자리를 잃어버리고 있다.

영국의 정치 담론은 역사적 클리셰로 가득하다. 모든 노조 파업은 무려 45년 전에 있었던 '불만의 겨울(Winter of Discontent)'*의 재림이라 불린다. 파업에 맞서 강경 대응하겠다고 공언하는 보수당 의원들은 40년 전의 광부 파업**을 언급한다. 중도파는 노동당이 '정강 제4조 개정의 순간(clause four moment)'이 필요하다고 주장하는데, 이 역시 28년 전의 일이다.*** 정치인의 복장이 흐트러졌다는 비난이 나오면 42년 전 마이클 푸트(Michael Foot)의 '작업복(donkey

---

* 1978년 겨울에 임금 동결 정책에 반발하여 영국 전역의 노동자들이 벌인 대규모 노조 파업으로, 쓰레기 수거 중단, 시신 매장 거부, 응급 병원 마비 등의 결과를 낳았다. 이는 1979년 총선에서 보수당이 승리하여 마거릿 대처가 집권하는 계기가 되기도 했다. 이후 보수 정권과 언론이 노조를 비판할 때마다 언급하는 역사적 사건으로 기억된다.
** 1984년 3월부터 1985년 3월까지 약 1년간 지속된 광부 파업으로, 석탄 산업 구조조정에 반대하기 위한 파업이었다. 마거릿 대처 총리의 강경 대응과 여론전에 밀려 파업은 실패했고, 노동조합의 권위는 약해졌다.
*** 노동당 정강의 제4조는 1918년 제정 당시 산업과 은행 등을 공공 소유하겠다는 사회주의적 선언이었다. 그러나 1995년 토니 블레어는 신자유주의 흐름 속에서 구시대적 이념으로 여겨지던 제4조를

jacket)' 이야기가 다시 회자된다(실제 작업복은 아니었다).* 당대표가 승리에 도취해 있다는 평가가 나오면 31년 전, 1992년 총선 직전 닐 키녹의 '셰필드 유세'가 소환된다.** 정치인이 쿨해 보이려다 실패하면 26년 전 윌리엄 헤이그(William Hague)의 야구모자 이야기가 등장한다.***

음악 평론가 퍼걸 키니(Fergal Kinney)는 이렇게 지적한다. "영국 정치의 '레트로매니아'는 정치가 지나치게 정치학 전공자 중심으로 구성된 결과입니다. 실제 정치 실무자와, 말하자면 정치 '팬'의 경계가 흐려지는 거지요. 그래서 어려운 표현이 계속 쓰이고, 젊은 유권자들은 정치 담론에 참여하기가 더 어려워집니다. 그들은 노동당의 영웅이나 원로에 대해 공부하기보다는 테크 창업자나 사회운동가 등에서 영감을 찾고 싶어 합니다."²²

개정하여, 사회 정의와 기회 평등 같은 중도적 가치로 변경하였다. 이로써 노동당은 온건하고 현실적인 정당이라는 이미지를 얻었다. 오늘날 중도파는 노동당이 당내 급진 좌파 노선과 결별하고 중도 노선을 회복하기를 요구하고 있다.

* 1981년, 세계대전 전사자 추도일에 진행된 추도식에 당시 노동당 대표였던 마이클 푸트가 노동자들이 작업할 때 입는 외투를 입고 참석했다는 논란이 일었다. 당시 마이클 푸트가 착용했던 외투는 실제로는 고급 브랜드의 울코트였으나, 보수 언론은 이를 애국심 결여로 연결 지어 비판하였다.

** 1992년 총선을 앞두고 당시 노동당 대표 닐 키녹이 셰필드에서 대규모 유세를 펼쳤다. 닐 키녹은 여론조사에서 앞서고 있다는 점에 기반해 연석에서 'We're alright!'을 연호하며 포효했고, 이 모습을 오만하다고 비판한 언론 보도가 이어졌다. 이어진 총선에서 결국 보수당이 승리하면서, 과도한 자신감이 정치적 패배로 이어질 수 있다는 교훈처럼 회자되는 사례가 되었다.

*** 1997년 여름에, 당시 진지하고 권위적인 이미지의 보수당 대표 윌리엄 헤이그가 야구모자를 쓰고 가죽 재킷을 걸친 채 서핑 대회에 참가한 사진이 공개되었다. 보수당의 이미지를 젊게 쇄신하려는 시도였지만, 야구모자와 가죽 재킷, 그리고 헤이그의 평소 이미지가 조화되지 않으면서 이 '쿨해 보이려는 시도'는 조롱거리로 전락했다.

하지만 음악, 영화, 텔레비전과 마찬가지로, 정치 문화의 '팬덤화'를 가능케 한 핵심은 인터넷이다. 사이먼 레이놀즈의 말대로, "인류 역사상 이토록 그다지 멀지 않은 자기 자신의 옛 문화적 유산에 집착하는 사회는 없었다."[23]

당연하게도, 정당과 열성 지지자들이 공유하는 핵심 기억은 그들의 황금기다. 보수당은 대처를 언급한다. 퇴임한 지 30년이 훌쩍 넘었고 이미 고인이 되었지만, 계속해서 당의 정신을 지배하고 있다. 보수당에서 성공하고자 하는 정치인이라면 누구든지 그녀에게 경의를 표해야 한다. 리즈 트러스는 그 이상으로 나아갔다. 그녀는 당권 유세 과정에서 대처와 똑같은 옷을 입고, 대처가 찍었던 장소에서 사진 촬영을 하며 말 그대로 '대처 코스프레'를 했다.[24]

리시 수낙의 경우, 대처 옷차림을 따라하는 것이 불가능했지만, 대신 대처 정부에서 재무장관을 지낸 나이절 로슨이 《데일리 텔레그래프》에 지지 선언을 실어주었다. '대처 경제학을 이해하는 유일한 후보, 리시 수낙'이라는 제목이었다.[25] 리시 수낙은 총리가 된 이후에도 계속해서 자신의 결정을 대처의 유산과 연결 지으려 했다. 일부 평론가들은 그가 2023년 보수당 전당대회 연설에서 "지난 30년간 우리는 '올바른' 결정이 아니라 '쉬운' 결정을 유도하는 정치 시스템 속에서 살아왔습니다. 지난 30년간 변화를 가로막는 기득권 세력의 장벽 아래 단기적인 언론 보도 말고는 별다른 성과도 없는, 겉만 번지르르한 약속만이 이어져 왔습니다."라고 말했을 때, 이 '30년'이 대처가 당에서 축출되었을 때부터를 가리킨다는 점을 지적했다.

노동당의 경우 더 파벌적인 좌파 특성상 훨씬 복잡하기는 해도 토니 블레어가 점점 더 대처의 위치에 오르고 있다. 2023년 여름, 키어 스타머는 상징적이게도 블레어 재단이 주최한 회의에 모습을 드러냈고, 블레어가 직접 그를 인터뷰했다. 이는 새 지도자가 옛 지도자의 축복을 받았다는 명확한 메시지였다.

스타머는 자신이 어떤 지도자가 될 것인지 강조하기 위해 과거사를 인용했는데, 블레어와 인터뷰를 진행하기 직전에 한 연설에서 이렇게 말했다. "이번 프로젝트는 신노동당의 제4조 개정보다 더 멀리, 더 깊이 나아갑니다. 단순한 문장 수정이 아니라 우리 문화, 우리 DNA 전체를 바꾸는 일입니다. '제4조 개정' 강화판이라고 할 수 있습니다."[26]

이는 공동의 기억을 활용해 대다수 유권자에게 생소하거나 모호할 부분을 채워 넣는 완벽한 예시다. 실제 사례가 과거의 성공 언급으로 대체되는 것이다. 퍼걸 키니는 스타머의 연설 다른 부분을 두고, '노동당 명언집 디럭스판(the deluxe Greatest Hits box set)' 같았다고 평했다.

"1997년에 우리가 해야 했던 일은 무너져가는 공공 부문을 재건하는 것이었고, 1964년에는 외국 자본에 과도하게 의존하던 경제를 현대화하는 것이었고, 1945년에는 불안정한 국제 정세 속 집단 희생의 트라우마를 딛고 새로운 영국을 건설하는 것이었습니다. 2024년에는, 이 세 가지를 동시에 해내야 합니다."*[27]

이러한 정치적 향수, 회귀주의는 고령화되는 독자층을 겨냥한 언론과도 맞물려 있다. 음악과 영화를 다루는 잡지들이 오래전 사라진 밴드와 50년 묵은 영화에 대한 회고로 가득 차는 것처럼, 신문의 정치면 역시 과거의 안온함에 머무른다. 지난 몇 년간 《데일리 메일》과 《데일리 텔레그래프》의 헤드라인 일부를 살펴보면 다음과 같다.

'대처의 공공주택 구매 권리 제도로의 귀환: 좌파는 싫어하지만 유권자는 좋아한다'

'대처의 노조 대처법을 보라. 보리스 존슨도 결단력을 보일 때. 보수당 전 장관 기고.'

'왜 철의 여인은 한 명뿐이었는가. 헨리 키신저 기고.'

'리시 수낙은 마거릿 대처를 본받아 사보험을 옹호하라.'

'대처 여사의 유산을 망치다 — 리시, 현실을 직시하라.'

'대처 여사의 꿈, 주주 민주주의 실현을 위한 과감한 감세 필요'

'리시 수낙, 아직 영국에 열망을 불어넣은 대처 여사의 비밀을 알아채지 못해'[28]

---

* 노동당은 1945년 총선에서 첫 단독 과반을 확보하여 애틀리 정부를 출범시켰다. 이후 1951년 보수당이 집권했으나, 1964년 다시 정권 교체에 성공하며 해럴드 윌슨 정부가 출범했다. 1970년 다시 에드워드 히스가 이끄는 보수당에게 정권을 내주었다. 1974년 2차 윌슨 내각이 수립됐지만 경제적 실패로 1976년 IMF 금융지원을 받는 최악의 상황에 내몰린다. 1979년 마거릿 대처가 집권하고 노동당의 내분으로 1997년까지 보수당이 장기 집권하였다. 1997년 토니 블레어의 신노동당이 집권하는 데 성공해 2010년까지 장기 집권하게 된다. 이후 2024년 키어 스타머 총리가 집권할 때까지 보수당이 국정을 이끌었다. 여기서 언급한 1945년, 1964년, 1997년은 모두 노동당이 정권을 잡았던 시기로 2024년 역시 그 연장선상에 있음을 강조한 것이다.

보수당 후보들이 당원들, 곧 이런 신문을 읽는 독자들에게 지지를 호소할 때 과거를 계속해서 언급하는 것은 놀라운 일이 아니다.

하지만 이러한 과거 집착은 현재에 해로운 결과를 초래한다. 이전 시대에 만들어진 신화는 과거를 왜곡하고 잘못된 교훈을 낳는다. 이 책 내내, 대처와 블레어가 각기 다른 방식으로 지대한 영향을 미친 인물이라는 점을 다뤘다. 그들은 물론 많은 실책도 저질렀다. 대처에 대한 지나친 집착은 민영화와 외주화, 주택 구매 권리 같은 상징적 정책들이 장기적으로 부정적인 결과를 낳았는지에 대해 보수당 스스로 되짚어보는 데 장애물이 되었다. 중도파 노동당은 블레어의 성공에 눈이 멀어 과도한 중앙집중화와 성공적이지 않았던 대처식 경제정책을 일부 채택한 점을 비판하지 않았다.

게다가 대처나 블레어가 올바른 선택을 했던 지점에 대해서도, 그에 대한 피상적인 집착이 실제 정책 맥락과는 전혀 다른 방식으로 계승되는 일이 많다. 트러스는 복장과 공격적인 연설 태도, 사진 촬영 방법 등을 통해 '대처의 후계자' 별명을 얻었지만, 가장 약삭빠른 보수 언론 논객들조차 트러스의 정책이 대처와는 닮은 점이 없었다고 지적했다.

사이먼 헤퍼(Simon Heffer)는 트러스가 몰락한 뒤 몇 달이 지나 이렇게 썼다. "대처주의자를 자처한 트러스는 경기 부양을 위한 급진적 감세를 약속했지만, 그 재원을 어디서 마련할지에 대해서는 전혀 설명하지 않았다. 대처를 흉내 내려는 열망은 컸지만 정작 대처 시대의 역사에 대해서는 전혀 이해하지 못했다. 대처는 무책임한 감세를 한 적이 없으며, 감세를 위해 차입한 적은 더더욱 없다.

사실, 임기 초기에는 건전한 재정 기반을 만들기 위해 증세하기도 했다. 이후 차입과 지출을 줄이며 성장을 도모할 수 있는 발판이 되었다. 시장이 정부의 경제 운영에 대해 불안을 느끼지 않게 하려면 그 정도의 기반이 필수적이었다."[29]

더 큰 문제는, 이 '과거 지향'이 오늘날 위기에 대한 새로운 해결책을 모색하는 데 방해가 되고 있다는 것이다. 기후변화부터 제도적 분열에 이르기까지 오늘날의 정책 문제는 과거와 성격이 다르다. 하지만 정당의 정강이며 정치적 연설은 모두 과거에 대한 복고, 반복으로 가득하다. 어떤 새로운 아이디어를 대처나 블레어 같은 역사적 인물이 좋아했을지 여부로 판단하는 관습은 혁신 자체를 가로막는다. 역설적이게도, 가장 영향력 있었던 총리들(대처, 블레어, 더 과거의 로이드 조지, 애틀리 등)은 기존의 정치 합의를 과감히 깨거나 최소한 재해석하면서 새로운 방향을 제시했던 이들이다.

정치적 언어마저 구식이다. 정치 '팬'들에게는 역사적인 힘이 있지만 일반적으로는 절대 쓰이지 않는 단어나 구절이 지겨울 정도로 반복된다. 가령 'frit' 같은 단어(대처가 1983년 총리 질의응답 때 사용한 방언으로 '겁에 질린'을 뜻하는 frightened의 방언)나 《더선》이 45년 전에 제임스 캘러헌이 쓴 말이라고 잘못 보도한 '위기요? 무슨 위기요?(Crisis? What crisis?)' 같은 구절, 또는 해럴드 맥밀런이 말했다고들 하나 사실 원출처를 아무도 확인할 수 없는 '문제는 사건이야, 사건!(Events, dear boy, events)' 같은 표현이 있다.*

정치인들 스스로도, 수십 년째 쓰이는 고정된 정치 상투어를 쓴다. 다른 맥락에서는 결코 쓰이지 않는 표현들이다.

'귀하는(귀 당은) 문제 제기 이전에 반성부터 하셔야 할 것 같습니다.'

'가정에 기반한 질문에는 답하지 않겠습니다.'

'전국 방방곡곡에서 땀 흘려 일하시는 국민 여러분!'

'민생이 우선입니다. 현장 목소리를 들어보세요.'

이런 구절들을 쓰는 것은 정치인들이 아무 말도 하지 않고자 할 때 시간을 때우려는 시도다. 그 어떤 정치인도 사석에서 이렇게 말하지 않는다. 하지만 동시에, 이런 언어들은 일종의 의식처럼 기능하며, 골수 지지층과 관심 없는 대중을 가르는 배타적인 언어가 되기도 한다. 이런 현상은 하원에서 가장 극단적으로 나타난다. 시대에 뒤떨어진 구식 의회 용어들을 바꾸지 않으려는 고집은 결국 정치를, 미래를 바꾸는 위한 도구가 아니라 역사적 유물로 바라보려는 태도와 맞닿아 있다. 우리는 지금 과거가 동시다발적으로 재생될 수 있는 시대에 살고 있기 때문에, 이런 과거의 고리에서 벗어나는 일이 과연 가능할지 확신할 수는 없다. 하지만 다시금 언론 대응이 아닌 정책을 정치의 중심부에 세우려면, 과거의 그늘에서 벗어나려는 이 투쟁을 피해갈 수 없다.

---

* 'frit'은 링컨셔 사투리에서 유래한 표현으로, 대처 이후 흔히 상대방이 겁먹었다고 조롱하거나 압박할 때 사용하지만 일반 대중은 모르는 경우가 많다. 'Crisis? What Crisis?'는 1979년 불만의 겨울 파업 중 노동당 대표였던 캘러헌이 기자회견에서 위기를 축소하는 듯한 발언을 했다고 보도되며 비판이 일었으나, 사실 캘러헌이 직접 한 말이 아니라 《더선》이 헤드라인에 쓴 날조된 표현이다. 'Events, dear boy, events'는 해럴드 맥밀런이 '정치에서 가장 어려운 것이 무엇이냐?'는 질문에 답한 말로 유명하지만, 실제로 맥밀런이 이런 말을 했다는 증거는 없다.

'항상 온라인 상태' 정치의 과제: 불행과 혼란

앞서 보았듯, 소셜미디어와 인터넷 문화가 부상하며 정치는 큰 변화를 겪었다. 정책 결정 속도는 빨라졌고 정책보다 언론 대응이 우위를 점하게 되었으며 현재와 미래보다는 과거에 대한 향수가 정치에서 더 큰 힘을 발휘하게 되었다. 그뿐 아니라, 정치에 뛰어드는 일 자체를 훨씬 더 불쾌하고 스트레스가 큰, 나아가 두렵기 짝이 없는 일로 만들어버렸다. 2010년부터 2017년까지 하원의원이었던 샬럿 레슬리 전 의원은 2014년에 트위터에 가입했다. 그녀는 어쩔 수 없이 가입한 것이었는데, 이렇게 회상했다.

"제 생각은 이랬습니다. '트위터 대화가 대수야? 누구나 수다 떠는 곳이고 심각한 게 아니야. 누가 트위터에서 내 욕을 하더라도 중요한 일이 아니지.' 그런데 2014년 초쯤 뭔가 분위기가 달라졌고, '아, 이거 웃어넘길 일이 아니구나.' 싶었습니다. 2017년쯤에는 소셜미디어가 완전히 독이 됐어요. 말도 안 되는 헛소리를 하는 정신 나간 사람들이 넘쳐났죠. 전에는 감히 입 밖에 낼 수 없었을 말들이 여과 없이 쏟아졌고 사람들이 실제로 하는 말의 말투도 달라졌어요. 예전에는 길에서 그렇게 말하지 않았거든요."[30]

2015년 총선 당시 레슬리 의원의 아버지는 딸을 돕고자 포스터를 붙이고 귀가하던 중 누군가에게 미행당했고, 이후 그의 집 정원과 차량 여러 대가 파손되는 등의 피해를 겪었다. 협박 전화도 있었다.[31] 어느 순간부터는 논란이 되는 안건이 있을 때마다 하원 표결 후 경찰이 집 근처에 대기하는 상황이 반복됐다. 레슬리는 이러한 현실 세계의 공격성이 소셜미디어 때문이라고 생각한다.

이 책을 쓰기 위해 인터뷰한 사람들 다수는 총선 출마를 고려 중이거나 진지하게 검토했던 사람들이었다. 그들 모두는 소셜미디어상의 끝없는 혐오와 그것이 현실에 미치는 영향에 큰 부담을 느꼈다. 특히 가족이 위험에 처할 수 있다는 점을 가장 우려했고, 그 우려는 정당한 근거가 있었다. 2020년 라킴 말릭(Rakeem Malik)은 노동당 의원 로지 쿠퍼(Rosie Cooper)와 제스 필립스(Jess Phillips)를 강간하고 살해하겠다고 위협한 혐의로 수감됐다.[32] 쿠퍼 의원은 이후 이런 위협들로 인한 정신적 충격을 이유로 의원직에서 사임했다. 2016년과 2021년 참혹하게 살해된 조 콕스(Jo Cox)와 데이비드 아메스(David Amess) 의원 사례도 있다.*

이사벨 하드먼(Isabel Hardman)은 2019년 저서 『Why We Get the Wrong Politicians(우리가 잘못된 정치인을 뽑는 이유)』에서, 이러한 개인 위험이 늘어난 문제를 심층적으로 다루며, 유능한 인재들이 출마를 꺼리는 주된 이유 중 하나라고 진단했다. 하드먼은 노동당 의원이자 당시 그림자 내각에서 내무부 장관으로 내정되었던 이베트 쿠퍼(Yvette Cooper)의 딸 엘리(Ellie Cooper)의 말을 인용했다.**

"엄마가 거짓말쟁이이고 반역자라는 트윗을 볼 때마다 겁이 나요. 우리 집에 비상 버튼, 산업용 잠금장치, 폭발 방지 우편 봉투 같

---

* 조 콕스는 2016년 브렉시트 국민투표 직전, 브렉시트 잔류를 주장하는 거리 유세 중 극우 성향의 백인우월주의자 토머스 메어(Thomas Mair)에게 피습당해 사망했다. 데이비드 아메스는 2021년 지역구의 한 교회에서 주민들과 면담하던 도중 이슬람 극단주의자 알리 하르비 알리(Ali Harbi Ali)의 흉기에 찔려 사망했다.

** 이베트 쿠퍼는 노동당 정권 교체 이후 2024년 7월부터 내무부 장관직을 수행하고 있다.

은 것들이 설치될 때도 무서워요."[33]

소셜미디어가 의원들에게 미치는 악영향이 물리적 폭력에 대한 공포만은 아니다. 하드먼은 이렇게 지적했다. "한 여성 의원은 당선된 후 의정 활동을 위해 트위터를 시작해 1년 정도 지나자 매일 같이 그녀를 멍청하고 쓸모없다고 욕하는 사람들 말을 믿기 시작했다고 말하더군요. 가정폭력 가해자가 피해자에게 매일 넌 틀렸어, 네 잘못이야 세뇌하듯 반복해서 결국 피해자가 그 말을 믿게 하는 것과 똑같습니다."[34]

보좌진과 고위 공무원들은 대개 소셜미디어에 공개 계정을 만들지 않지만, 자신들이 오래 매달린 정책이나, 자신이 보좌하는 정치인을 향한 무차별적 증오가 담긴 댓글을 보는 일은 그들에게도 예외 없이 악영향을 미친다. 결국 그들은 항상 방어적인 태도를 보이며 자기 파괴적인 행동으로 이어지기도 한다.

최근 몇 년 새, 왓츠앱(WhatsApp)이 광범위하게 쓰이면서 차분하고 명료하게 생각하는 사람들의 능력은 더 훼손되었다. 이 메신저 앱은 2009년에 등장했고 2015년에는 세상에서 가장 인기 있는 메신저로 자리 잡았다. 웨스트민스터에서 일하는 사람들은 물론이고 영국인 대부분은 이 앱을 쓴다. (켄 클라크는 왓츠앱을 쓰지 않아서, 브렉시트 사태 내내 중요한 회의에서 배제되었다. '제가 왓츠앱을 안 쓰다 보니, 모두들 제게 연락하는 걸 잊어버리더군요.'[35])

동료나 친구 사이에서 비공식 메시지를 주고받는 것은 아무런 문제가 아니다. 문제는, 점점 더 많은 장관과 보좌관, 관료들이 단순 의사소통이 아니라 의사결정에도 이 앱을 사용하고 있다는 것이다.

2022년 정부정책연구소의 분석에 따르면 주요 부처에서 업무용 휴대전화로 왓츠앱을 사용하는 사례가 광범위하게 나타났다. 재무부에서는 장관과 보좌관을 합쳐 무려 629명이 사용하고 있었고, 내각 사무처에서는 1,704명이 사용 중이었다. 보고서 작성인들은 이렇게 말했다.

"실시간 소통 앱은 빠를 수는 있지만, 의사결정을 내리는 방식으로는 피상적이다. 정식으로 제출된 서면 보고서, 발표, 회의는 물론 이메일과 비교했을 때도 왓츠앱은 짧은 메시지를 유도하기 때문에 세부 내용이나 적확한 뉘앙스를 담을 수 없다. 그 결과 핵심 정보나 관점, 문제 제기 등이 누락되기 쉽다. 논의 중 막힌 세부 사항에 대해 의견을 나누거나 다른 결정 과정을 지원하는 용도로는 쓸 수 있겠지만, 정책 결정을 제대로 내리는 데 해가 된다면 문제가 된다. 또한 통제가 부족하다 보니, 서로 중첩되는 단체방과, 동시다발적인 대화로 인해 중복 작업과 혼란스러운 의사결정으로 이어질 가능성이 있다."[36]

코로나바이러스 사태 때 이러한 문제점이 더 두드러졌다. 정부는 기존의 업무 압박에 더해, 많은 관료가 재택근무를 했고, 고위급 정치인과 보좌관들은 수시로 자가격리에 들어가야 했다.

우선순위 정책 문제를 논의하기 위해 왓츠앱 단체방 여럿이 생성되었다. 팬데믹 대응에 관여했던 한 화이트홀 관료는 폴리티코 웹사이트에 이렇게 말했다. "각 단체방마다 구성원과 역할이 조금씩 달랐습니다. 예를 들면 '코로나 총리실 조율', '수석 과학 자문관,

수석 의무관, 보건부 장관, 총리, 총리 수석 보좌관', '총리실 실무자' 등이었죠. 사람들은 동시다발적으로 말하고 있었고, 한 팀의 절반은 왓츠앱으로 논의를 마친 상태였기 때문에 다른 절반은 뒤처지는 일도 빈번했습니다. 누가 언제 어떤 결정을 내렸고 언제 지시가 내려왔는지 도무지 알 수가 없었죠."[37]

정부가 설치한 공식 코로나바이러스 조사위원회는 법적 강제력을 갖고 있었지만, 핵심 인물들의 왓츠앱 대화를 제출받는 데 애를 먹었다. 그러나 결국 '24명 이상의 대화 참여자로부터 250개 단체방과 수천 페이지 분량의 1:1 대화 내역'을 확보할 수 있었다.[38] 이는 실시간 메시지를 통한 대화 규모를 짐작하게 해준다.

이 중 대중에 공개된 메시지는 아직 많지 않다. 그러나 공개된 내용만 보더라도 혼란을 가중시켰다는 점을 알 수 있다. 예를 들어 보건부 장관 맷 행콕(Matt Hancock)이 마스크 착용에 대해 어떤 발언을 해야 할지를 놓고 수석 과학 자문관 패트릭 밸런스(Patrick Vallance)를 포함해 총리실 고문들 여럿이 뒤섞여 대화를 나누는 사례가 있다.[39]

이처럼 참가자가 임의로 선정된 단체방은 의사결정 수단으로 부적절했을 뿐 아니라, 전통적인 방식의 의사결정 구조 자체를 훼손했다. 대화 참가자들은 무언가가 진행되고 있다는 착각에 빠졌지만 실제로는 아무 일도 일어나지 않고 있었다. 그 시기에 총리실에서 일했던 여러 공무원들과 인터뷰를 진행한 결과, 그들은 아무런 체계도 없이 완전히 엉망진창이었다고 말했다. 비교적 하급에 속하는 한 공무원은 내게 프랑스와 이탈리아에서 요양원이 큰 피해를 입고 있는 상황을 보고 정부에 관련 대응 계획이 있는지를 이메일로 문의했었다고 알려주었다.

"아무 회신도 없었어요. 거의 2주 동안이나요. 그래서 재촉 메일을 보냈더니 돌아온 회신은 '아, 맞아요. 좋은 지적이에요. 당신이 그 계획을 짜보세요.'였어요."⁴⁰

이 시점에 대책을 세우거나 관련 논의를 했더라면 요양원은 적절하게 보호받았을 것이다. 2020년 3월 중순에서 6월 중순까지 요양원 입소자 중 약 2만 명이 코로나로 사망했으며, 초기 검사 부족으로 인해 확인하지 못한 사례까지 합치면 실제 사망자는 훨씬 더 많았을 것으로 보인다.⁴¹

당시 내각 사무처에 있었던 다른 공무원도 당시 좌고우면하며 혼란스러웠음을 인정했다.

"3월 중순쯤 개인보호장비(Personal Protective Equipment, PPE)가 바닥나겠다고 제가 메일을 돌려 경고한 적이 있습니다. 그러자 사람들은 '그렇게 심각하겠어? 보건부에서 통제하고 있겠지.' 하는 식이었어요. 그래서 분명히 말했습니다. '전혀 통제하지 못하고 있습니다.' 꽤 합리적인 대안도 제시했습니다. 정부조달서비스나 왕실조달청 같은 거대한 조직 있잖아요. 평소에도 늘 매입, 매각 업무를 해오던 곳이니까요. 그런데 합리적인 결정을 이끌어내는 것이 너무 힘들었어요."⁴²

결국 보건사회복지부는 가격도 덤터기 쓴 채로 PPE를 과도하게 많이 구입했고, 조달 과정에 대한 모든 통제를 해제해 버렸는데, 이후 법원은 이 조달 절차가 불법이었다고 판결했다.⁴³ 보건부는 비싼 가격과 사용하지 못한 PPE, 배송되지 않은 PPE 구매 등 총 100억 파운드에 가까운 세금 손실을 감수해야 했다.⁴⁴

물론 이러한 문제들이 전적으로 실시간 메시지 앱 때문만은 아니다. 하지만 그것이 혼란을 가중시킨 요소 중 하나였음은 명백하다. 이 절차에 관여한 사람들은 전통적인 공식 절차도 병행되기는 했지만, 왓츠앱 대화방에서 너무 빠르게 진행되는 바람에 중요한 이슈가 무시되거나 놓치곤 했다고 말했다. 더 심각한 문제는, 팬데믹 시기에 형성된 나쁜 관습이 지금까지 남아 있다는 것이다.

전직 공무원인 에이미 갠던(Amy Gandon)은 사기 저하와 인력 이탈 문제를 이해하기 위한 프로젝트의 일환으로 동료였던 공무원 50명을 인터뷰했다. 그녀가 발견한 주요 원인 중 하나는 과도한 속도로 인한 혼란과 단기주의였다.

"속도감이라는 것은 디지털과 온라인 자체의 특성에서 온다고 생각합니다. 그런데 코로나바이러스로 이게 훨씬 더 심해졌죠. 이제는 누구든, 언제든, 누구에게든 연락할 수 있게 되었으니까요. 한 국장급 공무원은 이렇게 말하더군요. 장관들이 코브라[**비상사태 관련 회의실 이름**]에 중독된 것 같다고요. 잠깐 회의만 하면 3시간 안에 전국 봉쇄가 가능했던 시절을 거치고 나니 그게 당연한 것처럼 여겨지는 겁니다."⁴⁵

전직 고위 공무원 한 명은 내게 이렇게 말했다. "브렉시트와 코로나 시기의 그 속도감과 상황 전개는 많은 내각 사무처 사람들에게 정말 중독성이 있었어요. 그들은 지금도 다른 사안들을 그 시절처럼 만들어내고 있죠. 그들은 아드레날린을 그리워하는 겁니다.

그런데 아드레날린을 체계적으로 만들어낸다는 것이 얼마나 끔찍합니까."[46]

이것이야말로, 소셜미디어 시대에 정책을 만든다는 것이 얼마나 힘겨운지 정확히 묘사한 말일 것이다. 정치 체계 전체가 아드레날린에 중독되어 있다. 아드레날린에 중독된 채 우리 모두 죽어가는 것이다.

재조산하

정치인이 언론 산업의 흐름에 영향을 줄 수 있는 범위는 제한적이다. 언론의 자유는 민주주의의 핵심 요소이기 때문이다. 정부가 예컨대 가짜뉴스를 줄이겠다고 나선다면 항상 경계해야 한다. 진실에 대한 장관들의 관점이 신문이나 방송에 영향을 주어서는 안 된다.

하지만 그렇다고 해서 정부가 할 수 있는 일이 아예 없다는 것은 아니다. 현재 언론 소유 구조를 살펴보면 심각한 과독점 상태다. 단 세 개 기업(DMG미디어, 뉴스UK, 리치)이 영국 내 신문 발행 부수 전체의 90퍼센트 이상을 차지하며, 상업 뉴스 웹사이트 트래픽도 대부분 동일하다. 라디오의 경우 바우어(Bauer)와 글로벌(Global)이라는 두 회사가 유선 상업 라디오 방송국의 65퍼센트를 소유하고 있다. 가장 중요한 것은, 지금은 메타와 구글이 전체 온라인 광고 수익의 약 80퍼센트를 가져가며 산업 전반에 막대한 영향을 미치고 있다는 점이다.⁴⁷ 현행 법률은 언론 인수합병이 과도한 권력 집중을 초래할 경우 이를 차단할 수 있도록 하고 있지만, 시간이 지나며 변화하는 다원성 자체에 대해 판단하거나 개선안을 제안할 권한은 없다. 경쟁시장청에 이 같은 권한과 책임을 부여하는 것은 바람직한 변화가 될 수 있다.

더 시급한 과제는 지역 언론을 살리는 것이다. 언론이 온라인 중심 구조로 옮겨가며 지역 언론은 심각한 타격을 받았다. 지역 신문은 오랫동안 구인구직 등의 광고 수익에 의존해 왔는데, 이 수익은 2004년부터 20년간 무려 96퍼센트나 감소했다. 발행 부수도 거의 없어지다시피 했고, 이제는 이름 있는 지역지조차 5000부 이상 팔리는 경우가 드물다.⁴⁸ 대신 우리는 지금 조회수를 늘리기 위한 텔레비전 프로그램이나 복권 번호 같은 콘텐츠로 가득 찬, 읽기 힘든 웹사이트들만 넘쳐나고 있다. 10년 남짓한 기간 동안 지역 언론인 셋 중 둘은 언론 업계를 빠져나갔다. 전 보수당 대표 윌리엄 헤이그는 이렇게 썼다. '영국 대부분 지역에서 지역 언론은 껍데기만 남아 있고 사실상 멸종 위기를 맞고 있다.'⁴⁹

하지만 지역 언론은 웨스트민스터의 소동보다 사람들의 삶에 더 큰 영향을 미치는 정책 변화와 실패를 실질적으로 다루는 데 매우 중요하다. 특히 권한을 지방으로 이양하거나 지역 행정 역량을 강화하려는 정부 방침이 추진될 때 지역 언론의 역할이 더욱 절실해진다. 여전히 빛이 꺼져가는 현장을 지키는 훌륭한 지역 기자들이 존재하며, 북부 도시 몇 곳에서는 구독제 기반의 심층 보도를 제공하는 온라인 언론도 등장했다.⁵⁰ 하지만 이들은 지원이 필요하다.

정부가 할 수 있는 일은 다양하다. 정부 자체의 거대한 광고 예산 중 일부를 수준 높은 지역 언론에 배정할 수 있고, 더 나아가서는 구글과 메타가 광고 수익 중 일부를 지역 뉴스 프로젝트에 투자하도록 유도할 수도 있다. 법적으로 강제하지 않는 대신 말이다. 정부 입장에서 단기적으로는 자신들을 괴롭히는 언론을 돕는 것이 득 될 것 없어 보이겠지만, 장기적으로는 정치를 정책 중심으로 복원하는 데 도움이 되며 모두에게 이익이 된다.

이러한 조치들이 모두 도움이 되겠지만, 세상은 예전으로 돌아가지는 않을 것이다. 뉴스스트림은 사라지지 않을 것이며 플랫폼이 더 다양해지더라도 유지될 것이다. 불과 2018년까지만 해도 종이 신문 또는 온라인 신문을 통해 주요 소식을 접하는 사람이 전체의 절반가량이었다. 2023년에 이르러 그 비율은 39퍼센트로 하락했으며, 35세 미만의 경우 30퍼센트 초반 수준으로 낮아졌다.[51]

신문은 여전히 방송에서 다룰 이슈의 방향을 설정할 때 영향력을 가지지만, 그 위상은 빠르게 낮아지고 있다. 통신규제청 조사에 의하면 노년층은 여전히 텔레비전 뉴스를 통해 주요 소식을 접하지만, 35세 미만은 이미 소셜미디어가 텔레비전보다 더 중요한 정보 창구가 되었다. 12세에서 15세 연령대에서는 틱톡이 가장 중요한 뉴스 출처이며, 그 뒤를 유튜브와 인스타그램이 뒤쫓고 있다.[52] 이런 흐름은 앞으로도 계속될 것이다. 전통적인 미디어의 영향력은 줄어들고, 더 파편화되고 규제하기 어려운 뉴스스트림이 갈수록 중요해질 것이다.

정치 홍보 부문에서 일하는 사람들 대다수는 전통적인 미디어에 더 익숙하다. 그 결과 캠벨 방식은 전략적 목적을 잃은 지 오래지만, 25년이 지난 지금까지도 여전히 정치 홍보의 기본 틀로 자리 잡고 있다. 정치인이 인스타그램이나 틱톡을 시도하는 모습은 아직도 민망하게 느껴진다. 하지만 소셜미디어와 함께 성장한 세대가 점점 정계에 입문하면서, 새로운 방식으로 대중과 소통하려는 시도는 늘어날 것이다.

이런 변화는 분명 기존 언론의 편집자들을 우회할 통로를 만든다. 《데일리 메일》이나 《데일리 텔레그래프》 소유주의 개인적 성향은 더 이상 큰 영향을 미치지 못할 것이다. 하지만 동시에, BBC처럼 편향되지 않는 중립을 고수했던 조직의 영향력도 약해질 것이다. 언론 중립 전통이 없는 나라에서, 소셜미디어를 장악한 정치인들의 행태를 보면 이미 그 위험성이 명백하다. 미국의 도널드 트럼프, 브라질의 자이르 보우소나루, 필리핀의 로드리고 두테르테 등을 보라. 게다가 트위터나 페이스북 같은 플랫폼의 알고리즘 설계는 전통적인 언론의 소유주로서는 꿈에서나 얻을 수 있는 영향력보다 훨씬 큰 영향력을 가지면서 동시에 눈에 잘 띄지 않고 통제하기도 어렵다.

정부는 지금보다 더 편향된 방송 미디어, 그리고 뉴스 출처로서의 소셜미디어의 지배력 강화를 고려하여, 통신규제청의 권한 확대를 검토해야 한다. 하지만 과거처럼 텔레비전 채널 5개, 라디오 몇 개만 존재하던 환경보다 훨씬 규제하기 어려우므로, 이 책 1, 2부에서 제안한 권한 분산과 감시 체계 강화가 더더욱 중요하다.

미디어와 마찬가지로 인터넷이 일하는 방식과 행동에 끼친 변화도 되돌릴 수 없다. 이제 보좌관이나 공무원들이 모든 결정을 대면 회의나 문서로 남기던 시절로 돌아가기란 어렵고, 또 그럴 필요도 없다.

기술은 많은 혜택을 가져왔지만 그만큼 많은 과제도 남겼다. 때로는 속도가 중요하고, 장관이 해외에 있든 지역구에 있든 즉각 연락할 수 있다는 점은 유용하다. 소셜미디어는 왜곡 가능성이 크고, 고통스럽거나 때로는 위협적이지만, 동시에 신속한 전문가 답변과 새로운 정보의 출처가 되기도 한다. 이런 도구들을 다시 암막 상자에 넣어 잠가버릴 수는 없다. 어떻게 하면 이익을 극대화하고 비용을 최소화할 수 있을지를 고민해야 한다.

1, 2부에서 다룬 중앙집중화와 행정부 권한 확대 문제는 정치체계 구조를 개혁해 대응할 수 있지만, 정치 속도의 가속화는 구조적 해법이 제한적이다. 정부정책연구소는 이에 대해 왓츠앱 등 실시간 메시지 앱 사용에 관한 새로운 규정을 만들 것을 제안한 바 있다.

이 규정은 장관과 공무원의 업무는 반드시 정부 소속 기기에서 이뤄져야 함을 명시하고, 대화방에 누구를 참여시킬 것인지 사전에 계획서를 제출해야 한다는 점을 포함한다. 무엇보다도, 모든 메시지가 기록되고 보관되어야 한다. 결정 이행에 대한 증거로, 또 투명한 감시를 위해서이기도 하다.[53] 하지만 현재 정치인과 보좌관들은 7일 후 자동 삭제 설정을 활성화하는 추세다. 코로나바이러스 조사위원회를 통해 밝혀진 각종 논란을 피하려는 목적이다. 말할 필요도 없이, 중대한 결정이 논의된 메시지가 삭제되어서는 안 된다. 더 이상 이런 흐름을 묵인해서는 안 된다.

지금까지 웨스트민스터는 인터넷 시대에 잘 적응하지 못했다. 그 결과 언론 보도에 대한 집착은 더 심해졌고 진지한 뉴스 보도는 감소했으며, 지역 언론은 붕괴하기 직전이다. 정치적 향수에 몰입하여 새로운 생각은 차단되는 한편, 의원들의 스트레스와 압력은 증가했다. 정책 설계 과정은 성급하고 혼란스러워졌다. 정부가 디지털 도구의 단점을 보완하면서 장점을 살려내지 못한다면, 이 책에서 다룬 다른 문제들 또한 해결되기 어려울 것이다.

나오며

위기 해결을 위하여

요즘 뉴스를 보면 암담한 기분이 든다. 이 글을 쓰는 지금은 2024년 1월 첫째 주이다. 전국 병원 공공법인들이 하나둘씩 중환자실 과밀로 인해 심각한 사태를 선언하고 있다. 경제 성장률은 또다시 하락했다. 이번 의회 회기는 현대 영국사에서 가족의 가처분소득이 감소한 최초의 회기로 기록될 것이다. 100만 명의 아동이 식사나 주거조차 제대로 보장받지 못하는 빈곤 상태에 있고, 30만 가구는 집을 잃은 상태다. 이 중 10만 가구는 자녀가 있다. 이는 역대 최고 수치다. 버밍엄을 포함한 여러 지자체는 사실상 파산했고, 열차는 제시간에 운행하지 않는다. 2023년 전체 열차의 30퍼센트 이상이 지연되었다.[1]

이 정도 규모의 문제가 한 가지 원인에서 비롯되었다고 말할 수는 없다. 그 배경에는 전 세계적 위기가 있다. 2008년 금융위기, 2020년 팬데믹, 러시아의 우크라이나 침공과 그로 인한 인플레이션. 그 와중에 영국은 유럽연합 탈퇴를 선택했다. 이는 해외 무역을 어렵게 만들고 정부 기능을 방해했다. EU 국민투표가 불러온 혼란

속에서 영국은 역대 최악의 총리들을 연달아 맞이했다.

　이 모든 것의 밑바탕에는 국정 운영의 위기가 있다. 브렉시트나 보리스가 없었더라도 세계적인 여건만으로도 지난 15년은 분명 어려운 시기였을 것이다. 하지만 제도적 취약성은 그 어려움을 더욱 심화했다. 더 나아가, 그 덕에 형편없는 정치인들이 제도를 더 쉽게 망가뜨릴 수 있었다. 이 최악의 상황에서 일정 부분 회복이 이루어진다 해도, 다음 충격이 닥칠 때면 여전히 무방비 상태일 것이다. 현대 세계에 알맞게, 근본적인 국가 제도를 개혁하지 않으면 아무것도 제대로 작동하지 않을 것이다.

　국민건강보건서비스를 보자. 2장에서 보았듯이, 국민건강보건서비스는 처음부터 매우 중앙집중화된 구조로 설계되었다. 덴마크나 스페인처럼 납세 기반 의료 시스템을 가진 나라들과 달리, 국민건강보건서비스는 모든 것이 중앙 통제로 이뤄졌다. 그런데 시간이 지날수록 이 시스템이 더 크고 복잡해졌고, 치료 기술은 발전했으며 인구는 고령화되었다. 그래서 중앙정부에서 이 서비스를 관리하는 것은 갈수록 불가능해지고 있다. 신노동당은 의료 보건에 막대한 예산을 쏟아부었다. 목표 기반의 집중 관리 덕분에 진료 대기 시간은 획기적으로 줄었다. 국민 만족도도 최고치에 도달했다. 그러나 그 당시에도 이미 구조적 문제는 쌓이고 있었다.

　목표 관리 방식은 실질적 개선을 이끌어냈지만 지나치게 협소했다. 비만, 정신건강 등 공중보건의 장기적 흐름에는 주목하지 못했다. 지금은 막강한 권력을 쥔 재무부가 국민건강보건서비스에 더 많은 예산을 배정했지만 3년 단위 예산 주기를 설정해 장기 계획 수립을 더 어렵게 만들었다. 그나마 예산이 늘어난 시기에도 인프라와 장비에 대한 장기 투자는 선진국 평균을 밑돌았다. 게다가 지속된 중앙정부 주도의 조직 개편은 막대한 비용과 행정력만 소모했을 뿐 실효성이 없었다. 대표적인 사례가 2002년 발표된 국민건강보건서비스 IT 프로그램인데, 거미줄처럼 얽힌 복잡한 외주계약의 혼란 속에서 수십억 파운드를 허공에 날리고 의료 시스템 전체를 몇 년 후퇴시켰다.

공공회계위원회는 이 사업을 두고 다음과 같이 평가했다. "이 사건은 공공 부문 역사상 최악이자 가장 큰 손실을 기록한 계약 실패 사례다. 정부의 계약 역량이 시스템 전체에서 실패하고 있음을 명백히 보여준다."[2]

이후 금융위기가 왔다. 연립정부와 그 이후 보수당 정부는 국민건강보건서비스 예산을 동결 상태로 유지했다. 노동당 시절과 같은 대규모 자금 투입이 없자 목표는 점차 지켜지지 않았고 점차 사라져갔다. 운동과 식습관 개선 등의 프로그램에 쓰이는 공중보건 예산은 지방정부로 이관되어 사실상 국민건강보건서비스 예산은 감축되었고, 겉으로만 예산을 보호하는 것처럼 보이게 했다. '재무부 마인드'라는 단기적 사고방식은 인프라 예산을 반복해서 병원 응급예산으로 전환시켰다. 심각하게 잘못된 조직 개편은 의회 감시 없이 통과됐고, 미숙한 공무원들은 핵심적인 문제를 놓쳤다. 수많은 보건부 장관과 총리들은 하나같이 '뚱보 관리직들을 대폭 감원하겠다'는 말을 반복했지만 언론용으로나 적절하지, 허약한 시스템을 되살릴 해법은 아니었다.

팬데믹은 그런 국민건강보건서비스의 취약한 기반을 완전히 무너뜨렸다. 운영 여력이 거의 없는 상태에서 코로나 사태가 닥쳤고, 보건 체계는 다른 나라보다 빠르게 붕괴했다. 조달 체계는 혼란에 빠졌고, 지방정부는 감당할 역량이 안 되어 수십억 파운드가 쓸 수 없는 보호장비와 제대로 작동하지 않는 감염 경로 추적시스템에 낭비되었고, 결국 병원의 부담이 훨씬 증대되었다. 팬데믹 이후 의사들은 임금 삭감에 항의하며 파업에 돌입했다. 정부는 협상에 나서기는커녕 노동당과의 차별화를 노리고, 우호적인 신문들을 생각하며 만든 무의미한 법안을 통과시켰다. 그 뒤로 1년 넘게 시간이 흘렀지만 파업은 해결되지 않았다.

그 결과, 사상 최악의 대기열을 맞닥뜨렸다. 매일 수천 명이 12시간 이상 응급의료센터에서 대기하고 있고, 매년 수만 명이 예상 사망자 수보다 '초과 사망'하고 있다. 50세에서 69세 사이 인구 중 150만 명 이상이 건강 악화로 노동시장에서 이탈했으며, 이는 경제 성장에도 큰 제약이 된다. 중앙집중화, 지방정부 역량 부족, 외주화 참사, 최소화된 감시, 사법 심사, 허약해진 관료제, 계속해서 언론 괴물을 먹이고자 하는 욕망 등, '국정 운영의 실패 종합 세트'가 이 유감스러운 장면을 빚어냈다.[3]

같은 과정이 거의 모든 정책 문제에 적용될 수 있다. 주택 공급 정책에서 봤듯이, 과거에는 지방정부가 공공주택 대부분을 직접 지었지만, 대처가 지방정부와 전쟁을 벌이면서 사실상 이 권한을 빼앗았다. 이후 어떤 정부도 이를 되돌리지 않았고, 결국 더 많은 사람들이 민간 임대 시장으로 내몰렸다. 그러다 보니 정부가 통제하기 힘들 만큼 주거 보조금 지출이 늘어났다. 공공주택 보조금과는 달리, 주거 보조금은 집세 인상에 따라 늘어나기 때문이다.[4] 하지만 재무장관들은 (또다시 '재무부 마인드'를 장착하여) 문제를 인정하기보다는 주거 보조금을 삭감하기로 했고, 그 결과 더 많은 사람들이 노숙자 신세로 전락했다. 이에 압도된 지자체는 주민들의 고통에 대응하느라 장기적으로는 더 큰 비용을 들이붓게 되었다.

민간 주택 개발은 종종 지방정부의 반대를 마주하는데, 인구가 증가한다고 해도 지역 주민들의 세금 일부만이 지방정부 수입으로 돌아오므로 재정적 이득을 거의 누리지 못하기 때문이다. 그러니 조경권 침해나 공사 소음 등을 우려한 주민들의 님비(NIMBY) 주장을 따르는 것이 훨씬 편리하다. 결국, 지방정부는 지역 성장을 통해 성공을 도모하기보다는 중앙정부의 보조금 공모에 매달리고 있다. 중앙정부에서도 빈번한 변화가 일어나 지난 몇 해 동안 주택 담당 장관이 무려 24번 바뀌었고, 그때마다 새로운 정책과 언론용 발표, 발표 번복이 이어져 민간 개발업체들은 사업 개시를 꺼리게 되었다.

저임금 이민자 유입 증가와 불법 체류자 추방 금지가 걱정되는가? 저임금 이민자 유입은 단기적으로 재정 수입을 늘려주는 효과가 있어서, 재무부가 자의적으로 정한 재정 규칙을 맞추고자 계속 허가되어 왔고, 불법 체류자 추방 기능은 내무부의 구조적 불안정성과 반복되는 사법 심사 패소, 의회의 감시 부재 등으로 인해 악화되었다. 게다가 역대 정부들은 난민 문제에 엄정 대응하고 있다는 이미지를 위해 끊임없이 언론 발표를 반복했는데, 이로 인해 실제로 쓸모 있는 정책에 투입될 시간과 자원이 허투루 쓰이게 됐다.

형사사법 제도도 마찬가지다. 제도 전반의 붕괴가 목전에 와 있다. 교도소는 포화 상태고, 법원은 처리 대기 사건으로 넘쳐난다. 이 역시 단기적으로 투자하고 정책을 불안정하게 펼친 결과이다 (지난 23년간 교정 담당 장관만 21명이었다). 내각에는 사법부나 사법 접근권을 대변해 줄 사람이 없다. 그 대신 장관들은 언론 보도를 위한 일정을 채우기 위해 점점 더 강력한 형벌을 발표하도록 유인되었고, 이는 보호관찰 제도 개편을 엉망으로 만들었다. 이 역시 외주화 실패 사례이기도 하다.

엉망이라고 느끼는 어떤 정책을 대입하더라도, 그 근본 문제는 이 책에서 다룬 제도적 결함에 있다. 물론 개인의 문제가 없었다는 뜻은 아니다. 더 날카롭고 사려 깊고 감정 지능이 높은, 도덕적 품격을 갖춘 사람이 고위 공직에 있다면 언제나 더 나은 결과를 이끌어 낼 수 있다. 반대로 보리스 존슨이나 리즈 트러스 같은 사람이 권력을 쥐면 문제는 언제나 악화된다. 하지만 누구든, 개인은 제도라는 틀 안에서 움직일 수밖에 없고 그 틀 안에서 큰 제약을 느낀다.

지금처럼 총리가 결정해야 할 사안이 과도하게 많은 경우, 제아무리 뛰어난 총리라 해도 모든 사안을 제대로 파악할 수 없다. 가장 유능한 장관이 경험 많은 보좌진과 함께 일한다 해도, 지출 하나하나를 통제하는 재무부의 집요한 간섭, 부실해진 공무원 조직, 지방 수준에서 정책을 실현할 역량 부족, 반복되는 외주화 실패, 뉴스스트림이 만들어내는 끝없는 압박에 발이 묶인다. 최고의 지방 정부 수장이 있다고 해도, 수백 개에 달하는 공모성 예산을 이어붙여야 하고, 화이트홀에서 내려오는 규제로 온몸이 묶인 상태에서는 할 수 있는 일이 너무나 제한적이다.

이런 제약은 유능한 인재들이 정부 업무를 기피하는 원인이 된다. 훌륭한 공직자들이 좌절을 겪어가면서도 공공서비스를 이어가고 있다는 것은 감사할 일이다. 하지만 무력한 평의원 자리를 받아들일 유망한 인재는 과연 얼마나 될까? 장관의 눈치만 살피며 의견 한 번 내기 어려운 공무원 조직에서, 매번 보직을 바꾸지 않으면 승진할 가망이 없는 현실 속에서, 얼마나 많은 유능한 관료들을 잃고 있을까? 아무것도 할 수 없다는 절망감에 사로잡혀 지방정부를 떠나는 지도자들은 또 얼마나 많을까.

개인도 문제지만, 제도가 더 큰 문제이다. 이 제도를 고치지 않고서는 아무것도 바꿀 수 없다. 지금처럼 소수의 정치인이 과도하게 커진 중앙정부의 모든 결정을 내리고, 그에 대한 감시 기능은 미약하며, 언론 중심의 보상 체계가 작동하는 구조 안에서는, 좋은 정부란 애초에 불가능하다. 지금 정부는 책임은 과중되고, 권력은 과잉 상태이며, 영구적인 과열 상태에 놓여 있다.

전 세계의 선진 민주주의 국가들은 지금 도전 앞에 서 있다. 정치인들은 언제나 유권자들에게 단기적으로 불이익이 되지 않는 결정을 내리려고 하고, 복잡한 상충관계를 외면하려는 경향이 있다. 이는 언론의 전통적인 보도국 체계가 약화하고, 온갖 정보와 가짜 뉴스가 훨씬 분산된 형태로 유통되는 오늘날에는 더욱 그렇다. 그렇다 하더라도 민주주의는 언제나 다른 대안보다 훨씬 우월한 체제다.

이런 문제들이 말하는 바는, 민주주의에서는 그만큼 정부 체계를 가능한 한 효과적으로 설계하는 것이 중요하다는 것이며, 소수 유권자에 의해 선출된 정부가 막대한 행정 권력을 독점하는 중앙집중형 국가가 매우 위험하다는 것이다. 이 책에 비례제 언급이 없어서 놀란 독자들도 있었을 것이다. 기존의 승자독식 선거제보다 어떤 형태든 비례제가 더 민주적인 것은 분명하다. 유권자의 뜻을 더 정확하게 반영하기 때문이다. 하지만 그것이 이 책에서 다룬 국가 운영의 위기를 근본적으로 해결할 수 있는 방법은 아니다. 그보다 훨씬 중요한 것은 국가 역량을 재건하고, 권력을 더 넓게 분배하며, 선출된 의원들의 민주적 견제를 더 확실히 보장하는 것이다.

모든 것을 고칠 수 있는 가장 좋은 방법은 권력 분산이다. 간단해 보이지만 실현하기란 무척 어렵다. 실제로 권력 분산이 의미하는 바는 무엇일까? 핵심은, 지금까지 장관들이 쥐고 있었던 많은 결정 권한과 행정 기능을 지역과 지방 수준으로 이전하는 것이다. 광역 시장을 중심으로 한 광역연합은 유권자의 지지를 바탕으로 이를 실현할 수 있는 유망한 수단이다. 다만 이 제도는 아직 역사가 짧고 충분히 검증되지 않았으며, 어떤 권한이 부여되고 어떤 권한은 부여되지 않는지에 대한 명확한 기준도 없다. 따라서 시급하게, 전국적인 통합 네트워크를 구축하고 어떤 권한이 어떤 조건에서 분권되는지 명확하게 규정해야 한다.

무엇보다도 이 지자체에 과세 권한이 필요하다. 그래야 성공할 수 있는 수단을 갖추게 되고, 책임성과 유인 체계도 제자리를 찾게 된다. 인프라 건설과 주택 공급 등을 진지하게 추진하려면 세입 기반이 있어야 한다. 물론 지방정부도 실패하거나 스캔들에 휘말릴 수 있다. 그러나 그럼에도 권력이 웨스트민스터에 집중되어 있어, 한 번 실패하면 전부 실패하는 것보다는 낫다. 각 지역의 시장이 다양한 방식을 실험하며 어떤 방식이 효과가 있는지 학습할 수도 있다.

제대로만 작동한다면 여기서 많은 이점을 얻을 수 있다. 첫째로, 런던이 아닌 대도시를 육성하는 것이 장기적인 영국 경제의 과제이며, 주변 지역에도 중앙정부 주도의 실패한 도시재생보다 훨씬 효과적인 파급효과를 미친다. 둘째, 지역의 행정 역량이 강화되면, 정부가 무책임한 사기업이나 사모펀드 운용사에 외주를 주거나 의존하는 비율이 줄어든다. 셋째, 그렇게 확보된 여력을 바탕으로 화이트홀은 국가 차원에서만 다룰 수 있는 주요 전략 과제, 곧 인프라와 기후변화, 인공지능 및 에너지 안보 문제 등등에 집중할 수 있다.

그런 거대한 도전 과제들을 국가가 제대로 다루려면, 그 정책들을 감시할 수 있는 장치가 필요하다. 즉, 이번에는 의회로의 권력 분산이 필요하다. 존재한 적도 없는 황금기로 돌아가자는 것이 아니다. 현재의 복잡성과 전문성을 감당할 수 있는 새로운 제도를 설계하자는 것이다. 핵심은, 정부에 소속되지 않은 의원들의 권한과 지위를 강화하는 것이다. 장관이 되어 입각하는 것보다, 평의원으로 남는 것이 더 매력적이게 만들어야 한다. 이를 위해 상임위원회에 법적으로 보장된 권한을 부여해야 한다. 가령 입법 사전 심사, 의사일정 설정, 증인 소환, 정부 자료 요청, 공공기관 인사 승인권

등을 부여할 수 있다. 또한 상임위원장과 위원들에게 장관과 비슷한 수준의 급여를 지급해 그 위상을 높여야 한다.

이런 구조가 정착되면 힘의 균형이 근본적으로 달라진다. 행정부는 여전히 정책 의제를 설정할 수 있지만, 의회가 훨씬 강력하게 감시할 수 있어 도덕적 기준을 강제하고, 엉터리 법률이 행정 시스템을 마비시키는 일을 줄일 수 있다. 물론 부실한 위원회나 눈길 끄는 데만 집중하는 위원장이 있을 수 있다. 그러나 목표는 유토피아 이상향을 건설하는 것이 아니라, 지금보다 나아지는 것이다. 지금, 극단적으로 중앙집중화된 체제 속 행정부 권력이 과도하게 비대해졌고, 그 결과 정치적 불안정성이 매우 높아졌다.

의회가 제 역할을 하게 되면, 다른 기관들이 지금처럼 비공식 감시자 역할을 떠맡을 필요가 없다. 선출되지 않은 상원이 법안을 수정하거나 거부해야 하는 압박에서 어느 정도 풀려날 수 있고, 상원도 정원 제한이나 임명 절차 심사를 통해 제도적으로 정비될 수 있다. 존슨과 트러스가 보여준 퇴임 시의 작위 수여는 지금의 인사 체계가 끝나야 한다는 것을 알려준다. 마찬가지로 법원이 정치 쟁점에 깊이 개입하는 일도 줄어들 것이다. 왜냐하면 의회가 비합리적이고 무리한 정책을 더 일찍 개입해 막을 수 있을 것이기 때문이다.

감시를 받는 안정적인 정부는 공직사회 개혁도 추진할 수 있다. 내각 사무처장의 역할도 조정자나 수습 책임자가 아니라, 이 개혁을 실현하는 주체가 될 것이다. 이를 위해서는 일종의 권한 교환이 필요하다. 고위 공무원들에게 실질적인 부처 운영권을 부여하고, 인재를 제값 주고 채용할 수 있도록 하되, 그 대신 부적격자는 과

감히 퇴출하고 전문가는 더 오래 머무를 수 있도록 책임을 부여해야 한다.

정치인에 대한 유인 체계도 바뀌어야 한다. 직접적 통제 권한과 언론을 조작할 여지는 줄이고 철저한 감시를 받도록 해야 한다. 그래야 언론과 유착해 정치적 성공을 거두는 사례가 사라진다. 또 지역 언론이 웨스트민스터 로비 기자들이 과다 대표되는 상황을 바로잡을 균형추로 제 역할을 해야 한다. 소셜미디어는 계속 존재하겠지만, 그렇기 때문에 권력 분산이 더 필요하다.

내가 앞서 제안한 방식들보다 매혹적인 대안이 있다. 권력을 더더욱 중앙에 집중시키는 것이다. 도미닉 커밍스가 이런 주장을 펼치는 대표적인 사람이다. 그는 현재 국가 체계가 망가졌다는 데 동의하지만, 이를 타개할 수 있는 유일한 방법은 탁월한 소수 엘리트 팀이 모든 결정을 장악하는 것이라고 생각한다(도미닉 커밍스는 이 소수 엘리트가 누구인지 확실하게 밝히지는 않았지만, 아마 본인은 포함할 것이다). 그는 실제로 정부에서 일할 때 이를 실행에 옮기려 했다. 당시 그는 실질적인 총리를 정책 결정 과정에서 배제하려 했고, 영국 헌정 질서에서 금지된 것은 아니지만 원래 상정하지도 않았던 방식으로 행정권을 무리하게 행사하려 했다.

그가 2023년 리시 수낙 총리와 비밀리에 만났을 때 했던 조언은, 그의 말을 그대로 옮기자면 다음과 같다. "캐머런 등 이전 총리처럼 정부를 '운영하는 척'하면서 권한의 일부만 쓰지 말고, '헌법이 부여한 모든 권력을 행사해서 정부를 장악'해야 합니다."

하지만 내가 내린 결론은 이와 완전히 반대된다. 물론 이런 생각이 매력적이라는 것은 인정한다. 훌륭한 의도를 가진 완벽한 천재가 전권을 쥐고 국가의 모든 부패를 일거에 척결하고, 유능하고 뛰어난 체제로 대체해 놓는 것 말이다. 하지만 현실 감각이 있는 사람이라면 누구든 문제점도 파악할 수 있다. 그런 인물은 없다. 존재하더라도 무제한 권력을 쥐면 처음의 의도조차 왜곡되기 마련이다. '권력은 부패하고, 절대 권력은 절대 부패한다'라는 말이 정치사에서 끊임없이 인용되는 데는 그만한 이유가 있다.

게다가 지금의 느슨한 헌정 구조를 악용해 행정부 권력을 더욱 키우려는 시도는 저항을 불러일으킬 수밖에 없다. 이미 상원과 법원이 행정부의 패권에 맞서 자신들의 입지를 재정립했음을 목격했다. 커밍스는 이미 한 차례 법원과의 대충돌을 겪었고, 이런 충돌이 계속된다면 전면적인 헌정 위기로 치달을 것이다. 지난 몇 년간 이스라엘에서 어떤 일이 있었는지를 보라. 성문 헌법이 없는 이스라엘에서 총리가 권력을 극대화하려 하자, 헌정 질서는 마비되고 사회는 붕괴됐다. 결과적으로 더 효과적인 정부도 없었다.*

최종 결론은, 제도를 약화하는 방식으로는 제도를 강화할 수 없다는 것이다. 권력 분산이 지금의 위기를 끝내고, 현재와 미래의 정책 과제에 제대로 대응할 수 있는 유일한 방법이다.

문제는 정치인들이 그 일에 나설 필요를 거의 못 느낀다는 것이다. 지난 40년간 정치 흐름은 모두 중앙집중을 조장했다. 개별적인

---

* 이스라엘 대법원은 입법 위헌심사 권한으로 행정부를 견제한다. 네타냐후 총리는 2023년 대법원의 위헌심사 권한을 제한하고 행정부가 판사 임명에 더 많은 권한을 행사하는 사법개혁법을 추진했다. 시민사회는 이를 독재화 시도로 받아들이고 민주주의 수호를 외치며 대대적인 거리 시위에 나섰다.

중앙집중화 결정은 당시에 합리적으로 보였을 수 있다. 장관들이 중요한 사안을 직접 챙기기 위해 권한을 가져간 것은 나름 이해할 만한 일이다. 하지만 그 결과 지방정부가 붕괴되고, 국가 역량은 심각하게 훼손되었다. 역설적이게도, 국가는 오히려 더 무기력해졌다.

장관들이 왜 더 전문적이고 더 반항하는 의회를 건너뛰고 싶어 했는지도 이해할 수 있다. 왜 사법 심사를 축소하고 인사권을 더 틀어쥐려 했는지도 말이다. 이런 제약 요소들은 장관들이 하고자 하는 일을 막는 성가신 장애물로 보였을 것이다. 특히 언론을 상대로 끊임없이 새로운 발표를 내놓고, 자기 존재감을 부풀려야 하는 압박 속에서는 더더욱 그랬을 것이다.

화이트홀 내부의 흐름 역시 더 강한 중앙 통제를 향해 왔다. 지금의 총리가 단순히 내각의 의장이라는 말은 더 이상 아무도 믿지 않는다. 총리는 사실상 대통령이 됐다. 실질 자원은 적지만, 권력은 더 많은. 언론과 대중 역시 총리가 사실상 대통령처럼 행동하기를 기대한다. 재무부는 다른 부처들을 완전히 통제하고 있지만 그에 대한 책임은 지지 않는다. 정책보다 언론 대응이 더 중요해진 결과, 사소한 결정 하나도 모두 중앙에서 관리하는 발표로 포장되어야 한다. 웨스트민스터에서 지금 중요하게 여겨지는 것은 재무부 회계표와 총리실 그리드, 그 둘뿐이다.

::

그러나 희망을 주는 것 역시 두 가지 있다. 첫째는 깨달음의 조짐이 보인다는 것이다. 시장 직선제를 기반으로 한 광역연합 도입과 이를 둘러싼 초당적 지지는, 비록 지금까지의 변화가 혼란스럽고 제한적이기는 했어도 중앙집중의 폐해에 대한 인식이 서서히 자리 잡고 있다는 것을 시사한다. 마찬가지로, 지난 수십 년간 하원 상임위원회의 위상이 높아진 것은 의원들이 감시 기능을 더 적극적으로 수행하려는 의지를 드러낸 것이며, 정부 역시 때로는 그것을 인정할 수밖에 없었음을 보여준다.

두 번째는 조금 더 냉혹한 이유다. 지금 이대로는 계속 갈 수 없다. 정치인과 정치에 대한 대중의 신뢰도는 원래 낮았지만 이제는 바닥을 뚫고 끝없이 추락하는 중이다. 정치인들부터도, 이제는 너무 크고 복잡해져서 제대로 이해할 수도 없는 체계에 질려버렸고, 보좌관들은 하루 종일 아무 의미도 없는 발표할 거리를 찾느라 시간을 허비한다. 너무나 명백하게, 모든 것이 제대로 작동하지 않고 있다. 영국 정치의 역사는 연속되는 위기 사이클이며, 매번 위기가 끝나는 순간은 언제나 기존 방식대로 더 버틸 수 없을 때, 곧 대안을 모색할 수밖에 없을 때였다.

무엇이 해결책이 될지는 전적으로 정부의 손에 달려 있다. 정부는 지금의 진단을 받아들이고, 질서 있고 일관된 방식으로 권력을 분산할 수 있다. 그 과정에서 더 강하고 더 나은 제도를 구축하고, 언론 대응보다 정책을 우선시하며, 중요한 사안에 집중할 수 있는 여유를 확보할 수도 있다. 그렇게 한다면, 그 시기의 총리는 정말로 이 나라의 장기적 미래에 중대한 영향을 미친, 아주 드문 지도자로 손꼽히게 될 것이다. 바꾸려는 생각은 이미 많다. 공공 부문 전반에 걸쳐 수십만 명이 실질적인 변화를 간절히 원하며, 기회만 주어지기를 기다리고 있다. 이제 필요한 것은, 이 위기 사이클을 끝내겠다고 선언할 사람뿐이다.

또는, 지금의 낡은 체계를 그대로 유지한 채 지킬 수 없는 약속을 반복하고, 작동하지도 않는 버튼만 눌러대고, 절대 실행되지 않을 온갖 조치로 신문을 도배하며 정치가 완전히 파괴될 때까지 기다리는 방법도 있다. 미래의 정부들도 지금처럼 실패한다면, 대중의 인내심은 한계에 다다를 것이다. 그렇게 되면 극단주의자나 사기꾼들이 내놓는 과격한 대안을 선택할 것이다. 이런 일은 이미 보다 유연한 투표 제도를 가진 나라들에서 현실이 되었다.* 지금 바꾸지 않는다면, 영국에서도 같은 일이 벌어질 것이다. 그때 정치인들은 자문할 것이다. 왜 기회가 있었을 때 바꾸지 않았던가, 하고 말이다.

---

* 영국은 100% 소선거구 단순다수제로 하원의원을 선출한다. 여기서 언급하는 보다 유연한 투표 제도를 가진 나라들은 혼합형 비례대표제를 채택한 이탈리아나 결선투표제가 있는 프랑스, 혹은 100% 비례대표제를 채택한 이스라엘 등으로 보인다. 이탈리아에서는 극우 정당인 이탈리아 형제당이 2022년 총선에서 승리를 거둬 조르자 멜로니가 총리로 집권했으며, 프랑스에서도 극우파인 마린 르펜이 약진했다. 이스라엘에서는 극우 정당과 극정통파 정당의 연합으로 네타냐후 총리 집권이 계속 이어지고 있다.

감사의 말

이 책을 쓰겠다는 구상은 3년 전, 병원에 누워 거의 죽을 뻔한 경험을 한 뒤 처음 떠올렸다. 그러니 누구보다도 우선, 내 생명을 구하고 돌봐 주신 노스윅파크 병원 의료진에게 감사를 전한다. 그들이 없었다면 이 책도 존재하지 않았을 것이다.

건강을 회복한 뒤 나는 작가로서 새 경력을 시작했다. 당시 내 상사였던 루시 헬러(Lucy Heller)의 아낌없는 지지 덕분이었다. 출판사를 어떻게 찾는지 전혀 몰랐기 때문에, 제안서를 함께 쓰고 함께 발송해 준 와일리 에이전시의 내 담당자 제임스 플런(James Pullen)에게도 깊이 감사하다.

이 책을 출판해 준 판 맥밀런 출판사는 초보 작가인 나를 매우 성심껏 이끌어 주었다. 편집자 마이크 하플리(Mike Harpley)는 훨씬 읽기 쉽게 원고를 다듬어 주었고, 교정자 이언 앨런(Ian Allen)은 부끄러운 오류를 여럿 바로잡아 주었다. 출판팀 전체가 정말 큰 힘이 되어 주셨다.

수년간 수많은 사람들과 이야기하며 이 책 구상을 발전시켜 왔다. 특히 원고 전체를 읽어주신 톰 시너(Tom Shinner)에게 감사를 전하고 싶다. 각 부분마다 유익한 대화를 나눠주신 한나 화이트, 로버트 손더스, 메그 러셀, 미셸 클레먼츠, 앤서니 브리치, 팀 베일, 팀 로이니그, JP 스펜서, 에이미 갠던, 레이철 울프에게 깊이 감사하다. 제시 노먼은 올소울즈대학에서 영향력 있는 인사들께 이 책의 초기 주제를 발표할 수 있는 자리를 마련해 주었다. 매우 값진 시간이었다. 정부정책연구소의 뛰어난 동료들이 쓴 여러 보고서도 광범위하게 참고했다. 물론 이 책에 담긴 견해와 남아 있는 오류는 전적으로 내 책임이다.

이 책을 위해 거의 100번의 인터뷰를 진행했고, 다른 프로젝트를 위해 진행했던 인터뷰도 참고했다. 인터뷰에 응해 귀중한 통찰을 들려주신 다음 분들께 감사드린다. 에드 볼스, 개빈 바웰, 로빈 버틀러, 앨러스테어 캠벨, 커밀라 캐번디시, 프랜시스 엘리엇, 데이비드 고크, 이언 플레처, 헬렌 고시, 도나 홀, 루퍼트 해리슨, 개빈 존스, 사만다 존스, 케이트 조셉스, 존 킹먼, 폴 키삭, 데이비드 로스, 샬럿 레슬리, 데이비드 리딩턴, 폴리 매켄지, 헬렌 맥나마라, 닉 맥퍼슨, 키어런 마틴, 존 맥터넌, 데이비드 밀리밴드, 샐리 모건, 거스 오도널, 데이비드 오맨드, 조너선 포터스, 조앤 로니, 질 러터, 닉 티모시, 로빈 터든햄, 윌리엄 월드그레이브, 폴 워프, 자일스 월크스, 데이비드 윌리츠.

익명으로 인터뷰에 응해주신 수많은 전현직 보좌관, 관료, 장관들께도 감사를 표한다. 많은 인터뷰를 받아 적어준 로지 인월드(Rosie Inwald)에게도 감사하다. 이 책은 주변의 든든한 지지 없이는 쓸 수 없었을 것이다. 30년지기 절친 벤 모건, 조언해 줘서 감사하다(학창 시절에 글쓰기를 가르쳐 준 것도 감사하다). 아내 린다는 언제나처럼 놀라웠다. 이렇게 똑똑하고 친절하며 다정한 사람과 결혼할 수 있었던 것이 믿기지 않지만, 매일 감사하며 살아간다.

아바, 오스카, 그레이스도 아빠에게 큰 도움이 되었다. 다소 빈정거리기는 했지만 결국에는 사랑이 담긴 방식으로 말이다. 그중 쌍둥이인 아바와 오스카는 이 책을 쓰는 동안 십대 청소년이 되었고 이 책에 기여하겠다고 나섰지만, 그들이 제안한 '리시 수낙은 바보다'라는 명제는 개개인보다 제도의 문제를 짚으려 한 내 관점과 맞지 않아 책에 담지 못했다.

마지막으로 부모님께 감사드린다. 성공적인 책 여러 권을 펴내신 아버지는 원고를 읽고 유용한 피드백을 주셨고, 어머니는 옥스퍼드 대학교 최초의 여성 조세법 교수로서 수십 년간 비합리적인 세제 개혁에 힘써 온 경험을 바탕으로 귀한 통찰을 주셨다. 그렇지만 이 책을 쓰는 데 주신 도움 말고도, 날 위해 해주신 모든 것에 감사드린다. 어린 시절 병약해서 여러 병원을 전전했던 나를 돌봐 주시고, 역사와 정치에 대한 호기심을 길러 주신 모든 노력에 깊이 감사드린다. 이 책을 두 분께 바친다.

미주

들어가며: 위기 사이클

1 이 내용은 다음 자료를 바탕으로 구성되었다. Bernard Donoughue, Downing Street Diarchaptery: Volume Two (Pimlico, 2009), p. 153. 히스 총리의 개인 비서였던 로빈 버틀러 경과 정치 비서였던 윌리엄 월드그레이브 경(Lord William Waldegrave)과의 저자 인터뷰.
2 Russell Jones, The Tyranny of Nostalgia (London Publishing Partnership, 2023), p. 72.
3 로빈 버틀러와의 인터뷰.
4 Mastroianni, A.M., Gilbert, D.T., 'The illusion of moral decline', Nature 618, pp. 782-9 (2023) https://www.nature.com/articles/s41586-023-06137-x 등을 보라.
5 Phil Tinline, The Death of Consensus (C. Hurst and Co., 2022), p. 333.
6 적어도 당시에는 그렇게 보였다. 이후 재무부가 당시 재정 상황을 지나치게 비관적으로 추정했음이 드러났다.
7 Peter Hennessy, The Hidden Wiring (1996, Indigo), p. 22에서 인용.
8 루퍼트 해리슨과의 인터뷰.
9 커밀라 캐번디시와의 인터뷰.
10 John Burn-Murdoch, 'Britain and the US are poor societies with some very rich people', Financial Times, 16 September 2022, https://www.ft.com/content/ef265420-45e8-497b-b308-c951baa68945
11 헬렌 맥나마라와의 인터뷰.
12 Action for Children, 'All worked out? The limits of work as a route out of poverty and hardship', February 2023, https://www.actionforchildren.org.uk/our-work-and-impack/policy-work-campaigns-and-research/policy-reports/all-worked-out-the-limits-of-work-as-a-route-out-of-poverty-and-hardship; Department for Levelling Up, Housing and Communities, 'Statutory homelessness in England: April to June 2023', 30 November 2023, https://www.gov.uk/government/statistics/statutory-homelessness-in-england-april-to-june-2023.
13 https://www.spectator.co.uk/article/full-text-rishi-sunaks-tory-conference-speech/
14 https://www.ipsos.com/en-uk/ipsos-trust-in-professions-veracity-index-2023

제1장 닌자는 없다

1. Patrick Wintour, 'Cabinet secretary has David Cameron "by the balls", says former Tory adviser', The Guardian, 19 November 2014, https://www.theguardian.com/politics/2014/nov/19/cabinet-secretary-david-cameron-balls-dominic-cummings-jeremy-heywood
2. Peter Hennessy, The Prime Ministers (Penguin, 2001), p. 64에서 인용.
3. Jack Brown, No. 10: The Geography of Power at Downing Street (Haus, 2020), p. 16에서 인용.
4. Brown, p. 272.
5. 폴리 매켄지와의 인터뷰.
6. Brown, p. 19.
7. 닉 티모시와의 인터뷰.
8. Brown, p. 218.
9. Hennessy, p. 206.
10. Hennessy, p. 96.
11. Brown, p. 218.
12. 샐리 모건과의 인터뷰.
13. 앨러스테어 캠벨과의 인터뷰.
14. Suzanne Heywood, What Does Jeremy Think? (William Collins, 2021), p. 114.
15. Heywood, p. 117.
16. 고위 공무원과의 인터뷰.
17. Michael Barber, Instruction to Deliver: Fighting to Transform Britain's Public Services (Methuen, 2008).
18. Nehal Panchamia and Peter Thomas, 'Public Service Agreements and the Prime Minister's Delivery Unit', Institute for Government, 2014, https://www.instituteforgovernment.org.uk/sites/default/files/case%20study%20psas.pdf
19. Michelle Clement, 'The Art of Delivery: The Prime Minister's Delivery Unit 2001–2005', blogpost, 26 August 2022, https://history.blog.gov.uk/2022/08/26/the-art-of-delivery-the-prime-ministers-delivery-unit-2001-2005/
20. Heywood, p. 315.
21. Nicholas Watt and John Vidal, 'Forests sell-off abandoned as Cameron orders U-turn', The Guardian, 16 February 2011, https://www.theguardian.com/environment/2011/feb/16/forests-sell-off-cameron-uturn; Toby Helm, Jamie Doward and Nicholas Watt, 'Writers furious at plan to axe free books scheme for children', The Observer, 25 December 2010, https://www.theguardian.com/books/2010/dec/26/booktrust-funding-cut-pullman-motion
22. Heywood, p. 358.
23. The Economist, 'Why Boris Johnson is recreating Tony Blair's "delivery unit"', 13 May 2021, https://www.economist.com/britain/2021/05/13/why-boris-johnson-is-recreating-tony-blairs-delivery-unit
24. 고위 공무원과의 인터뷰.

25 Public Administration Select Committee, 'On Target? Government By Measurement', 10 July 2003, https://publications.parliament.uk/pa/cm200203/cmselect/cmpubadm/62/62.pdf
26 Panchamia and Thomas, p. 6.
27 보수당 총선 공약집 2010, p. 37, https://general-election-2010.co.uk/2010-general-election-manifestos/Conservative-Party-Manifesto-2010.pdf
28 거스 오도널과의 인터뷰.
29 글래드스턴 시대의 재무통제 역사에 대해서는 다음을 보라. Nicholas Macpherson, 'The origins of Treasury control', 2013년 1월 16일자 연설문, https://www.gov.uk/government/speeches/speech-by-the-permanent-secretary-to-the-treasury-sir-nicholas-macpherson-the-origins-of-treasury-control
30 Brown, p. 134에 인용.
31 Robert Skidelsky, 'Keynes and the Treasury View: The Case for and against an Active Unemployment Policy 1920-1939', The Emergence of the Welfare State in England and Germany, edited by W.J. Mommsen (Routledge, 1981).
32 https://www.gov.uk/government/speeches/speech-by-the-permanent-secretary-to-the-treasury-the-treasury-view-a-testament-of-experience
33 MacPherson, 'The origins of Treasury control'에 인용.
34 Aeron Davis, Bankruptcy, Bubbles and Bailouts: The Inside History of the Treasury Since 1976 (Manchester University Press, 2022), p. 37.
35 닉 맥퍼슨과의 인터뷰.
36 닉 맥퍼슨과의 인터뷰.
37 클라크 이전 재무장관인 나이절 로슨과 노먼 레이먼트는 모두 잉글랜드은행의 금리 결정 독립을 주장했으나, 정치적 통제력을 잃는 것을 우려한 총리들에 의해 무산되었다. 고든 브라운은 1997년 총선 직후 이 조치를 단행했다.
38 에드 볼스와의 인터뷰.
39 헬렌 고시 경과의 인터뷰.
40 닉 맥퍼슨과의 인터뷰.
41 에드 볼스와의 인터뷰.
42 Thomas Pope and Peter Hourston, 'Fiscal rules in the UK since 1997', Institute for Government, 16 March 2022, https://www.instituteforgovernment.org.uk/explainer/fiscal-rules-history
43 Phillip Inman and Larry Elliott, 'Head of OBR says lack of budget details led to "work of fiction" forecasts last year', The Guardian, 23 January 2023, https://www.theguardian.com/politics/2024/jan/23/head-of-obr-says-lack-of-budget-details-led-to-work-of-fiction-forecasts-last-year
44 Thomas Pope and Peter Hourston, 'Current UK fiscal rules', Institute for Government, last updated 27 November 2023, https://www.instituteforgovernment.org.uk/explainer/current-fiscal-rules
45 자일스 윌크스와의 인터뷰.

46 폴 키삭과의 인터뷰.
47 존 킹먼과의 인터뷰.
48 Tom Belger, 'Risk of school buildings collapsing now "very likely", DfE says', Schools Week, 19 December 2022, https://schoolsweek.co.uk/school-building-safety-funding-repairs-fears-collapse/
49 Richard Adams, 'Repair bill for schools in England doubles to over £11bn, finds survey', The Guardian, 27 May 2021, https://www.theguardian.com/education/2021/may/27/repair-bill-for-schools-in-england-doubles-to-over-11bn-finds-survey
50 Jennifer Williams, Peter Foster and George Parker, 'Treasury bans capital spending by Michael Gove's Whitehall department', Financial Times, 7 February 2023, https://www.ft.com/content/ee18f02c-7fa5-4ddb-aa41-4dd67743548b
51 Heywood, p. 178.
52 닉 티모시와의 인터뷰.
53 Commission on the Centre of Government, 'Power with Purpose', Institute for Government, 2024년; Giles Wilkes and Stian Westlake, 'End of the Treasury?', NESTA, 2014; 'What's Gone Wrong with Whitehall?'/'Designing Government for a Better Britain', Commission for a Smarter Government, 2020년 11월/2021년 6월.
54 Commission for a Smarter Government, 'What's Gone Wrong with Whitehall?', p. 16.
55 Helen MacNamara, 영국 코로나바이러스 조사위원회 증언서, 9 October 2023, p. 63, https://covid19.public-inquiry.uk/wp-content/uploads/2023/11/03103311/INQ000273841.pdf

제2장 내부의 적

1 David Butler et al, Failure in British Government: The Politics of the Poll Tax (OUP, 1994), p. 265에 인용.
2 Ministry of Housing, Communities and Local Government, 'New government guidance on weekly bin collections', 4 January 2014, https://www.gov.uk/government/news/new-government-guidance-on-weekly-bin-collections
3 Carrington Walker, 'Councillors slam "ridiculous" criteria for wildlife road signs', Weston Mercury, 5 February 2021, https://www.thewestonmercury.co.uk/news/local-council/20505975.councillors-slam-ridiculous-criteria-wildlife-road-signs/; Planning Inspectorate, 'Common land guidance sheet 10: highways and cattle grids', last updated 27 September 2023, https://www.gov.uk/government/publications/common-land-guidance-sheet-10-highways-and-cattle-grids; Charles Thomson, 'Haringey Council faces government probe into "rule-breaking" magazine', Ham & High, 21 February 2021, https://www.hamhigh.co.uk/news/21325471.haringey-council-faces-government-probe-rule-breaking-magazine/; Mark Sandford, 'Will online council meetings be extended beyond 6 May?', House of Commons Library, 19 April 2021, https://commonslibrary.parliament.uk/will-online-

council-meetings-be-extended-beyond-6-may/

4 Paul Swinney and Anthony Breach, 'The role of place in the UK's productivity problem', Centre for Cities, 16 November 2017, https://www.centreforcities.org/publication/role-place-uks-productivity-puzzle/

5 존 킹먼과의 인터뷰.

6 Hugo Bessis, 'Competing with the continent: How do UK cities match up to the rest of Europe?', Centre for Cities, 22 September 2016, https://www.centreforcities.org/publication/competing-with-the-continent/

7 Swinney and Breach.

8 https://parlipapers.proquest.com/parlipapers/result/pqpdocumentview?accountid=14511&groupid=1418965&pgId=86b744cc-ada0-4914-a549-218956e873d7#0 p. 335; Sir Michael Lyons, 'Place-shaping: a shared ambition for the future of local government', March 2007, p. 6, https://assets.publishing.service.gov.uk/government/uploads/system/uploads/attachment_data/file/243601/9780119898545.pdf

9 폴 키삭과의 인터뷰.

10 Tony Travers and Lorena Esposito, 'The Decline and Fall of Local Democracy: A History of Local Government Finance', Policy Exchange, 2003, p. 31, https://www.localis.org.uk/wp-content/uploads/2003/08/Travers-T-Esposito-L.-The-Decline-and-Fall-of-Local-Democracy.-A-History-of-Local-Government-Finance.pdf

11 Nicholas Timmins, The Five Giants: A Biography of the Welfare State, Third Edition (William Collins, 2017), chapter 6.

12 Butler et al, p. 269.

13 Ibid., p. 274.

14 Margaret Thatcher, 'Speech to 1922 committee', 1984년 7월 19일자 연설문, https://www.margaretthatcher.org/document/105563

15 David Parker, 'The 1988 Local Government Act and Compulsory Competitive Tendering', Urban Studies, October 1990, 27(5): 653 - 67, https://www.researchgate.net/publication/237291559_The_1988_Local_Government_Act_and_Compulsory_Competitive_Tendering

16 Stuart Adam et al, 'Social Housing in England: A Survey', Institute for Fiscal Studies, November 2015, https://ifs.org.uk/sites/default/files/output_url_files/BN178.pdf

17 Frank Eardley, 'Right to buy: Past, present and future', House of Lords Library, 17 June 2022, https://lordslibrary.parliament.uk/right-to-buy-past-present-and-future/

18 Richard Disney, 'The right to buy public housing in Britain: a welfare analysis', Institute for Fiscal Studies, February 2015, p. 2, https://ifs.org.uk/sites/default/files/output_url_files/BN162.pdf

19 Cassie Barton, 'Local authority data: housing supply', House of Commons Library, 1 December 2023, https://commonslibrary.parliament.uk/local-authority-data-housing-supply/

20 제임스 캘러헌의 '러스킨대학' 연설문, 18 October 1976, https://education-uk.org/documents/

speeches/1976ruskin.html
21 Education Act 1980.
22 Butler et al, p. 271.
23 Stuart Wilks-Heeg, 'New Labour and the Reform of English Local Government, 1997-2007: Privatizing the Parts that Conservative Governments Could Not Reach?', Planning Practice & Research, 24:1, 23-39 p. 30, https://www.tandfonline.com/doi/full/10.1080/02697450902742130.
24 Ibid., p. 32.
25 Eric Pickles, 'The Localism Bill reverses a century of centralization', Conservative Home, 18 November 2011, https://conservativehome.com/2011/11/18/in-pursuit-of-localism-restoring-a-100-year-democratic-deficit/
26 Local Government Association, 'The General Power of Competence', July 2013, https://www.local.gov.uk/sites/default/files/documents/general-power-competence--0ac.pdf
27 Jennifer Williams and William Wallis, 'English councils "forced to the pawnshop" in fire sale of assets', Financial Times, 28 February 2024, https://www.ft.com/content/9d79cd59-bbfb-4a8c-b62a-b616aed63ffc?shareType=nongift
28 Graham Atkins and Stuart Hoddinott, 'Local government funding in England', Institute for Government, last updated 21 July 2023, https://www.instituteforgovernment.org.uk/explainer/local-government-funding-england
29 Mark Sandford, 'Council tax: local referendums', House of Commons Library, 4 January 2023, p. 10, https://researchbriefings.files.parliament.uk/documents/SN05682/SN05682.pdf
30 캘더데일 시의회 행정 수장 로빈 터든햄과의 인터뷰.
31 TRL Insight, 'Fragmented Funding', Local Government Association, 22 September 2020, https://www.local.gov.uk/publications/fragmented-funding-report
32 맨체스터 시의회 행정 수장 조앤 로니와의 인터뷰.
33 'Fragmented Funding', p. 30.
34 Malcolm Tait et al, 'Fair Funding for Devolution?', The University of Sheffield, September 2022, https://www.sheffield.ac.uk/city-region/news/researchers-university-sheffield-reveal-costs-regeneration-funding-england
35 조앤 로니와의 인터뷰.
36 Husna Anjum, 'Levelling up "rule" that saw Birmingham snubbed revealed by Culture Secretary Michelle Donelan', BirminghamLive, 19 January 2023, https://www.birminghammail.co.uk/news/midlands-news/levelling-up-rule-saw-birmingham-26023200
37 Levelling Up, Housing and Communities Committee, 'Funding for Levelling Up', 22 May 2023, https://publications.parliament.uk/pa/cm5803/cmselect/cmcomloc/744/report.html
38 Ibid., p. 17.
39 Public Accounts Committee, 'Selecting towns for the Towns Fund', 2 November 2020, https://committees.parliament.uk/publications/3373/documents/32489/default/
40 Eleanor Shearer and Paul Shepley, 'Towns Fund', Institute for Government, 22 September

2021, https://www.instituteforgovernment.org.uk/article/explainer/towns-fund

41 Graeme Atherton and Marc Le Chevalier, 'Funding levelling up: who really benefits?', Centre for Inequality and Levelling Up, 2023, p. 5, https://www.uwl.ac.uk/sites/uwl/files/2023-04/SBT2517%20University%20of%20West%20London%20Funding%20levelling%20up%20Report%20v4%20WEB_0.pdf

42 Department for Environment, Food and Rural Affairs, 'More than £1.2m funding for councils to clean up chewing gum from our streets', 6 July 2023, https://www.gov.uk/government/news/more-than-12m-funding-for-councils-to-clean-up-chewing-gum-from-our-streets

43 Department for Levelling Up, Housing and Communities, 'Installing chess tables in parks and public spaces: prospectus', 1 September 2023, https://www.gov.uk/government/publications/installing-chess-tables-in-parks-and-public-spaces-prospectus/installing-chess-tables-in-parks-and-public-spaces-prospectus

44 Department for Levelling Up, Housing and Communities, 'Changing Places toilet fund', 6 February 2023, https://www.gov.uk/government/collections/changing-places-toilets-fund

45 에식스 시의회 행정 수장 개빈 존스와의 인터뷰.

46 Mark Sandford, 'The abolition of regional government', House of Commons Library, 27 March 2013, https://researchbriefings.files.parliament.uk/documents/SN05842/SN05842.pdf

Local Democracy, Economic Development and Construction Act 2009.

48 Michael Heseltine, 'No Stone Unturned', October 2012, p. 9, https://assets.publishing.service.gov.uk/government/uploads/system/uploads/attachment_data/file/34648/12-1213-no-stone-unturned-in-pursuit-of-growth.pdf

49 루퍼트 해리슨과의 인터뷰.

50 존 킹먼과의 인터뷰.

51 Ibid.

52 마틴 리브스와의 인터뷰.

53 Ibid.

54 Philip Britteon et al, 'The effect of devolution on health: a generalised synthetic control analysis of Greater Manchester, England', The Lancet, volume 7, issue 10, E844-E852, October 2022, https://www.thelancet.com/journals/lanpub/article/PIIS2468-2667(22)00198-0/fulltext

55 Anthony Breach, Stuart Bridgett and Olivia Vera, 'In Place of Centralisation', Resolution Foundation, 8 November 2023, https://www.resolutionfoundation.org/events/in-place-of-centralisation/

56 루퍼트 해리슨과의 인터뷰.

제3장 죽여주는 계약

1 전직 정부 보좌관과의 인터뷰.

2 Business, Energy and Industrial Strategy and Work and Pensions Committees, 'Report

on Carillion', 16 May 2018, https://publications.parliament.uk/pa/cm201719/cmselect/cmworpen/769/769.pdf

3 Tom Latchem and Dan Evans, 'Celebrity-Run Children's Care Home Shuttered by Ofsted Again, after Child Taken to Hospital', Byline Times, 12 March 2024, https://bylinetimes.com/2024/03/12/celebrity-run-childrens-care-home-shuttered-by-ofsted-again-after-child-hospitalised/

4 Report on Ofsted Monitoring Visit to AP Care Homes Limited, 3 January 2024, https://reports.ofsted.gov.uk/provider/2/2724911

5 Report on Ofsted Monitoring Visit to AP Care Homes Limited, 30 January 2024, https://reports.ofsted.gov.uk/provider/2/2724911

6 Caitlin Webb, 'Revealed: Spiralling cost of children's homes', Local Government Chronicle, 19 March 2024, https://www.lgcplus.com/services/children/revealed-spiralling-cost-of-childrens-homes-19-03-2024/

7 Competition and Markets Authority, 'Children's social care market study', 10 March 2022, p. 9, https://assets.publishing.service.gov.uk/government/uploads/system/uploads/attachment_data/file/1059575/Final_report.pdf

8 Ibid., p. 5.

9 Tom Wall, 'Revealed: hundreds of vulnerable children sent to illegal and unregulated care homes in England', The Observer, 13 April 2024, https://www.theguardian.com/society/2024/apr/13/vulnerable-children-illegal-unregulated-care-homes-england

10 Tom Sasse et al, 'Government outsourcing: What has worked and what needs reform?', Institute for Government, September 2019, pp. 26–7, https://www.instituteforgovernment.org.uk/sites/default/files/publications/government-outsourcing-reform-WEB_0.pdf

11 Serco website, accessed 6 January 2024.

12 Matt Ford, 'The ongoing electronic tagging scandal', Centre for Crime and Justice Studies, 25 June 2015, https://www.crimeandjustice.org.uk/resources/ongoing-electronic-tagging-scandal

13 Alan White, Shadow State: Inside the Secret Companies that Run Britain (Oneworld Publications, 2016), pp. 6–19.

14 Ibid., pp. 122–31.

15 David Laws, Coalition Diaries 2012–2015 (Biteback Publishing, 2017), pp. 202–3.

16 Richard Adams, 'Ofsted to end third-party contracts and employ school inspectors directly', The Guardian, 29 May 2014, https://www.theguardian.com/education/2014/may/29/ofsted-end-third-party-contracts-employ-school-inspectors-directly

17 Jamie Grierson, 'Why HMP Birmingham has been brought back under state control', The Guardian, 20 August 2018, https://www.theguardian.com/society/2018/aug/20/why-hmp-birmingham-has-been-brought-back-under-state-control

18 Denis Campbell, '"Inadequate" Hinchingbrooke hospital to be put in special measures', The Guardian, 9 January 2015, https://www.theguardian.com/society/2015/jan/09/

hinchingbrooke-hospital-special-measures-cqc-report

19 Lawrence Dunhill, 'Revealed: Trusts' estimated savings potential', Health Service Journal, 5 January 2016, https://www.hsj.co.uk/finance-and-efficiency/revealed-trusts-estimated-savings-potential/7001364.article

20 Crispin Dowler, 'Exclusive: Hinchingbrooke backtracks on controversial £50 referrals offer', Health Service Journal, 24 July 2014, https://www.hsj.co.uk/north-west-anglia-nhs-foundation-trust/exclusive-hinchingbrooke-backtracks-on-controversial-50-referrals-offer/5073309.article

21 Public Accounts Committee, 'Circle's withdrawal from Hinchingbrooke Hospital update report published', 18 March 2015, https://committees.parliament.uk/work/4345/an-update-on-hinchingbrooke-healthcare-nhs-trust/news/185264/circles-withdrawal-from-hinchingbrooke-hospital-update-report-published/

22 Ian Dunt, How Westminster Works . . . And Why It Doesn't (Weidenfeld & Nicolson, 2023), p. 3.

23 Alan Travis, 'Two companies to run more than half of privatised probation services', The Guardian, 29 October 2014, https://www.theguardian.com/uk-news/2014/oct/29/justice-probation-contracts-private-companies

24 Beckie Smith, 'Working Links, outsourcer with £1bn of public contracts, collapses', Civil Service World, 19 February 2019, https://www.civilserviceworld.com/professions/article/working-links-outsourcer-with-1bn-of-public-contracts-collapses

25 Dunt, p. 21.

26 HM Inspectorate of Probation, 'Chief Inspector welcomes government action over Working Links and publishes damning report on Dorset, Devon and Cornwall CRC', February 2019, https://www.justiceinspectorates.gov.uk/hmiprobation/media/press-releases/2019/02/ddcrc/

27 HM Inspectorate of Probation, 'Probation in the news for all the wrong reasons', 2 February 2023, https://www.justiceinspectorates.gov.uk/hmiprobation/2023/02/02-february-2023-probation-in-the-news-for-all-the-wrong-reasons/

28 HM Inspectorate of Probation, 'Independent Serious Further Offence review of Jordan McSweeney', January 2023, https://www.justiceinspectorates.gov.uk/hmiprobation/media/press-releases/2023/01/jmsfor/

29 National Audit Office, 'Transforming Rehabilitation: Progress review', 1 March 2019, https://www.nao.org.uk/wp-content/uploads/2019/02/Transforming- Rehabilitation-Progress-review.pdf

30 Mark Wallace, 'Serco and G4S ripped us off – the public sector must start to play hardball', The Guardian, 13 March 2014, https://www.theguardian.com/commentisfree/2014/mar/13/serco- g4s-public-sector-hardball-government-taxpayers

31 Sam Gruet, 'Avanti sorry after leaked presentation cheers "free money"', BBC News Online, 16 January 2024, https://www.bbc.co.uk/news/business-67997916

32 Tony Stott, 'Market Testing and Beyond: Privatisation and Contracting Out in British Central Government', Teaching Public Administration, Spring 1994, vol. XIV, no. 1, pp. 36–48,

https://journals.sagepub.com/doi/epdf/10.1177/014473949401400104
33 Polly Curtis, 'PFI projects not best value for money, says watchdog', The Guardian, 28 April 2011, https://www.theguardian.com/politics/2011/apr/28/pfi-not-best-value-money
34 Treasury Select Committee, 'Private Finance Initiative', 18 July 2011, https://publications.parliament.uk/pa/cm201012/cmselect/cmtreasy/1146/114605.htm
35 National Audit Office, 'PFI and PF2', 18 January 2018, pp. 44-5, https://www.nao.org.uk/wp-content/uploads/2018/01/PFI-and-PF2.pdf
36 Ibid., p. 4.
37 Nicky Phillips, 'Revealed: The true scale of school PFI debts', Schools Week, 4 March 2016, https://schoolsweek.co.uk/the-true-scale-of-school-pfi-debts/
38 Public Accounts Committee, 'Strategic Suppliers', 24 July 2018, https://publications.parliament.uk/pa/cm201719/cmselect/cmpubacc/1031/103106.htm
39 White, pp. 78-80.
40 Ibid., p. 85.
41 Work and Pensions Committee, 'Employment and Support Allowance and Work Capability Assessments', 16 July 2014, p. 28, https://publications.parliament.uk/pa/cm201415/cmselect/cmworpen/302/302.pdf
42 White, p. 88.
43 Rajeev Syal, 'Maximus miss fitness-to-work test targets despite spiralling costs', The Guardian, 8 January 2016, https://www.theguardian.com/society/2016/jan/08/maximus-miss-fitness-to-work-test-targets-despite-spiralling-costs
44 Mark Say, 'DWP signs Atos for PIP IT service', UK Authority, 14 June 2022, https://www.ukauthority.com/articles/dwp-signs-atos-for-pip-it-service/
45 John Pring, 'Disabled mum took her own life after actions of DWP and Capita "magnified" anxiety', Disability News Service, 25 May 2023, https://www.disabilitynewsservice.com/disabled-mum-took-her-own-life-after-actions-of-dwp-and-capita-magnified-anxiety/
46 John Pring, 'DWP tried to prevent Atos winning £338m assessment contract, court documents suggest', Disability New Service, 10 August 2023, https://www.disabilitynewsservice.com/dwp-tried-to-prevent-atos-winning-338m-assessment-contract-court-documents-suggest/#:~:text=court%20documents%20suggest-,DWP%20tried%20to%20prevent%20Atos%20winning,assessment%20contract%2C%20court%20documents%20suggest&text=The%20Department%20for%20Work%20and,benefit%20assessments%2C%20court%20documents%20suggest
47 Adam Leaver, 'Out of time: the fragile temporality of Carillion's accumulation model', Open Democracy, 17 January 2018, https://neweconomics.opendemocracy.net/index.html%3Fp=2214.html
48 Ibid.
49 National Audit Office, 'Investigation into the government's handling of the collapse of Carillion', 7 June 2018, https://www.nao.org.uk/wp-content/uploads/2018/06/Investigation-

into-the-governments-handling-of-the-collapse-of-Carillion.pdf

50 Business, Energy and Industrial Strategy and Work and Pensions Committees report on Carillion, p. 67.

51 National Audit Office, 'Investigation into the government's handling of the collapse of Carillion'.

52 Business, Energy and Industrial Strategy and Work and Pensions Committees report on Carillion, p. 3.

53 Kalyeena Makortoff, 'KPMG to be fined £14m for forging documents over Carillion audit', The Guardian, 12 May 2022, https://www.theguardian.com/business/2022/may/12/kpmg-fined-frc-audit-carillion

54 Mark Wembridge and Michael O'Dwyer, 'Former Carillion executives fined over "misleadingly positive" statements', Financial Times, 28 July 2022, https://www.ft.com/content/7eb26473-96a2-4b07-af02-0c0b7e8b8eda

55 Cristina Lago, 'Another Carillion director banned for over a decade', Construction Management, 17 July 2023, https://constructionmanagement.co.uk/second-carillion-director- banned/#:~:text=Earlier%20in%20July%2C%20another%20of,from%20January%20to%20September%202017.

56 Jennifer Rankin, 'Serco shares crash after latest profits warning', The Guardian, 10 November 2014, https://www.theguardian.com/business/2014/nov/10/serco-profits- warning-shares-crash

57 Andrew Bowman et al, What a Waste: Outsourcing and how it goes wrong (Manchester University Press, 2015), chapter 4.

58 David Foster and Rachael Harker, 'Adult Social Care Funding (England)', House of Commons Library, 17 January 2023, https://commonslibrary.parliament.uk/research-briefings/cbp-7903/

59 Omar Idriss et al, 'Social care funding gap', The Health Foundation, 11 February 2021, https://www.health.org.uk/news-and-comment/charts-and-infographics/REAL-social-care-funding-gap

60 Bob Hudson, 'The failure of privatised adult social care in England: what is to be done?', Centre for Health and the Public Interest, November 2016, https://chpi.org.uk/wp-content/uploads/2016/11/CHPI-SocialCare- Oct16-Proof01a.pdf

61 Grace Blakeley and Harry Quilter-Pinner, 'Who Cares? The Financialization of Adult Social Care', Institute for Public Policy Research, September 2019, https://www.ippr.org/articles/financialisation-in-social-care

62 Vivek Kotecha, 'Plugging the leaks in the UK care home industry', Centre for Health and the Public Interest, November 2019, p. 10, https://chpi.org.uk/wp-content/uploads/2019/11/CHPI-PluggingTheLeaks-Nov19-FINAL.pdf

63 Sharvari Patwardhan, Matthew Sutton and Marcello Morciano, 'Effects of chain ownership and private equity financing on quality in the English care home sector: retrospective observational

study', Age and Ageing, volume 51, issue 12, December 2022, https://academic.oup.com/ageing/article/51/12/afac222/6936404

64 The King's Fund, 'Social care 360: workforce and carers', 13 March 2024, https://www.kingsfund.org.uk/insight-and-analysis/long-reads/social-care-360-workforce-carers#:~:text=Between%202021%2F22%20and%202022,fell%20from%20165%2C000%20to%20152%2C000.

65 Richard Wachman, 'Southern Cross's incurably flawed business model let down the vulnerable', The Guardian, 16 July 2011, https://www.theguardian.com/business/2011/jul/16/southern-cross-incurable-sick-business-model

66 Cristine Spolar, 'Britain's hard lessons from handing elder care over to private equity', Fortune, 27 September 2022, https://fortune.com/2022/09/27/uk-four-seasons-health-care-elder-care-private-equity/

67 E.g. National Audit Office, 'The adult social care market in England', 22 March 2021, https://www.nao.org.uk/wp-content/uploads/2021/03/The-adult-social-care-market-in-England.pdf

68 Anne West and Philip Noden, 'Nationalising and transforming the public funding of early years education (and care) in England 1996 – 2017', LSE Research Online, May 2018, http://eprints.lse.ac.uk/87947/1/West_Early%20Years%20Education_Accepted.pdf

69 Rachel Statham, Sam Freedman and Henry Parkes, 'Delivering a Childcare Guarantee', IPPR, December 2022, p. 25, https://www.ippr.org/articles/delivering-a-childcare-guarantee

70 Ibid., p. 18.

71 E.g. Neil Puffett, '"Austerity and underfunding" pushes nursery chain into liquidation', Children and Young People Now, 29 November 2019, https://www.cypnow.co.uk/news/article/austerity-and-underfunding-pushes-nursery-chain-into-liquidation

72 Bethan Staton, 'Private equity groups spot profit in UK's nurseries', Financial Times, 18 December 2022, https://www.ft.com/content/96bc7e0d-39e5-4a01-9c97-173dbe2b0e89

73 Children's Commissioner, 'Private provision in children's social care', November 2020, p. 13, https://assets.childrenscommissioner.gov.uk/wpuploads/2020/11/cco-private-provision-in-childrens-social-care.pdf

74 Michael Savage, Carmen Aguilar García and Pamela Duncan, 'Revealed: children's care homes flood into cheapest areas of England, not where most needed', The Observer, 9 July 2023, https://www.theguardian.com/society/2023/jul/09/revealed-childrens-care-homes-flood-into-cheapest-areas-of-england-not-where-most-needed

75 Josh MacAllister, 'Independent review of children's social care', 23 May 2023, https://www.gov.uk/government/groups/independent-review-of-childrens-social-care

제4장 민주주의 건너뛰기

1 David Mitchell, 'Who'd want to be an MP in a sorting office in Bristol?', The Observer, 17 April 2016, https://www.theguardian.com/commentisfree/2016/apr/17/david-mitchell-renovation-houses-parliament-palace-westminster-bristol-sorting-office
2 그러나 상황은 전혀 달랐을 수도 있다. 1701년의 왕위계승법(Act of Settlement)에는, 앤 여왕 사후 군주의 장관들은 하원의원이 될 수 없다는 조항이 포함되어 있었지만, 이 조항은 1705년에 폐지되었다. 그 결과 입법부와 행정부는 분리되지 않고 현대 의회 체계에서 결합되었다.
3 Matthew Flinders and Alexandra Kelso, 'Mind the Gap: Political Analysis, Public Expectations and the Parliamentary Decline Thesis', British Journal of Politics and International Relations (2011), volume 13, number 2, pp. 249–68.
4 Hollis, C., 'Can Parliament Survive? (London: Hollis & Carter, 1949); quoted in Flinders and Kelso, p. 9.
5 See summary in Meg Russell and Philip Cowley, 'The Policy Power of the Westminster Parliament: The "Parliamentary State" and the Empirical Evidence', Governance, volume 29, issue 1, January 2016, pp. 121–37.
6 Ibid.
7 Aubrey Allegretti, 'Sunak to scrap housebuilding targets after pressure from Tory MPs', The Guardian, 5 December 2022, https://www.theguardian.com/politics/2022/dec/05/sunak-backs-down-on-housebuilding-targets-after-pressure-from-tory-mps
8 데이비드 리딩턴과의 인터뷰.
9 'MPs' Outside Interests', Committee on Standards in Public Life, July 2018, p. 19에 인용.
10 Andrew C. Eggers and Jens Hainmueller, 'MPs for Sale? Returns to Office in Postwar British Politics', American Political Science Review, volume 103, number 4, November 2009.
11 'MPs' Outside Interests', p. 16.
12 Ibid., p. 28.
13 Colin Brown, 'Labour to end union backing of MPs', The Independent, 7 August 1995, https://www.independent.co.uk/news/labour-to-end-union-backing-of-mps-1595245.html
14 Erskine May, 'Normal days and hours of sitting and rising', last updated August 2021, https://erskinemay.parliament.uk/section/4613/normal-days-and-hours-of-sitting-and-rising/
15 데이비드 리딩턴과의 인터뷰.
16 'MPs' Outside Interests', p. 20.
17 Ibid.
18 Isabel Hardman, Why We Get the Wrong Politicians? (Atlantic Books, 2018), location 1259 Kindle edition.
19 'MPs' Outside Interests', p. 28.
20 Ibid., p. 22.
21 Elise Uberoi et al, 'Women in Politics and Public Life', House of Commons Library, 6 March

2023, https://commonslibrary.parliament.uk/research-briefings/sn01250/

22　Elise Uberoi and Helena Carthew, 'Ethnic diversity in politics and public life', House of Commons Library, 2 October 2023, https://commonslibrary.parliament.uk/research-briefings/sn01156/

23　Peter Walker and Jessica Elgot, 'Tory defector says whips told him to back PM or lose school funds', The Guardian, 20 January 2022, https://www.theguardian.com/politics/2022/jan/20/ministers-attempting-blackmail-colleagues-who-might-oppose-pm-alleges-tory-mp-william-wragg-boris-johnson

24　Ibid.

25　Public Administration Select Committee, 'Too Many Ministers?', 11 March 2010, https://publications.parliament.uk/pa/cm200910/cmselect/cmpubadm/457/457.pdf

26　Quoted in ibid.

27　Ibid.

28　Ibid.

29　Lucinda Maer, 'Parliamentary Private Secretaries', House of Commons Library, 4 September 2017, p. 9, https://researchbriefings.files.parliament.uk/documents/SN04942/SN04942.pdf

30　샬럿 레슬리와의 인터뷰.

31　https://www.instituteforgovernment.org.uk/article/explainer/payroll-vote

32　'노딜 브렉시트'(no deal Brexit, EU와의 협상을 통한 점진적인 브렉시트가 아니라 합의 없이 일방적으로 EU를 탈퇴하는 것. 이 경우 관세, 무역, 시민권, 국경 등 다양한 영역에서 법적 공백과 혼란이 발생할 수 있다. 보리스 존슨은 이러한 노딜 브렉시트를 협상에 활용하며 강경한 입장을 취했다―옮긴이)를 막으려던 의원들은 그 위험을 미리 포착하고, 의회가 특정 날짜들에 반드시 열리도록 요구하는 법안을 통과시켰다. 하지만 그 법안에는 5주간의 공백이 있었고, 존슨은 그 틈을 노렸다. 만약 그들이 이 법안을 통과시키지 않았다면, 그는 훨씬 더 오랜 기간 의회를 정회하려 했을 수도 있다.

33　Owen Bowcott, 'Gina Miller to continue "fight for democracy" after prorogation ruling', The Guardian, 6 September 2019, https://www.theguardian.com/politics/2019/sep/06/boris-johnson-prorogation-of-parliament-is-lawful-high-court-rules

34　Meg Russell and Lisa James, The Parliamentary Battle over Brexit (OUP, 2023), p. 112.

35　Ibid.

36　Ibid., p. 122.

37　Procedure Committee, 'Programming of Legislation', 7 July 2004, p. 5, https://publications.parliament.uk/pa/cm200304/cmselect/cmproced/325/325.pdf

38　Ibid., p. 8.

39　Hansard, 26 April 2023, https://hansard.parliament.uk/commons/2023-04-26/debates/5751EE9A-180E-48BA-A8CA-D51B230C1984/IllegalMigrationBill

40　David Lidington, 'Building a More United Kingdom: a Conservative Case for Constitutional Reform', The Political Quarterly, volume 94, issue 1, January/March 2023, pp. 16–25, https://onlinelibrary.wiley.com/doi/abs/10.1111/1467-923X.13233

41　Nicola Slawson, 'Boris Johnson faces legal action over peerage for billionaire Tory donor', The

Guardian, 12 June 2021, https://www.theguardian.com/politics/2021/jun/12/boris-johnson-faces-legal-action-over-peerage-for-billionaire-tory-donor-peter-cruddas

42 Ross Kaniuk, 'Queen "asked to block Lebedev's peerage over security fears"', The Times, 26 June 2023, https://www.thetimes.co.uk/article/late-queen-was-asked-to-block-lebedev-s-peerage-wq3z2dnk7

43 Norman Fowler, 'The House of Lords is bloated. We need an inquiry into the peerages system', The Guardian, 23 December 2020, https://www.theguardian.com/commentisfree/2020/dec/23/house-of-lords-peerages-appointments

44 Lord Speaker, 'Report of the Lord Speaker's committee on the size of the House', 31 October 2017.

45 Alice Lilly, 'The Slow Death of Parliamentary Scrutiny', The House magazine, 15 May 2023, https://www.politicshome.com/thehouse/article/scrutiny-scarcity-parliament-commons-lords

46 커밀라 캐번디시와의 인터뷰.

47 House of Lords website, 'Government defeats in the House of Lords', last accessed 6 January 2024, https://www.parliament.uk/about/faqs/house-of-lords-faqs/lords-govtdefeats/

48 UK Parliament website, 'The Parliament Act', https://www.parliament.uk/about/how/laws/parliamentacts/

49 익명의 교육부 고위 공무원과의 인터뷰.

50 House of Lords Delegated Powers and Regulatory Reform Committee, 'Democracy Denied? The urgent need to rebalance power between Parliament and the Executive', 24 November 2021, https://publications.parliament.uk/pa/ld5802/ldselect/lddelreg/106/106.pdf

51 House of Lords Secondary Legislation Scrutiny Committee, 'Government by Diktat: A call to return power to Parliament', 24 November 2021, https://committees.parliament.uk/publications/7941/documents/82225/default/

52 House of Lords Delegated Powers and Regulatory Reform Committee, 'Special Report: Response to the Strathclyde Review', 23 March 2016, p. 16, https://www.regulation.org.uk/library/2016_HoL_delegated_powers_etc_committee_HenryVIII_powers.pdf

53 Lord Judge, 'Ceding Power to the Executive; the Resurrection of Henry VIII', transcript of speech given at King's College London on 12 April 2016, p. 8, https://www.regulation.org.uk/library/2016_Henry_VIII_powers-Lord_Judge.pdf.

54 UK – Court of Appeal, 26 September 2009, EN (Serbia) v Secretary of State for the Home Department & Anor [2009] EWCA Civ 630.

55 Hansard Society, 'Delegated legislation: the problems with the process', November 2021, p. 10, https://www.hansardsociety.org.uk/publications/reports/delegated-legislation-the-problems-with-the-process

56 Ibid., p. 11.

57 Tom de la Mare, 'Statutory Instruments: the Unseen Constitutional Crisis', Blackstone Chambers, 14 October 2020, https://www.blackstonechambers.com/news/statutory-

instruments-unseen-constitutional-crisis/

58 Linklaters, 'Brexit SI Tracker', https://www.linklaters.com/en/insights/thought-leadership/brexit/brexit-si-tracker

59 Greener UK, 'Issues identified in Defra EU exit statutory instruments', April 2021, https://greeneruk.org/sites/default/files/download/2021-04/Issues_identified_in_Defra_EU_exit_statutory_instruments.pdf

60 Adam Wagner, Emergency State (Bodley Head, 2022), p. 49.

61 Ibid., p. 61.

62 Ibid., p. 161.

63 Ibid., p. 68.

64 Helen MacNamara, witness statement to the UK Covid-19 Inquiry, 9 October 2023, p. 68, https://covid19.public-inquiry.uk/wp-content/uploads/2023/11/03103311/INQ000273841.pdf

65 Hannah White, Held in Contempt: What's Wrong with the House of Commons? (Manchester University Press, 2022), p. 25.

66 Ibid.

67 Hansard Society, p. 19.

68 David Allen Green, 'Telling the story of how the "serious disruption" public order statutory instrument was passed', The Law and Policy Blog, 14 June 2023, https://davidallengreen.com/2023/06/telling-thestory-of-how-the-serious-disruption-public-order-statutory-instrument-was-passed/

69 See e.g. Meg Russell, Hannah White, Lisa James, 'Rebuilding and renewing the constitution', Institute for Government and the Constitution Unit, pp. 13–16, https://www.instituteforgovernment.org.uk/sites/default/files/2023-07/rebuilding-and-renewing-the-constitution.pdf

70 Stephen Holden Bates, 'Is chairing Select Committees in the House of Commons really an "alternative career"?', Hansard Society, 5 January 2023, https://www.hansardsociety.org.uk/blog/is-chairing-select-committees-in-the-house-of-commons-really-an-alternative

제5장 국민의 적

1 Lord Burnett of Maldon, 'Institutional independence and accountability of the judiciary', The Lionel Cohen Lecture, Hebrew University of Jerusalem, 30 May 2022, https://www.judiciary.uk/wp-content/uploads/2022/07/Cohen-Lecture-300522-1.pdf

2 Joshua Rozenberg, 'Emergency State', A Lawyer Writes . . . blog, 3 October 2022, https://rozenberg.substack.com/p/emergency-state

3 Jessica Leigh v The Commissioner Of Police Of The Metropolis [2022] EWHC 527 (Admin).

4 Haroon Siddique, 'Use of "VIP lane" to award Covid PPE contracts unlawful, high court rules',

The Guardian, 12 January 2022, https://www.theguardian.com/politics/2022/jan/12/use-of-vip-lane-to-award-covid-ppe-contracts-unlawful-high-court-rules

5 Jonathan Jones, 'Government loses judicial review on Covid-19 Inquiry WhatsApps', Institute for Government, 6 July 2023, https://www.instituteforgovernment.org.uk/comment/government-loses-judicial-review-covid-inquiry-whatsapps

6 Dominic Casciani and Sean Seddon, 'Supreme Court rules Rwanda asylum policy unlawful', BBC News, 15 November 2023, https://www.bbc.co.uk/news/uk-67423745

7 E.g. https://www.thetimes.com/article/judges-block-uks-deportation-of-criminals-in-human-rights-test-case-960g0jh9jn0

8 E.g. Shiv Malik, 'Poundland case: government defeated again over back-to-work schemes', The Guardian, 30 October 2013, https://www.theguardian.com/business/2013/oct/30/poundland-case-government-defeated-work-schemes-duncan-smith

9 Rachel Sylvester, 'Blunkett accuses judges of damaging democracy', The Telegraph, 21 February 2003, https://www.telegraph.co.uk/news/uknews/1422661/Blunkett-accuses-judges-of-damaging-democracy.html

10 Nigel Morris, 'Reid attacks judges who hamper "life and death" terrorism battle', The Independent, 10 August 2006, https://www.independent.co.uk/news/uk/politics/reid-attacks-judges-who-hamper-life-and-death-terrorism-battle-411252.html; Alan Travis and Vikram Dodd, 'Reid warning to judges over control orders', The Guardian, 25 May 2007, https://www.theguardian.com/politics/2007/may/25/uk.topstories3

11 Kit Heren, '"Ignore the laws and put the planes in the air now": Tory fury after Supreme Court rules against Rwanda migrant plan', LBC News, 15 November 2023, https://www.lbc.co.uk/news/tory-fury-after-supreme-court-rwanda-ruling/

12 Joanna Dawson and Alexander Horne, 'Judicial Review: Government reforms', House of Commons Library, 7 August 2015, https://commonslibrary.parliament.uk/research-briefings/sn06616/

13 보수당 공약집 2019, p. 48, https://cchq2019.webflow.io/our-plan

14 James Tapsfield, 'Ministers "could use legislation to strike out judicial rulings they don't like" under reforms being pushed by Boris Johnson', Daily Mail, 6 December 2021, https://www.dailymail.co.uk/news/article-10279363/Ministers-use-legislation-strike-judicial-rulings-dont-like.html

15 Judicial Independence Inquiry, 8 June 2022, https://www.icdr.co.uk/judicial-independence-inquiry

16 Judicial Institute at UCL, 'Judicial Attitudes Survey', Courts and Tribunals Judiciary, February 2021, https://www.judiciary.uk/guidance-and-resources/judicial-attitudes-survey/

17 많은 성문 헌법과 달리, 미국 헌법은 대법원이 의회의 입법을 무효로 할 권한을 명시적으로 부여하고 있지 않다. 그러나 1803년 마버리 대 매디슨(Marbury v. Madison) 사건에서 대법원은 이 권한을 스스로 주장했고, 그 이후 지금까지 유지해 오고 있다.

18 See Stephen Gardbaum, 'Separation of Powers and the Growth of Judicial Review in

Established Democracies (or Why Has the Model of Legislative Supremacy Mostly Been Withdrawn From Sale?)', The American Journal of Comparative Law, volume 62, number 3 (summer 2014), pp. 613 – 39, https://www.jstor.org/stable/43669514?saml_data=eyJzYW1sVG9rZW4iOiIwN zQ2YTlkZi0wZmY1LTRmMzItYjIwZi04ZWFjZjM1ZTliMDIiLCJpbnN0aXR1dGlvbklkcyI 6WyIxOGVlZTJmYS1mODcxLTQwYTktODI4NS1mNTRlYzdhMDM4MjciXX0

19 Human Rights Act 1998.
20 Lord Neuberger, 'The Supreme Court and the Rule of Law', The Conkerton Lecture 2014, Liverpool Law Society, 9 October 2014, p. 6 https://www.supremecourt.uk/docs/speech-141009-lord-neuberger.pdf
21 Lord Hodge, 'The scope of judicial law-making in constitutional law and public law', Supreme Court, 27 October 2021, p. 14, https://www.supremecourt.uk/docs/judicial-law-making-in-constitutional-law-and-public-law-paper.pdf
22 Ibid., p. 26.
23 Ibid., pp. 13 – 14.
24 Ibid., p. 10.
25 Lord Dyson, 'Is Judicial Review a Threat to Democracy?', Judiciary of England and Wales, November 2015, p. 2, https://www.judiciary.uk/wp-content/uploads/2015/12/is-judicial-review-a-threat-to-democracy-mr.pdf
26 Jackson and others (Appellants) v. Her Majesty's Attorney General (Respondent) [2005] UKHL 56, p. 33, https://publications.parliament.uk/pa/ld200506/ldjudgmt/jd051013/jack.pdf. 이 사건은 상원의 법률 귀족들이 심리했다. 2009년 대법원이 설립되기 전에 상원은 영국의 최고 법원 기능도 수행했다.
27 Ibid., p. 47.
28 Ibid., p. 49.
29 R (Unison) vs Lord Chancellor, Trinity Term [2017] UKSC 51, https://www.supremecourt.uk/cases/docs/uksc-2015-0233-judgment.pdf
30 Jonathan Sumption, 'Judicial and Political Decision Making: The Uncertain Boundary', The F.A. Mann Lecture 2011, p. 17, https://www.studocu.com/en-gb/document/bpp-university/public-law/jonathan-sumption-qc-fa-mann-lecture-2011/9696580
31 Owen Bowcott, 'Covid measures will be seen as "monument of collective hysteria and folly" says ex-judge', The Guardian, 27 October 2020, https://www.theguardian.com/law/2020/oct/27/covid-measures-will-be-seen-as-monument-of-collective-hysteria-and-folly-says-ex-judge
32 핵심 논지 개요에 대해서는 다음을 보라. Richard Ekins, 'The Case for Reforming Judicial Review', Policy Exchange, 2020, https://policyexchange.org.uk/wp-content/uploads/2022/10/The-Case-for-Reforming-Judicial-Review.pdf
33 Paul Craig, 'Judicial Review, Methodology and Reform', Public Law, January 2022, p. 19, file:///C:/Users/sam26/Downloads/SSRN-id3875313%20(2).pdf
34 Bowcott, 27 October 2020.

35 Andrew Defty, 'Sense and sensibility: politicians, judges and the rise of judicial review', Who Runs Britain? blog, 14 December 2023, https://whorunsbritain.blogs.lincoln.ac.uk/2013/12/14/sense-and-sensibility-politicians-judges-and-the-rise-of-judicial-review/

36 Kate Malleson, 'Judicial reform: the emergence of the third branch of government', in Andrew McDonald (ed.), Reinventing Britain: Constitutional Change under New Labour (University of California Press, 2007), p. 139.

37 Owen Bowcott, Amelia Hill and Pamela Duncan, 'Revealed: legal aid cuts forcing parents to give up fight for children', The Guardian, 26 December 2018, https://www.theguardian.com/law/2018/dec/26/revealed-legal-aid-cuts-forcing-parents-to-give-up-fight-for-children

38 The Law Society, 'LASPO Act', 22 November 2023, https://www.lawsociety.org.uk/topics/legal-aid/laspo-act

39 Amelia Hill, 'How legal aid cuts filled family courts with bewildered litigants', The Guardian, 26 December 2018, https://www.theguardian.com/law/2018/dec/26/how-legal-aid-cuts-filled-family-courts-with-bewildered-litigants

40 Dr James Organ and Dr Jennifer Sigafoos, 'The impact of LASPO on routes to justice', Equality and Human Rights Commission Research report 118, September 2018, p. 27, https://www.equalityhumanrights.com/sites/default/files/the-impact-of-laspo-on-routes-to-justice-september-2018.pdf

41 Ibid., p. 14.

42 Amelia Hill.

43 Richard Oldershaw, 'Legal Update: Tackling family court delays', Children and Young People Now, 31 January 2023, https://www.cypnow.co.uk/features/article/legal-update-tackling-family-court-delays

44 예를 들어 주택 문제에의 영향에 대해서는 다음 기사를 보라. Chaminda Jayanetti, '"The bailiffs will come at noon": desperation and devastation in England's housing courts', The Observer, 16 December 2023, https://www.theguardian.com/society/2023/dec/16/legal-aid-cuts-britain-housing-crisis-county-court-tenants-homes-lawyers

45 Joint Committee on Human Rights, 'The implications for access to justice of the Government's proposals to reform legal aid', 11 December 2013, https://publications.parliament.uk/pa/jt201314/jtselect/jtrights/100/10004.htm

46 Joint Committee on Human Rights, 'The implications for access to justice of the Government's proposals to reform judicial review', 9 April 2014, pp. 11 – 12, https://publications.parliament.uk/pa/jt201314/jtselect/jtrights/174/174.pdf

47 Owen Bowcott, 'Plans to restrict judicial review face further concessions', The Guardian, 13 January 2015, https://www.theguardian.com/law/2015/jan/13/plans-restrict-judicial-review-concessions-lords-chris-grayling

48 Owen Bowcott, 'Former top judge lambasts Grayling and Truss in memoir', The Guardian, 21 August 2019, https://www.theguardian.com/law/2019/aug/21/former-top-judge-lambasts-

recent-ministers-in-memoir

49　Rajeev Syal and Owen Bowcott, 'Geoffrey Cox signals he would accept lead role in review of judiciary', The Guardian, 12 February 2020, https://www.theguardian.com/politics/2020/feb/12/geoffrey-cox-signals-would-accept-lead-role-review-judiciary

50　Anthony Seldon and Raymond Newell, Johnson at 10: The Inside Story (Atlantic, 2023)

51　Lisa O'Carroll, 'Government admits new Brexit bill "will break international law"', The Guardian, 8 September 2020, https://www.theguardian.com/politics/2020/sep/08/government-admits-new-brexit-bill-will-break-international-law

52　BBC News, 'Lord Keen: Senior law officer quits over Brexit bill row', 16 September 2020, https://www.bbc.co.uk/news/uk-scotland-scotland-politics-54179745

53　Owen Bowcott and Daniel Boffey, 'Amal Clooney quits UK envoy role over "lamentable" Brexit bill', The Guardian, 18 September 2020, https://www.theguardian.com/world/2020/sep/18/amal-clooney-quits-uk-envoy-role-over-lamentable-brexit-bill#:~:text=Amal%20Clooney%2C%20the%20high%2Dprofile,through%20the%20internal%20market%20bill.

54　All Party Parliamentary Group on Democracy and the Constitution, 'An Inquiry into the impact of the actions and rhetoric of the Executive since 2016 on the constitutional role of the Judiciary', 8 June 2022, p. 53, https://static1.squarespace.com/static/6033d6547502c200670fd98c/t/62a05b38f1b9b809f61853ef/1654676281940/SOPI+Report+FINAL.pdf

55　Owen Bowcott, 'Brexit strategy risks UK "dictatorship", says ex-president of supreme court', The Guardian, 7 October 2020, https://www.theguardian.com/law/2020/oct/07/brexit-strategy-puts-uk-on-slippery-slope-to-tyranny-lawyers-told

56　Faulks Committee, 'The Independent Review of Administrative Law', p. 132, https://consult.justice.gov.uk/judicial-review-reform/judicial-review-proposals-for-reform/supporting_documents/IRALreport.pdf

57　Joshua Rozenberg, 'Faulks defends judicial review', A Lawyer Writes . . . blog, 23 March 2021, https://rozenberg.substack.com/p/faulks-defends-judicial-review

58　Owen Bowcott, 'What is judicial review and why doesn't the government like it?', The Guardian, 11 February 2020, https://www.theguardian.com/law/2020/feb/11/what-is-judicial-review-and-why-doesnt-the-government-like-it

59　The Law Society, 'Judicial review reform', 28 April 2022, https://www.lawsociety.org.uk/topics/human-rights/judicial-review-reform

60　Martina Bet, 'PM: "Liberal lawyers" will make Rwanda plan difficult but "we will get it done"', The Independent, 4 May 2022, https://www.independent.co.uk/news/uk/boris-johnson-rwanda-priti-patel-north-yorkshire-downing-street-b2071595.html

61　Faulks Committee, p. 131.

62　Malleson, p. 149.

63　Matthew Gill and Grant Dalton, 'Reforming Public Appointments', Institute for Government, August 2022, p. 5, https://www.instituteforgovernment.org.uk/sites/default/files/publications/

reforming-public-appointments.pdf

64 Michael Moran, 'The rise of the regulatory state in Britain', Parliamentary Affairs, volume 54, issue 1, January 2001, pp. 19 – 34, https://academic.oup.com/pa/article-abstract/54/1/19/1462525?redirectedFrom=PDF

65 Fraser Nelson, 'Gordon Brown's secret army could defeat the Coalition's welfare and education reforms', The Telegraph, 25 October 2012, https://www.telegraph.co.uk/news/politics/david-cameron/9633379/Gordon-Browns-secret-army-could-defeat-the-Coalitions-welfare-and-education-reforms.html

66 Michael Pinto-Duschinsky and Lynne Middleton, 'Reforming Public Appointments', Policy Exchange, 2013, p. 32, https://policyexchange.org.uk/wp-content/uploads/2016/09/reforming-public-appointments-1.pdf

67 Gerry Grimstone, 'Better public appointments: review of the public appointments process', 11 March 2016, https://www.gov.uk/government/publications/better-public-appointments-review-of-the-public-appointments-process

68 Public Administration and Constitutional Affairs Committee, 'Better Public Appointments?: The Grimstone Review on Public Appointments', 28 June 2016, p. 3, https://publications.parliament.uk/pa/cm201617/cmselect/cmpubadm/495/495.pdf

69 Culture, Media and Sport Committee, 'Appointment of the Chair of the Charity Commission', 27 February 2018, https://publications.parliament.uk/pa/cm201719/cmselect/cmcumeds/509/50907.htm#_idTextAnchor017

70 Andy Martin, 'Is it time to abolish the Charity Commission?', Firetail, 25 February 2021

71 Patrick Butler, 'Commission chief tells charities not to be "captured" for politics', The Guardian, 4 February 2021, https://www.theguardian.com/society/2021/feb/04/commission-chief-tells-charities-not-to-be-captured-for-politics

72 Patrick Butler, 'Calls for rerun of selection process to find next head of Charity Commission', The Guardian, 20 December 2021, https://www.theguardian.com/society/2021/dec/20/calls-for-re-run-of-selection-process-to-find-next-head-of-charity-commission

73 Patrick Butler, '"Shambles": MPs attack appointment of Charity Commission chair', The Guardian, 11 January 2022, https://www.theguardian.com/society/2022/jan/11/shambles-mps-attack-appointment-of-charity-commission-chair

74 Alex Dean, 'Outgoing public appointments commissioner: "I've been concerned about the balance on panels"', Prospect Magazine, 30 September 2021, https://www.prospectmagazine.co.uk/politics/37987/outgoing- public-appointments-commissioner-ive-been-concerned-about-the-balance-on-panels

75 David Batty, 'Office for Students chair speaks at same event as denounced racist', The Guardian, 23 May 2022, https://www.theguardian.com/education/2022/may/23/office-for-students-chair-james-wharton-same-event-as-denounced-racist-zsolt-bayer

76 Dean.

77 The Times, 'Letters to the Editor', 19 November 2021, https://www.thetimes.co.uk/article/

times-letters-levelling-up-agenda-and-the-u-turn-on-hs2-3g05sc07m
78 Sean Seddon, 'Richard Sharp: BBC chairman resigns over report into appointment', BBC News, 28 April 2023, https://www.bbc.co.uk/news/uk-65323077
79 Alan Rusbridger, 'Was there an attempt to "fix" who became head of Ofcom?', Prospect Magazine, 17 November 2023, https://www.prospectmagazine.co.uk/politics/63982/boris-johnson-nadine-dorries-ofcom
80 John Kingman, '5 Years of UKRI', 2021년 7월 14일자 연설문, https://www.thebritishacademy.ac.uk/documents/3372/Sir-John-Kingman-reflections-on-his-time-as-UKRI-Chair.pdf

제6장 공공 내전

1 Graham McCann, A Very Courageous Decision: The Inside Story of Yes Minister (Aurum, 2014), p. 175.
2 Graham McCann, 'Margaret Thatcher: sitcom star', British Comedy Guide, 21 February 2021, https://www.comedy.co.uk/features/comedy_chronicles/margaret-thatcher-sitcom-star/
3 Caroline Slocock, People Like Us: Margaret Thatcher and Me (Biteback Publishing, 2018) p. 172.
4 Pippa Crerar, 'At least 24 civil servants involved in complaints against Dominic Raab, say sources', The Guardian, 25 January 2023, https://www.theguardian.com/politics/2023/jan/25/dominic-raab-much-broader-inquiry-civil-servants-complaints
5 Adam Tolley, 'Investigation report to the Prime Minister', 21 April 2023, https://www.gov.uk/government/publications/investigation-report-to-the-prime-minister
6 익명의 공무원과의 인터뷰.
7 Jane Croft, 'Revived Bill of Rights faces opposition in both houses of parliament', Financial Times, 30 November 2022, https://www.ft.com/content/e552daa6-d352-4dff-96ad-02a3a37c1ae7; Michael Cross, 'Raab rejects "flawed" UN criticism of Bill of Rights', Law Society Gazette, 23 August 2022, https://www.lawgazette.co.uk/law/raab-rejects-flawed-un-criticism-of-bill-of-rights/5113483.article
8 PA Media, 'Philip Rutnam resignation: his full statement', 29 February 2020, https://www.theguardian.com/politics/2020/feb/29/philip-rutnam-resignation-his-full-statement
9 Sir Alex Allan, 'Findings of the Independent Adviser', 10 March 2021, https://assets.publishing.service.gov.uk/media/5fb7a21fd3bf7f573228a398/Findings_of_the_Independent_Adviser.pdf
10 BBC News, 'Philip Rutnam: £340k payout to official after Priti Patel bullying claims', 4 March 2021, https://www.bbc.co.uk/news/uk-politics-56281781
11 Dominic Cummings, 'Some thoughts on education and political priorities', https://dominiccummings.files.wordpress.com/2013/11/20130825-some-thoughts-on-education-and-political-priorities-version-2-final.pdf
12 Dominic Cummings, '"Two hands are a lot" — we're hiring data scientists, project managers, policy experts, assorted weirdos . . .' blogpost, 2 January 2020, https://dominiccummings.

com/2020/01/02/two-hands-are-a-lot-were-hiring-data-scientists-project-managers-policy-experts-assorted-weirdos/
13 Martin Stanley, 'Fulton Report – Findings', blogpost, https://civilservant.org.uk/csr-fulton_report-findings.html
14 Martin Stanely, 'Civil Service History', blogpost, https://www.civilservant.org.uk/misc-history.html
15 Michael Coolican, No Tradesmen and No Women: The Origins of the British Civil Service (Biteback Publishing, 2018), chapters 4-6를 보라.
16 고위 공무원 노조인 FDA는 원래 '상급 공무원 협회(First Divison Association)'의 약자였지만, 2000년 이후로는 아무 뜻이 없다고 결정되었다.
17 Coolican, p. 162.
18 Ibid., p. 172.
19 Martin Stanley, 'The Fulton Report – Background', blogpost, https://civilservant.org.uk/csr-fulton_report-background.html
20 Martin Stanley, 'Civil Service Reform – Lord Maude Tries Again', blogpost, https://www.strategicreading.uk/2022/06/civil-service-reform-lord-maude-tries-again/
21 Lord Maude of Horsham, 'Independent Review of Governance and Accountability in the Civil Service', 13 November 2023, https://assets.publishing.service.gov.uk/media/6552350b8a2ed40013720d82/Independent-Review-of-Governance-and-Accountability-in-the-Civil-Service-The-Rt-Hon-Lord-Maude-of-Horsham-Final-3.pdf
22 Martin Stanley, 'Civil service is poor, pompous and arrogant, say two former Permanent Secretaries', blogpost, 11 February 2023, https://ukcivilservant.substack.com/p/civil-service-is-poor-pompous-and
23 Ibid.
24 Peter Cardwell, The Secret Life of Special Advisers (Biteback Publishing, 2022), p. 26.
25 Ibid., p.35.
26 McCann, p. 298.
27 데이비드 오맨드와의 인터뷰.
28 Anthony Seldon and Raymond Newell, Johnson at 10: The Inside Story, pp. 87-8.
29 Ibid., p. 296.
30 데이비드 리딩턴과의 인터뷰.
31 헬렌 맥나마라와의 인터뷰.
32 Sam Blewett, 'Foreign office mandarin under fire for saying day after Brexit referendum: I voted Remain', The Independent, 11 September 2023, https://www.independent.co.uk/news/uk/home-news/brexit-referendum-simon-mcdonald-remain-b2409001.html
33 존 킹먼과의 인터뷰.
34 House of Lords Select Committee on the Constitution, 'Permanent secretaries: their appointment and removal', 20 October 2023, p. 41, https://committees.parliament.uk/publications/41636/documents/206273/default/

35 Ibid., p. 20.
36 Ibid., p. 39.
37 Ibid., p. 34.
38 전직 수석 공무원과의 인터뷰.
39 화이트홀 고위 공무원과의 인터뷰.
40 Document published by the Covid Inquiry, https://covid19.public-inquiry.uk/wp-content/uploads/2023/12/06175412/INQ000303245_0001-0009.pdf
41 Michael Lewis, The Fifth Risk: Undoing Democracy (Penguin, 2019).
42 Werner Jann, 'Party time: exploring Germany's system of political civil servants', Civil Service World, 18 August 2021, https://www.civilserviceworld.com/in-depth/article/party-time-exploring-germanys-system-of-political-civil-servants
43 Maude, 2023.
44 Alex Thomas, 'IfG response to the Maude review on civil service reform', Institute for Government, November 2023, https://www.instituteforgovernment.org.uk/sites/default/files/2023-11/maude-review-IfG-reponse.pdf
45 Jonathan Powell, The New Machiavelli (Vintage, 2011), p. 72.
46 Ibid., pp. 73-4.

제7장 아무 말 제조기

1 David Foster Wallace, 'Up Simba', in Consider the Lobster and Other Essays, (Abacus, 2005), p. 162.
2 BBC News, 'Gove on new free schools figures', 5 September 2010, http://news.bbc.co.uk/1/hi/programmes/andrew_marr_show/8970305.stm
3 커밀라 캐번디시와의 인터뷰.
4 Guido Fawkes blog, 'Liz Truss SPAD list', 13 September 2022, https://order-order.com/2022/09/13/liz-truss-spad-list/
5 루퍼트 해리슨과의 인터뷰.
6 A.J.P. Taylor, English History 1914-1945 (Oxford University Press, 1965), p. 187.
7 J.M. McEwen, 'Lloyd George's Acquisition of the Daily Chronicle in 1918', Journal of British Studies, volume 22, number 1 (autumn, 1982), pp. 127-44, https://www.jstor.org/stable/175660
8 Carole Walker, Lobby Life: Inside Westminster's Secret Society (Elliot & Thompson, 2021), p. 16.
9 David Hendy, The BBC: A People's History (Profile Books, 2021), pp. 111-14.
10 Walker, p. 60.
11 로빈 버틀러와의 인터뷰.
12 Philip Webster, Inside Story: Politics, Intrigue and Treachery from Thatcher to Brexit (William Collins, 2016), location 671, Kindle edition.

13 Walker, p. 104.

14 Harold Evans, 'How Thatcher and Murdoch made their secret deal', The Guardian, 28 April 2015, https://www.theguardian.com/uk-news/2015/apr/28/how-margaret-thatcher-and-rupert-murdoch-made-secret-deal

15 앨러스테어 캠벨과의 인터뷰.

16 Cardwell, pp. 41 - 2에 인용.

17 Nicholas Jones, Sultans of Spin: The Media and the New Labour Government (Orion Books, 2000), p. 102.

18 Tim Shipman, "'I've gone from being Churchill to a Nazi in a week": Clegg defends attack on Britain's "delusions of grandeur" over WWII', Daily Mail, 22 April 2010, https://www.dailymail.co.uk/news/election/article-1267921/GENERAL-ELECTION-2010-Nick-Clegg-Nazi-slur-Britain.html

19 닉 티모시와의 인터뷰

20 전직 교육부 고위 공무원과의 인터뷰.

21 Damian McBride, Power Trip: A Decade of Policy, Plots and Spin (Biteback 2013), pp. 95 - 6.

22 Jill Rutter et al, 'Better Budgets', Institute for Government, 2017, p. 10, https://www.instituteforgovernment.org.uk/sites/default/files/publications/Better_Budgets_report_WEB.pdf

23 루퍼트 해리슨과의 인터뷰.

24 자일스 윌크스와의 인터뷰.

25 로버트 크라머와의 인터뷰.

26 Matthew Burton and Richard Tunnicliffe, 'Membership of political parties in Great Britain', House of Commons Library, 31 August 2022, https://commonslibrary.parliament.uk/research-briefings/sn05125/

27 Lauren Higgs, 'Lib Dem conference: Clegg unveils "catch-up" premium', Children and Young People Now, 26 September 2012, https://www.cypnow.co.uk/news/article/lib-dem-conference-clegg-unveils-catch-up-premium

28 Nicholas Watt and Patrick Wintour, 'Tories woo married couples with tax break', The Guardian, 28 September 2013, https://www.theguardian.com/politics/2013/sep/27/tory-tax-break-marriage-glue

29 Adam Forrest and Jon Stone, 'Rishi Sunak admits list of HS2 replacement projects just "illustrative" and not pledges', The Independent, 9 October 2023, https://www.independent.co.uk/news/uk/politics/hs2-rishi-sunak-cancel-pledges-metro-b2426729.html

30 Jill Rutter and William Knighton, 'Legislated Policy Targets', Institute for Government, 2012, https://www.instituteforgovernment.org.uk/sites/default/files/publications/Legislated%20policy%20targets%20final.pdf

31 Ibid.; Philip Loft and Philip Brien, 'The 0.7% aid target', House of Commons Library, 4 December 2023, https://commonslibrary.parliament.uk/research-briefings/sn03714/

32 Regulatory Policy Committee, 'Strikes (Minimum Service Levels) Bill: RPC Opinion (Red-rated)', 21 February 2023, https://www.gov.uk/government/publications/strikes-minimum-service-

bill-rpc-opinion-red-rated
33 Joint Committee on Human Rights, 'Strikes Bill fails to meet human rights obligations', 6 March 2023, https://committees.parliament.uk/committee/93/human-rights-joint-committee/news/186524/strikes-bill-fails-to-meet-human-rights-obligations-jchr/
34 Rory Stewart, How Not to Be a Politician (Penguin Press, 2023), p. 156.
35 Ibid., p. 157.
36 Valentina Romei, 'UK public trust in political parties collapses to 12%', Financial Times, 1 March 2024, https://www.ft.com/content/c0b3a1d1-b887-4b67-ba0e-b6e745e1df7b
37 가브리엘 밀랜드와의 인터뷰.
38 Mark Pack, 'The myth of Budget poll bounces', The Week in Polls, 10 March 2024, https://theweekinpolls.substack.com/p/the-myth-of-budget-poll-bounces

제8장 광란의 질주

1 Chris York, 'Social media is "a plague on politics", says Tony Blair', Huffington Post, 13 September 2020, https://www.huffingtonpost.co.uk/entry/tony-blair-twitter_uk_5f5de4d9c5b62874bc1e2785
2 에드 볼스와의 인터뷰.
3 폴 워프와의 인터뷰.
4 가브리엘 밀랜드와의 인터뷰.
5 Ibid.
6 Charlotte Tobitt and Aisha Majid, 'National press ABCs: The i and FT report steadiest circulations in November', Press Gazette, 19 December 2023, https://pressgazette.co.uk/media-audience-and-business-data/media_metrics/most-popular-newspapers-uk-abc-monthly-circulation-figures-2/; The Guardian, 'ABCs: National daily newspaper circulation September 2010', 15 October 2010, https://www.theguardian.com/media/table/2010/oct/15/abcs-national-newspapers; Charlotte Tobitt, 'Who Reads the Sun?', Press Gazette, 5 July 2023, https://pressgazette.co.uk/media-audience-and-business-data/media_metrics/who-reads-the-sun-circulation-demographic/
7 프랜시스 엘리엇과의 인터뷰.
8 폴 워프와의 인터뷰.
9 가브리엘 밀랜드와의 인터뷰.
10 Michael Blastland and Andrew Dilnot, 'Review of the impartiality of BBC coverage of taxation, public spending, government borrowing and debt', November 2022, p. 4.
11 Ibid., p. 18.
12 폴 워프와의 인터뷰.
13 YouGov, 'How the government is handling the issue of immigration in the UK', https://yougov.co.uk/topics/politics/trackers/how-the-government-is-handling-the-issue-of-

immigration-in-the-uk

14 가브리엘 밀랜드와의 인터뷰.

15 Daisy Stephens, 'PM refers to Telegraph as his "real boss", Dominic Cummings claims', LBC News, 20 July 2021, https://www.lbc.co.uk/news/boris-johnson-refers-telegraph-real-boss-dominic-cummings-claims/

16 Vanessa Thorpe, '"He wants to shape wider culture": Why Paul Marshall is turning from GB News to the Telegraph', The Observer, 30 September 2023, https://www.theguardian.com/media/2023/sep/30/why-paul-marshall-is-turning-from-gb-news-to-the-telegraph#:~:text=Mildness%20and%20integrity%20are%20not,the%20outset%2C%20temporarily%20took%20over

17 존 맥터넌과의 인터뷰.

18 Ibid.

19 Simon Reynolds, Retromania: Pop Culture's Addiction to Its Own Past (Faber and Faber, 2011), p. xi.

20 Box Office Mojo, 'Top Lifetime Grosses', https://www.boxofficemojo.com/chart/top_lifetime_gross/?area=XWW

21 Savannah Walsh, 'Which Netflix show was the most streamed of 2022? The ratings are in …', Glamour Magazine, 27 January 2023, https://www.glamourmagazine.co.uk/article/most-streamed-netflix-show-2022

22 Fergal Kinney, 'The retromania election', New Statesman, 31 July 2023, https://www.newstatesman.com/comment/2023/07/the-retromania-election

23 Reynolds, p. xiii.

24 Jordan King, 'Liz Truss wears "identical" outfit to Margaret Thatcher at Tory leadership debate', Metro, 16 July 2022, https://metro.co.uk/2022/07/16/liz-truss-wears-identical-outfit-to-margaret-thatcher-at-tory-debate-17010566/

25 Nigel Lawson, 'Rishi Sunak is the only candidate who understands Thatcherite economics', The Telegraph, 3 August 2022, https://www.telegraph.co.uk/news/2022/08/03/rishi-sunak-candidate-who-understands-thatcherite-economics/

26 Rowena Mason and Peter Walker, '"Clause IV on steroids": Keir Starmer says his Labour must go further than Blair', The Guardian, 12 May 2023, https://www.theguardian.com/politics/2023/may/12/clause-iv-on-steroids-keir-starmer-says-his-labour-must-go-further-than-blair

27 Kinney, 2023.

28 Daniel Johnson, 'A return to Margaret Thatcher's Right to Buy home scheme will always be loathed by the Left – and loved by voters', Daily Mail, 4 May 2022, https://www.dailymail.co.uk/debate/article-10780065/Margaret-Thatchers-Right-Buy-home-scheme-hated-Left-writes-DANIEL-JOHNSON.html; David Mellor, 'I saw how Margaret Thatcher flashed her steel against the unions. Now Boris Johnson must show his mettle', Daily Mail, 22 June 2022, https://www.dailymail.co.uk/debate/article-10943479/DAVID-MELLOR-saw-Margaret-Thatcher-flashed-steel-against-unions-Boris-mettle.html; Henry Kissinger, 'Why there

was only one Iron Lady', Daily Mail, 22 October 2022, https://www.dailymail.co.uk/debate/article-11344127/HENRY-KISSINGER-Liz-Truss-saw-heir-Thatcher-one-Iron-Lady.html; Andrew Pierce, 'Rishi Sunak should follow Margaret Thatcher and defend using private health', Daily Mail, 10 January 2023, https://www.dailymail.co.uk/debate/article-11616973/ANDREW-PIERCE-Rishi-Sunak-follow-Margaret-Thatcher-defend-using-private-health.html; Philip Johnston, 'We've blown Mrs Thatcher's legacy. Now Rishi must confront the truth', Daily Telegraph, 3 October 2023, https://www.telegraph.co.uk/news/2023/10/03/weve-blown-mrs-thatchers-legacy-rishi-must-confront-truth/; Charles Hall, 'Britain needs bold tax cuts to make Mrs Thatcher's shareholder democracy dream a reality', Daily Telegraph, 19 August 2023, https://www.telegraph.co.uk/business/2023/08/19/britain-needs-bold-tax-cuts-to-make-mrs-thatchers-sharehold/; Charles Moore, 'Rishi Sunak hasn't yet grasped the secret of how Mrs Thatcher inspired Britain to strive', Daily Telegraph, 20 January 2023, https://www.telegraph.co.uk/news/2023/01/20/rishi-sunak-hasnt-yet-grasped-secret-how-mrs-thatcher-inspired/

29 Simon Heffer, 'No End of a Lesson: The Imitation Thatcherism of Liz Truss', The Centre for Independent Studies, 14 December 2022, https://www.cis.org.au/publication/no-end-of-a-lesson-the-imitation-thatcherism-of-liz-truss/
30 샬럿 레슬리와의 인터뷰.
31 PA, 'Tory Candidate Condemns "Hate-Consumed" Anti-Fracking Vandals Who Flooded Her Parents' Garden With 1,000 Litres Of Oil', Huffington Post, 7 May 2015, https://www.huffingtonpost.co.uk/2015/05/07/charlotte-leslie-fracking_n_7230090.html
32 Maya Oppenheim, 'Man who threatened to car-bomb female Labour MPs jailed', The Independent, 18 June 2020, https://www.independent.co.uk/news/uk/home-news/rakeem-malik-boris-johnson-jess-phillips-car-bomb-labour-a9573946.html
33 Isabel Hardman, Why We Get the Wrong Politicians (Atlantic Books, 2019), p. 165.
34 Ibid.
35 Tim Shipman, No Way Out (William Collins, 2024), p. 336.
36 Tim Durrant, Alice Lilly and Paeony Tingay, 'WhatsApp in Government', Institute for Government, March 2022, pp. 5, 10, https://www.instituteforgovernment.org.uk/sites/default/files/publications/whatsapp-in-government.pdf
37 Esther Webber, 'The perils of Boris Johnson's government by WhatsApp', 18 June 2021, Politico.eu, https://www.politico.eu/article/dominic-cummings-screenshots-reveal-boris-johnson-government-by-whatsapp/
38 UK Covid-19 Inquiry, 'Transcript of Module 2 Public Hearing on 3 October 2023', 3 October 2023, https://covid19.public-inquiry.uk/documents/transcript-of-module-2-public-hearing-on-3-october-2023/
39 UK Covid-19 Inquiry, transcript of WhatsApp messages, https://covid19.public-inquiry.uk/wp-content/uploads/2023/10/18172614/INQ000102697_0033.pdf
40 익명의 공무원과의 인터뷰.

41 Sarah Scrobie, 'Covid-19 and the deaths of care home residents', Nuffield Trust, 17 February 2021, https://www.nuffieldtrust.org.uk/news-item/covid-19-and-the-deaths-of-care-home-residents
42 익명의 공무원과의 인터뷰.
43 Haroon Siddique, 'Use of "VIP lane" to award Covid PPE contracts unlawful, high court rules', The Guardian, 12 January 2022, https://www.theguardian.com/politics/2022/jan/12/use-of-vip-lane-to-award-covid-ppe-contracts-unlawful-high-court-rules
44 Gareth Iacobucci, 'Covid-19: Government writes off £10bn on unusable, overpriced, or undelivered PPE', The British Medical Journal, 3 February 2022, https://www.bmj.com/content/376/bmj.o296
45 에이미 갠던과의 인터뷰.
46 로버트 크라머와의 인터뷰.
47 Media Reform Coalition, 'Who Owns the UK Media?', October 2023, https://www.mediareform.org.uk/wp-content/uploads/2023/10/Who-Owns-the-UK-Media-2023.pdf
48 Alex Farber, 'Reach: local job cuts by Mirror owner threaten your right to know', The Times, 18 November 2023, https://www.thetimes.co.uk/article/reach-local-job-cuts-by-mirror-owner-threaten-your-right-to-know-d8m6cvrsh
49 William Hague, 'Death of local papers threatens democracy', The Times, 11 March 2024, https://www.thetimes.co.uk/article/ee898ead-dd42-47f7-ba0b-6c64edf6dc23?shareToken=64d7eb65b9edcd49af76a3f33c89e6f2
50 Joshi Herriman, 'Do we just have to shrug our shoulders?', The Mill, 17 March 2024, https://manchestermill.co.uk/p/do-we-just-have-to-shrug-our-shoulders
51 Aisha Majid, 'Most popular news sources in the UK: Tiktok overtakes BBC Radio 1 and Channel 5', Press Gazette, 20 July 2023, https://pressgazette.co.uk/media-audience-and-business-data/most-popular-news-sources-uk-tiktok-ofcom-news-consumption-survey/
52 Ibid.
53 Durrant, Lilly and Tingay (2022), pp. 16-23.

나오며: 위기 해결을 위하여

1 Resolution Foundation, 'A pre-election Statement', 23 November 2023, https://www.resolutionfoundation.org/publications/a-pre-election-statement/; Joseph Rowntree Foundation, 'Flagship study finds a million children experienced destitution in the UK last year', 24 October 2023, https://www.jrf.org.uk/news/flagship-study-finds-a-million-children-experienced-destitution-in-the-uk-last-year; Department for Levelling Up, Housing and Communities, 'Statutory homelessness in England: financial year 2022-23', 13 October 2023, https://www.gov.uk/government/statistics/statutory-homelessness-in-england-financial-year-2022-23/statutory-homelessness-in-england-financial-

year-2022-23; Office of Rail and Road, 'Passenger rail performance 1 July to 30 September 2023', 7 December 2023, https://dataportal.orr.gov.uk/media/1kdfjw4u/performance_stats_release_jul-sep-2023.pdf

2 Public Accounts Committee, 'Dismantled National Programme for IT in NHS: report published', 18 September 2023, https://committees.parliament.uk/committee/127/public-accounts-committee/news/181704/dismantled-national-programme-for-it-in-nhs-report-published/

3 이 분석에 대해 더 자세한 사항은 다음을 보라. Sam Freedman and Rachel Wolf, 'The NHS productivity puzzle: Why has hospital activity not increased in line with funding and staffing?', Institute for Government, June 2023, https://www.instituteforgovernment.org.uk/publication/nhs-productivity

4 다음 등을 보라. Shelter, 'Building for our future: A vision for social housing', https://england.shelter.org.uk/support_us/campaigns/a_vision_for_social_housing

5 Dominic Cummings, 'Temporary location for statement in response to Sunday Times story', blogpost, 30 December 2023, https://dominiccummings.substack.com/p/1-on-bismarck-the-ultimate-practical

찾아보기

BBC 59, 240, 250~252, 257, 259, 282, 299, 304~308, 311, 335, 339, 343, 344, 347, 350, 352, 373
frit 361, 362
G4S 138~140, 143, 149, 156, 157
가브리엘 밀랜드 329, 337, 338, 342
감사원 145, 150, 153, 155, 157, 162, 168
개빈 바웰 392
개빈 윌리엄슨 250
개빈 존스 120
개인독립지원금(PIP) 153
거스 오도널 70, 287, 308, 392
검은 수요일 참사 76
게리 그림스턴 247, 248, 253
고든 브라운 52, 62, 77~81, 83, 89, 98, 99, 111, 149, 231, 310, 314~316, 320, 335, 336, 346
공공회계위원회 117, 141, 151, 157, 378
광역연합 122, 124~128, 168, 383, 389
국민건강보험서비스(NHS) 24, 26, 63, 69, 70, 103, 113, 127, 141, 147, 161, 162, 377~379
국정 운영의 위기 13, 25, 27, 96, 212, 215, 222, 245, 377, 379
국제통화기금(IMF) 25, 26, 74, 105, 359
규제 국가 29, 244, 245, 247
그리드 299, 301, 307, 309, 313, 314, 325, 331, 388
그림자 내각 320, 365
글로벌 금융위기 40, 62, 81, 107, 376, 378
깨시민 40, 249, 291
껍데기 법안 16, 202~204, 242
나이절 로슨 56, 76, 357
내각 사무처 42, 52, 54, 56, 60, 61, 63, 70, 72, 73, 79, 87~92, 100, 139, 154, 155, 174, 258, 264, 274, 282, 284, 285~287, 308, 319, 366, 368, 370, 385
내셔널트러스트 249
노동조합, 노조 14, 25, 56, 167, 179, 180~183, 228, 304, 324, 340, 351, 355, 359
노먼 레이먼트 149
노먼 워너 277
노먼 파울러 197~198
노스콧트레벨리언 보고서 267, 268, 270
놀런 원칙 246, 247
놀런 위원회 180
뉴버거 경 224, 239
뉴스스트림 337, 338, 340, 372, 373
니콜러스 맥퍼슨 74~76, 79, 285, 392,
닉 기브 69
닉 클레그 122, 139, 312, 320
닉 티모시 53, 89, 313, 392
닐 키녹 55, 319, 356
다우닝가 15, 41, 51~53, 60, 72, 73, 78~80, 342
다이슨 경 225, 236
단속 184~186, 189
대니얼 디포 33
대법원 13, 191~193, 219, 220, 223, 227, 232, 241
더 씩 오브 잇 259~261, 334
더글러스 허드 281
데니스 힐리 25
데리 어바인 232
데미언 맥브라이드 315, 320, 336
데이비드 고크 328, 339, 340, 392
데이비드 로스 139, 392
데이비드 로이드 조지 31, 43, 54, 73, 103, 275, 303, 361
데이비드 미첼 175
데이비드 밀리밴드 64, 392
데이비드 블렁킷 220, 231, 232
데이비드 설리번 135
데이비드 아메스 364
데이비드 앨런 그린 211
데이비드 오맨드 277, 392
데이비드 캐머런 34, 62, 63, 67~70, 80, 89, 111, 112, 122, 188, 196, 197, 199, 246, 271, 283, 301, 311, 321, 323, 326, 386
데이비드 켈리 311

데이비드 포스터 월러스 298
데이비트 리딩턴 179, 181, 183, 195, 281, 392
도널드 트럼프 38, 288, 373
도로시 웨인라이트 275
도미닉 랍 232, 240, 261~263, 280, 283
도미닉 커밍스 50, 52, 121, 191, 210, 265~267, 269, 272, 274, 279, 284, 286, 288, 290, 300, 301, 340, 386, 387
라떼 홀짝대는 자유주의자 352
라이언스 위원회 99
램지 맥도널드 305
러디어드 키플링 304
레드 라이언 278
레벨링 업 116~118, 127
레이먼드 뉴웰 237, 279
레이필드 위원회 99
레트로매니아 353~354, 356
로니 밀러 51
로더미어 경 304
로드 챈슬러 231~233, 235, 236, 239, 243, 263
로드리고 두테르테 373
로빈 버틀러 306, 310, 392
로빈 오클리 335
로빈 잰브린 203
로지 쿠퍼 364
루퍼트 머독 307, 350, 353
루퍼트 해리슨 27, 123, 130, 392
르완다 13, 220, 223, 240, 241, 347
리시 수낙 13, 14, 42, 43, 64, 70, 90, 112, 117, 177, 178, 190, 196, 240, 261, 322, 324, 349, 352, 357, 359, 360, 386, 393
리즈 트러스 12, 13, 40, 51, 54, 70, 85, 90, 148, 197, 201, 232, 233, 264, 285, 286, 301, 317, 326, 327, 357, 360, 381, 385
마거릿 대처 21, 25, 36, 43, 51, 53, 55~58, 60, 62, 73, 75, 95, 104~111, 121, 147, 148, 176, 258~260, 270, 271, 276, 303, 307, 308, 318, 335, 351, 355, 357~362, 379
마이클 고브 88, 95, 127, 299, 318, 339, 340
마이클 바버 61, 62, 64~66, 68, 78

마이클 푸트 356
마이클 헤젤타인 58, 122, 123
미니 예산 317
버나드 도너휴 257, 276
버나드 잉검 259, 260, 307, 308, 312
벤저민 디즈레일리 72
보리스 존슨 12, 22, 40, 52, 64, 69, 70, 90, 124, 177, 178, 186, 188, 190, 193, 196, 197, 208, 210, 212, 214, 215, 219, 237, 240, 249~251, 264, 265, 272, 279, 286, 288, 301, 323, 328, 345, 349, 359, 381, 385
불만의 겨울 355, 362
브렉시트 40, 52, 65, 69, 85, 98, 126, 190, 192~194, 199, 204, 206, 207, 210, 212, 219, 221, 230, 236, 237, 247, 261, 271, 279, 282, 283, 284, 338, 340, 364, 366, 370, 376
블랙 페이퍼 108
블롭 339~340
비버브룩 경 304
비비 스톡홀름 347
비양립성 선언 224
비지비즈 164
빅 소사이어티 68, 80, 112, 188, 189
빅터 로스차일드 20
사라 바인 33
사라 에버러드 219
사라 해리슨 258, 259
사모펀드 29, 136, 158, 160~165, 384
사이먼 레이놀즈 353, 357
사이먼 맥도널드 282, 283
사이먼 케이스 285~288
샬럿 레슬리 189, 363
샬럿 오웬 197
서코 15, 138~140, 142, 148, 153, 156, 157
선출된 독재 26, 176, 242
셰리 블레어 320
셰리던 웨스트레이크 112
셰필드 98, 356
수엘라 브레이버먼 210, 237~240, 347
스탠리 볼드윈 303, 304, 351

스토웰 남작 248, 249
스티븐 러브그로브 285
시티 딜 122
신노동당 69, 99, 110, 111, 121, 148, 181, 184, 193, 205, 220, 231, 241, 277, 309~312, 322, 329, 352, 353, 358, 359, 377
심바 만세 298
아말 클루니 238
애덤 스미스 39
애덤 캐넌 344
애덤 톨리 261
앤서니 이든 31, 305
앨러스테어 캠벨 59, 260, 277, 279, 299, 308~312, 329, 352, 373, 392
앨리스테어 달링 81, 89, 98, 323
앰피카 픽스턴 135, 158
에드 볼스 77, 277, 279, 335, 336, 392
에드워드 히스 21, 24, 56, 99, 176, 306
에릭 피클스 68, 112
에브게니 레베데프 196
예산안 45, 72, 123, 127, 164, 314~320, 322, 325, 330
예산책임청 81, 82, 253
예스 미니스터 256~260, 266, 270, 274, 276
올랜도 프레이저 250
올리버 레트윈 63, 64
왓츠앱 288, 365~367, 369, 374
웨스트민스터 28, 37, 45, 52, 83, 84, 148, 175, 181, 185, 210, 258, 259, 262, 278, 280, 335, 341, 343, 365, 371, 375, 384, 386, 388
위기 사이클 22, 23,39, 45, 389, 390
위임입법 202, 209, 211~213, 230
위킹링크스 143, 144, 156
윈스턴 처칠 33, 51, 54, 55, 175, 181, 275, 303
윌리엄 글래드스턴 31, 72
윌리엄 암스트롱 20, 25
윌리엄 틴데일 초등학교 108
윌리엄 헤이그 356, 371
윌리엄 헤이터 267
유럽연합(EU) 58, 69, 98, 186, 189, 190, 192, 206, 219, 240, 283, 349, 376

유럽인권협약(ECHR) 224, 241
유럽환율조정기구(ERM) 75, 76
의무 경쟁 입찰제 106, 111
의회 개인 비서(PPS) 187, 188
이라크 전쟁 65, 311
이민 16, 40, 42, 44, 61, 70, 178, 182, 205, 206, 212, 240, 241, 292, 346, 347, 380
이베트 쿠퍼 365
이블린 샤프 257
이사벨 하드먼 364, 365
인두세 57, 109, 110
인터서브 143, 156
자라 알리나 144
자이르 보우소나루 373
정회 190, 191, 193, 219, 237, 279
제러미 팍스먼 307
제러미 헌트 69, 90, 214
제러미 헤이우드 60, 61, 64, 65, 89, 273, 287
제임스 캘러헌 56, 108, 276, 306, 361, 362
조너선 스위프트 33
조너선 슬레이터 264, 272, 288
조너선 파월 52, 59, 188, 277, 291, 292
조앤 로니 115~116, 392
조지 왕조 15
조지 브라운 74
조지 오스본 27, 68, 80, 98, 113, 123, 126, 139, 196, 316
조지 클루니 238
조지프 라운트리 재단 100
존 메이너드 케인스 74, 89
존 메이저 21, 57, 58, 60, 147, 163, 180, 308, 309, 311, 312
존 버커우 193
존 버트 59, 60, 88
존 킹먼 86, 98, 125, 131, 252, 283, 392
존 프레스콧 121, 122
존 헌트 174
존 호스킨스 276
중등 졸업시험(GCSE) 299, 300
지나 밀러 192, 219, 230, 241

짐 해커 256, 258, 275
찰스 파월 260
체셔의 진짜 주부들 135
추계 성명 316, 330
캐릴리언 134, 154~156, 166
커밀라 캐번디시 34, 199, 301, 392
켄 클라크 76~78, 80, 179, 310, 319, 366
코로나바이러스 65, 69, 82, 90, 92, 203, 207, 209, 210, 212, 219, 229, 230, 264, 279, 288, 344, 348, 366~369, 375, 379
콰시 콰텡 85, 317
크리스 그레일링 142, 232, 233, 235, 236
클레멘트 애틀리 24, 103, 269, 359, 361
키어 스타머 15~18, 352, 358
킹슬리 에이미스 107
테레사 메이 52, 53, 69, 84, 89~91, 179, 188, 190, 192, 193, 236, 251, 313, 349
토니 블레어 21, 28, 52, 58~62, 64, 65, 69, 70, 77~79, 83, 88, 89, 91, 101, 110, 111, 179, 180, 188, 193, 197, 231, 232, 261, 275, 276, 291, 306, 308, 320, 324, 334, 345, 346, 351~353, 356, 358~361
토머스 벌로그 269, 270
톰 터건햇 214
톰 힉맨 209
트러스-콰텡 참사 85
트위터 210, 335, 336, 345, 363, 365, 373
특별 보좌관 38, 41, 54, 63, 77, 84, 112, 260, 266, 274~281, 286, 290, 301, 306
팀 몽고메리 351
파멜라 내시 152
파티게이트 90, 345
퍼디난드 마운트 53
폴 마셜 350, 351
폴 위프 336, 342, 392
폴 크레이그 229
폴 키삭 85, 100, 392
풀턴 경 266, 267
풀턴 위원회 266, 270, 272
풀턴 보고서 290

프랑수아 미테랑 51
프랜시스 모드 271, 272, 274, 284, 290
프랜시스 엘리엇 341, 345, 392
프리티 파텔 263, 264, 283
피터 헤네시 27, 55
피파 크레러 345
필 틴라인 23
필리파 데이 153
필립 라이크로프트 273
필립 럿넘 263, 264
필립 해먼드 90, 317
하워드 번스타인 122, 125
한나 화이트 210, 392
합법성 원칙 224, 225
항상 온라인 상태 34, 363
해럴드 맥밀런 24, 50, 55, 73, 275, 361, 362
해럴드 윌슨 20, 56, 74, 257, 258, 266, 270, 274~276, 305, 306, 359
행정부 우위 175, 211, 226
허버트 모리슨 103
허버트 애스퀴스 73, 302
헌사드협회 213, 215
험프리 애플비 경 257~259, 290
헤이즐 블리어스 122
헤일 남작 227
헤일리버리 268
헤일셤 경 26, 30, 176, 226
헨리 8세 조항 202, 204
헬렌 고시 79, 392
헬렌 맥나마라 41, 92, 209, 282, 392
호프 경 227
호프먼 경 225
화이트홀 17, 61, 64, 72, 84, 86, 92, 100, 103, 113, 115, 119, 125, 127, 128, 137, 154, 158, 166, 168, 260, 261, 265, 269, 273, 283, 285, 318, 338, 367, 382, 384, 388
휴턴 경 311
힌칭브룩 병원 141, 167

국정 실패의 늪

1판 1쇄 인쇄 2025년 7월 10일
1판 1쇄 발행 2025년 7월 25일

지은이 샘 프리드먼
옮긴이 이찬승 권구훈

펴낸이 이찬승
펴낸곳 교육을바꾸는책

디자인 퍼플트리(박소희)
편집 마케팅 장현주 권구훈

출판등록 2012년 4월 10일 제313-2012-114호
주소 서울시 마포구 양화로 7길 76, 평화빌딩 3층
전화 02-320-3600(경영) 02-320-3604(편집)
팩스 02-320-3611

홈페이지 http://21erick.org
이메일 gyobasa@21erick.org
유튜브 youtube.com/user/gyobasa
블로그 blog.naver.com/gyobasa_edu
트위터 twitter.com/GyobasaNPO
인스타그램 instagram.com/gyobasa

ISBN 978-89-97724-41-3 (03300)

· 책값은 표지 뒤쪽에 적혀 있습니다.
· 잘못 만든 책은 구입하신 서점에서 바꾸어 드립니다.